国家出版基金项目
NATIONAL PUBLICATION FOUNDATION
“十三五”国家重点图书
出版规划项目

中国濒危语言志
汉语方言系列

总主编 曹志耘
主编 张振兴 邢向东

湖南宁远平话

李永新 著

创于1897
商务印书馆
The Commercial Press

图书在版编目（CIP）数据

湖南宁远平话/李永新著.—北京：商务印书馆，2019
（中国濒危语言志）
ISBN 978-7-100-17569-2

Ⅰ.①湖…　Ⅱ.①李…　Ⅲ.①湘语—介绍—宁远县　Ⅳ.①H174

中国版本图书馆CIP数据核字（2019）第113224号

湖南宁远平话

李永新　著

出版发行：商务印书馆
地　　址：北京王府井大街36号
邮政编码：100710
印　　刷：北京雅昌艺术印刷有限公司
开　　本：787×1092　1/16　　印　　张：19 1/4
版　　次：2019年6月第1版　　印　　次：2019年6月北京第1次印刷
书　　号：ISBN 978-7-100-17569-2

定　　价：120.00元

宁远县中和镇岭头村地形地貌　岭头村 /2017.4.17/ 李子茂 摄

宁远县中和镇岭头村村貌　岭头村 /2017.4.17/ 李永新 摄

宁远县舜陵镇北门状元楼　岳家村 /2011.1.26/ 李永新 摄

调查工作现场　宁远县城 /2015.8.9/ 李翠云 摄

序

我的老家在浙江金华。我在老家生活的年代是20世纪六七十年代。那时候人们白天黑夜地干，酷暑寒冬地干，但就是吃不饱饭。山上光秃秃的，地上光秃秃的，简直成了不毛之地。如今40年过去了，回到家乡，只见茂林修竹，清流激湍，芳草鲜美，落英缤纷，俨然人间仙境。进山的小路早已被草木掩没，没有刀斧开路，则寸步难行。

在我家附近的塔石乡，有一个叫“大坑”的畲族村子，坐落在一条山沟里，有50多人。畲族相传发源于广东潮州凤凰山，明代以来逐渐北迁，从广东到福建，从福建到浙江、江西、安徽等地。数百年来，畲族尽管不断迁徙，散落中国东南各地，然而始终保持着他们共同的语言——畲话。1981年，我在山东大学上学期间，曾经一个人跑到大坑去，拿着日本人编制的调查表记录他们的畲话。当时村里男女老少，基本上人人会讲畲话。但时至今日，很多人已不会讲或讲不好畲话了，25岁以下无一人会讲。照此发展下去，估计几十年后，大坑人沿袭千年之久的母语将彻底消亡。

自然环境的破坏可以修复，但语言的消亡无法挽回，不可再生。

根据联合国教科文组织的《世界濒危语言地图》(2018)，在世界现存的约6700种语言中，有40%的语言濒临灭绝，平均每两个星期就有一种语言消亡。中国有130多种语言，其中有68种使用人口在万人以下，有48种使用人口在5000人以下，有25种使用人口不足1000人，有的语言只剩下十几个人甚至几个人会说了。汉语方言尽管使用人数众多，但许多小方言、方言岛也在迅速衰亡。即使是那些还在使用的大方言，其语言结构和表达功能也已大大萎缩，或多或少都变成“残缺”的语言了。

冥冥之中，我们成了见证历史的人。

然而，作为语言学工作者，绝不应该坐观潮起潮落。事实上，联合国教科文组织早在1993年就确定当年为“抢救濒危语言年”，同时启动“世界濒危语言计划”，连续发布“世界濒危语言地图”(联合国已确定2019年为“国际本土语言年”)。二十多年来，国际上先后成立了上百个抢救濒危语言的机构和基金会，各种规模和形式的濒危语言抢救保护项目在世界各地以及网络上展开。我国学者在20世纪90年代已开始关注濒危语言问题，自21世纪初以来，开展了多项濒危语言、方言调查研究课题，出版了一系列重要成果，例如孙宏开先生主持的“中国新发现语言研究丛书”、张振兴先生等主持的“中国濒危语言方言研究丛书”、鲍厚星先生主持的“濒危汉语方言研究丛书”（湖南卷）等。为了全面、及时抢救保存中国语言方言资源，教育部、国家语委于2015年启动了规模宏大的“中国语言资源保护工程”。在语保工程里，专门设立了濒危语言方言调查项目，迄今已调查76个濒危语言点和60个濒危汉语方言点。对于濒危语言方言点，除了一般调查点的基本调查内容以外，还要求对该语言或方言进行全面系统的调查，并编写濒危语言志书稿。随着工程的实施，语保工作者奔赴全国各地，帕米尔高原、喜马拉雅山区、藏彝走廊、滇缅边境、黑龙江畔、海南丛林都留下了他们的足迹和身影。一批批鲜活的田野调查语料、音视频数据和口头文化资源汇聚到中国语言资源库，一些从未被记录过的语言、方言在即将消亡前留下了它们的声音。

为了更好地利用这些珍贵的语言文化遗产，在教育部语言文字信息管理司的领导下，商务印书馆和中国语言资源保护研究中心组织申报了国家出版基金项目“中国濒危语言志”，并有幸获得批准。该项目计划在两年内按统一规格、以EP同步方式编写出版30卷志书，其中少数民族语言20卷，汉语方言10卷。自项目启动以来，语信司领导高度重视，亲自指导志书的编写出版工作，各位主编、执行编委以及北京语言大学、中国传媒大学的工作人员认真负责，严格把关，付出了大量心血，商务印书馆则配备了精兵强将以确保出版水准。这套丛书可以说是政府、学术界和出版社三方紧密合作的结果。在投入这么多资源、付出这么大努力之后，我们有理由期待一套传世精品的出现。

当然，艰辛和困难一言难尽，不足和遗憾也在所难免。让我们感到欣慰的是，在这些语言、方言即将隐入历史深处的时候，我们赶到了它们身边，倾听它们的声音，记录它们的风采。尽管我们无力回天，但已经尽了最大的努力，让时间去检验吧。

曹志耘

2018年10月

于浙江师范大学

目录

第一章 导论

第一节

调查点概况

一 地理位置和地形地貌

宁远县位于湖南省南部，东经110°42′—112°27′、北纬25°11′—26°8′之间。宁远县界呈纺锤形，全县南北长102.5千米，东西宽53.2千米，总面积2510.96平方千米。东部从北到南分别与新田、嘉禾、蓝山三县相邻，南边与江华瑶族自治县接壤，西边从北到南分别与双牌县、道县交界，北部与祁阳县为邻。宁远县处于南岭中段的萌渚岭北麓，境内南边有九嶷山，北边有阳明山，东边有云雾山，西边有白云山。最高海拔1959米，最低海拔165米。境内以丘陵为主，山丘面积占62.78%。县内大小河流密布，较大的有泠、营、舂、仁四条河流，都自南、北向西在道县注入潇水。现有G55和G76一纵一横两条高速公路通过，往西经过道县可以进入广西，往南与广东连州中间只隔蓝山县。可以说“控荆湘而引粤桂，襟四水而带三山”[①]。

通高速公路之前，由于大山的阻隔，宁远县及其周边的江永、江华、道县、蓝山、新田等县（被称为南六县），交通极为不便。宁远县至今未通火车，除了往郴州的公路稍微平缓之外，去往其他市州的公路均要翻过大山。往南去往广东地区的公路，在蓝山境内要越过岭南山脉的南峰坳，上山下山有一个小时左右的车程。往北两条公路通往永州市，在阳明山的山路上有一个小时的车程。山路狭窄陡峭，遇到雨雪天气，极易发生交通事故。虽然往西的山路经过道县、江永、江华可以到达广西，但是要越过萌渚岭。总之，宁远在20世纪还是一个极为偏僻的地方。也正是这样的地形地貌，为平话的生存提供了较好的条件。

① 红网宁远站，宁远新闻网，http://www.ningyuan.gov.cn/Info.aspx?ModelId=1&Id=1702。

我们调查的中和镇，位于宁远县西北，总面积326平方公里，是宁远县比较偏僻的一个镇。中和镇呈南北长东西窄的狭长口袋形，东西北三面都有高山阻断了与外界的联系，南部一条公路通往县城。公路狭窄，要穿过五华里的山间小路，才能到达开阔地带。这是中和镇外出必经之路。另有仁江由北到南流入道县，仁江水小，不能通航。

发音人所在的岭头村位于中和镇的北部，是中和镇口袋形的底部。

二　历史沿革和文化

宁远很早就有人类活动，舜帝南巡就到达宁远，逝后葬于宁远。宁远县建制历史也很悠久。自秦置县至今，已有两千多年，先后更迭十二次县名，并曾为一个侯国。秦为舂陵、泠道，属长沙郡。汉分营道，属零陵郡（今永州）。汉武帝元朔五年（前124年）设舂陵侯国。王莽改为泠陵和九嶷亭，西晋改为舂阳县，属于零陵郡。隋末改为梁兴，唐初更为唐兴，属道州，后改为武盛、延唐，五代后梁改为延昌，后晋改为延熹。宋乾德二年（964年）改称宁远，属荆湖南路道州江华郡。元至元十三年（818年），属道州总管。明洪武九年（1376年）后，隶属永州府。民国三年（1914年）后，宁远属衡阳道。

1949年11月，宁远县和平解放，县人民政府成立。宁远县属湖南省永州专员公署（后改为零陵专区）。1952年11月，并衡阳、零陵、郴州三个专区为湘南行政公署，宁远县属湘南行政公署。1954年撤销湘南行政公署，恢复衡阳、郴州专区，宁远属衡阳专区。1962年恢复零陵行政公署，宁远属零陵行政公署。1995年撤销零陵行政公署，成立永州市，宁远属永州市。

总之，虽然永州管辖范围不断地变化，历史上宁远县一直与道县等地一起属于永州。宁远与广东广西地理上很近，但不管是从地理上，还是行政区划上看，宁远平话与广东广西方言接触机会都比较少。

三　居民人口概况

宁远县现辖舜陵街道、桐山街道、文庙街道、东溪街道、天堂镇、水市镇、湾井镇、冷水镇、太平镇、禾亭镇、仁禾镇、中和镇、柏家坪镇、清水桥镇、鲤溪镇、保安镇、九嶷山瑶族乡、五龙山瑶族乡、棉花坪瑶族乡、桐木漯瑶族乡。

据人口普查资料，2003年，全县有78万人口，以汉族为主，其次为瑶族，另有极少数量的壮、黎、纳西、苗、满、侗、土、布依、藏、蒙古、回、傣、水、彝、高山、普米等民族居民，共2万余人。瑶族15 956人，占少数民族总数的96%。少数民族主要分布在九嶷山瑶族乡、荒塘瑶族乡、棉花坪瑶族乡、桐木漯瑶族乡等四个瑶族乡。2015年宁远县人口到达86万。

第二节

宁远平话概况

一　语言概况

宁远县境内分布有汉语方言和瑶语。宁远县有四个瑶族自治乡。中和镇等乡镇的山村也有少量瑶民居住。瑶族人对内用瑶语交流，对汉族人用汉语方言交流。汉族人使用汉语方言，一般不懂瑶语。宁远境内的汉语方言有官话、平话和土话三种。宁远官话在当地称为“官话”，属于西南官话，是宁远县境内的通用语。宁远平话在当地被称为“宁远平话”或者“平话”，散布在全县15个乡镇（全县只有棉花坪瑶族乡、荒塘瑶族乡两个乡没有平话分布），使用人口约32万，是宁远的第二大汉语方言。平话只在县内平话地区使用，县内说官话的居民也能听懂一些平话，能说程度不同的平话。周边县市有少数人讲平话。

除了平话外，宁远境内还存在土话。宁远土话分布在冷水镇、太平镇的少数村子中，使用人口约5万。土话仅在土话地区使用，其他地区居民不懂土话。由于被宁远官话、宁远平话包围，土话区的人往往能讲平话、官话。土话和邻县土话有相似之处，“语音上从西到东逐渐显出与邻县土话融为一体的特点，其中下坠土话与新田乡土话就非常接近”（谢奇勇，2002）。

宁远平话的名称来历，目前还没有统一的说法，县志上也没有相关的记载。张晓勤先生的《宁远平话研究》（1999）是研究宁远平话的第一本专著，该书没有界定宁远平话的归属。《中国语言地图集》将宁远平话划归土话的湘南片。

二　宁远平话的形成

据《宁远县志》（1993），宁远县几个大姓都是宋元时期从江西吉安一带迁来的。宁远县李姓有8万多人，占全县人口十分之一，是宁远第一大姓。李姓一支是南齐时从陕西奉诏征瑶而来，初居官桥，后扩散到湾井下灌一带。另一支在后唐时随李千户由吉安谷水徙桂阳、嘉禾，再迁宁远。初居逍遥岩，今散居在中和镇、禾亭、保安、冷水、礼仕湾一带。下灌、礼仕湾均为李姓人口大村，两村有1万多人。欧阳姓有4万多人，原籍江西吉安，北宋由桂阳迁至宁远，今居中和、新开、慕头、保安、平田等地，仅平田村有5千余人。唐姓3万多人，一支原籍江西吉安，宋末迁至宁远，今居太平、下坠、禾亭、仁和、冷水等地；另一支由零陵三丘田迁道县，再迁宁远，今居湾井、大界、麦地、桐山、天堂等地。陈姓3万人，一支在元时由江西经宜章迁宁远，今居水市镇；另一支明代由江西鹅颈塘迁桂阳，再迁宁远，今居上龙盘、晓睦塘、桐木漯等地。王姓2万余人，原籍江西鹅颈塘，元末迁到宁远，今居住在太平、保安、禾亭、湾井、官桥等地。张姓2万余人，元末从江西泰和迁来，今居大阳洞、云潭等地。刘姓2万多人，一支为西汉春陵侯刘买后人，另一支原籍江西，宋时迁云潭。蒋姓2万多人，一支原籍江左，唐太和年间由道州迁入宁远；另一支宋时从江西迁入零陵，再迁入宁远，今居晓睦塘、上龙盘、永安一带。欧姓2万多人，一支从江西泰和迁入，今居双板桥、中和、桐山、梅岗等地；另一支从江西常昌迁入，今居梅岗等地。其他姓氏，也多是从江西迁入。

我们推测，在中古之前，宁远土著人所操的是土话，一直到唐宋时期，南方方言的大体格局已经形成时，宁远土著人所操土话还占优势。宋元时期，从江西陆续南迁的汉人带来的赣语，与土话不断融合，同时吸纳了湘语等的一些成分，最终形成了平话。

三　宁远平话的分布

除了五龙山瑶族乡、九嶷山瑶族乡和棉花坪瑶族乡外，宁远县其他地区均有平话分布。我们以行政村为单位对平话的分布进行了初步调查统计。

行政村一般包括若干自然村，有的行政村中部分自然村居民讲平话，部分讲官话。本节行政村人口统计数据来自宁远县统计局，数据截止到2010年12月31日。人口以在籍人口为准。行政区划名称沿用2010年。

（一）中和镇

中和责任区：麻田（1079人）、马鹿口（743人）、泮潭（1243人）、李家（311人）、坦坝（1345人）、陈家洞（912人）、羊山头（502人）全部讲平话。周家部分自然村讲平话。

新开责任区：新开（2178人）、淌头（1373人）、岭头（1816人）、四坊（892人）、龚家（1110人）、立脚（1171人）、谢家（628人）全部讲平话，犹壁部分自然村讲平话。

保和责任区：冷水洞（935人）、永乐塘（1095人）、杉木园（794人）、杉树脚（731人）、何家山（1211人）、老屋里（852人）、新屋里（945人）讲平话。

慕投责任区：慕投老村（985人）、慕投新村（1585人）、黄坝头（1258人）、新彰佳山（1446人）、老彰佳山（2443人）、油榨屋（1384人）、高子洞（1728人）、井子口（534人）、茶子园（983人）、和平（2987人）、仁杏（966人）、大塘漯（523人）、上吴佰营（608人）、西江源（579人）、宝峰（912人）讲平话，下吴佰营、百花源部分自然村讲平话。

（二）舜陵镇

城关责任区：东郊（703人）讲平话，柳塘（1334人）、跳墩石（2175人）、朝斗坝（1872人）、福家坪（779人）、龙板桥（1113人）、祥文福（831人）讲平话，葫芦淌、罗坝头部分自然村讲平话。

逍遥岩责任区：乐家（1901人）、逍遥岩（1556人）、竹子坝（666人）、五里庵（1307人）、黄龙头（872人）、东塘（632人）、瓦窑头（1326人）、周家（660人）、昌田洞（789人）、大路脚（759人）、白面下（760人）讲平话，肖家、石板塘部分自然村讲平话。

官桥责任区：麻池塘（2556人）、邱家（791人）、丙塘（623人）、花板塘（378人）讲平话，淌下、冯家、黄金桥部分自然村讲平话。

双板桥责任区：恩里（1310人）、新车（1662人）、欧公养（839人）、山下洞（855人）、蛟龙塘（1291人）、李家寨（1352人）、株木山（1298人）讲平话，背后山、竹元福部分自然村讲平话。

（三）天堂镇

天堂责任区：平口元（834人）、许家（1102人）、晓石（1448人）、石海山（2357人）、曾家洞（854人）、刘子用（930人）、寄岗（753人）、卜洞（951人）讲平话，天堂、高岗头、高源、百步岭、庄家洞、毛里坪、下河洞部分自然村讲平话。

大阳洞责任区：龙须（1903人）、马家（979人）、岭脚（1991人）、下坊（729人）、老屋场（564人）讲平话，江村、香花桥、大坪岭、新屋地、岭江、刘村、大阳洞部分自然村讲平话。

（四）水市镇

水市责任区：游鱼井（2782人）、欧家（786人）、梅村（911人）、上早禾洞（384人）、落家沙洲（690人）、赵家湾（591人）、东田（476人）、花盘洞（1027人）讲平话，李家山、淌塘、刘家洞部分自然村讲平话。

梅岗责任区：柜林（1670人）、小欧家（1866人）、邹家（981人）、大欧家（1453人）、黄家（2133人）讲平话，村尾、沙落坝、周家山部分自然村讲平话。

大界责任区：冬瓜井（851人）讲平话，下立洞、大潘家、百草坪、塘下洞部分自然村讲平话。

香花铺责任区：卜家（590人）讲平话。

（五）湾井镇

湾井责任区：桥头（1353人）讲平话，和城、久安背部分自然村讲平话。

下灌责任区：马脚洞（1674人）讲平话，泠江、白水源、羊蹄岭、韶水部分自然村讲平话。

（六）九嶷山瑶族乡

九嶷山瑶族乡鲁观责任区的三亩田村部分人讲平话。

（七）冷水镇

冷水责任区：欧家（1289）、三角砠村（1066人）、沙洞（1339人）、东山庙（1119人）、毛家（992人）、十里铺（1319人）、百美（1633人）、淌头（735人）、李铭远（1031人）、海江1744人）、唐家（1746人）、宝山（1314人）、锡海（1732人）、匡家（1234人）讲平话，五马、大屋地、下岭、云峰部分自然村讲平话。

上宜责任区：上宜（1406人）、上毛家（1251人）、甘石坝（717人）、四方井（398人）、竹岭脚（1068人）、琴棋（1011人）、上冷水（1059人）、中元（1069人）、下山脚（408人）、上山脚（1697人）、油麻岭（658人）、桐子山（293人）、神西（1915人）、下宜（885人）、长冲（400人）讲平话，骆家、神东部分自然村讲平话。

东城责任区：庄屋（2801）、夏壁（2351人）、下胡家（1943人）、堂屋（1143人）、于家（651人）、上胡家（867人）、培泽（1436人）、杨柳塘（873人）讲平话，东城铺、隔江、鸡公寨、寨村、油村口部分自然村讲平话。

云潭责任区：梅翠、盘市、云潭部分自然村讲平话。

（八）太平镇

太平责任区：排楼下（1511人）、新坪下（940人）、老坪下（1412人）、洪洞（844人）、城盘岭（1726人）讲平话，清水章家、五里坪部分自然村讲平话。

下坠责任区：土桥头（2197人）、杨家坪（1663人）讲平话，清水岭部分自然村讲平话。

白土责任区：老白土（1356人）、新白土（438人）、妙瑞井（1051人）讲平话，塘前、洞尾、石门山部分自然村讲平话。

（九）保安乡

保安责任区：杨家（473人）、李亥（1214人）、土地冲（576人）讲平话，李宅相部分自然村讲平话。

中心铺责任区：社头（724人）、北阳（1030人）、李巳（640人）、老屋山（852人）、中心铺（944人）、鲤堂（1333人）、黄土岭（1572人）、朱日（704人）、盐田（942人）讲平话，新朱家、汉下、淌头岩、石坝、知止门部分自然村讲平话。

（十）禾亭镇

禾亭责任区：刘家（676人）、萧家（608人）、新柏家（1175人）、新烟竹（1752人）、老烟竹（998人）、高寨（578人）、东肯黄家（1021人）、王朝印（1471人）、野鹿岗（1457人）、大谷（1125人）、尹佳（966人）、六合（953人）、禾亭（2150人）讲平话，石龙观、贾家、老龙岗、黄湘、新天、双龙形部分自然村讲平话。

琵琶责任区：富村（1309人）、新田脚（983人）、祖元福（1248人）、琵琶岗（1123人）、大邦（1361人）、环家山（972人）讲平话，长江头、老潮水、大砠、石城部分自然村讲平话。

（十一）仁禾镇

仁禾责任区：仁和（2406人）、华石盘（1054人）、谷木洞（664人）、孙家铺（814人）、尹家洞（1336人）、陈安（1725人）、鹅婆井（648人）、铜岗脚（554人）讲平话，鲤鱼塘、陈家部分自然村讲平话。

李家铺责任区：社旺（799人）、冯石（1623人）、大石洞（1170人）、环仪堂（849人）、冯谷均（984人）、大塘边（689人）、白马（1504人）讲平话，神背山部分自然村讲平话。

（十二）柏家坪镇

柏家坪责任区：牛轧丘（776人）、皇家洞（1578人）、马头上（1991人）、板里元（1935人）、神山下（1457人）、柏家（3009人）讲平话，瓦渣坪、可亭村部分自然村讲平话。

礼仕湾责任区：老屋（1515人）、彭家（797人）、小新屋（1576人）、林里坊（1127人）、坝子头（1301人）、左家（1815人）、普洛洞（623人）、桥头（1467人）、茄子园（947人）讲平话，花桥部分自然村讲平话。

双井圩责任区：双井圩（1950人）、刘均申（2543人）、都堂岭（985人）、下坝洞（1198人）、黄泥坝（883人）、柏家洞（926人）、左洞（1164人）、杨柳桥（1162人）、眼头（1017人）、火烧石（594人）、大路尾（852人）、西林寺（616人）讲平话，岗子头、潘家洞部分自然村讲平话。

（十三）清水桥镇

清水桥责任区：阙家、清水桥一村、平田一村、平田二村、平田三村、平田四村、新坝头大部分自然村讲平话。

晓睦塘责任区：乐家坊（658人）、三脚岭（1105人）讲平话。

（十四）桐木漯瑶族乡

桐木漯瑶族乡上龙盘（1635人）、下龙盘（564人）讲平话。

（十五）鲤溪镇

鲤溪责任区：游马石（1074人）、徐家（297人）、李家山（517人）讲平话，三元岭、东山岭部分自然村讲平话。

永安责任区：姜家洞（1337人）讲平话，桑梓头、二坝湾部分自然村讲平话。

柏万城责任区下柏万城部分自然村讲平话。

此外，据谢奇勇（2010）调查，与宁远相邻的新田县少数村子也讲平话，它们是冷水井乡的上庄行政村（部分）和十字乡的三夏荣、老夏荣、乐塘、乐聪、李郁、新夏荣行政村。

四　宁远平话的内部差异

当地人按照所处的地理位置，把宁远平话分成东、南、西、北四路。东路平话主要指宁远县东部的冷水镇说的平话，也称冷水平话。县域中部的舜陵镇，中部和东部的禾亭、仁禾、保安、太平以及天堂乡的部分村子所说的平话都属于东路平话。南路平话分布在宁远南部的湾井、水市等乡镇，天堂乡的部分村子讲的是南路平话。西路平话分布在宁远西部的中和镇，也称中和平话。北路平话分布在宁远北部的清水桥镇、柏家坪镇、鲤溪镇。

四路平话，从交际的角度来看，东南西三路平话差异不大，互相交流毫无困难，北路平话与其他三路平话差别较大，需要借助一定语境甚至官话的帮助才能正常交流。

从语言学角度分析，宁远平话内部其实存在较大的差异。下面我们以西路的中和镇岭头平话与东路的冷水镇奉佳山村平话、南路的湾井镇下灌韶水村平话、北路的柏家坪镇礼仕湾茄子园村平话为例，进行粗略的比较。

东路冷水奉佳山平话，与南路湾井镇下灌韶水村平话最为接近。两地平话差别主要是少数字的韵母和少数字的声调不同。一是部分古蟹开二佳韵见系字如“鞋”，南路下灌韶水村平话韵母为[ia]，东路奉佳山村平话为单元音[a]。二是少量古蟹摄、山摄合口二等字，南路平话读撮口呼，东路平话读合口呼。如“怪”，南路平话读[kya^{55}]，东路平话读[kua^{55}]。三是部分古全浊声母入声字的今读，少数南路下灌韶水村平话归阳去，东路奉佳山平话读阳平，如“麦”“叶”南路下灌平话分别读[mo^{21}][i^{21}]；东路的奉家山平话分别读为[mo^{213}][i^{213}]。

西路的中和镇岭头平话与东路冷水佳山平话的差异，一是声调数量上不同，前者有入声调，后者没有入声调；二是[n]和[l]分混不同，前者不分，后者分，由此，前者音系中少了一个声母[n]；三是声韵配合不同，后者有[tɕi][tɕʰi][ɕi][i]音节，前者无[tɕi][tɕʰi][ɕi][i]音节。此外，在有无[i]介音以及合口还是撮口音上，也有少数字不同。“我”中和平话和南路平话为[io^{55}]，东路平话念为[o^{55}]。

西路的中和镇岭头平话与北路的柏家坪镇礼仕湾茄子园村平话，均没有[n]和[l]的对立，有入声，没有[tɕi][tɕʰi][ɕi][i]音节。但二者的韵母有较大的差别。目前所见的文献中，四路平话的韵母和声调都有些不同，但西路和东路、南路平话在音值上的差异，很大程度上是由于记录者记音习惯和音位处理方式不同引起的，实际上的差异并不至于那么大。如

[z] 在西路平话中也有，因为只是拼 [ʅ]，有的文献就只是在音系中进行说明，而没有单独设立一个音位，所以看起来西路平话似乎比其他平话少了一个声母。文读的专用韵，其实四路平话都有，但不同学者有不同的处理。又如，平话的后鼻音韵尾不稳定，有时发为鼻化韵，不同作者处理也不一样。

北路的平话，与其他三路平话的差异，则不仅仅是作者处理方式所造成的差异，他们的韵母系统，以及韵母的古今对应关系方面存在很大的差异，这也是北路平话和其他三路平话交流比较困难的主要原因。

从声母系统上看，北路茄子园平话有一套稳定的 [tʃ][ʧ^{h}][ʃ][ʒ] 声母，西路的岭头平话没有这套声母（西路的新派出现了 [tʃ][tʃ^{h}][ʃ]，但极不稳定）。北路茄子园平话的 [tʃʅ][tʃ^{h}ʅ][ʃʅ][ʒʅ] 的字，在西路岭头平话中，声母都是 [ts][ts^{h}][s][tɕ][tɕ^{h}][ɕ]，如“争、山、药”。

从韵母系统上看，不计文读专用韵，西路的岭头平话共有 30 个韵母，北路茄子园平话共有 24 个韵母。两者共有的韵母有 [ʅ][i][u][y][a][ia][ua][ya][ie][ye][ə][o][io][uei][əu][iəu][ã][uã][ẽ][iẽ][ŋ]21 个，岭头平话独有的韵母有 [ɛ][uɛ][ɔ][iɔ][e][ei][iã][yã][yẽ]9 个，茄子园平话独有的韵母有 [uə][yi][əɯ] 三个。

西路平话内部也有差异。西路平话中的茶籽园平话，入声已经消失，“瞎”[xa^{13}]＝“鞋”[xa^{13}]。中和镇其他平话却都保留着入声，“瞎”[xa^{213}]≠“鞋”[xa^{24}]。“衣”，岭头村居民平话念 [ia^{35}]，其他平话都念 [a^{35}]。“算”，和平村念为 [suã^{55}]，其他中和平话都念 [ɕyã^{55}]。和平村平话中“干”念 [kã^{35}]，“汗”念 [xã^{21}]，“寒”念 [xã^{24}]，岭头平话则分别念为 [kiẽ^{35}][xiẽ^{21}][xiẽ^{24}]。①

本文调查音系材料来自宁远中和镇西路平话，主要发音人为岭头村人。同音字汇和词汇表中的读音，均来自岭头村主要发音人的发音记录。其他语料有的来自中和镇不同村的村民，本文记录均按照发音人的实际发音进行记录，非岭头村的发音人讲述记录中出现的词语，读音与同音字汇和词汇表稍有不同。

① 和平、茶籽园、慕投、新开、岭头、和平村均为欧阳姓，其中，茶籽园、和平和新开村民血缘关系较近，慕投和新开村民的血缘关系较近。

第三节

宁远平话濒危状况①

一　与官话交错分布

宁远县除了棉花坪瑶族乡、九嶷山瑶族乡和五龙山瑶族乡，其他地区都分布有宁远平话，宁远平话与宁远官话交错分布。

官话作为宁远的通用交际语，覆盖整个县境。宁远官话、平话、土话都以自然村为单位分布，平话村与非平话村错杂分布。从全县来看，没有一个镇的所有村都是说平话的。中和镇分四个责任区，每个责任区都有讲平话的村子，也有只讲官话的村子，没有一个责任区所辖的自然村子都是平话村。麻田村讲平话，相邻的出水岩村讲官话，不讲平话。马鹿口、羊山头村讲平话，但其周边的中和上街和下街、白田都只讲官话，不讲平话。有一些讲平话的村子相连分布，但处于中心的村子离开讲官话的村子距离也很近。以慕投新村、老村为中心，周围讲平话的村子连成一片，大型村子包括慕投老村、慕投新村、油榨屋、高子洞、老彰佳、和平村（原名库里）都是说平话的。但慕投新村与只讲官话的蒋家自然村，距离不超过2千米，与讲官话的周家也不过3千米，与讲官话的出水岩村和枫木脚村也不过5千米。这些村子之间，有小溪、小山丘或者田地相隔，但这些小溪、小山丘，并不能阻隔村民之间来往。

一些讲平话的村子，被不讲平话的自然村包围。中和镇东塘自然村，东北部是山丘，往东1千米和2千米分别是水落脚自然村、小桃园自然村和大桃园村，往南500米是段家村，往西约1.5千米是中和上街和下街村，这些村都是讲官话的。东塘村就被只讲官话的村子包围着。

① 本节的主要内容曾以《宁远平话的衰退》为题在《中国社会语言学》发表，本书进行了调整。

二 使用场合较少

宁远平话仅在部分场合使用。一般认为对内使用平话，对外使用官话（李永明，1988；张晓勤，1999）。宁远县官话、平话、土话并存。操平话的居民一般都会说官话，但说官话的居民，则不一定懂得平话。所以在与不懂平话的人交流时，持平话者都会主动使用官话与对方交流。从使用的场合来看，平话家庭内部一般使用平话，从官话村嫁入的媳妇，一般很快学会并使用平话。现在也有一些家庭迁就媳妇，与媳妇用官话交流。官话媳妇生的孩子，用官话与母亲交流，用平话与其他家庭成员交流。平话村的村民之间交流一般用平话。如果集市建在平话区，集市上使用的方言一般是平话，如慕投市场；集市建在官话区，集市上使用的语言一般是官话，如中和市场。不过这只是从主流情况来说的，其实，农村市场的方言不是单一的，有官话，也有平话。使用平话还是官话，主要看交流的对象。

我们调查时发现，持平话的人们对内也不是在任何场合、任何时间都使用平话。即使在场的所有人都懂平话，也有一些情况下不用平话，越是正规的场合，越是庄重严肃的讲话，使用平话的比例就越小。以下介绍对内不使用平话的情况。

（一）交流过程中放弃平话

两个平话人开始用平话交流，在交谈过程中，涉及较复杂的问题，中途就会放弃平话，改用官话。在如下情况下会放弃平话：一是辅导作业、谈论协议等有文字的内容时；二是谈论不熟悉的工作时；三是与长期在外工作的人交流时。第三种情况是因为长期在外地工作的人对平话不熟练所致。前两种情况显然是用平话不能顺利地表达话题所涉及的全部内容。这说明，平话虽然能独立完成日常生活中的普通交流任务，但还有部分内容和意思的表达需要借助官话。

（二）一些活动中，平话只限于在开场白中使用

平话区有许多民俗活动，以家庭为单位进行的活动都使用平话。以家族或者村子为单位的活动，一般也使用平话。但也有一些活动特别是仪式中，平话只在开场白中使用。活动正式开始后就不再用平话。如看相算命等迷信活动、婚丧仪式，上梁仪式，说唱表演、上课和开会等。这些活动开始之前，主持人可以用平话与大家交流，一旦活动正式开始，就改用官话。我们录制一个艺人的说唱表演，他首先说明："我编了一个故事，故事是讲儿子要出去打工，劝他爹爹在家种好烤烟，待好媳妇。"这番话是用平话说的。接下来，所有的唱说都不用平话，而用官话。艺人和在场的所有听众都是平话区的，能熟练使用平话。这样的情况，当地没有人觉得奇怪。在一个丧事活动中，哭灵的人首先用平话对大家说："我昨工莫得睏好昨天没睡好，嗓音莫大，大侪量大点大家原谅。"接下来，哭灵就不用平话，改用官话。当然在这些活动过程中，偶尔也会插入一些平话，但是插入的都是题外话。法师

做道场前，会用平话说一些客套话，之后的说唱过程中，一直使用官话，但如果突然发现孝子没有配合好，就会用平话提醒，接着继续用官话说唱。这时，平话是说给孝子听的，官话是唱给在场所有人听的。

宁远酒席上常常猜拳。猜拳之前大家使用平话进行交流，包括确定猜拳的规则等。但一旦猜拳开始就不用平话。“一定发财、对门有喜、三多财宝、四季发财、高升、七彩、八发、九长”等猜拳用语，都用官话。这种转换，大家毫无不自然的感觉。以下是其中的一小段（黑体为平话）：

“**轮到我两人了。来。**拳，兄弟好……”

luã^{24}tie^{33}io^{55}lĩ^{55}ŋ^{24}lie^{21}。la^{24}。tɕ^{h}yã^{21}, ɕiõ^{33}ti^{24}xɔ^{55}…

（三）多数谚语不用平话吟说

常见的一些谚语，不用平话吟说。如以下谚语：

月亮生毛，大雨浮浮；月亮背枷，干死草花。

东打日头西打风，南打北打大雨空。

立秋十八雨，漏秋十八干。

雷公叫呵呵，有雨也不多。

有雨天边亮，无雨顶上天。

前啄金，后啄银。

这些谚语，如果用平话来说，声韵也很和谐。如第一句的“毛”和“浮”，平话的韵母都是[ie]，平话“枷”和“花”的韵母都是[o]，但平话区的人都不用平话吟说这些谚语。

此外，宁远“巫文化”很发达，据我们了解，“咒语”都不是用平话而是官话来念的，如平话区的驱蚊“咒语”：“五月端午节，蚊虫外面歇，你在树林吃露水，不到屋里吃人血。”

（四）部分人放弃平话

平话一般按村子分布，一个村子要么所有人都说平话，要么所有人都只说官话或者兼说土话，不说平话。这是原来的情况。现在，一些平话村已经有部分人放弃平话，改说官话。据调查，宁远县永安的一些村子，60岁以上的人说平话，但40岁以下的人基本说官话。平田原来是个讲平话的大的自然村落，现在很多人不说平话，特别是新世纪出生的人大多数不说平话。宁远县中和镇东塘自然村，新世纪出生的人已经不说平话。还有些村子已经集体放弃了平话。与东塘自然村相邻的水落脚自然村，20世纪60年代前出生的人一般讲平话，但现在整个村子成了官话村。大界、山林塘村，20世纪七八十年代还是说平话村子，现在几乎没有人说平话。

宁远距离广东较近，20世纪七八十年代就有大批农民到广东务工。据不完全统计，

2010年，宁远县至少有20万外出务工大军（新闻报道）。外出者往往带着妻小，由于常年远离平话环境，对平话越来越生疏，特别是他们带出去的儿女，有的甚至不以平话为母语。至少可以说，人员大量外出，使得部分人较长时间甚至终生不使用平话。

三　特色逐渐消失

首先，大量的官话词语进入平话。新生事物、新概念出现后，平话人往往从官话中不加改造地直接拿过来，如“缝纫机”。平话中的“水”“泥”“板”等语素，都是能产性很强的自由语素。“水”做语素的词“温水、冷水、生水、井穴水、水杨柳、水气”等，“泥”做语素的词“泥巴巴、精干泥、淤泥”，“板”做语素的词“板子、床板，门板”等，都比较常用。但新事物水泥、水泥板出现后，平话并没有用自己这些常用的语素构词来反映，却借用了官话的新词“水泥”和“水泥板”。平话中有“□□蛋[$k^ha^{21}k^ha^{21}$]”“筒古”“饼”等词，“蛋筒、蛋饼”等在宁远出现的新事物，也都是借用官话来表达。

“窗子、茶几、懒人床、蒲团、藤椅、驮篮、背篓、背带”是宁远常见的物品，应该是历史上很早就存在的。楼房，单排房，四合院，吊脚楼，屋脊，五脊六兽，坡顶、平顶房屋，茅棚式、房屋式、缸式、坑式厕所，村口、街上的牌坊，独木桥，屋檐下的、田间的、竹子的、木头的笕，八仙桌，太师椅，男式、女式、小孩的鞋子，两头带垂钩的扁担，剃刀布，裁缝铺，山地，稻草人等，这些常见的事物，宁远平话中都没有专名，只能借助官话来指称。

过多的官话借词，造成平话的词汇系统性降低，部分词语之间在语言形式上的联系中断。如平话的“枣粒”（枣子）、“苦粒”（苦瓜），有共同的词素“粒”，但官话“枣子”和“苦瓜”没有共同的词素。如果平话借用官话的“枣子”和“苦瓜”或者其中任意一个，枣子和苦瓜在语言形式上的联系就中断了。平话的锅铲用“豆腐锹”来指称，与“豆腐”有联系，但如果采用官话“铲锹”，锅铲和豆腐之间的联系就被掩盖。

另一方面，老年人口语中一些常用的词，青年人已经不再使用，改用了与官话同源的词。如老年人口语中，鞋子的单位为“□[$tɕ^hie^{21}$]”，年轻人用“双[$sẽ^{35}$]”来表达；老年人把“一碗饭”说成“一□[$ləu^{213}$]□[ma^{24}]”，年轻人说“一碗[$yẽ^{33}$]□[ma^{24}]”。现在多数平话人说的“茅厕”，在老年人的平话中还有“屎坑”的形式。目前的情况来看，现在平话中与官话截然不同的词语，数量很少。我们用《中国方言文化典藏调查手册》（曹志耘主编，2015年）调查得到的800多个词语中，平话与官话截然不同的词语只有70多条，其他词语，只是语音形式不同而已。

随着借词的进入，一些官话语音直接进入平话。根据张晓勤《宁远平话研究》以及我们的研究，[uẽ][oŋ][ioŋ]是平话没有的韵母，或者说，平话人认为读这些韵母的词语不属于平话。我们调查发现，官话的“尿桶[liɔ^{35}t^{h}iã^{33}]”“蕹菜[oŋ^{24}ts^{h}ɛ^{33}]”“跳绳[t^{h}iɔ^{24}suẽ^{21}]”“鸟崽粑粑[liɔ^{55}tsɛ^{55}pa^{33}pa^{33}]”“撩盘[liɔ^{21}pã^{21}]”“拱门[koŋ^{55}mẽ^{21}]”“缝纫机[xoŋ^{21}iẽ^{33}tsɿ^{33}]”“拱拱形二胡[koŋ^{55}koŋ^{55}ɕiẽ^{21}]”“弹弓[t^{h}ã^{21}koŋ^{33}]”等词语进入平话后，把不属于平话系统的[uẽ][oŋ][ioŋ]等语音也带了进来。而且，平话人并不承认这是平话。这样，平话人心目中有两套不同的语音系统，一套是平话的，一套是平话和官话混合的。久而久之，必然导致不同的平话人对平话的语音系统有不同的认识。

总之，宁远平话正在两个方面面临濒危，一是逐渐失去自身的特色，朝强势方言官话演变；二是使用人数和使用场合逐渐减少，有从宁远的交际活动中彻底退出的趋势。

第四节

宁远平话研究现状

宁远平话早先并没有引起学界的重视，《湖南方言调查报告》《湖南方言普查总结报告》这样大规模调查的成果，没有对宁远平话的具体描写。1999年张晓勤先生出版了《宁远平话研究》，首次对宁远平话进行全面研究，该书描写的是宁远东路平话。2000年，李连进先生出版了《平话音韵研究》，提供了宁远县北路平话的一些材料（方言学界在研究中涉及宁远平话时，多数从《宁远平话研究》和《平话音韵研究》中引用材料[①]）。2001年李永明、鲍厚星主编的《湖南省志·方言志》把宁远平话作为湘南土话的一种进行了描写（宁远平话部分主要是李永明调查编写），该书描写的是城郊的平话。此后，李永新硕士论文《湖南宁远县中和平话语音研究》介绍了西路平话的语音情况。邓胜芳的硕士论文《湖南宁远县南路平话的语音研究》描写了南路平话，李文的《湖南宁远县北路平话音韵研究》则描写了宁远北路平话。至此，宁远东南西北各路平话都有了公开发表的材料。此外，研究湘南土话、桂北平话的论著，也将宁远平话纳入视野，宁远平话逐渐为学界所认识和重视。

《宁远平话研究》和《湖南省志·方言志》描写的是同一路平话。但二者有一些不同的观点，最突出的是《宁远平话研究》的一个重要结论是："古全浊声母宁远平话读塞音、塞擦音时，通常是根据声调的平仄来区分送气不送气。"《湖南省志·方言志》则认为宁远平话古全浊声母今读塞音塞擦音时，不论平仄，均读送气清音。

对于宁远平话的归属，目前有几种观点。

第一种观点将宁远平话归于土话，属于未分区的方言。杨时逢《湖南方言调查报告》将宁远平话称为土话，《中国语言地图集》中，宁远被划归"湘南片"，是官话和土话并用

① 2015年4月，在知网上查询，以《宁远平话研究》为参考文献的论文有35篇，其中《方言》杂志论文15篇。

区。宁远平话被归入湘南土话中，属于未分区的汉语方言。王福堂的《平话、湘南土话和粤北土话的归属》(2001)提出："湘南土话、粤北土话和桂北平话也应该属于同一种方言"，"……把它归入其他方言(如白话)，至少就目前来看，也还不适宜"。主张"暂时搁置，同时注意它的发展，以后再作处理"。谢奇勇《湘南永州土话比较研究》(2010)将宁远平话放在土话中进行讨论，他认为不宜将宁远平话归为现在所说的广西平话的范畴，倾向于将宁远平话纳入赣语中，但有点犹豫，他说："要讨论永州宁远平话型土话的方言归属，其客赣(特别是早期赣方言)的特征是不能忽视的，甚至有闽方言的痕迹……至于是否就将其归为客赣方言，我们的意见是有待进一步深入考察。"

第二种观点将宁远平话划归十大方言里的平话。王本瑛《湘南土话之比较研究》认为包括宁远平话在内的湘南土话是平话的一支。他认为"湘南土话和平话为同一方言群，不同的是，湘南土话受湘语的影响较多、平话受粤语的影响较深"。(1997)稍后的李连进的《平话音韵研究》(2000)介绍了宁远清水桥平话，将宁远平话纳入到十大汉语方言的平话之中。2007年，李连进先生《平话的分布、内部分区及系属问题》再次将宁远平话纳入平话，归为平话桂北片的漓江小片。

第三种观点将平话划归赣语或者客家话。鲍厚星《湘南土话归属问题》(2002)认为湘南土话中的清音送气型(引者注：包括宁远中和镇平话)可以用较宽的尺寸划入客家话或赣语。

但2007年，鲍厚星和陈晖合作的《湖南省的汉语方言(稿)》依然将宁远平话放在湘南土话中讨论。该文将湖南省的汉语方言划归为湘语、西南官话、赣语、客家话、土话、乡话五种，其中湘南土话分布在11个县，包括宁远县。宁远县存在与当地"土话"不同的"平话"已经广为人知，没有专门给出平话一类，显然宁远平话仍然被放在土话中。

学界关于宁远平话归属的意见迟迟不能统一，一方面，因为宁远平话所处的方言环境复杂，周边既有官话、平话，又有湘语、赣语和客家话，还有不少是属性未定的方言，确定宁远平话的属性时，需要考虑的因素较多。而处于这种方言大环境中，宁远平话接受的影响又比较复杂。特别是，宁远还是双方言区，平话人一般都会西南官话，官话对平话的影响，比一般单方言区的要深得多。另一方面，宁远平话处于濒危状态，方言调查相对困难。《方言调查字表》有近一半的字用平话读不出来，确定宁远平话的属性，就比较困难。但是，经过近三十年的讨论，对宁远平话的认识越来越清晰了，讨论宁远平话归属时，越来越集中。

湘南土话是一个笼统的概念，是属于暂时没有分区的方言群，这一点已经得到学术界的普遍认可。关于宁远平话归属的意见，集中在湘语、赣语和平话，暂时还没有提出别的观点。湘语的特征是古全浊声母舒声字今读塞音、塞擦音时，不论平仄，一律不送气；赣语的特征刚好与湘语相反，即古全浊声母舒声字今读塞音、塞擦音时，不论平仄，一律送气；平话的共同特征是古全浊塞音、塞擦音声母今读为不送气清塞音、塞擦音。宁远平话的古全浊声母今读塞音塞擦音送气，没有古浊上今读阴平的现象。从这些特点来看，宁远平话与赣语更为接近。

宁远行政区划上自古以来与湘语的大本营联系在一起，而且同属于永州市的永州市区、冷水滩、东安、祁阳、道县、江永、江华、新田等地都被划入湘语区（陈晖、鲍厚星，2007）。宁远平话是否应该划归湘语？鲍厚星、陈晖两位的《湘语的分区（稿）》提到，《中国语言地图集》用古全浊声母今读为标准来确认湘语，原则上并没有错，但是，标准的定位过于单一化了，并提出了4条标准。这4条标准是：一，古全浊声母舒声字今逢塞音、塞擦音时，无论清浊，一般都念不送气音；二，古塞音韵尾[p][t][k]完全消失，也无喉塞尾[ʔ]；三，蟹、假、果摄主要元音形成[a][o][ʊ]序列（除了基本形式外，还有一些变体）；四，声调有五到七类，绝大多数去声分阴阳。根据这些，宁远平话不宜划归湘语。首先，全浊声母今读送气音，不同于周边的其他湘语；其次，在当地人的语感和方言认同上，周边县市的居民不懂宁远平话，当地人认为，永州市区、冷水滩、东安、祁阳、道县、江永、江华、新田等地的湘语，与西南官话比较接近，但与宁远平话相差很远。

第五节

调查说明

选定中和镇作为调查点，主要出于以下考虑。

首先，宁远的四路平话中，中和平话能比较好地反映宁远平话的现状。北路平话与其他三路差别较大，东、西、南路平话互相间交流没有任何障碍，西路的中和平话能代表宁远平话现有的状况。中和全镇总面积326平方公里，居民67 000人，占全县总人口的10%。虽然中和镇也和其他乡镇一样，以官话为公共交际语，但辖区内居民大多数能懂平话。李、欧阳等大姓聚居的大村庄，如欧阳姓的慕投新村、慕投老村、高子洞、油榨屋、岭头、和平等，李姓的新彰佳、老彰佳等村，何姓的四都新屋里、老屋里、何家山、杉树脚等大村都讲平话。讲平话的人口约占全镇总人口的3/4，不讲平话的村，大多也能听懂平话，能讲不纯正的平话。

其次，中和镇讲平话的村子，主要是李姓和欧阳姓的村子，人口构成比较简单。这些李姓和欧阳姓的居民，基本上是来到中和镇再分化的，中途来自其他乡镇的很少，人口溯源相对容易。

再次，如前文所述，中和镇地理位置和地形比较特殊，与外界交流的机会相对较小，使得平话在这里容易保持原有的特色。事实上，北路平话受到了北面祁阳湘语的影响，东路和南路平话与土话接触较多。但中和平话与外界交流机会较少，受外界影响较小，更容易保持原有面貌，如中和平话至今保留了入声调类。

我们对平话的调查，可以分成三个阶段。第一阶段是2003年开始对宁远平话的语音进行调查，主要调查点是中和镇新彰佳村和中和镇兴隆坊村，同时对宁远柏家坪镇平话、冷水镇平话、大阳洞平话进行了语音方面的调查，主要想弄清楚平话的语音特点和内部差异。调查重点是中和镇平话，发音人为李运贵和李怀清两位先生。因为已经有《宁远平话研究》《平话音韵研究》等研究成果，对柏家坪镇和冷水镇平话的调查主要是核实验证性的，并没有完全展开。柏家坪镇平话的发音人是李小阳，冷水镇的发音人是李陶军，大阳洞平话（后划归舜陵镇）的发音人为周正亮。这一阶段的调查主要是李永新完成的。第二阶段是对宁远平话的系统调查。2012年对中和镇新开村平话进行系统调查，历时两年多，调查内容包括了语音、词汇、语法，收集了一些民间故事等语料。主要发音人是欧阳顺生和曹生凤两位老人。2015年暑假对中和镇岭头村平话进行了集中时间的系统调查，调查内容包括语音、词汇、语法，以及口头文化，收集了较多的语料，同时对宁远平话的分布进行比较细致的调查，对讲平话的人口以行政村为单位进行较为细致的统计。主要发音人为欧阳喜赐、李美章、李志秀、欧阳世敏、欧阳晓琴、李巧云。这一阶段的调查，记音以李永新为主，李翠云、成小平参加了部分调查工作，金玉洁、李华丽做了摄录和调查整理工作。第三阶段是对宁远平话的补充调查。2015年9月以后，针对研究中发现的疑点，陆续对中和镇茶籽园平话、冷水镇平话、天堂镇平话、湾井镇平话进行了调查。发音人为欧阳格秀、奉满年、周明锋、周正亮、李林正。这一阶段的调查以李永新、李翠云为主。不同发音人语音稍有区别，本文的音系以最后一次调查为准，记录的是中和镇岭头村平话的情况。以下是主要发音人的情况（宁远行政区划有一些调整，以下发音人所属村组名称以调查时为准）。

李怀清，男，1949年4月出生，宁远县中和镇新彰佳村人，退休教师，高中文化。

李运贵，男，1946年6月出生，宁远县中和镇兴隆坊村人，务农，高中肄业。

李陶军，男，1967年11月出生，宁远县冷水镇东城责任区隔江新李家村人，教师，大学本科文化。

李小阳，女，1970年11月出生，柏家坪镇礼仕湾责任区茄子园村人，医生，大学本科文化。

欧阳喜赐，男，1956年9月出生，宁远县中和镇岭头村人，教师，大专文化。

李巧云，女，1972年5月出生，宁远县中和镇新彰佳村人，务农，初中文化。

李美章，女，1964年11出生，宁远县中和镇新彰佳村人，务农，小学文化。

欧阳顺生，男，1943年10月出生，宁远县中和镇新开村人，退休教师，大专文化。

欧阳格秀，女，1976年8月出生，宁远县中和镇茶籽园村人，务农，小学文化。

李志秀，女，1954年8月出生，宁远县中和镇老彰佳村人，务农，小学文化。

欧阳世敏，男，1983年1月出生，宁远县中和镇岭头村人，务农，初中文化。

欧阳晓晴，女，1988年12月出生，宁远县中和镇岭头村人，公务员，大学文化。

曹生凤，女，1940年11月出生，宁远县中和镇新开村人，务农，小学文化。

奉满年，男，1974年1月出生，宁远县冷水镇奉佳山村人，村支部书记，大专文化。

周明锋，男，1978年2月出生，宁远县冷水镇冷水铺村人，公务员，大专文化。

周正亮，男，1962年9月出生，宁远县天堂镇岭脚村人，村干部，初中文化。

李林正，男，1962年8月出生，湾井镇下灌韶水村人，教师，中师文化。

第二章 语音

第一节

声韵调①

一　声母

声母19个，包括零声母在内。

p帮兵保崩飞	p^h派片屁病纺	m麦明麻梦问	f风副肥灰祸	v月温物望雨
t多东当刀短	t^h讨天甜毒毯			l脑泥娘耳老
ts资租装姊追	ts^h草寸自茶车		s丝事顺沙蛇社	
tɕ早猪酒锯争	$tɕ^h$清财造丘茄		ɕ扫输许学书想	
k高贵割家狗	k^h棵柜货快劝	ŋ牛芽饿挨日	x虾海河话苋闲	
∅屋哑于爷油				

说明：[l]有[l]、[n]和[ȵ]三个变体，与细音相拼时，可以读[l]或者[ȵ]，比较自由；与洪音相拼时，读[l]或者[n]，与鼻化韵相拼时一般为[n]。

二　韵母

韵母30个，包括自成音节的ŋ。

ɿ西丝笑失	i米滗料力	u歌铺副佛	y取举拘焌
a来被飞炸	ia待辣发灾	ua耍醉触骨	ya挂挖刮坏
ɛ厉碑浸笔		uɛ崔嘴出水	
e敲苋限考	ie茄耳闹单		ye栓撑惯关
ə多贝溮爱			

① 本书记录的是宁远中和镇岭头村平话老派语音。

ɔ剁古木胡	iɔ蛟尿飘		
o加推南冷	io我冰壁命		
ei肺越血费		uei脆税绝雪	
əu走抖牛卒	iəu窖秋法六		
ã渗办愿县	iã心吞本讲	uã选嫩寸顺	yã笋云运菌
ẽ耽坦帮双	iẽ断烟干盘		yẽ官光抟乱
ŋ安人你进			

说明：

①单韵母[u]在[k][k^h][f]声母后，比标准元音[u]稍展；在[p][p^h]后，舌位比标准元音[u]前，唇形较标准元音[u]稍展。[ɿ]遇零声母，前有摩擦，实际发音为[zɿ]①，本书均记录为零声母的[ɿ]。

②[y]韵母，实际音值近于[ɥ]。

③[a]开口度比标准[a]略小。随着介音不同，[a]的舌位前后稍有不同，在[i]后舌位较前，是标准的[a]，在[y][u]后舌位稍后，实际音值为[ᴀ]。

④[e]在[iẽ][yẽ]中开口度稍小，近于[ɪ]。

⑤[ɔ]韵母圆唇度、开口度都比标准[ɔ]略小，舌位稍前。

⑥[ei]的动程较小。

⑦[əu]动程不明显，实际音值接近单元音[ʊ]。

⑧鼻化韵不稳定，与相应的后鼻尾韵自由变读，如[ẽ]，有时发为[eŋ][ẽŋ]，[yẽ]有时发[yeŋ][yẽŋ]。

⑨另有文读专用韵母[oŋ][ioŋ]、应答词专用的[m]，没有归在音系的30个韵母中。

三　声调

宁远平话共有六个声调。

阴平35	高街拖租沙天削	阳平24	徒蛇提抬求墙龙
上声33	馆蠢引嘴口早走		
阴去55	女老暖有坐柱孝	阳去21	害用慢历仗六步
入声213	切七黑脱色哭发		

说明：

①阴平为中升调，实际调值为335，今记为35。

②阳平实际调值为214，今记为24。

③阴去为高平调，稍有上扬，但不明显，实际调值为45，今记为55。

④入声为凹调，起点比2略低，终点比3略低，今记为213。

① 有些人发为[ʤɿ]。

第二节

单字音表

表中同一横行的字声母相同，同一竖行的字韵母和声调相同。有音无字用数字表示，并在表下加注。多音字、不常用字，在表下加注。

表2-1　单字音表一

韵	ɿ						i						u					
调 声	阴平 35	阳平 24	上声 33	阴去 55	阳去 21	入声 213	阴平 35	阳平 24	上声 33	阴去 55	阳去 21	入声 213	阴平 35	阳平 24	上声 33	阴去 55	阳去 21	入声 213
p							屄			闭		别	晡		补	部	②	斧
p^h							批			痞			**铺**	菩	谱	**铺**	步	仆
m										米	庙							
f													夫	扶	火	祸	服	福
v													屙	捂	肉	雨	雾	龌
t							刁		底	吊	敌							
t^h							剃	条	替	第		铁						
l								撩		疑	料							
ts	鸡		纸	痣	①	织												逐
ts^h	欺	池	齿	次	字	切									楚			
s	狮	时	洗	试	事	熄								素			属	

续表

韵	ɿ						i						u					
调 声	阴平 35	阳平 24	上声 33	阴去 55	阳去 21	入声 213	阴平 35	阳平 24	上声 33	阴去 55	阳去 21	入声 213	阴平 35	阳平 24	上声 33	阴去 55	阳去 21	入声 213
tɕ																		
tɕʰ																		
ɕ																		
k																		
kʰ																		
ŋ																		
x																		
Ø	腰	窑		以	叶	腌												

铺 p^hu^{35} 动词

铺 p^hu^{55} 名词

① $tsɿ^{21}$ 这～：这样

② pu^{21} ～水出：涌出水来

表2-2 单字音表二

韵	y						a						ia					
调 声	阴平 35	阳平 24	上声 33	阴去 55	阳去 21	入声 213	阴平 35	阳平 24	上声 33	阴去 55	阳去 21	入声 213	阴平 35	阳平 24	上声 33	阴去 55	阳去 21	入声 213
p							飞	霸	掰	②		罢	跰		摆	拜		八
pʰ							胚	密		被		篦		排	⑬	派	败	
m								③	马	尾	④	沕		埋		买	卖	
f							揔				华	穴						发
v								⑤			物	⑥						
t							瘩		打	⑦					爹	带	⑭	搭
tʰ													胎	抬		太	袋	踏
l							捏	来	里	那	⑧	⑨			⑮	弟	癞	奈

续表

声＼调＼韵	y						a						ia					
	阴平35	阳平24	上声33	阴去55	阳去21	入声213	阴平35	阳平24	上声33	阴去55	阳去21	入声213	阴平35	阳平24	上声33	阴去55	阳去21	入声213
ts							斋		姊	眨	闸	扎						
tsʰ							猜	岔	楂	岔	炸	插						
s							筛		厦	晒		杀						
tɕ	拘		举										灾			载	唧	砸
tɕʰ		菊	取	呿									⑯	财	彩	菜		裁
ɕ	虚			①														撒
k							街		解	介		挟						
kʰ							揩	胯		卡	⑩	⑪						
ŋ							挨	呆				硙						
x							河	鞋		⑫	狭	瞎						
ø	淤	芋			如		衣		矮	那		伊						

呿 tɕʰy⁵⁵ 表示不屑
沕 ma²¹³ 潜水
那 la⁵⁵ ～面
那 a⁵⁵ ～人
捴 fa³⁵ 抽：～一巴掌
岔 tsʰa²⁴ 打～
岔 tsʰa⁵⁵ 莫要～
姊 tsa³³ ～妹
炸 tsʰa²¹ 用油～
解 ka³³ ～开
搭 tia²¹³ ～子
袋 tʰia²¹ ～牯：袋子
① ɕy⁵⁵ 掏
② pa⁵⁵ ～～：大便
③ ma²⁴ 饭：煮～
④ ma²¹ ～直：笔直
⑤ va²⁴ 招手
⑥ va²¹³ 让牛停下来的吆喝声
⑦ ta⁵⁵ 个
⑧ la²¹ 久
⑨ la²¹³ 胖
⑩ kʰa²¹ ～～：蛋
⑪ kʰa²¹³ 捆
⑫ xa⁵⁵ 湿
⑬ pʰia³³ 张开两臂量距离
⑭ tia²¹ 两 ～ □[ku⁵⁵]子：两兄弟
⑮ lia³³ 薄～～：很薄的样子
⑯ tɕʰia³⁵ 鳃

表2-3　单字音表三

韵/调/声	ua						ya						ε					
	阴平35	阳平24	上声33	阴去55	阳去21	入声213	阴平35	阳平24	上声33	阴去55	阳去21	入声213	阴平35	阳平24	上声33	阴去55	阳去21	入声213
p													**碑**		比	痱		笔
pʰ														琵		屁	避	
m													寐	**眉**				
f														肥	毁	⑨	⑩	
v													墜	为	歪	喂	味	**抈**
t													**知**	**大**		逮	⑪	
tʰ													⑫			**跳**	地	
l						捋								离	奶	李	利	粒
ts				醉		啄							朝		⑬	宰		
tsʰ		槌	①	**浞**	促									⑭			浸	七
s			耍		刷	②									死	四		
tɕ																		
tɕʰ										④								
ɕ																		
k			呱		**聒**	骨	乖		拐	挂		刮						⑮
kʰ				垮	③		圈	⑤	⑥	块								
ŋ																		
x																		
∅							⑦			⑧	滑	挖						

浞 ts^{h}ua^{55} 淋雨

聒 kua^{21} 打～～：闲聊

碑 pɛ^{35} ～石

眉 mɛ^{24} ～毛

抈 vɛ^{213} 折

知 tɛ^{35} ～得：知道

大 tɛ^{24} 胆子～

跳 t^{h}ɛ^{55} 跑

① ts^{h}ua^{33} 歪

② sua^{213} ～子：鞭子

③ k^{h}ua^{21} 手残

④ tɕ^{h}ya^{55} 撕

⑤ k^{h}ya^{24} 睁

⑥ k^{h}ya^{55} 清～～：粥很稀的样子

⑦ ya^{35} 掏

⑧ ya^{55} 量词，瓣：一～柑子

⑨ fɛ^{55} 甩：～两巴掌

⑩ fɛ^{21} 剩～：剩下

⑪ tɛ^{21} 小个～：小时候

⑫ t^{h}ɛ^{35} ～工：明天

⑬ tsɛ^{21} □[mə^{35}] ～～：很破碎的样子

⑭ ts^{h}ɛ^{24} 近

⑮ kɛ^{213} 动词，呆，藏：～到角牯落

表2-4 单字音表四

韵 / 调 / 声	uɛ						e						ie					
	阴平 35	阳平 24	上声 33	阴去 55	阳去 21	入声 213	阴平 35	阳平 24	上声 33	阴去 55	阳去 21	入声 213	阴平 35	阳平 24	上声 33	阴去 55	阳去 21	入声 213
p													班		宝	报		彼
pʰ													**偏**	袍		襻	**暴**	
m														忙	**毛**	晚	帽	
f													藩	凡	**反**		**饭**	
v																		
t													单		**倒**	到		
tʰ													贪	逃	讨	炭	跌	
l														牢	脑	懒	业	
ts	追		嘴															
tsʰ	吹	随	**罪**		坠													
s	**水**		**水**			除												
tɕ													朱		煮	澡	洁	拣
tɕʰ													蛆	茄	草	造	④	
ɕ													山		省	扫	树	
k	规	**怪**	鬼	贵		①	高		**赶**	**告**		**跟**						
kʰ	亏			跪	柜		敲		考	靠	**刻**							
ŋ							熬	②		拗	硬							
x							**薅**	桁	**好**	限	号							
∅							**吁**		**吁**			③	于		娜	也	药	**吁**

罪 $ts^hu\varepsilon^{33}$ 得～
水 $su\varepsilon^{33}$ 雨～
水 $su\varepsilon^{35}$ ～桶：装洗澡水的桶
怪 $ku\varepsilon^{24}$ ～人
赶 ke^{33} ～碗：将碗中饭菜吃完
告 ke^{55} ～状
刻 k^he^{21} 那～
跟 ke^{213} 和：我～你
薅 xe^{35} 松土
好 xe^{33} ～人
吁 e^{35} 表强调的语气词
吁 e^{33} 表强不满语气词
吁 ie^{213} 发语词，表惊讶或者不满
偏 p^hie^{35} 我～去
毛 mie^{33} ～～：头发
反 fie^{33} 喧闹
饭 fie^{21} ～锹：饭勺
倒 tie^{33} ～水
暴 p^hie^{21} ～伙子：生手
① $ku\varepsilon^{213}$ 蜷；扭动
② ηe^{24} 洞
③ e^{213} 代词，这
④ $t\varsigma^hie^{21}$ 量词，双：一～木头

表2–5 单字音表五

韵/调/声	ye						ə						ɔ					
	阴平35	阳平24	上声33	阴去55	阳去21	入声213	阴平35	阳平24	上声33	阴去55	阳去21	入声213	阴平35	阳平24	上声33	阴去55	阳去21	入声213
p							杯		④	贝	**伯**	北						
pʰ							坯	赔		配	薄	泼						
m							**霉**	媒		没	脉			冒	猫	亩	木	
f							灰	回		悔	**活**	**阔**						
v							煨		⑤		岳	⑥						
t							多		朵	碓		德			堵	剁		
tʰ							拖	托			特	脱		徒	土	吐	独	
l							挪	雷	哩	肏	糯		**炉**	儿	**佬**	**佬**	**路**	懒
ts									仔	做	侄	侧	租		阻			
tsʰ							抄		炒	坐	贼	错	粗	砠		醋	住	
s							梭		锁	潲		塞	梳		**数**	⑨		缩
tɕ																		
tɕʰ	**窜**			赚														
ɕ	删				勺													
k	关			惯		①	该		改	**盖**	嗝	割	姑		古	顾		谷
kʰ		②									咳	磕			**苦**	库		
ŋ								鹅			饿			鱼				
x							开		海		害	黑	呿	壶	**苦**	去	虎	哭
ø	弯	③	舀	**唠**	万			呃	⑦	爱	艾	⑧	乌	吴	**凹**		喔	屋

窜 tɕʰye³⁵ ～水
唠 ye⁵⁵ 打～
伯 pə²¹ 叔～
活 fə²¹ ～套
阔 fə²¹³ 好～
霉 mə³⁵ 烂～～
盖 kə⁵⁵ ～子
炉 lɔ³⁵ ～腹：厨房里
佬 lɔ³³ ～崽：贼
佬 lɔ⁵⁵ 贼～
数 sɔ³³ 动词
苦 kʰɔ³³ ～头
苦 xɔ³³ ～味
路 lɔ²¹ 走～
凹 ɔ³³ 低洼
① kye²¹³ 搂
② kʰye²⁴ 动词，小孩爬行
③ ye²⁴ 横
④ pə³³ 干～～：很干的样子
⑤ və³³ ～～：水
⑥ və²¹³ 表示同意的应答
⑦ ə³³ ～～：凹痕
⑧ ə²¹³ 表示同意的应答
⑨ sɔ⁵⁵ 屌

表2-6 单字音表六

韵 / 调 / 声	iɔ						o						io					
	阴平35	阳平24	上声33	阴去55	阳去21	入声213	阴平35	阳平24	上声33	阴去55	阳去21	入声213	阴平35	阳平24	上声33	阴去55	阳去21	入声213
p			标		瞟		疤		**波**	跛		百	兵		饼			壁
pʰ			飘				坡	耙		帕	白			平			病	
m								抹	嫫	码	麦			名			命	
f																		
v																		
t							**堆**		④	队	⑤	答	丁		顶	**钉**		**盯**
tʰ		**跳**					推	沓	**毯**	淡	**大**		厅	停	挺	听	订	
l	**尿**	①		**了**		②		南		冷	腊		⑥	灵	**领**	野	历	⑦
ts							渣		诊	证		摘						
tsʰ							斥	茶	扯	锉	择	拆						
s							沙	蛇	**舍**	**兄**	射							
tɕ			焦	姣									精		井	借	⑧	唊
tɕʰ													青	晴	请	笪	袖	
ɕ			宵	③									星	邪	写	锈	⑨	锡
k							家		寡	裹		袯						
kʰ								课	棵	**摸**	各	**客**						
ŋ								芽	轭	瓦	恶							
x							花	咸		吓	画							
∅							丫		哑	鸦	握	压		爷	哟	我	约	

跳 $t^hiɔ^{24}$ ～舞

尿 $liɔ^{35}$ ～箪

了 $liɔ^{55}$ ～事

波 po^{33} ～～：球状物

堆 to^{35} ～起来

毯 t^ho^{33} ～子

大 t^ho^{21} ～姑

舍 so^{33} ～得

兄 so^{55} ～子

摸 k^ho^{55} ～下

客 k^ho^{213} 人～

丫 o^{35} ～头

钉 tio^{55} 动词

盯 tio^{213} 看

领 lio^{33} 一～衣

① $liɔ^{24}$ 扔

② $liɔ^{213}$ 斜、弯

③ $ɕiɔ^{55}$ 驱逐鸡的吆喝声

④ to^{33} 纳：～底牯（纳鞋底）

⑤ to^{21} 戳

⑥ lio^{35} 薄～～：很薄的样子

⑦ lio^{213} 黏

⑧ $tɕio^{21}$ 发语词，表示不屑

⑨ $ɕio^{21}$ 糯～：蒸熟了用来做酒或者粑粑的糯米饭

表2-7　单字音表七

韵	ei						uei						əu					
调 声	阴平35	阳平24	上声33	阴去55	阳去21	入声213	阴平35	阳平24	上声33	阴去55	阳去21	入声213	阴平35	阳平24	上声33	阴去55	阳去21	入声213
p																		
pʰ																		
m														谋				
f	菲		匪	肺		血												
v			①		越	月												
t													逗		陡	昼		
tʰ													偷	投	敨	透	豆	
l											②		⑤	楼	垒	篓	漏	⑥
ts								最		罪		倔	州		走	皱		卒
tsʰ										脆	绝		抽	仇	丑	臭		
s										税		雪	收		守	受	熟	叔
tɕ																		
tɕʰ																		
ɕ																		
k							③		④			蕨	勾		狗	够		构
kʰ											可	缺	眍		口	货		
ŋ														牛		沤		
x													齁	猴	口	有	⑦	
ø													欧					

月 vei²¹³ 一个～

罪 tsuei⁵⁵ 有～

口 kʰəu³³ ～才

口 xəu³³ ～水

① vei³³ 湿～～：湿漉漉的样子

② luei²¹ 搼

③ kuei³⁵ 少量，稍，～子子（一点点），有～醉（有些醉意）；量词，几～钟（几点钟），一～物什（一样东西）

④ kuei³³ 绕

⑤ ləu³⁵ 动词，挠痒痒；形容词，痒痒

⑥ ləu²¹³ 量词，碗，一～饭

⑦ xəu²¹ 揉，～粑粑

表2-8 单字音表八

声＼调＼韵	iəu 阴平 35	iəu 阳平 24	iəu 上声 33	iəu 阴去 55	iəu 阳去 21	iəu 入声 213	ã 阴平 35	ã 阳平 24	ã 上声 33	ã 阴去 55	ã 阳去 21	ã 入声 213	iã 阴平 35	iã 阳平 24	iã 上声 33	iã 阴去 55	iã 阳去 21	iã 入声 213
p	包		饱	爆		剥	**边**		**扁**	变			鞭		本	畚		
pʰ	抛		**漂**	票	雹		**偏**			片	便		蜂	盆	捧	**喷**	份	
m		茅					**寐**	棉	**饭**	**满**	**面**		文	门		蚊	问	
f						法	浑	魂		晒	县		婚		**粉**	犯	**缝**	
v							瘟	完	稳	远	愿							
t							癫		**当**				灯		等	冻		
tʰ							添	田		倘	垫		吞	筒	桶	氽	甸	
l	溜	留		柳	六		**年**	镰	**点**	鲤	染		拈	银	④	忍	弄	
ts							尖		肿	剑								
tsʰ							搀	钱	浅	秤	贱							
s							升	形	耸	渗	剩							
tɕ	教		酒	窖		**殴**							棕		讲	甑		
tɕʰ	丘	求		翘	嚼								亲	穷		近	像	
ɕ	削		朽	孝	学	宿							新		悚	信	**降**	
k							工		卷			①						
kʰ							孔	缠		②	**滚**							
ŋ																		
x							**空**	红	肯	③								
ø	忧	油		友	右								音	垠	影	湮	用	

漂 $p^hiəu^{33}$ 打水～
殴 $tɕiəu^{213}$ 拧
边 $pã^{35}$ ～际：边上
扁 $pã^{33}$ ～子：扁担
偏 $p^hã^{35}$ ～心
寐 $mã^{35}$ 睡
饭 $mã^{33}$ ～～：儿语，指饭
满 $mã^{55}$ ～～：叔叔
面 $mã^{55}$ 一～桌子
当 $tã^{33}$ 象声词
年 $lã^{35}$ 一～
点 $lã^{33}$ 雨～
滚 $k^hã^{21}$ ～地
空 $xã^{35}$ 有～
喷 $p^hiã^{55}$ ～出来
粉 $fiã^{33}$ 米～
缝 $fiã^{21}$ 裂～
降 $ɕiã^{21}$ 投～
① $kã^{213}$ 老～～：很老的样子
② $k^hã^{55}$ 蘸
③ $xã^{55}$ ～是：如果
④ $liã^{33}$ 量词，半担

表2–9 单字音表九

韵/调/声	uã						yã						ẽ					
	阴平35	阳平24	上声33	阴去55	阳去21	入声213	阴平35	阳平24	上声33	阴去55	阳去21	入声213	阴平35	阳平24	上声33	阴去55	阳去21	入声213
p													**帮**		**绑**	**放**		**绑**
pʰ													⑥		纺	**帮**	绊	
m													**摸**	蒙	冥	⑦	懵	
f													峰	防	访	**放**	横	
v																	**月**	
t	蹬		**墩**	顿									**当**		胆	**当**		
tʰ		**团**			钝								通	堂	坦	动		
l	软	轮	①		嫩									能	⑧		**拦**	
ts	专		准	②									张		涨	账		
tsʰ	川	全	蠢	寸	巡								仓	床		唱	闯	
s	孙	船	选		顺								双	尝	扨	**上**	**神**	
tɕ							军											
tɕʰ								裙		菌								
ɕ											**缝**							
k	裈		棍			③	熏		笋	擤								
kʰ		拳	框	劝	④													
ŋ																		
x																		
Ø							⑤	云			熨				嗯			

墩 tuã^{35} ～牯
团 tʰuã^{24} ～长
帮 pẽ^{35} ～忙
帮 pʰẽ^{55} 一～人
放 pẽ^{55} ～牛
放 fẽ^{55} ～心
绑 pẽ^{33} ～跌子：摔跤
绑 pẽ^{213} 紧～～：很紧的样子
摸 mẽ^{35} 予手～
月 vẽ^{21} ～亮
当 tẽ^{35} ～心
当 tẽ^{55} 上～
拦 lẽ^{21} ～倒
上 sẽ^{55} 动词
神 sẽ^{21} 好～：很神奇
缝 ɕyã^{21} 合～
① luã^{33} 搅拌
② tsuã^{55} 动词，向上跳，尤其指动物不安时蹿跳
③ kuã^{213} 黄～～：很黄的样子
④ kʰuã^{21} 头～：枕头
⑤ yã^{35} 量词，次，趟
⑥ pʰẽ^{35} 动词，乱摔、丢
⑦ mẽ^{55} ～～：婶婶
⑧ lẽ^{33} 动词，荡

表2-10 单字音表十

韵/调/声	iẽ						yẽ						ŋ					
	阴平35	阳平24	上声33	阴去55	阳去21	入声213	阴平35	阳平24	上声33	阴去55	阳去21	入声213	阴平35	阳平24	上声33	阴去55	阳去21	入声213
p	**边**		**反**	半														
p^h		盘		伴	**拌**													
m	**摸**	瞒		**满**	漫													
f	**欢**																	
v																		
t	端		短															
t^h		**团**		断				抟										
l	烟	梁	**两**	暖	亮			栾			乱							
ts																		
ts^h																		
s																		
tɕ	浆			见														
$tɕ^h$	牵	墙	抢	欠	匠													
ɕ	乡	雄	想	相	贤		酸			蒜								
k	刚		拱	虹			官		管	灌								
k^h		①	砍	空	②													
ŋ																		
x	糠	含	哄	烘	汗													
Ø	秧	容		养	样				碗		换		安	人		五	**日**	

边 $piẽ^{35}$ ～走～讲

反 $piẽ^{33}$ 穿～了

拌 $p^hiẽ^{21}$ 搅拌

摸 $miẽ^{35}$ 不看地摸

满 $miẽ^{55}$ 载～

欢 $fiẽ^{35}$ ～喜

团 $t^hiẽ^{24}$ ～圈：圆圈

两 $liẽ^{33}$ 斤～

空 $k^hiẽ^{55}$ ～话

日 $ŋ^{21}$ ～子

① $k^hiẽ^{24}$ 燂，用火苗烤

② $k^hiẽ^{21}$ 打 ～ □$[liẽ^{33}]$ 睏：打瞌睡

第三节

连读变调及轻声

一　连读变调的特点

平话的连读变调有如下几个特点：

1. 是否变调与字组内部结构关系密切相关。连读变调一般发生在语音词的内部。“在语流中，每两个停顿之间的语言片段就是一个语音词……语音词不是由语言学家划分，而是由说话人划分的，它很灵活，说话人可以按照自己的习惯或者意愿在一定限度内自由地划分语音词……”（五臺，1986）一般来说，偏正结构容易成为语音词，动宾结构不容易成为语音词。如“禁山”，如果偏正结构，指禁止砍柴的山，它就是一个语音词，连读时后字变调；如果动宾结构，是禁止上山砍柴的意思，它就不是一个语音词，不变调。“烤烟”，做名词，是偏正结构，连读时变调；做动宾词组时不变调。“操心”做动词，后字发生变调；做形容词，不发生变调。“偏心”“挂心”“担心”“放心”都是如此。

三字组是否变调、怎么变调也与结构关系相关。三字组一般有两个结构层次，如果第一层次是偏正关系，那么，整个结构遵循三字组连读变调规则。如果第一层次是动宾关系，变调只发生在词的内部。如“缺牙齿”，如果表示掉了牙齿，第一结构层次是动宾关系，那么，“牙齿”按照两字组读音规律进行变调，“缺”读单字调。如果指掉了牙齿的人，第一层次结构是偏正关系，整个三字组构成一个语音词，这时，“牙”读[33]，不同于在“牙齿”中的读音。再如“床高头”，如果指的地方是床的一部分，三个字构成一个语音词，其声调是[21＋55＋55]；如果指“床的上方”，所指的地方不是床的一部分，则是两个语音词，声调为[24＋22＋55]。

字组内部的结构关系是确定语音词的一个重要参考，但不是唯一标准。

2. 有的字组，变调和不变调，没有意义的区别。如“东塘地名”，单字调分别为[35][24]，两字组快读声调是[35+33]，慢读则是[35+24]。“围楼腹□[tɕiã^{33}]村子里面”，快读为[21+55+33+33]，慢读为[21+55+21+33]。地名“断石桥”[t^{h}iẽ^{55}so^{21}tsʅ^{21}]，后一个音节可以念为[tsʅ^{33}]或[tsʅ^{213}]。“莫得来”可以读为[21+33+24]，或者[21+213+24]。

3. 宁远平话变调中产生了单字调以外的调值。除了6个单字调外，还增加了[11][22]两个新调值。[11]主要是入声字作语音词首字时的调值，[22]主要是阴平字做首字时的调值。

4. 平话语音词的连读，有将整个语音词的声调包含在首字声调中的趋势。如“良心”“北瓜”，首字变调后，在语音结束时有为后字做准备的趋势，后字则有延续前字声调的倾向。两个字的调值合起来相当于首字的调值。

以下讨论的连读变调，均在语音词的范围内讨论。

二　两字组连读变调

平话后字变调较多，前字变读较少。后字发生变调后对前字的声调产生影响。平话的两字组连读变调规则，见下表。

表2-11　两字组连读调表

前字＼后字	阴平 35	阳平 24	上声 33	阴去 55	阳去 21	入声 213
阴平35	**22+55** 35+35	**22+55** **35+33** 35+24	**22+55** 35+33	**22+55** 35+55	35+21	**35+33** **35+21** 35+213
阳平24	**21+55** 24+35	**24+33** **21+55** 24+24	**21+55** **24+21** 24+33	**21+55** 24+55	**21+21** 24+21	**24+33** 24+213
上声33	**33+55** 33+35	**33+33** 33+24	33+33	33+55	33+21	**33+33** 33+213
阴去55	**55+55** 55+35	**55+33** **55+21** 55+24	55+33	**55+21** 55+55	55+21	**55+33** 55+213
阳去21	**21+33** 21+35	**21+33** 21+24	21+33	**21+21** **21+33** 21+55	21+21	**21+33** 21+213
入声213	**11+33** 213+35	**11+33** 213+24	**11+33** 213+33	**11+55** 213+55	213+21	**11+33** 213+213

说明：①本表不包含特殊变调；②粗体表示字组发生了变调；③数字下画线表示这种变调例子少。

如表所示，平话的两字组共有39种连调模式（没有包括特殊变调），除单字调组合外，增加了[22+55][11+33][11+55]三种新的组合。“阴平＋阳去”“上声＋上声”“上声＋阴去”“上声＋阳去”“阴去＋上声”“阳去＋上声”“阳去＋阳去”“入声＋阳去”的后字都可能发生变调。后字变调后的调值主要是[55][33][21]。前字变读主要发生在阴平、阳平和入声上，前字阴平变调后为[22]，阳平变调后为[21]，入声变调后为[11]。

（一）阴平的连读变调

平话阴平单字调为[35]，作两字组的前字时，在阴平、阳平、上声、阴去前，读[22]。如“生菜[ɕie^{22}tɕ^{h}ia^{55}]”“归去[kuɛ^{22}xɔ^{55}]”。在阳去、入声、轻声前，不变调，如“生日[ɕie^{35}ŋ^{33}]”。

阴平作为两字组的后字时，在阴平、阳平、上声、阴去字后，一般变为[55]；在阳去、入声字后变为[33]。

1. 前字阴平。如：单车tie^{22}ts^{h}o^{55}｜根须kã^{22}ɕie^{55}｜先生sã^{22}ɕie^{55}｜单身tie^{22}ɕie^{55}｜仙家神仙sã^{22}ko^{55}｜荤腥fã^{22}ɕiã^{55}｜春天ts^{h}uã^{22}t^{h}ã^{55}。

2. 前字阳平（阳平变读为[21]）。如：良心liẽ^{21}ɕiã^{55}｜泥鳅li^{21}tɕ^{h}iəu^{55}｜床铺ts^{h}ẽ^{21}p^{h}u^{55}｜红砖xã^{21}tsuã^{55}｜自家ts^{h}ʅ^{21}ko^{55}。

3. 前字上声。如：紫苏tsʅ^{33}sɔ^{55}｜比方pɛ^{33}fẽ^{55}｜板箱pie^{33}ɕiẽ^{55}｜屎坑sʅ^{33}k^{h}e^{55}。

4. 前字阴去。如：嫁妆ko^{55}tsẽ^{55}｜眼睛lie^{55}tɕio^{55}｜禁山名词tɕiã^{55}ɕie^{55}｜四川sɛ^{55}ts^{h}uã^{55}。

5. 前字阳去。如：外甥və^{21}ɕie^{33}｜石灰so^{21}fə^{33}｜大姑t^{h}o^{21}kɔ^{33}｜地方t^{h}ɛ^{21}fẽ^{33}。

6. 前字入声。如：北瓜南瓜pə^{11}ko^{33}｜足胫tɕie^{11}tɕio^{33}｜竹篙tsəu^{11}ke^{33}｜急心形容词tsʅ^{11}ɕiã^{33}。

（二）阳平的连读变调

阳平字单字读[24]。后字读[55]时，变读为[21]，如：梅花mã^{21}xo^{55}｜棉裤mã^{21}kuã^{55}｜赔账p^{h}ə^{21}tsẽ^{55}；后字是其他声调时，读单字调，如：长短ts^{h}ẽ^{24}tiẽ^{33}｜园地vã^{24}t^{h}ɛ^{21}｜同学t^{h}ẽ^{24}ɕiəu^{21}｜毛笔mie^{24}pɛ^{33}。有少量例外，如“图利t^{h}ɔ^{21}lɛ^{21}”，后字阳去不变调，前字阳平变读为[21]。

阳平为两字组的后字，根据前字的读音，变读为[55]或者[33]。一般来说，在阴平、阳平后读[55]或者[33]，在其他声调后读[33]。

1. 前字阴平

阳平在阴平后变读为[55]或者[33]，一般来说，在偏正结构中，变为[33]；其他结构变为[55]。

读[33]的，前字阴平不变调，如：乌蛇ɔ^{35}so^{33}｜东塘地名tiã^{35}t^{h}ẽ^{33}｜冬田tiã^{35}t^{h}ã^{33}｜砂糖so^{35}t^{h}ẽ^{33}｜工钱kã^{35}ts^{h}ã^{33}。“东塘”是村名，该村的村民说“东塘”时，在[tiã^{22}t^{h}ẽ^{55}]和[tiã^{35}t^{h}ẽ^{33}]之间自由变化。

读[55]的，前字阴平变调为[22]，如：灰尘fə^{22}ts^{h}ã^{55}｜安排ŋ^{22}p^{h}ia^{55}｜双牌sẽ^{22}p^{h}ia^{55}｜

归来kuɛ²²la⁵⁵。有少数例外，如“中平”变调后为[35+33]。

2. 前字阳平

有两种变读的方式，一是前字读[21]，后字阳平读如阴去[55]。例如：麻田地名mo²¹tʰã⁵⁵｜雄黄ɕiẽ²¹xẽ⁵⁵｜凉亭liẽ²¹tʰio⁵⁵｜椽皮suã²¹pʰa⁵⁵｜原形vã²¹sã⁵⁵｜牛栏ŋəu²¹lie⁵⁵。

另一种，前字保持阳平本调读[24]，后阳平读[33]，如：煤油mə²⁴iəu³³｜茅樵mie²⁴tsʰɿ³³｜茶油tsʰo²⁴iəu³³｜龙牙植物的嫩芽liã²⁴ŋo³³｜灵牌lio²⁴pʰia³³（也可以读为[21+55]）。

另外，“杨梅”有的人读成[iẽ²⁴mo³³][iẽ²⁴mo²¹]。

3. 前字上声

前字为上声时，后字的阳平变为[33]，如：土皮tʰɔ³³pʰa³³｜死鱼sɛ³³ŋəu³³｜纸牌tsɿ³³pʰia³³｜草鞋tɕʰie³³xa³³｜水牛suɛ³³ŋəu³³。

4. 前字阴去

前字为阴去时，后字的阳平一般变调为[33]，如：戏台sɿ⁵⁵tʰia³³｜泻泥烂泥ɕio⁵⁵li³³｜汽油tsʰɿ⁵⁵iəu³³｜鲤鱼lã⁵⁵ŋɔ³³｜冷□饭lo⁵⁵ma³³。有少数例外，如“藠头”[tsɿ⁵⁵tʰəu³³]后字也可以读[21]。

5. 前字阳去

阳平在阳去字后读[33]，如：石榴so²¹liəu³³｜白田地名pʰo²¹tʰã³³｜大门tʰo²¹miã³³｜木头mɔ²¹tʰəu³³｜慕投地名mə²¹tʰəu³³｜字牌tsʰɿ²¹pʰia³³。

6. 前字入声

阳平在入声字后读[33]，同时，前字入声变调为[11]，如：粥□饭tsəu¹¹ma³³｜骨头kua¹¹tʰəu³³｜鲫鱼tsɿ¹¹ŋɔ³³｜足盆tɕie¹¹pʰiã³³。

另外，“年”单字调为阳平，读为[lã²⁴]，单用或处于两字组的首字位置读[24][21]。在“一、半”后念[35]。在其他声调字后可以读[55]或者[33]，但规律不明。如：

lã²⁴/lã²¹：过年ku⁵⁵lã²⁴｜年头lã²¹tʰəu⁵⁵｜年岁lã²¹so⁵⁵｜年轻lã²⁴tɕʰio³⁵。

lã³⁵：一年ɿ³³lã³⁵｜半年piẽ⁵⁵lã³⁵。“半年”的“年”有[55]和[35]两读，平常读[55]，读[35]时有强调时间久之意。

lã⁵⁵：□年今年tsɿ²²lã⁵⁵｜旧年tɕʰiəu²¹lã⁵⁵｜前年tsʰã²¹lã⁵⁵｜半年piẽ⁵⁵lã⁵⁵。

lã³³：小年sɿ⁵⁵lã³³｜大年tʰo²¹lã³³。

“年”在同音字汇中只收录[24][35]两种。

（三）上声的连读变调

上声的单字调为[33]，在连读中一般读本调。如：辛苦ɕiã³⁵kʰɔ³³｜茭笋tɕiəu³⁵ɕyã³³｜花草xo³⁵tɕʰie³³｜□饭桶ma²⁴tʰiã³³｜楼板ləu²⁴pie³³｜洪水xiẽ²⁴suɛ³³｜口水xəu³³suɛ³³｜海鬼传说中海里的妖怪xə³³kuɛ³³｜菜碗tɕʰia⁵⁵yẽ³³｜潲水sə⁵⁵suɛ³³｜历本日历lio²¹piã³³｜右手iəu²¹səu³³。

另外，“油盏”读[21+55]（后字也可以读为轻声，即读为[24+33]），“惊醒形容词，睡觉时容易被吵醒”读[22+55]，“平伙”读为[24+21]。

（四）阴去的连读变调

阴去在两字组中，不论在前字还是后字的位置，一般不变调，如：生菜ɕie^{22}tɕʰia^{55}｜生相相貌ɕie^{22}ɕiẽ^{55}｜麻将mo^{21}tɕiẽ^{55}｜皮带pʰa^{21}tia^{55}｜子弹tsɿ^{33}tʰẽ^{55}｜韭菜tɕiəu^{33}tɕʰia^{55}｜盖被kə^{55}pʰa^{55}｜次辈tsʰɿ^{55}pə^{55}｜汗帕xiẽ^{21}pʰo^{55}｜运气yã^{21}tsʰɿ^{55}｜色片颜色sə^{11}pʰã^{55}。

另外，“道理”“瓦片”读为[55+21]；“苋菜”读为[21+21]。

（五）阳去的连读变调

阳去在两字组中，不论处在前字还是后字的位置，一般不变调，很少例外。前字阳去的如：汗衣xiẽ^{21}a^{55}｜学生ɕiəu^{21}ɕie^{55}｜汗毛xiẽ^{21}mie^{33}｜面皮mã^{21}pʰa^{33}｜右手iəu^{21}səu^{33}｜弄牯liã^{21}kɔ^{33}｜运气yã^{21}tsʰɿ^{55}｜独蒜tʰɔ^{21}ɕyẽ^{55}。后字阳去的如：衣袖a^{35}tɕʰio^{21}｜冬豆tiã^{35}tʰəu^{21}｜红薯xã^{24}ɕie^{21}｜茶叶tsʰo^{24}ɿ^{21}｜草药tɕʰie^{33}ie^{21}｜草树tɕʰie^{33}ɕie^{21}｜马路mo^{55}lɔ^{21}｜被絮pʰa^{55}ɕie^{21}｜木匠mɔ^{21}tɕʰiẽ^{21}｜大便tʰo^{21}pʰã^{21}｜白露pʰo^{21}lɔ^{21}。

（六）入声的连读变调

入声字单字读为[213]，位于双音节词首时读[11]，如：侧边tsə^{11}pã^{33}｜竹篙tsəu^{11}ke^{33}｜北瓜pə^{11}ko^{33}｜黑钱xə^{11}tsʰã^{33}｜足盆tɕie^{11}pʰiã^{33}｜屋顶ɔ^{11}tio^{33}｜客气kʰə^{11}tsʰɿ^{33}｜八百pia^{11}po^{33}｜刮风kya^{11}fiã^{35}｜著衣tsə^{11}a^{35}｜挖地ya^{11}tʰɛ^{21}｜拆屋tsʰo^{11}ɔ^{213}。

入声字作为两字组的后字，一般读[33]或者[21]。例如：

花烛新婚接亲xo^{35}tɕie^{33}｜煲肉办丧事用的菜pie^{35}vu^{33}｜□雪鹅毛雪pʰu^{35}suei^{33}｜腰骨ɿ^{35}kua^{33}｜猪血tɕie^{35}fei^{33}｜毛笔mie^{24}pɛ^{33}｜牛轭ŋəu^{24}ŋo^{33}｜人客ŋ^{24}kʰo^{33}｜水笔suɛ^{33}pɛ^{33}｜粉笔fiã^{33}pɛ^{33}｜死铁废铁sɛ^{33}tʰie^{33}｜苦竹xɔ^{33}tsəu^{33}｜老客lie^{55}kʰo^{33}｜正屋tso^{55}ɔ^{33}｜左足tsə^{55}tɕie^{33}｜马足mo^{55}tɕie^{33}｜墨笔mə^{21}pɛ^{33}｜秕谷pɛ^{11}kɔ^{33}。

少数入声字在阴平字和阳平字后读[21]，也可以读[33]，如：亲戚tɕʰiã^{35}tsʰɿ^{21}｜惊蛰tɕio^{35}tsɿ^{21}｜魂魄fã^{24}pʰo^{21}｜菩萨pʰu^{24}so^{21}。

此外，古入声字“一”，在平话中单字调为[213]。作为两字组的后字或单用都读本调，作为两字组的前字读[33]调，比较特殊。如：

阴平前：一批ɿ^{33}pʰi^{35}｜一斤ɿ^{33}tɕiã^{35}｜一班ɿ^{33}pie^{35}。

阳平前：一头ɿ^{33}tʰəu^{24}｜一壶ɿ^{33}xɔ^{24}｜一匹ɿ^{33}pʰa^{24}。

上声前：一碗ɿ^{33}yë^{33}｜一□支ɿ^{33}më^{33}｜一卷ɿ^{33}kä^{33}。

阴去前：一丈ɿ^{33}tsʰẽ^{55}｜一寸ɿ^{33}tsʰuã^{55}｜一片ɿ^{33}pʰa^{55}。

阳去前：一席ɿ^{33}tɕʰio^{21}｜一份ɿ^{33}pʰiã^{21}｜一万ɿ^{33}ye^{21}。

入声前：一屋ɿ^{33}ɔ^{213}｜一只ɿ^{33}tso^{213}｜一尺ɿ^{33}tsʰo^{213}。

三　三字组连读变调

同两字组一样，三字组也只有在语音词内部发生连读变调。宁远平话的三字组连读，内部发生怎样的变调，主要要根据其结构层次和结构方式来决定。

（一）“2+1”结构

“2+1”结构，前两个语素结合后，再与第三音节结合。这种结构，一般前两字按照两字组连读变调规律进行变调。第三个音节是上声、阴去、阳去时，读单字调。第三音节是阴平时，根据与前两音节组合的方式来决定是否变调：如果与前面两音节构成派生式结构，第三音节读[21]或者[55]；如果构成非派生式结构，则第三音节读单字调。第三音节为阳平、入声时，可以读轻声，或者读本调，具体条件暂时不明。

表2-12　“2+1”结构三字组连读第三音节变调表（1）

阳平	上声	阴去	阳去	入声
[24]/[33]	[33]	[55]	[21]	[213]/[33]

表2-13　“2+1”结构三字组连读第三音节变调表（2）

前两音节与第三音节结构方式	第二音节变调后读音	第三音节阴平
派生式	[55]	[21]
	[55]以外	[55]
复合式		[35]

下面以第三音节的单字调为序，分别进行介绍。

1. 第三音节阴平

按照前两音节与第三音节组合的方式不同，分成两种情况。

（1）第三音节意义较虚，与前两个音节构成派生式结构。

第一二音节按照两字组变调规律进行变调。第二音节参加前两字连读变调后，调值为[55]的，第三音节读[21]，如：单身公tie^{22}ɕie^{55}kã^{21}｜刀片公tie^{35}pʰa^{55}kã^{21}。

第二音节参加前两字连读变调后调值不是[55]的，第三音节读[55]。如：主人家tɕie^{33}ŋ^{33}ko^{55}｜老人家lie^{55}ŋ^{33}ko^{55}｜男人家lo^{24}ŋ^{33}ko^{55}｜女子家pɛ^{55}tə^{21}ko^{55}｜昼食边中午 təu^{55}ʅ^{33}pã^{55}｜鼻头公pʰɛ^{21}tʰəu^{33}ka^{55}｜洗碗渣洗碗布sʅ^{33}yẽ^{33}tso^{55}。

（2）第三音节意义实在，与前两个音节构成非派生式结构。

这种结构，第一二音节按照两字组变调规则进行变调，第三音节读本调[35]。如：东门街tiã^{35}miã^{33}ka^{35}｜西门街sʅ^{35}miã^{33}k^{35}｜半截砖piẽ^{55}tsʅ^{33}tsuã^{35}｜枞膏浆松脂tɕʰyã^{24}kɔ^{33}tɕiẽ^{35}｜

背底山村子后面的山坡pə^{55}ti^{33}ɕie^{35} | 半路亲piẽ^{55}lɔ^{21}tɕʰiã^{35} | 磨梁岗地名mə^{21}liẽ^{33}kiẽ^{35} | 半截裤piẽ^{55}tsɿ^{33}kuã^{35} | 半截衣piẽ^{55}tsɿ^{33}a^{35} | 豆腐渣tʰəu^{21}fu^{21}tso^{35} | 锯丝灰tɕie^{55}sɿ^{33}fə^{35}或[tɕie^{55}sɿ^{55}fə^{35}] | 宝峰山地名pie^{33}fẽ^{55}ɕie^{35}。

2. 第三音节阳平

第三音节为阳平时，读音复杂。前两个音节按照两字组连读变调规律进行变调。第三音节有的读变调[33]，有的读本调[24]，有的既可以读本调[33]，也可以读变调[24]，规律不明。以下是举例。

（1）第三音节读变调[33]。如：羊山头地名iẽ^{21}ɕie^{55}tʰəu^{33}或[iẽ^{21}ɕie^{55}tʰəu^{21}] | 生疏人ɕie^{22}sɔ^{55}ŋ^{33} | 口水皮xəu^{33}suɛ^{33}pʰa^{33} | 蜈蚣蛇vu^{21}kã^{55}so^{33} | 茶籽园地名tsʰo^{21}tsɿ^{55}vã^{33} | 白米□饭pʰo^{21}mi^{55}ma^{33} | 糯米□饭lə^{21}mi^{55}ma^{33} | 吹火筒tsʰuɛ^{35}fu^{33}tʰiã^{33} | 偷食婆tʰəu^{35}ɿ^{21}pʰu^{33} | 打屁□臭屁虫ta^{33}pʰɛ^{55}liã^{33}。

（2）第三音节通常读变调[33]，但也可以读本调[24]。如"鱼公塘地名"通常读成[ŋɔ^{21}kã^{55}tʰẽ^{33}]，也可以读为[ŋɔ^{21}kã^{55}tʰẽ^{24}]；"红家坪地名"通常读为[xã^{21}ko^{55}pʰio^{33}]，也可以读为[xã^{21}ko^{55}pʰio^{24}]。

（3）第三音节读本调[24]。如：牛皮糖ŋəu^{24}pʰa^{33}tʰẽ^{24} | 沙泥田so^{35}li^{33}tʰã^{24} | 五月黄五月成熟的黄豆ŋ^{55}vei^{21}xiẽ^{24} | 狗婆蛇kəu^{33}pʰu^{33}so^{24} | 背底门pə^{55}ti^{33}miã^{24}。

3. 第三音节上声

前两字按照两字组连读变调规则进行变调，第三音节上声读单字调。如：鸡公手食指tsɿ^{22}kã^{55}səu^{33} | 短命鬼tiẽ^{33}mio^{21}kuɛ^{33} | 红薯酒xã^{24}ɕie^{21}tɕieu^{33} | 糊酿酒fu^{21}liẽ^{55}tɕiəu^{33} | 拖缸酒tʰə^{22}kiẽ^{55}tɕieu^{33} | 红薯粉xã^{24}ɕie^{21}fiã^{33} | 菠萝水po^{33}lo^{33}suɛ^{33} | 井穴水tɕio^{33}fa^{33}suɛ^{33} | □淘米水tɕʰia^{21}mi^{55}suɛ^{33} | 眼泪水lie^{55}lə^{21}suɛ^{33} | 狗毛草kəu^{33}mie^{33}tɕʰie^{33} | 精禾草tsã^{22}vu^{55}tɕʰie^{33} | 徕伯嫂弟媳妇lia^{55}pə^{21}ɕie^{33} | 马子口地名mo^{55}lə^{21}xəu^{33}（第二音节又根据官话"马路口"读成"路"[lɔ^{21}]） | 井子口地名tɕio^{33}tə^{33}xəu^{33} | 洋子牯酒醉等不清醒的样子iẽ^{24}lə^{33}kɔ^{33}。

4. 第三音节阴去

前两字按照两字组连读变调规则进行变调，第三音节读单字调。如：走油菜扣肉tsəu^{33}iəu^{33}tɕʰia^{55} | 虾公背xo^{22}kã^{55}pə^{55} | 天鹅菌tʰã^{35}ŋə^{33}tɕʰyã^{55} | 苦麻菜xɔ^{33}mo^{33}tɕʰia^{55} | 洗面帕sɿ^{33}mã^{21}pʰo^{55} | 蛆头蚊tɕʰie^{22}tʰəu^{55}miã^{55} | 长足蚊tsʰẽ^{24}tɕie^{33}miã^{55} | 泡牯雨pʰie^{55}kɔ^{33}vu^{55} | 两姑婆liẽ^{55}kɔ^{55}pu^{55}。

5. 第三音节阳去

前两字按照两字组连读变调规则进行变调，第三音节读单字调。如：高子洞地名ke^{22}tsɿ^{55}tʰiã^{21} | 陈家洞地名tsʰã^{21}ko^{55}tʰiã^{21} | 日头地li^{21}tʰəu^{33}tʰɛ^{21} | 垦头路iã^{24}tʰəu^{55}lɔ^{21} | 石板路so^{21}pie^{33}lɔ^{21} | 峨嵋豆ŋə^{21}mẽ^{55}tʰəu^{21} | 棕叶树tɕiã^{35}ɿ^{21}ɕie^{21} | 樟木树tsẽ^{35}mo^{21}ɕie^{21} | 杉树蘀so^{35}ɕie^{21}lə^{21}。

6. 第三音节入声

前两音节根据两字组连读规律进行变调。第三音节有的读轻声，调值为[33]，有的读单字调，什么条件下读轻声，规律不明。如：排楼屋地名pʰia^{21}ləu^{55}ɔ^{213}｜老辈屋lie^{55}pə^{21}ɔ^{213}｜□巴鸭最小的鸭子lã^{33}pa^{33}o^{213}｜清明节tɕʰio^{22}mi^{55}tsɿ^{33}｜鱼头骨ŋɔ^{21}tʰəu^{55}kua^{33}｜立山腹地名lio^{21}ɕie^{55}pu^{33}｜生疏客ɕie^{22}sɔ^{55}kʰo^{33}｜灰白色fə^{35}pʰo^{21}sə^{33}｜线棕索用质量好的棕丝做成的绳子sã^{55}tsã^{55}sə^{33}。

（二）"1+2"结构

"1+2"结构，即后两个音节组合后，再与首音节组合。这种结构，先由第一层次的后两音节按照两字组连读变调规则进行变调，变调后再与首音节组合，发生第二次变调。下面根据首字的声调进行介绍。

1. 首字阴平

首先，第二音节与第三音节按照两字组变调规律进行变调。变调后的第二音节的音高决定第一音节是否变调以及怎样变调，第二音节还要根据不同情况发生第二次变调。

① 第二音节是阴平或者阴去时，首音节阴平变调为[22]，第二音节变调为[55]，第三音节读二三音节结合时的连读调。如"鸡公"连读时"公"的调值为[55]，那么"生鸡公"读为[22+55+55]。又如：衣架子a^{22}ko^{55}lə^{21}｜猪肚子tɕie^{22}tʰɔ^{55}lə^{21}｜天老爷tʰã^{22}lie^{55}io^{33}｜书高头ɕie^{22}ke^{55}tʰəu^{55}｜东半牯tiã^{22}piẽ^{55}kɔ^{33}｜街高头ka^{22}ke^{55}tʰəu^{55}｜坡高头pʰo^{22}ke^{55}tʰəu^{55}｜生鸡公ɕie^{22}tsɿ^{55}kã^{55}｜孙姑丈suã^{22}kɔ^{55}tsʰẽ^{55}｜吹泡牯tsuɛ^{22}pʰie^{55}kɔ^{33}｜拖末足tʰə^{22}ma^{55}tɕie^{33}。

② 第二音节是阳平、上声、阳去、入声时，首字阴平不变调。第二三音节声调按照两字组连读变调后的情况进行调整。如果第二音节与第三音节按照两字组连读变调规则变调后是[24]，而第三音节是[33]的，第二音节改读[21]；第三音节不是[33]，第二音节改读为[33]；如果变调后第二音节为[33][21]或[11]的，第二三音节读两字连读调。

不发生二次变调的，如：针鼻头tsã^{35}pʰa^{21}tʰẽ^{33}｜猪脷头tɕie^{35}li^{21}tʰəu^{33}｜猪爪子tɕie^{35}tsɔ^{33}lə^{33}｜天底下tʰã^{35}ti^{33}xo^{21}｜青辣椒tɕʰio^{35}lia^{21}tsɿ^{33}｜干谷子kiẽ^{35}kɔ^{11}lə^{33}。

发生第二次变调的，如：酸萝卜ɕyẽ^{35}lə^{33}pə^{55}｜厅门际tʰio^{35}miã^{33}tsɿ^{21}｜荫□牯地方iã^{35}tʰɔ^{21}kɔ^{33}｜新毛笔ɕiã^{35}mie^{21}pɛ^{33}。

表2-14 "1+2"结构三字组连读变调表（首字阴平）

	后二音节连读时第二音节读音	三字组连读时读音		
		第1音节	第2音节	第3音节
第二音节为阴平和阴去	[22][35][55]	[22]	[55]	第二、三音节连读时第三音节的声调

续 表

	后二音节连读时第二音节读音	三字组连读时读音		
		第1音节	第2音节	第3音节
第二音节为阳平、上声、阳去、入声	[24][213]	[35]	[21]	[33]
			[33]	[33]以外
	[33][21][11]	[35]	第二、三音节连读时第二音节的声调	第二、三音节连读时第三音节的声调

2. 首字阳平

分三种情况：

第一种，第二三音节按照两字组连读规则变调后第二音节为[24]的，则改为[33]，首字阳平字读单字调。如：红萝卜 xã^{24}lə^{33}pə^{55}｜蛇皮子 so^{24}pʰa^{33}lə^{33}｜蠚□婆蠚人的毛毛虫 fu^{24}liã^{33}pu^{55}。

第二种，变调后第二音节为[22]，则改读为[55]，首字阳平读[21]。如：门边际 miã^{21}pã^{55}tsɿ^{21}｜门高头 miã^{21}ke^{55}tʰəu^{55}｜黄先生 xiẽ^{21}sã^{55}ɕie^{55}。

第三种，变调后第二音节为其他（非[24][22]）时，与首字组合不再发生变调，首字阳平也读本调。如：牛鼻头 ŋəu^{24}pʰa^{21}tʰẽ^{33}｜油豆腐 iəu^{24}tʰəu^{21}fu^{21}｜长水袜 tsʰẽ^{24}suɛ^{33}miã^{21}｜檐老鼠 iẽ^{24}lie^{55}ɕie^{21}｜红墨水 xã^{24}mə^{21}suɛ^{33}。

表2-15 “1+2”结构三字组连读变调表（首字阳平）

第二、三音节连读时第二音节音高	三字组连读调		
	第1音节	第2音节	第3音节
[24]	[24]	[33]	第二、三音节连读时第三音节的声调
[22]	[21]	[55]	
[24]、[22]以外	[24]	第二、三音节连读调	

3. 首字上声、阴去、阳去和入声

除入声读[11]外，其他首字读单字调。第三音节按照两字组变调规律进行变调。第二音节本调为阳平[24]的改读[33]，本调为阴平的改读为[55]。

首字上声的，如：死疙瘩 sɛ^{33}kə^{11}ta^{33}｜水烟筒 suɛ^{33}liẽ^{55}tʰiã^{55}（“烟”也可以读成[22]）｜手高头 səu^{33}ke^{55}tʰəu^{55}｜酒氹钻 tɕiəu^{33}tʰiã^{55}kə^{33}｜手□子手臂 səu^{33}mẽ^{55}lə^{21}｜纸盒子 tsɿ^{33}xo^{21}lə^{21}｜毁牙齿 fɛ^{33}ŋo^{33}tsʰɿ^{21}｜讲古话 tɕiã^{33}kə^{33}xo^{21}｜打草鞋 ta^{33}tɕʰie^{33}xa^{33}｜讲梦话 tɕiã^{33}miã^{21}xo^{21}。

首字为阴去的，如：冷滚水lo^{55}kuã^{33}suɛ^{33}｜米筒牯mi^{55}tʰiã^{33}kɔ^{33}｜岭高头lio^{55}ke^{55}tʰəu^{55}｜岭底下lio^{55}ti^{33}xo^{21}｜暴井穴piəu^{55}tɕio^{33}fa^{33}｜下半夜xo^{55}piẽ^{55}io^{21}｜米□婆米虫mi^{55}liã^{33}pu^{55}。例外的有：正中心tso^{55}tɕiẽ^{33}ɕiã^{55}｜岭中心lio^{55}tɕiẽ^{33}ɕiã^{55}｜米虾公mi^{55}xo^{33}kã^{55}。

首字为阳去的，如：大半夜tʰo^{21}piẽ^{55}io^{21}｜上半夜sẽ^{21}piẽ^{55}io^{21}｜木瓜皮mə^{21}ko^{55}pʰa^{33}｜路高头lɔ^{21}ke^{55}tʰəu^{55}｜右半牯iəu^{21}piẽ^{55}kɔ^{33}｜哪半牯lie^{21}piẽ^{55}kɔ^{33}｜莫出众mə^{21}suɛ^{21}tsã^{55}。也有例外，如"木虾公[mə^{21}xo^{33}kã^{55}]"。

首字为入声的，如：足底板tɕie^{11}ti^{33}pie^{33}｜北半牯pə^{11}piẽ^{55}kɔ^{33}｜结疤子tsɿ^{11}po^{35}lə^{33}｜夹臭骚凑热闹ka^{11}tsəu^{55}sɕie^{55}。

表2-16 "1+2"结构三字组连读变调表（首字上声、阴去、阳去和入声）

第二音节	三字组连读调		
	第一音节	第二音节	第三音节
阴平	单字调	55	第二、三音节连读时第三音节的声调
阳平		33	
入声	11	第二、三音节连读调	
上声、阴去、阳去	单字调		

此外，平话中还有"1+1+1"结构，一般不发生变调，如"三月三""六月六"。特别地，重叠中间插入其他成分，中间的字读轻声。形容词加重叠后缀，后缀的前一个音节读轻声，后一个音节读本调。

四 轻声

平话中有无轻声是一个值得讨论的问题。为了更好地认识，我们可以先看看一些例子。

（一）疑似轻声的例子

1. "头"

单字调为[24]，在语音词中，有三种情况：

一是"头"隐约有"前""上"之意。如：裈头kuã^{22}tʰəu^{55}｜高头kie^{22}tʰəu^{55}｜前头tsʰã^{21}tʰəu^{55}｜笼头liã^{21}tʰəu^{55}｜垦头iã^{21}tʰəu^{55}｜拱头地名kiẽ^{33}tʰəu^{33}｜坦头地名tʰẽ^{33}tʰəu^{33}｜岭头地名lio^{55}tʰəu^{33}"。

二是"头"为词尾，没有实在意义。如：丫头o^{22}tʰəu^{55}｜弯头ye^{22}tʰəu^{55}｜嗦头xa^{21}tʰəu^{55}｜苦头kʰɔ^{33}tʰəu^{33}｜木头mə^{21}tʰəu^{33}｜石头so^{21}tʰəu^{33}｜斧头pu^{11}tʰəu^{33}。

这两种情况，"头"在阴平和阳平后读[55]，在其他声调字后读[33]。这与阳平变读规则一致。而且，"头"前面的字也按照变调规则进行变调。

三是当"头"附在动词后，将动词转化为名词，表示动作行为的意义。如"嚼头"就是“嚼得有味，值得嚼”。这个情况，不论前一音节的声调如何，“头”读为[33]。如：归头kuɛ^{35}tʰəu^{33}｜来头la^{24}tʰəu^{33}｜等头tiã^{33}tʰəu^{33}｜去头xɔ^{55}tʰəu^{33}｜用头iã^{21}tʰəu^{33}｜盯头tio^{11}tʰəu^{33}。特别值得注意的是，除了入声外，这里的“头”前面的字都不发生变调。

宁远平话还有“场”（单字读为[tsʰẽ^{24}]），可以替代第三种情况的“头”，意义也同“头”，读为[33]，如：归场kuɛ^{35}tsʰẽ^{33}｜来场la^{24}tsʰẽ^{33}｜等场tiã^{33}tsʰẽ^{33}｜去场xɔ^{55}tsʰẽ^{33}｜用场iã^{21}tsʰẽ^{33}｜盯场tio^{11}tsʰẽ^{33}。

2.“得”

单念[tə^{213}]，是“获得、得到”的意思。“得”可以附在动词后面，表示“能，可以，允许”，读[tə^{33}]，前字除入声外，均读单字调。如：飞得pa^{35}tə^{33}｜打得ta^{33}tə^{33}｜买得值得买mia^{55}tə^{33}｜□得要得iã^{21}tə^{33}｜捡得tɕie^{11}tə^{33}｜靠得靠得住kʰie^{55}tə^{33}｜食得ɿ^{21}tə^{33}｜盯得耐看tio^{11}tə^{33}｜砸得耐摔tɕia^{11}tə^{33}。

这些组合还可进一步与语气词“了”组合，表示催促，“得”仍读[33]，且前字不变调。如：移得了ɿ^{24}tə^{33}lie^{21}｜煮得了tɕie^{33}tə^{33}lie^{21}｜保得了pie^{33}tə^{33}lie^{21}。

3.“起”

“起”[sɿ^{33}]，可以附在动词后面，没有实在意义，相当于普通话的“着”“的”“起来”“吧”等。如“来起”是“来吧”的意思，“飞起”是“飞着”的意思。动词后面的“起”，在去声后读[21]，在其他声调后读[33]。前字除入声外，不发生变调。如：飞起pa^{35}sɿ^{33}｜背起po^{35}sɿ^{33}｜轮起luã^{24}sɿ^{33}｜来起la^{24}sɿ^{33}｜讲起tɕiã^{33}sɿ^{33}｜拈起liã^{33}sɿ^{33}｜做起tsə^{55}sɿ^{21}｜载起tɕia^{55}sɿ^{21}｜食起ɿ^{21}sɿ^{21}｜用起iã^{21}sɿ^{21}｜着起tsə^{11}sɿ^{33}｜捡起tɕie^{11}sɿ^{33}。

4.“倒”

单字念[tie^{33}]，如“倒水”[tie^{33}suɛ^{33}]。“倒”附在动词后，相当于普通话的“着”，如“载倒”就是劝说或者命令听话人装下某个东西。后面可以带宾语，也可以不带。“倒”在动词后，不论前字声调是什么，后面“倒”的调值为[33]，前字除了入声外不变调。如：背倒po^{35}tie^{33}｜来倒la^{24}tie^{33}｜拈倒liã^{33}tie^{33}｜载倒tɕia^{55}tie^{33}｜用倒iã^{21}tie^{33}，捡倒tɕie^{11}tie^{33}。

5.“呱”

“呱”可以放在动词后，表示经历，相当于普通话的“过”，是体标志。“呱”不受前字调值的影响，均读[33]，前字读本字调。如：飞呱pa^{35}kua^{33}｜分呱piã^{35}kua^{33}｜轮呱luã^{24}kua^{33}｜量呱liẽ^{24}kua^{33}｜讲呱tɕiã^{33}kua^{33}｜做呱tsə^{55}kua^{33}｜去呱xɔ^{55}kua^{33}｜食呱ɿ^{21}kua^{33}｜用呱iã^{21}kua^{33}｜出呱suɛ^{213}kua^{33}｜着呱tsə^{11}kua^{33}。

6.“腹”

“腹”表示位置，是“里面”的意思，单字读为[pu^{213}]。“腹”常常附在名词后，调值不受前字影响，一般读为[33]，前字除了入声外，读本调。如：铛腹tɕʰie^{35}pu^{33}｜河腹xa^{35}pu^{33}｜

园腹vã^{24}pu^{33}｜水腹suɛ^{33}pu^{33}｜灶腹tɕie^{55}pu^{33}｜尿腹li^{21}pu^{33}｜庙腹mi^{21}pu^{33}｜屋腹ɔ^{11}pu^{33}（“屋腹”前字也可以不变调）。

7.“个”

“个”可以做结构助词。一般在阴去和阳去字后读[21]，在非去声字后读[33]。前字除入声外，读本调。如：烟个lie^{35}kə^{33}｜轻个tɕ^{h}io^{35}kə^{33}｜咸个xo^{24}kə^{33}｜红个xã^{24}kɛ^{33}｜反个piẽ^{33}kə^{33}｜子个他的tsə^{33}kə^{33}（“个”也可以读[21]）｜你个ŋ^{55}kə^{21}｜我个io^{55}kə^{21}｜食个ʅ^{21}kə^{21}｜白个p^{h}o^{21}kə^{21}｜□个喝的suəi^{11}kə^{33}｜黑个xə^{11}kə^{33}；烤烟个k^{h}e^{55}liẽ^{33}kə^{21}｜食□饭个ʅ^{21}ma^{24}kə^{33}｜食粥□饭个ʅ^{21}tsəu^{11}ma^{33}kə^{21}。

“个”在三字组中，这个规律仍然起作用。又如“高头个”，“头”读[55]，“个”则读[21]，整个结构读[ke^{22}t^{h}əu^{55}kə^{21}]。

不过也有些特例，如“子个”的“个”，既可以读为[33]，也可以读为[21]。

另外，句末语气词“个”的音高，与做结构助词“个”一样，大多数也是由前字声调决定的。

8.“了”

平话中语气词“了”本字是“耳”。“了”在阴去和阳去后读[21]，在其他声调字后读[33]。前字除了入声字外，不发生变调。例如：分了piã^{35}lie^{33}｜干了kiẽ^{35}lie^{33}｜来了la^{24}lie^{33}｜咸了xo^{24}lie^{33}｜讲了tɕiã^{33}lie^{33}｜矮了a^{33}lie^{33}｜去了xɔ^{55}lie^{21}｜下了xo^{55}lie^{21}｜食了ʅ^{21}lie^{21}｜辣了lia^{21}lie^{21}｜盯了tio^{11}lie^{33}｜足了tɕie^{11}lie^{33}。

另外，“了”在“呱”后音高为[21]。

9.“□［tia^{213}］”

“□［tia^{213}］”可以做动量词，表示短时、尝试。除了在“一”后调值为[213]外，一般调值为[33]。前字除了入声字外，不发生变调。如：飞□pa^{35}tia^{33}｜融□iẽ^{24}pia^{33}｜走□tsəu^{33}tia^{33}｜去□xɔ^{55}tia^{33}｜学□ɕiəu^{21}tia^{33}｜哭□ɕia^{11}tia^{33}。

10.“子”

宁远平话中有丰富的“子”尾。“子”是上声字，在平话中按规律应读[tsʅ^{33}]，“子”尾有几种读音，分别作“子$_1$、子$_2$”。先看两字组中的“子”。

（1）子$_1$

在非去声后读[tə^{33}]，在去声后读[tə^{21}]。

① [tə^{33}]：鞭子、箱子、秧子、麻子、饼子、刷子。

② [tə^{21}]：篮子、扇子、麦子、笛子、兔子。

（2）子$_2$

在非去声后读[lə^{33}]，在去声后读[lə^{21}]。

① [lə^{33}]：单子、蜂子、辫子、高子高个子、茄子、盘子、楼子、瓶子、棍子、朵子、粉子、索子。

② [lə^{21}]：帐子、盖子、帕子、镜子、肚子、树子、豆子、叶子、步子、稗子、样子、凿子。

再看三字组中“子”的读音：①表示约数，前字为去声（变调后的读音）时“子”读[tə^{21}]，如“三斤子三斤左右”[so^{22}tɕiã^{55}tə^{21}]；前字为非去声（指变调后的读音）时“子”读[tə^{33}]，如“两两子二两左右”[liẽ^{55}lie^{33}tə^{33}]。②与“把”结合，一起放在量词后，表示约数，如“斤把子[tɕiã^{22}pə^{55}tə^{21}]”表示一斤左右，“碗把子[yẽ^{33}pə^{55}tə^{21}]”表示一碗左右，“子”读[tə^{21}]。③重叠并放在“□点[kuei^{35}]”后，组合起来表示少量，“子”读[lə^{33}]；④放在表示年、日等时间名词以及量词“□次[yã^{35}]”后，“子”读[tə^{33}]，没有实际意义，如：“□年子今年”[tsɿ^{22}lã^{55}tə^{33}]，“昨工子昨天”[ts^{h}o^{21}kã^{55}tə^{33}]，“彼□子这次”[pie^{11}yã^{55}tə^{33}]。

11. 叠字

叠字从构词的角度包括两种情况，一是叠根，二是叠音。宁远平话这两种情况的读音没有区别，重叠的符合两字组连读变调规则。如：公公kã^{22}kã^{55} | 姑姑kɔ^{22}kɔ^{55} | 尖尖tsã^{22}tsã^{55} | 苞苞piəu^{22}piəu^{55} | 螺螺lə^{21}lə^{55} | 毛毛弟弟mie^{21}mie^{55}；毛毛头发mie^{33}mie^{33} | 爹爹tia^{33}tia^{33} | 嘴嘴tsuɛ^{33}tsuɛ^{33} | 顶顶tio^{33}tio^{33} | 把把po^{55}po^{55} | 盖盖kə^{55}kə^{55} | 襻襻p^{h}ie^{55}p^{h}ie^{55} | 鼻鼻鼻涕p^{h}ɛ^{21}p^{h}ɛ^{21} | 木木布mɔ^{21}mɔ^{33} | 伯伯po^{11}po^{33} | 夹夹ŋa^{11}ŋa^{33}。

（二）轻声的认定

上述例子，有共同的变调规律，与前面所述的连读变调规律不完全一致。可以暂时引用轻声的概念来加以区分。

上文列举的“得”“倒”“呱”“腹”“□［tia^{213}］”，“场”“头”的第三种情况，处在两字组后字时，一律读[33]，完全不受前字的声调影响，可以看成是宁远平话中的典型的轻声。“哺”“哩”“夹”“公”“牯”等做词缀时，也是平话典型的轻声。前文两字组连读变调中，凡是前字不变调，后字读[33]的情形，均可以认为后字读轻声。此外，平话中有些读音轻短的轻音，如“黑墨墨”的第二音节，与前后音节相比要轻短，与普通话轻声意义相同。

“起”“个”“了”“子”在去声后读[21]，在非去声后读[33]，可以看成另一类轻声，其调值受前字影响。

上文列举的叠字的后字读音，不属于轻声。

（三）轻声的特点

宁远平话的轻声与一般意义上的轻声不同，有自己的一些特点：

1. 轻声一般读[33]或者[21]。绝大多数轻声读[33]，一些字受前字（去声）的影响，读[21]。

2. 轻声不稳定。有的轻声语音轻短，如“黑墨墨”中的第二音节；有的语音并不轻短，发音清晰，音值比较稳定，时长与连读中的其他音节没有明显区别。语音轻短的，改读为不轻短，语义没有区别。有的轻声的音高变化也不稳定，较多的字读轻声时既可以读[21]，也可以读[33]。如“徕头”中的“头”音高读为[21]和[33]都可以，而且比较自由。

3. 除入声外，轻声前字不变调。轻声前的入声，读[11]。

由于平话的轻声并不一定轻短，多数轻声音节的实际读音与非轻声没有区别，只是作为与连读变调的区别而提出一个概念，所以，本书一律按照实际读音进行记录。

第四节

异读

一　文白异读

说平话的人一般都会官话，他们在日常交流中常常借助官话。如果按照通常做法，官话音都作为平话的文读音，那么，平话中每一个字都有文读音，这样，不但文白异读数量太大，也没有价值。而且，平话中夹杂的官话成分，平话人都能区分出来，对这些成分的官话性质，认识是比较一致的。

本书认定文读音，有两个标准：一是当地人承认这个字的读音不是官话；二是组成的词语中至少有一个字读与官话有区别的平话音。

宁远平话的文白异读，有这种情况，即从声母上看，甲音属于白读，乙音属于文读；从韵母上看，甲音属于文读，乙音属于白读。山摄舒声字在平话中如有文白异读，一般白读为口音，文读为鼻化音，如“赶”白读为[ke^{33}]，文读为[kiẽ^{33}]。非组字在平话如有文白异读，一般白读为[p][p^{h}]或者[m]，文读为[f]。“反”在平话中有两个读音，一个读[fie^{33}]，如“反上天造反到了天上”；一个读[piẽ^{33}]，如“着反了穿反了”。从韵母上看，第一个读音为白读，第二个读音为文读。但从声母上看，“反”的第一个读音是文读，第二个读音是白读。本节讨论文白异读，只针对音类，不针对音节。

下面按声、韵、调分别介绍平话的文白异读。举例时，先列白读音，紧随音标后的是白读的例词，再列文读音和例词，白读和文读之间用逗号隔开。例词中用“～”代替引用的字。

（一）声母的文白异读

1. 白读为送气声母，文读为同部位不送气声母，主要见于古全浊声母字，如：再 tɕ^{h}ia^{55} ～回，tɕia^{55} ～讲｜代 t^{h}ia^{21} 万～，tia^{55} ～我去｜道 t^{h}ie^{55} ～州，tie^{55} 一～｜袋 t^{h}ia^{21} ～牯，tia^{55} ～子｜

杂 tsʰo^{21}～碎，tsa^{21}打～｜暴 pʰie^{21}～伙子，piəu^{55}～牙齿。

2. 白读为[p][pʰ]，文读为[f]，主要见于非组字，如：分 piã^{35}～开，fiã^{35}～子｜放 pẽ^{55}～牛，fẽ^{55}～心。

3. 白读为[x]，文读为[kʰ]，见于见系字，如：枯 xɔ^{35}～瘦，kʰu^{35}～炭｜口 xəu^{33}～水，kʰəu^{33}～碑｜苦 xɔ^{33}～栗，kʰɔ^{33}～路八字｜抠 xəu^{35}～痒，kʰəu^{35}眼～眼～｜空 xã^{35}有～，kʰiẽ^{55}～一路再写｜间 xa^{21}一～，ke^{55}～子。

4. 白读为[t]，文读为[l]，见于来母字。如：鸟 ti^{33}相思～子，liɔ^{55}～崽。

5. 白读为[l]，文读为[Ø]，如：夜 lio^{21}～地，io^{21}半～｜日 li^{21}～头，ŋ^{21}～子。

（二）韵母的文白异读

1. 果、假摄。白读为[ə]，文读为[o]。如：磨动 mə^{24}～刀，mo^{24}～开｜把量 pə^{55}岁～子，po^{33}一～草。

2. 遇摄。白读为[ie]，文读为[y]；白读为[ɔ]，文读为[u]。如：须 ɕie^{35}根～，ɕy^{35}～～｜主 tɕie^{33}～人家，tɕy^{33}～意｜枯 xɔ^{35}～瘦，kʰu^{35}～炭。

3. 蟹摄。白读为[ia]，文读为[ɛ]；白读为[o]，文读为[uei]；白读为[o]，文读为[ə]。如：灾 tɕia^{35}发～，tsɛ^{35}好～｜岁 so^{55}年～，suei^{55}～数｜梅 mo^{21}杨～，mə^{24}～花。

4. 止摄。文白异读较少。只有"碑"，白读为[pɛ^{35}]，如"碑石"；文读为[pə^{35}]，如"口碑"。

5. 效摄。白读为[ie]或者[e]，文读为[iəu]或者[ə][ɔ][iɔ][ɿ]；白读为[i]或者[e][ɛ]，文读为[ɔ][iɔ]或者[iəu]。如：泡 pʰie^{55}～粘，pʰiəu^{55}～茶｜暴 pʰie^{21}～伙计，piəu^{55}～牙齿｜茅 mie^{24}～柴，miəu^{24}～厕｜操 tɕʰie^{35}～心，tsʰə^{35}做～｜闹 lie^{21}～事，lɔ^{24}～子（集市）｜告 ke^{55}～状，kɔ^{55}～诉｜搞 ke^{35}起～，kɔ^{33}～手｜烧 ɕie^{35}五～六月，sɿ^{35}～火｜膏 ke^{35}～药，kɔ^{35}枞～浆｜跳 tʰɛ^{55}～路，tʰiɔ^{55}～舞｜尿 li^{21}屙～，liɔ^{35}～桶｜苗 mi^{21}～蝈崽崽（蝌蚪），miəu^{24}长～出来了。

6. 咸摄。白读为[iã]，文读为[ã]；白读为[ə]或者[o]，文读为[ia]。如：篮 liã^{55}～子，lã^{21}～球｜踏 tʰə^{21}～碓，tʰia^{213}～鞋子｜搭 to^{213}～车，tia^{213}猪～子。

7. 深摄。文白异读较少。只有"立"字，白读为[lio^{21}]，如"立脚地名"；文读为[lɛ^{24}]，如"立碑"。

8. 山摄。舒声字白读为口音韵母，文读为鼻化韵母。入声字白读为[ə]，文读为[o]，如：赶 ke^{33}～干净，kiẽ^{33}～闹子｜满 mie^{55}～公公，mã^{55}～～｜阔 fə^{213}好～，kʰo^{21}摆～。

9. 臻摄。白读为[ẽ]，文读为[ã]；白读为[ie]，文读为[ã]。如：荤 fẽ^{35}有～，fã^{35}～菜｜神 sẽ^{21}好～，sã^{24}拜～｜身 ɕie^{35}单～，sã^{35}～体。

10. 宕摄。白读为[ə]，文读为[iẽ]；白读为[iẽ]，文读为[ẽ]；白读为[ie]，文读为[ẽ]。如：娘 lə^{55}～婆，liẽ^{33}皇妃～～｜长～短 tɕʰiẽ^{24}～工，tsʰẽ^{24}好～｜方 fie^{35}一～，fẽ^{35}～便。

11. 梗摄。白读为[io]或者[ie]，文读为[ã]或者[iã]；白读为[o]，文读为[ə]。如：明mio^{24}～个，mã^{24}～瓦｜劲tɕio^{55}增～，tɕiã^{55}有～｜彭pʰie^{24}～家山，pʰiã^{24}姓～｜腥ɕio^{35}～味，ɕiã^{35}荤～｜客kʰo^{213}人～，kʰə^{213}～气｜伯po^{213}～～，pə^{213}叔～。

15. 曾摄。白读为[ã]，文读为[ẽ]；白读为[e]，文读为[ə]。如：称tsʰã^{35}予秤～，tsʰẽ^{35}～呼｜刻kʰe^{21}那～，kʰə^{21}予刀～。

16. 通摄。白读为[ẽ]，文读为[ã]或者[iã]；白读为[iẽ]，文读为[ẽ]。如：封fẽ^{35}一～信，fiã^{35}～口｜同tʰẽ^{24}～事，tʰiã^{24}老～｜中tɕiẽ^{35}～心，tsẽ^{35}～平。

（三）声调的文白异读

声调文白异读，往往与声母或者韵母的文白异读相伴，如上文列举的：娘lə^{55}～婆，liẽ^{33}皇妃～～｜篮liã^{55}～子，lã^{21}～球｜阔fə^{213}好～，kʰo^{21}摆～。又如：

（1）文读为阳平，白读为阴平。如：炉lɔ^{35}～腹，lɔ^{24}～门｜霉mə^{35}～烂，mə^{24}～豆腐。

（2）文读为入声，白读为阴去。如：裂lia^{213}开～，lia^{55}～开。

二　新老异读

改革开放以来，与外界的经济文化交流不断扩大。中和镇语言也发生了较大变化，体现为新老异读。但总的来说，新派读音不稳定，能否进入语音系统还需要看它的进一步发展。

（一）[tsɿ]类和[tʃɿ]类

在中和镇平话老派的语音系统中，没有[tʃ]组声母。[ts]组拼开口、合口呼，[tɕ]组拼齐齿呼、撮口呼。[i]与[ɿ]属于条件变体。在介音位置上是[i]；作单韵母时，在[t][tʰ][p][pʰ][m][l]后是[i]，在[ts][tsʰ][s][∅]后是[ɿ]。发音人感觉不到[i]和[ɿ]的区别。这是中和平话一个显著的特点。但在宁远其他地区的方言中，[ts]组与[tʃ]组对立，如东路平话“洗”[ʃɿ]≠“屎”[sɿ]。中和镇青年一代有意识地将“洗”从原来的[sɿ]改读为[ʃɿ]。与“洗”相似的还有（斜杠前为老派读音）：鸡tsɿ^{35}\tʃɿ^{35}｜几tsɿ^{33}\tʃɿ^{33}｜挤tsɿ^{33}\tʃɿ^{33}｜寄tsɿ^{55}\tʃɿ^{55}｜记tsɿ^{55}\tʃɿ^{55}｜节tsɿ^{213}\tʃɿ^{213}｜鲫tsɿ^{213}\tʃɿ^{213}｜急tsɿ^{213}\tʃɿ^{213}；欺tsʰɿ^{35}\tʃʰɿ^{35}｜劁tsʰɿ^{35}\tʃʰɿ^{35}｜锹tsʰɿ^{35}\tʃʰɿ^{35}｜骑tsʰɿ^{24}\tʃʰɿ^{24}｜旗tsʰɿ^{24}\tʃʰɿ^{24}｜棋tsʰɿ^{24}\tʃʰɿ^{24}｜气tsʰɿ^{55}\tʃʰɿ^{55}｜汽tsʰɿ^{55}\tʃʰɿ^{55}；西sɿ^{35}\ʃɿ^{35}｜稀sɿ^{35}\ʃɿ^{35}｜消sɿ^{35}\ʃɿ^{35}｜喜sɿ^{33}\ʃɿ^{33}｜洗sɿ^{33}\ʃɿ^{33}｜戏sɿ^{55}\ʃɿ^{55}｜熄sɿ^{213}\ʃɿ^{213}。

新派读音很不稳定，一是说话比较随意时，就读成前者。常常出现矫枉过正情况，把周边方言读[tsɿ][tsʰɿ][sɿ]的字，念成了[tʃɿ][tʃʰɿ][ʃɿ]。二是个体差异较大，一致性不强，同样的字，有的人按照老派读音来读，有的人按照新派读音来读。

（二）[ŋ]声母

[ŋ]声母在中和话中虽然保留，但为数不多，列举如下：

	ŋa	ŋɔ	ŋo	ŋe	ŋə	ŋəu
阴平	挨~近			熬		
阳平	呆挨~打雁碍	鱼	牙芽	□岩	鹅	牛
阴去			瓦			
阳去				硬	饿艾	
入声	硙					

上述字青年人都念成[ŋ]和[Ø]声母自由变读，说明[ŋ]也很不稳定，处在自由变读中。

此外，“那”，老年人一般读[a^{55}]，偶尔读成[la^{55}]，青年人较多地读成[la^{55}]；“随”，老年人一般读成[ts^{h}uɛ^{24}]，年轻人较多地读成[suɛ^{24}]。

三　讹读

有些字音发音人读得比较含糊，如果请他仔细分辨，就会在几个不同的音之间犹豫不决，不能确定哪个是地道的平话音，这种现象，我们暂时称为讹读。讹读在同音字汇中没有收录。常见的如下：

粉：有时为[fiã^{33}]，有时[ɕiã^{33}]，自由变读。

成：有时读[so^{24}]，有时读[sɔ^{24}]，自由变读。

刮：在[kya^{213}][kua^{21}]之间比较自由。

刀：在“刀片公刀豆”中可以读[p^{h}a^{55}]或者[p^{h}ã^{55}]。

爽：在“凉爽”中读[ɕio^{55}][tɕ^{h}io^{55}]，比较自由。

甲：在“鳞甲”中读[ko^{33}]或[ŋo^{33}]，比较自由。

同：在“同年爷”念[lə^{55}]或者[lã^{55}]。

掌：在“足掌”中读[tsẽ^{33}]或[tsã^{33}]，比较自由。

墩：在“墩牯木桩子”中读[tuã^{35}]或者[tuã^{33}]，比较自由。

蚁：在“蚂蚁崽崽”中可以读[iẽ^{21}][li^{21}][ɿ^{21}][ie^{21}]。

□饭：在“糯□饭”中可以读为[ɕio^{21}]或[ɕye^{21}]。

楝：在“苦楝木树”中，可以读[liẽ^{55}]或者[lie^{55}]。

思：在“相思鸟子”中可以读为[sɿ^{55}]或[ts^{h}ɿ^{55}]”。

然：在“然桩个这样的”中，可以读[liẽ^{21}]或[iẽ^{21}]。

此外，香□钵子[ɕiẽ^{35}lã^{55}pə^{213}lə^{33}]：第二个音节可以读[la]和[lã]。“后门”是“背底门”[pə^{55}ti^{33}miã^{24}]还是“背倒门”[pə^{55}tie^{33}miã^{24}]，很难分辨。“满”，指排行小时读[mã^{55}]，如“满满叔叔”。但最小的姑姑，有人称[mã^{55}kɔ^{55}]，有人称[ma^{55}kɔ]。[ma^{55}kɔ^{55}]是“满姑”音变，还是“尾姑”，比较难判断。

第五节

音韵特点

一　声母特点

（一）古今声母比较

表2-17　古今声母比较表

	全清	次清	全浊
帮组	帮　板 pie^{33}	滂　配 p^{h}ə^{55}	並　鼻 p^{h}ɛ^{21}
非组	非　富 fu^{55} 飞 pa^{35}	敷　副 fu^{55} 纺 p^{h}ẽ^{33}	奉　扶 fu^{24} 浮 p^{h}ie^{24}
端泥组	端　赌 tɔ^{33}	透　土 t^{h}ɔ^{33}	定　豆 t^{h}əu^{21}
精组	精　走 tsəu^{33} 借 tɕio^{55}	清　猜 ts^{h}a^{35} 笡 tɕ^{h}io^{55}	从　坐 ts^{h}ə^{55} 在 tɕ^{h}ia^{55}
知组	知　追 tsuɛ^{35} 猪 tɕie^{35}	徹　丑 ts^{h}əu^{33} 撑 tɕ^{h}ie^{55}	澄　箸 ts^{h}ɔ^{21} 潮 tɕ^{h}ie^{24}
莊组	莊　抓 tsɔ^{35} 盏 tɕie^{33}	初　初 ts^{h}ɔ^{35} 铲 tɕ^{h}ie^{33}	崇　床 ts^{h}ẽ^{24} 事 sɿ^{21}
章组	章　锥 tsuɛ^{35} 咒 tɕiəu^{55}	昌　铳 ts^{h}ẽ^{55} 厂 tɕ^{h}ie^{33}	船　船 suã^{24} 舍 ɕio^{55}
日母			
见晓组　今洪	见　姑 kɔ^{35} 鸡 tsɿ^{35}	溪　揩 k^{h}a^{35} 欺 ts^{h}ɿ^{35} 去 xɔ^{55}	群　拳 k^{h}uã^{24} 荠 ts^{h}ɿ^{24}
见晓组　今细	见　干 kiẽ^{35} 锯 tɕie^{55}	溪　快 k^{h}ya^{55} 丘 tɕ^{h}ɪəu^{35}	群　球 tɕ^{h}iəu^{24}
影组	影　哑 o^{33} 煨 və^{35} 沤 ŋəu^{55}		
影组			

续 表

次浊	清	浊		
明 马mo^{55} 密p^{h}a^{24}			帮组	
微 尾ma^{55} 雾vu^{21}			非组	
泥来 螺lə^{24}			端泥组	
	心 锁sə^{33} 扫ɕie^{55}	**邪** 随ts^{h}uɛ^{24} 袖tɕ^{h}io^{21} 像ɕiẽ^{55}	精组	
			知组	
	生 沙so^{35} 省ɕie^{33}		莊组	
	书 赊so^{35} 鼠ɕie^{21}	**禅** 社so^{55} 薯ɕie^{21}	章组	
日 耳lie^{55} 惹ie^{55}			日母	
疑 鹅ŋə^{24} 蜈vu^{24}	**晓** 虾xo^{35} 灰fə^{35}	**匣** 河xa^{35} 会fə^{21}	今洪	见晓组
疑 我io^{55} 眼lie^{55}	**晓** 哄xie^{33} 许ɕie^{33}	**匣** 汗xiẽ^{21}	今细	
云 右iəu^{21} 有xəu^{55} 芋y^{24} 永lio^{55} 远vã^{55} 雄ɕiẽ^{24}			影组	
以 用iã^{21} 赢lio^{24}				

（二）声母特点

1. 古全浊声母清化。全浊声母清化后今读塞音、塞擦音时不论平仄一律送气。例如：

	並	定	从	澄	床	群
平：	菩p^{h}u^{24}	驼t^{h}ə^{24}	财tɕ^{h}ia^{24}	沉ts^{h}ã^{24}	床ts^{h}ẽ^{21}	求tɕ^{h}iəu^{24}
上：	被p^{h}a^{55}	道t^{h}ie^{55}	在tɕ^{h}ia^{55}	丈ts^{h}ẽ^{55}		跪k^{h}uɛ^{55}
去：	稗p^{h}ẽ^{21}	地t^{h}ɛ^{21}	就tɕ^{h}iəu^{21}	撞ts^{h}ẽ^{21}	寨ts^{h}a^{21}	柜k^{h}uɛ^{21}
入：	白p^{h}o^{21}	读t^{h}ə^{21}	贼ts^{h}ə^{21}	择ts^{h}o^{21}	炸ts^{h}a^{21}	及ts^{h}ɿ^{24}

並母只有“部、倍、辫”极少数字读不送气塞音，其他各浊声母例外字也极少。此外，奉母的“浮、份”读塞音声母时也送气。

2. 古邪母字多数今读送气塞擦音。如：

平：辞ts^{h}ɿ^{24} | 随ts^{h}uɛ^{24} | 松tɕ^{h}yã^{24}。仄：祠ts^{h}ɿ^{24} | 席tɕ^{h}io^{21} | 袖tɕ^{h}io^{21} | 像tɕ^{h}iã^{21}。

3. 非组许多字保留了双唇音读法。例如：

斧pu^{213} | 飞pa^{35} | 反piẽ^{33} | 分piã^{35} | 放白pẽ^{55} | 枫po^{35} | 翻白piẽ^{33} | 纺p^{h}ẽ^{33} | 蜂p^{h}iã^{35}

｜捧 p^{h}iã^{33}｜浮 p^{h}ie^{24}｜份 p^{h}iã^{21}。

4. 日母字今部分读[l]声母，部分读[∅]声母。疑母字多读[ŋ]或者[l]声母。例如：

日母：二 li^{21}｜耳 lie^{55}｜染 lã^{21}｜燃 liẽ^{24}｜软 luã^{35}｜认 liã^{21}｜忍 liã^{55}｜让 liẽ^{21}

惹 ie^{55}｜润 yã^{21}｜闰 yã^{21}｜弱 iəu^{21}｜入 ŋ^{21}｜人 ŋ^{24}｜日～子 ŋ^{21}。

疑母：鹅 ŋə^{24}｜饿 ŋə^{21}｜牙 ŋo^{24}｜芽 ŋo^{24}｜牛 ŋəu^{24}｜疑 li^{24}｜咬 liəu^{55}｜眼 lie^{55}｜银 liã^{24}。

5. 匣母和晓母部分字今读[f]声母。

匣母：何 fu^{24}｜祸 fu^{55}｜悔 fə^{55}｜会 fə^{21}｜活白 fə^{21}｜回 fə^{24}｜县 fã^{21}｜蕻 fu^{24}｜魂 fã^{24}。

晓母：毁 fɛ^{33}｜欢 fiẽ^{35}｜灰 fə^{35}｜血 fei^{213}｜婚 fiã^{35}｜荤 fã^{35}。

6. 溪母字有文白异读的，文读为[k^{h}]，白读为[x]。例如：

枯文 k^{h}u^{35}，白 xɔ^{35}｜苦文 k^{h}ɔ^{33}，白 xɔ^{33}｜口文 k^{h}əu^{33}，白 xəu^{33}｜空文 k^{h}iẽ^{55}，白 xã^{35}。

7. 部分喻母字读[l]声母。如：

永 lio^{55}｜野 lio^{55}｜夜白 lio^{21}｜盐 liẽ^{24}｜赢 lio^{24}｜檐 liẽ^{24}。

8. 泥来母相混，精组与知庄章组不分。

泥来母今主要读[l]，男[lo^{24}]＝蓝[lo^{24}]。精组与知庄章组，遇洪音主要读[ts][ts^{h}][s]，遇细音主要读[tɕ][tɕ^{h}][ɕ]，如：蛆清母 tɕ^{h}ie^{35}｜字从母 ts^{h}ɿ^{21}｜随邪母 ts^{h}uɛ^{24}｜猪知母 tɕie^{35}｜追知母 tsuɛ^{35}｜初初母 ts^{h}ɔ^{35}｜芝初母 tsɿ^{35}｜煮章母 tɕie^{33}｜吹昌母 ts^{h}uɛ^{35}。

9. 少数精组和知组字今读舌头音。如：爹 tia^{33}｜簇 t^{h}əu^{55}｜族 t^{h}əu^{55}｜畜 t^{h}əu^{24}。

10. 从共时层面看，平话声母数量较少，只有19个。塞擦音只有两套，没有卷舌音声母[tʂ][tʂ^{h}][ʂ]。平话的[ts]组声母拼洪音韵母，[tɕ]组声母拼细音声母，但不与[i]相拼；普通话的[tʂ]组在平话中一般读[ts]组声母。

平话有舌根音鼻音声母[ŋ]和浊擦音声母[v]。没有[l][n][ȵ]的对立。[ɿ]和[zɿ]不构成对立，[z]不成为独立的声母。

二　韵母特点

（一）古今韵母比较

表2-18　古今韵母比较表一

		一等			二等			
		帮系	端系	见系	帮系	泥组	知庄组	见系
果开	例字		多　大	歌　河　鹅				
	音标		tə^{35} t^{h}o^{21}	ku^{35} xa^{35} ŋə^{24}				
果合	例字	簸　坡　破	朵	过				
	音标	pə^{55} p^{h}o^{35} p^{h}u^{55}	tə^{33}	ku^{55}				
假开	例字				马		茶	家
	音标				mo^{55}		ts^{h}o^{24}	ko^{35}
假合	例字						耍	花
	音标						sua^{33}	xo^{35}
遇合	例字	步	徒	苦				
	音标	p^{h}u^{21}	t^{h}ɔ^{24}	k^{h}ɔ^{33}				
蟹开	例字	贝	来　胎	改　呆	排		筛	揩
	音标	pə^{55}	la^{24} t^{h}ia^{33}	kə^{33} ŋa^{24}	p^{h}ia^{24}		sa^{35}	k^{h}a^{35}
蟹合	例字	杯	推　催	灰				怪　画
	音标	pə^{35}	t^{h}o^{35} ts^{h}uɛ^{35}	fə^{35}				kya^{55} xo^{21}
止开	例字							
	音标							
止合	例字							
	音标							
效开	例字	袍	刀	熬	包	闹	吵　抓	孝
	音标	p^{h}ie^{24}	tie^{35}	ŋe^{35}	piəu^{35}	lie^{21}	ts^{h}ə^{33} tsɔ^{35}	ɕiəu^{55}
流开	例字	亩	兜	狗				
	音标	mɔ^{55}	təu^{35}	kəu^{33}				
咸舒开	例字		胆　贪　淡	砍			赚　站　杉	咸
	音标		tẽ^{33} t^{h}ie^{35} t^{h}o^{55}	k^{h}iẽ^{33}			tɕ^{h}ye^{55} tsẽ^{55} so^{33}	xo^{24}
咸舒合	例字							
	音标							
咸入开	例字		答	盒			炸	狭　鸭
	音标		to^{213}	xo^{21}			ts^{h}a^{21}	xa^{213} o^{213}
咸入合	例字							
	音标							

三四等									
帮系	端组	泥组	精组	庄组	知章组	日母	见系		
							茄	例字	果开
							tɕʰie^{24}	音标	
								例字	果合
								音标	
			邪		蛇	惹	爷	例字	假开
			ɕio^{24}		so^{24}	ie^{55}	io^{33}	音标	
								例字	假合
								音标	
夫		女	蛆	阻 取	书 柱		句 去 举	例字	遇合
fu^{35}		lie^{55}	tɕʰie^{35}	tsɔ^{33} tɕʰy^{33}	ɕie^{35} tsʰɔ^{55}		tɕie^{55} xɔ^{55} tɕy^{33}	音标	
米	底	泥	砌		世		鸡	例字	蟹开
mi^{55}	ti^{33}	li^{24}	tsʰɿ^{55}		sɿ^{55}		tsɿ^{35}	音标	
肺			岁 脆		税		秽	例字	蟹合
fei^{55}			so^{55} tsʰuei^{55}		suei^{55}		so^{55}	音标	
碑 皮	地	离	刺 姊 死	师	尸	耳 二	移 衣	例字	止开
pɛ^{35} pʰa^{24}	tʰɛ^{21}	lɛ^{24}	tsʰɿ^{55} tsa^{33} sɛ^{33}	sɿ^{35}	sɿ^{35}	lie^{55} li^{21}	ɿ^{24} a^{35}	音标	
肥 飞		累	随 醉		吹 锤		规 毁	例字	止合
fɛ^{24} pa^{35}		lɛ^{55}	tsʰuɛ^{24} tsua^{55}		tsʰuɛ^{35} tsʰua^{24}		kuɛ^{35} fɛ^{33}	音标	
嫖 苗	刁	撩	樵		烧		桥	例字	效开
pʰie^{24} miəu^{24}	ti^{35}	li^{24}	tsʰɿ^{24}		sɿ^{35}		tsʰɿ^{24}	音标	
副 浮		留	酒	搜	丑		牛 九	例字	流开
fu^{55} pʰie^{24}		liəu^{24}	tɕiəu^{33}	səu^{35}	tsʰəu^{33}		ŋəu^{24} tɕiəu^{33}	音标	
	甜	念	尖		占	染	炎	例字	咸舒开
	tʰã^{24}	lã^{21}	tsã^{35}		tsã^{55}	lã^{21}	iẽ^{24}	音标	
犯 凡								例字	咸舒合
fiã^{55} fie^{24}								音标	
	跌		接				叶	例字	咸入开
	tie^{21}		tsɿ^{213}				ɿ^{21}	音标	
法								例字	咸入合
fiəu^{213}								音标	

表2-19 古今韵母比较表二

		一等			二等			
		帮系	端系	见系	帮系	泥组	知庄组	见系
深舒开	例字							
	音标							
深入开	例字							
	音标							
山舒开	例字		单 坦	肝 赶	班 办		山	眼 间
	音标		tie^{35} t^{h}ẽ^{33}	kiẽ^{35} ke^{33}	pie^{35} p^{h}ã^{21}		ɕie^{33}	lie^{55} ke^{55}
山舒合	例字	搬	端 团	官			拴	惯
	音标	piẽ^{35}	tiẽ^{35} t^{h}yẽ^{24}	kyẽ^{35}			ɕye^{35}	kye^{55}
山入开	例字		辣 萨	割	八		杀	瞎 轧
	音标		lia^{21} so^{21}	kə^{213}	pia^{213}		sa^{213}	xa^{213} o^{213}
山入合	例字	钵	脱 捋	活白 阔文			刷	刮
	音标	pə^{213}	t^{h}ə^{213} lua^{213}	fə^{213} k^{h}o^{213}			sua^{213}	kya^{213}
臻舒开	例字		吞	很				
	音标		t^{h}iã^{35}	xiẽ^{33}				
臻舒开	例字	盆	墩	温 滚				
	音标	p^{h}iã^{24}	tuã^{35}	vã^{35} kuã^{33}				
臻入开	例字							
	音标							
臻入合	例字	没	卒	骨				
	音标	mə^{55}	tsəu^{213}	kua^{213}				
宕舒开	例字	帮 榜	糖	缸				
	音标	pẽ^{35} pie^{33}	t^{h}ẽ^{24}	kiẽ^{35}				
宕舒合	例字			荒				
	音标			xiẽ^{35}				
宕入开	例字	薄	托 昨	各 藿				
	音标	p^{h}ə^{21}	t^{h}ə^{213} ts^{h}o^{21}	k^{h}o^{21} fu^{213}				
宕入合	例字							
	音标							

三四等									
帮系	端组	泥组	精组	庄组	知章组	日母	见系		
		林	心	渗	沉		阴	例字	深舒开
		lɛ^{55}	ɕiã^{35}	sã^{55}	ts^{h}ã^{24}		iã^{35}	音标	
		立			十		急	例字	深入开
		lɛ^{24}			sʅ^{21}		tsʅ^{213}	音标	
变 鞭	天	年	剪		扇	燃	见	例字	山舒开
pã^{55} piã^{35}	t^{h}ã^{35}	lã^{24}	tsã^{33}		sã^{55}	liẽ^{24}	tɕiẽ^{55}	音标	
反 烦			选		船	软	拳 远	例字	山舒合
piẽ^{33} fie^{24}			suã^{33}		suã^{24}	luã^{35}	k^{h}uã^{24} vã^{55}	音标	
别 撇	铁	捏 裂	节			热	孽	例字	山入开
pi^{213} p^{h}ie^{21}	t^{h}i^{213}	la^{35} lia^{213}	tsʅ^{213}			li^{21}	li^{21}	音标	
发			雪				蕨 越	例字	山入合
fia^{213}			suei^{213}				kuei^{213} vei^{21}	音标	
		鳞	新		真	忍	银	例字	臻舒开
		lã^{24}	ɕiã^{35}		tsã^{35}	liã^{55}	liã^{24}	音标	
问		轮	笋		椿	润	菌	例字	臻舒合
miã^{21}		luã^{24}	ɕyã^{33}		tsuã^{35}	yã^{21}	tɕ^{h}yã^{55}	音标	
笔 密		栗	七 悉	虱	失	日	一	例字	臻入开
pɛ^{213} p^{h}a^{24}		lɛ^{24}	ts^{h}ɛ^{213} sʅ^{21}	sa^{213}	sʅ^{21}	ŋ^{21}	ʅ^{213}	音标	
佛 物					出		倔	例字	臻入合
fu^{213} va^{21}					suɛ^{213}		tsuei^{213}	音标	
		两	枪	装	樟	让	养	例字	宕舒开
		liẽ^{55}	tɕ^{h}iẽ^{35}	tsẽ^{35}	tsẽ^{35}	liẽ^{21}	iẽ^{55}	音标	
纺							旺	例字	宕舒合
p^{h}ẽ^{33}							vẽ^{21}	音标	
			嚼		着	弱	药 脚	例字	宕入开
			tɕ^{h}iəu^{21}		tsə^{213}	iəu^{21}	ie^{21} tsʅ^{213}	音标	
								例字	宕入合
								音标	

表2-20　古今韵母比较表三

		一等			二等			
		帮系	端系	见系	帮系	泥组	知庄组	见系
江舒开	例字				绑		双	虹　讲
	音标				pẽ^{33}		sẽ^{35}	kiẽ^{55} tɕiã^{33}
江入开	例字				雹		浞	学
	音标				pʰiəu^{21}		tsʰua^{55}	ɕiəu^{21}
曾舒开	例字	崩	灯					
	音标	piã^{35}	tiã^{35}					
曾舒合	例字							
	音标							
曾入开	例字	北	得	黑				
	音标	pə^{213}	tə^{213}	xə^{213}				
曾入合	例字							
	音标							
梗舒开	例字				彭	冷	生	坑　更
	音标				pʰiã^{24}	lo^{55}	ɕie^{35}	kʰe^{35} kiẽ^{55}
梗舒合	例字							
	音标							
梗入开	例字				百　脉　麦		摘	轭
	音标				po^{213} mə^{21} mo^{21}		tso^{213}	ŋo^{33}
梗入合	例字							划
	音标							xo^{21}
通舒合	例字	蓬	东　动	工　洪				
	音标	pʰiã^{24}	tiã^{35} tʰẽ^{55}	kã^{35} xiẽ^{24}				
通入合	例字	木	读	哭				
	音标	mɔ^{21}	tʰɔ^{21}	xɔ^{213}				

三四等									
帮系	端组	泥组	精组	庄组	知章组	日母	见系		
								例字	江舒开
								音标	
								例字	江入开
								音标	
冰					蒸 征		应	例字	曾舒开
pio^{35}					tsã^{35} tsẽ^{35}		iã^{55}	音标	
								例字	曾舒合
								音标	
逼		力	熄	色	食			例字	曾入开
pi^{213}		li^{21}	sɿ^{213}	sə^{213}	ʅ^{21}			音标	
								例字	曾入合
								音标	
兵	顶	领	净		声		轻 影 形	例字	梗舒开
pio^{35}	tio^{33}	lio^{33}	tɕ^{h}io^{21}		so^{35}		tɕ^{h}io^{35} iã^{33} sã^{24}	音标	
							野 营文	例字	梗舒合
							lio^{55} yã^{24}	音标	
壁 劈	笛	历	锡 戚		尺		益	例字	梗入开
pio^{213} p^{h}i^{35}	t^{h}io^{21}	lio^{21}	ɕio^{213} ts^{h}ɿ^{21}		ts^{h}o^{213}		io^{21}	音标	
								例字	梗入合
								音标	
风 疯 枫		浓 龙	怂		钟 终		穷 雄	例字	通舒合
fiã^{35} fẽ^{35} po^{35}		liã^{24} liẽ^{24}	sẽ^{33}		tsã^{35} tsẽ^{35}		tɕ^{h}iã^{24} ɕiẽ^{24}	音标	
腹		六 绿	宿 粟	缩	粥 赎	肉	玉	例字	通入合
pu^{213}		liəu^{21} lie^{21}	ɕiəu^{213} ɕie^{21}	sɔ^{213}	tsəu^{213} ɕɪe^{21}	vu^{33}	y^{24}	音标	

（二）韵母特点

1. 古入声韵字今读无塞音韵尾，古阳声韵大部分字今读鼻化韵，部分读如阴声韵。古阳声韵字今读如阴声韵的，举例如下：

咸摄：贪 tʰie^{35}｜槛 tɕʰie^{55}｜淡 tʰo^{55}｜三 so^{35}｜衫 so^{35}；

深摄：林 lɛ^{55}｜浸 tsʰɛ^{21}；

山摄：烂 lie^{21}｜懒 lie^{55}｜难 lie^{24}｜盏 tɕie^{55}｜眼 lie^{55}｜板 pie^{33}｜反 fie^{33}；

臻摄：身白 ɕie^{35}｜诊 tso^{33}；

宕摄：榜 pie^{33}｜忙 mie^{24}｜娘白 lə^{55}｜方白 fie^{35}｜辋 ye^{21}；

曾摄：冰 pio^{35}｜凭 pio^{24}；

梗摄：冷 lo^{55}｜打 ta^{33}｜撑 tɕʰie^{55}｜坑 ke^{35}｜硬 ŋe^{21}｜病 pʰio^{21}｜命 mio^{21}｜兵 pio^{35}；

通摄：枫 po^{35}。

2. 古开口一二等字有读细音的现象。

蟹开一二等帮组、端组、精组字今读细音 [ia] 韵母，如：

胎 tʰia^{35}｜待 tʰia^{55}｜灾 tɕia^{35}｜排 pia^{24}｜牌 pʰia^{24}｜买 mia^{21}｜稗 pʰia^{21}｜败 pʰia^{21}。

效开一帮、泥组和精组今读细音 [ie]，效开二帮组、泥组和见系字今读细音 [iəu]。如：

效开一：袍 pʰie^{24}｜毛 mie^{24}｜保 pie^{33}｜报 pie^{55}｜讨 tʰie^{33}｜道 tʰie^{55}｜老 lie^{55}｜草 tɕʰie^{33}｜早 tɕie^{33}；

效开二：包 piəu^{35}｜饱 piəu^{33}｜茅 miəu^{24}｜咬 liəu^{55}｜孝 ɕiəu^{55}。

山开一二舒声韵的端、泥、精组及见系今读细音 [ie][iẽ]，如：丹 tie^{35}｜单 tie^{35}｜懒 lie^{55}｜散 ɕie^{55}｜汗 xiẽ^{21}｜寒 xiẽ^{24}｜班 pie^{35}｜慢 mie^{21}｜山 ɕie^{35}｜眼 lie^{55}。

宕开一舒声见系字今读 [iẽ]。如：岗 kiẽ^{35}｜糠 xiẽ^{35}｜行 xiẽ^{24}。

曾开一舒声韵帮组、端组、精组字今读 [iã] 韵母。如：灯 tiã^{35}｜邓 tʰiã^{21}。

梗开二舒声韵帮组、知庄组字今读细音 [ie][iã] 或 [ye]。如：棚 pʰiã^{24}｜撑 ltɕʰie^{55}｜撑$_{3}$ tɕʰye^{35}｜生 ɕie^{35}｜甥 ɕie^{35}｜省 ɕie^{33}。

3. 咸山摄三四等字有读洪音的现象。

咸开三四等舒声端组、泥组字今读洪音 [ã] 韵，如：添 tʰã^{35}｜甜 tʰã^{24}｜念 lã^{21}｜染 lã^{21}。

山开三、四舒声除见系外今读 [ã] 韵母。如：棉 mã^{24}｜面 mã^{21}｜连 lã^{24}｜边 pã^{35}｜天 tʰã^{35}｜填 tʰã^{24}｜年 lã^{24}。

4. 古合口一等字有读齐齿呼的韵母现象。

山合一的帮端泥精组今读 [iẽ]。如：半 piẽ^{55}｜满 miẽ^{55}｜暖 liẽ^{55}。

臻合一帮组字今读 [iã]，如：喷 pʰiã^{55}｜门 miã^{24}｜本 piã^{33}。

通合一大多舒声字读 [iã] 或 [iẽ]，如：蓬 pʰiã^{24}｜桶 tʰiã^{33}｜笼 liã^{24}｜送 ɕiã^{55}｜空 kʰiẽ^{55}｜哄 xiẽ^{33}｜洪 xiẽ^{24}。

5. 古合口三四等舒声字有读齐齿呼或开口呼现象，特别是遇摄、咸摄、山摄、臻摄和通摄。

遇合三今读[ie]的，如：女 lie^{55}｜蛆 tɕ^{h}ie^{35}｜猪 tɕie^{35}｜煮 tɕie^{33}｜鼠 ɕie^{21}｜许 ɕie^{33}｜输 ɕie^{35}｜｜主白 tɕie^{33}｜须白 ɕie^{35} 等字。

咸合三今读齐齿呼的，如：凡 fie^{24}｜犯 fiã^{55}｜法 fiəu^{213}。

山合三今读齐齿呼，不读撮口呼韵母的，如：翻文 fie^{35}｜翻白 piẽ^{33}｜晚 mie^{55}｜发 fia^{213}。

臻合三帮组字今读[iã]。如：分 fiã^{35}｜粉 fiã^{33}｜蚊 miã^{55}｜愤 fiã^{55}｜份 p^{h}iã^{21}。

通合三读齐齿呼，不读撮口呼韵母的，如：风 fiã^{35}｜梦 miã^{21}｜穷 tɕ^{h}iã^{24}｜用 iã^{21}｜捧 p^{h}iã^{33}｜胸 ɕiã^{35}｜中 tɕiẽ^{35}｜雄 ɕiẽ^{24}｜拱 kiẽ^{33}。

6. 咸、山、宕三摄见系字今读[iẽ]或[yẽ][ie]，主要元音为[e]。深臻曾见系字合流，主要元音为[a]。江、梗、通三摄见系字今读合流，主要元音为[a]或[e]。

7. 效开二三等较多的字读[iəu]，与流摄混同。如：咬 liəu^{55}＝柳 liəu^{55}；窖 tɕiəu^{55}＝救 tɕiəu^{55}。

8. 通摄舒声韵今读主要元音是不圆唇元音。如：动 t^{h}ẽ^{55}｜红 xã^{24}｜穷 tɕ^{h}iã^{24}。

9. 从共时平面看，与普通话以及周边方言比较，平话的韵母还有以下几个特点：

（1）有鼻化韵，音位中没有前后鼻音和鼻化音的对立。

（2）单韵母丰富。共有 [ɿ][i][ə][ɛ][a][ə][ɔ][o][y][u][ŋ] 十一个单韵母。

（3）有四呼，但对应不整齐。

（4）有自成音节的[ŋ]，如：你 ŋ^{55}｜五 ŋ^{55}｜日 ŋ^{21}｜入 ŋ^{21}。

三 声调特点

（一）声调古今比较

表2-21 古今声调比较表

		阴平35	阳平24	上声33	阴去55	阳去21	入声213
古平声	清	高猪天婚					
	浊		鹅穷床扶				
古上声	清			古走丑草			
	浊				五老近坐		
古去声	清				盖醉唱送		
	浊					大害望帽	
古入声	清						竹急黑尺
	浊					六服麦读	

（二）声调特点

1. 六个声调，平声和去声分阴阳，上声和入声不分阴阳。

2. 古上声在平话中分派上声、阴去，古清声母上声字今读上声，古次浊声母和全浊声母上声字与古清声母去声字今读阴去。古浊声母去声字今读阳去。古入声分派入声、阳去。古清声母入声字今读入声，古浊声母入声字今读阳去。有文白异读的古入声字，往往白读为入声，文读为阳去，如：月白 vei^{213}，月文 vẽ^{21} | 阔白 fə^{213}，阔文 k^{h}o^{21}。

3. 部分非入声字今读入声调。如：跟连词，白读 ke^{213} | 硙 ŋa^{213} | 裁 tɕ^{h}ia^{213} | 斧 pu^{213}。

4. 六个声调中有四个声调的调值与当地官话调值相同：平话的阳平与官话的去声均为24，平话的上声和官话的阴平均为33，平话的阴去和官话的上声均为55，平话的阳去和官话的阳平均为21。

第三章　同音字汇

说明：

1. 字汇收录老派平话的常用字。经常借用，但还没有进入平话语音系统的官话语素，由于数量太大，同时也不为平话人认可，不收录。一些拟声词，直接模拟声音，也不收入。

2. 字汇按韵母顺排列，同韵母再以声母为序，同韵母同声母再以声调为序。同音的字，自由排列。韵母按照ɿ i u y a ia ua ya ɛ uɛ e ie ye ə ɔ iɔ o io ei uei əu iəu ã iã uã yã ẽ iẽ yẽ ŋ为序排列。

3. 按照实际读音记录声调。有些字在平话中不单用，能组成的词语也很少，不易判断单字调和连调，按照词语中的读音进行记录。平话的轻声有相对固定的调值，本字汇按照实际读音进行记录。

4. 来源不同的简体字仍写作简体，不恢复繁体写法。一字多读，用小号数字标注，数字大小代表该字使用频率，数字越小，使用频率越高。需要时，用小字解释或者举例。有两个或者两个以上意义的以分号隔开。释义后的例词，对例词的解释，用冒号引出，并用“~”代替该字。有音无字用“□”表示。

5. 文白异读，用小字标注。有些字的异读情况稍微复杂，其中的一个读音，声母属于文读层次，韵母属于白读层次；另一个读音，声母属于白读层次，韵母属于文读层次，有些还有声调的异读，这种情况，在该字的后面分别用数字标注。文白和数字一并出现时，以前面的统筹后面的，如“长2文”和“长2白”构成文白异读，与“长1”不构成文白异读。“伯文1”和“伯文2”都属于文读层，与“伯白”构成文白异读，不区分“文1”“文2”的层次。

ɿ

ts [35]鸡支芝知文，~事□~年：今年 [33]纸指籽仔紫子2，~孙；金~止几虮挤麂姊文，~嫂叽1，叫~~：蝉纪镜2，眼~ [55]痣置痔照制罩1，油盏~子叽2，~~哟：蝉志蕞剂徛寄记季椒箕际□莫~声：不作声继 [21]□样~：这样；哪~：怎么 [213]织截接结积极节质鲫蛰脊急疾□灌~：化脓直文，~个：一直脚

tsʰ [35]欺痴□~得：迟钝鯽锹 [24]池自迟祠辞桥荞樵骑旗棋齐漆文，油~ [33]齿起文，一~：一同 [55]戚砌次气汽刺砌摛伸契 [21]字牸轿□~夹：翅膀直白，□[ma²¹]~：笔直鹚鱼~：鸬鹚 [213]切及

s [35]狮尸诗丝撕师私烧文，~火西稀消硝1，上~：上火药箫□打~□[pʰɛ⁵⁵]：打架呲 [24]时什 [33]屎白，~尿少起白，~来启洗喜司厕 [55]试是世伺柿式笑小戏士仕细白，~心屎文，~唧唧 [21]事十实饰习蚀失文，~错：过失拾收~食1，饮~适悉莳~田：插秧 [213]熄识

ø [35]腰 [24]易窑移姨 [55]以依意椅亿□~□[liẽ⁵⁵]：反正 [21]叶食2，~茶 [213]腌一壹

i

p [35]屄 [55]闭 [213]别逼鳖滗

pʰ [35]批劈披 [55]痞

m [55]米明2，清~节 [21]庙篾苗白，~蝈崽崽：蝌蚪

t [35]刁叼雕□动词，抬腿□~祸：挑起祸端 [33]底抵鸟白，~子屌 [55]吊掉调~开钓 [21]敌 [213]□闭嘴

tʰ [35]剃梯 [24]条提 [33]帝体1，讲~：穿着讲究 [55]弟文，徒~替剔体2，身~ [21]第□寻 [213]铁贴帖

l [24]撩泥犁疑1，起~心 [55]疑2，莫得~到子：没有考虑到是他 [21]料力蚁孽造~艺手~腡二贰尿1白，屙~热日白，~头□强~，老人身体强壮□牙根~：牙龈

u

p [35]晡1，一~夜地：一整夜 [33]哺补晡2，下~工：后天晡~岳公子：岳父 [55]婆文1，姑~部簿布泊吴~营：地名 [21]□~水出：涌出水来 [213]斧腹

pʰ [35]铺1，~床□物体中起泡：~起个；~萝卜；~雪藨~子：野生草莓及草莓状野果子 [24]菩蒲葡婆白，~□[kua³³]子：母的 [33]谱 [55]破铺2，~子□撕 [21]步□藏在一侧窥视 [213]仆扑伏

f [35]夫 [24]何胡1，~家扶蕰符糊~垠头，~酿酒 [33]呼火伙妇 [55]揥打：~一巴掌付祸户副幅 [21]腐服合□明~：明显，清楚 [213]福佛

v [35]屙 [24]捂禾蜈胡2，~子误狐 [33]肉 [55]雨舞武午1，端~□惹：莫去~子 [21]雾 [213]□热，好~龌~龊

ts [213]逐~过：持续

tsʰ [33]楚

s [24]素 [21]属俗

k [35]歌咕 [33]馃果牯文，啄~：帽檐 [55]过个1，上~月□两□[tia²¹]~子：两兄弟

kʰ [35]枯文，~炭

y

tɕ [35]拘 [33]举矩主文，~意□挤，~油：互相

推挤来暖和身子

tɕʰ [24]焌菊 [33]取 [55]呿1，相当于普通话的"呸"

ɕ [35]须文，～～：根须、线头虚硝2，引～：鞭炮、炸药的引线 [55]□动词，寻找、整理小物件□动词，掏：～耳朵

∅ [35]淤迂 [24]芋遇玉 [21]如

a

p [35]飞□坝挥 [24]霸□～～：儿语指肉[33]掰巴文，泥～～ [55]□～～：儿语指屎□动词，鸭在水中觅食 [213]罢□动词，折（断）□扳□动词，擤

pʰ [35]笆胚白，～牯：块头 [24]皮脾啤璧尤～：地名□密 [55]被 [213]篦□动词，扇片1，篾～

m [24]□饭，食～ [33]马白，～虎 [55]尾末 [21]□～直：笔直 [213]沕□关～：关紧谜

f [35]揔抽；捆 [21]华 [213]穴窟

v [24]□动词，招手 [21]物 [213]□让牛停下来的吆喝声

t [35]瘩坨 [33]打 [55]□量词，个，一～人□总～：总是□表转折，相当于"倒"：你～有车坐，我要走路

l [35]捏 [24]来□乱，凌凌～～：凌乱 [55]那1，～粒□洒水啦语气词 [33]里2，库～：地名□形容词或者动词，女性放荡 [21]□久 [213]□胖

ts [35]斋 [33]姊白，～妹 [55]眨 [21]□碗□[ko⁵⁵]～：碎瓷片闸杂文，打～ [213]扎□塞（动词），堵塞（形容词）

tsʰ [35]差文，出～猜 [24]岔文1，打～ [33]楂 [55]岔文2，莫～：不要插话 [21]炸1，～馃子：将面粉等做成的食品放在油中煎□疼寨～子柞紫木～子：灌木槎扫～：竹制扫把□羊子～：三角形的粽子 [213]插

s [35]□～公皮子：和尚筛□动词，锯 [33]厦偏～ [55]晒 [213]杀刹虱煞～角：结束

k [35]街 [33]解1，～开夹2，用作词缀：□[tsʰɿ²¹]～ [55]介界戒届□动词，剖，劈：～柴，～鱼，～鸡盖文，～印 [213]夹1，～一本书铗挟□凑热闹：～臭骚□形容词，不通情理，难打交道：好～

kʰ [35]揩搭1，～紧：抓紧 [24]胯～～：胯下 [55]卡 [21]□～～：蛋 [213]□捆

ŋ [35]挨1，靠紧，接触：～倒我坐 [24]挨2，遭，～打呆雁丫文，～开：张开 [213]夹3，～缝硙

x [35]河搭2，拿握：～人□毛～：杂有稻谷的禾芒 [24]鞋□～头：嗉囊，鸡鸭的食囊 [55]□形容词，湿 [21]狭□～子：夭折孩子的小棺木□量词，相当于普通话"间"：一～间子 [213]瞎

∅ [35]衣依 [33]矮啊 [55]那2，～人 [213]伊指示代词，这

ia

p [35]跰跛脚□疲倦，乏力 [33]摆 [55]拜 [213]八

pʰ [24]排牌簰 [33]□动词，单肩背，挑两边重量不一的担子□量词，两臂张开的长度；动词，张开双臂量距离□量词，山的一面 [55]派髀腿：～牯□张开两腿或者双臂 [21]败稗□松～～：很松的样子□短～～：很短的样子

m [24]埋 [55]买 [21]卖

f [213]发罚阀

t [33]爹 [55]待文，～子蛮好带代文，～我去戴袋文，～子 [21]□两～□[ku⁵⁵]子：两兄弟 [213]□都：～去；一会儿：一～；时候：那～搭文，猪～子：装小猪的笼子

t^h　[35]胎苔□[tɕiəu^{35}]～：苔藓 [24]抬台枱～子：桌子 [55]太待白,～客 [21]袋白,～牯：袋子代白，一～人□裤～：裤裆 [213]踏塌□煎

l　[55]弟白，兄～裂文，～开：松开徕～头：小孩□～死：哭，贬义 [33]□薄～～：很薄的样子 [21]癞辣 [213]奈裂白，开～□掐：～断赖～脑牯：烂崽

tɕ　[35]灾白，发～：发瘟栽～跟头 [55]载～满再文，～讲 [21]唧 [213]砸即□摔倒

$tɕ^h$　[35]□鳃 [24]□～～：钹财□肚～：食量大拃量词，大拇指与食指张开的长度；动词，张开大拇指与食指测量 [33]彩 [55]菜再白，～你哪□[tsɿ^{21}]讲：不论你怎么说在～回你：随便你□呲：～开 [213]裁□淘米□蹭：于缸瓮高头～

ɕ　[213]撒

ua

l　[213]捋

ts　[55]醉 [213]啄□死～～：死定了

ts^h　[24]槌锤捶□～子，疖子□～气：气味 [33]□歪 [55]淀淋雨 [21]促扭伤（脚踝），闪（腰）触䅟～火肥：将肥料塞到禾苗的根部处哪～：什么地方

s　[33]耍 [21]刷 [213]□～子：鞭子□物体从扁担一头溜下来；～个：不成器

k　[33]呱□婆～子：母的□□[mio^{24}]～：青蛙 [21]聒 [213]骨刮2，月～：月形锄头

k^h　[55]垮□掴：～一巴掌 [21]□～子：手残或者上肢残的人

ya

$tɕ^h$　[55]□撕

k　[35]乖 [33]拐□睁开□喉咙～：嗓门 [55]怪白，～我挂 [213]刮1，～樵

k^h　[35]圈 [24]□睁 [33]□清～～：粥很稀的样子 [55]块快

Ø　[35]□掏□饿，尤指吃了很多东西还觉得饿□攀爬：～岭（爬山）洼凹 [21]滑坏□～索子：制作绳子□扯，～开 [55]□量词，瓣□～死：哭，贬义 [213]挖搲从坛子中取物

ɛ

p　[35]蓖碑白，～石螕牛～：牛身上的吸血虫 [33]比 [55]痱 [213]瘪笔

p^h　[24]琵枇扁2，～个□～□[liẽ^{55}]：便宜 [55]屁□打□[sɿ^{35}]～，打架□～子：女儿 [21]避鼻

m　[35]寐眯□～～雨：牛毛细雨 [24]眉1，～毛

f　[24]肥 [33]毁 [55]□甩，～两巴掌 [21]□剩～：剩下

v　[35]墍火～：用火烧过的土坯制作的农肥 [24]为围□～帮：帮助对立的某一方 [33]歪 [55]喂 [21]味 [213]挹折叠

t　[35]知白，～得：知道 [24]大文，胆子～ [55]逮□少量，些 [21]□小个～：小时候

t^h　[35]□～工：明天 [55]跳白，跑 [21]地

l　[24]立文，～碑离篱梨 [33]奶～～：乳汁□动词，折咪语气词 [55]李旅礼理里1，一～路累～冲：山谷林山～塘：地名 [21]利泪笠腻厉俐路2，苦～八字：苦命 [213]粒

ts　[35]朝灾文，做得差□豆角上的小黑虫 [33]□□[mə^{35}]～～：很破碎的样子 [55]宰崽文，鸟～

ts^h　[24]□近，凑～□[tɛ^{55}]：凑近些 [21]浸才豺 [213]七漆白，～疮树：可致长疮的树

s　[33]死 [55]四肆

k　[213]□动词，呆，藏：～到角牯落

uɛ

ts [35]追锥 [33]嘴

tsʰ [35]吹催崔 [24]随□~席：玩要 [33]罪白，得~ [21]坠□好~手：物体提起来重攞双手向上抓住物体，吊起整个身子

s [35]水2,~桶：接洗澡水的桶 [33]水1，雨~腮 [213]除出

k [35]规归 [24]怪文，好~ [33]鬼 [55]贵桂 [213]□蜷；扭动□~子：柚子

kʰ [35]亏 [55]跪□~头：纽扣；动词，扣 [21]柜

e

k [35]高膏白，~药糕 [33]赶白，~碗：将碗的饭菜全部吃搞白，起~：开始 [55]告白，~状间 [213]跟2，和，我~你角2，煞~

kʰ [35]敲坑□枪毙 [33]考 [55]靠烤铐拷□杂交：~鸭；嫁接：~柿子□动词，摔跤时用脚绊对方 [21]刻白，那~：古时候

ŋ [35]熬 [24]□洞 [55]拗~起个：性情、意见多相冲突 [21]硬

x [35]蒿 [24]桁行白，出~ [33]好1，蛮~ [55]陷限好2，~食 [21]号项苋蒿□动词，按

Ø [35]吁1，表示强调的语气词 [33]吁2，表示不满的语气词 [213]□代词，这吁3，发语词，表示惊讶或者不满

ie

p [35]班搬煲扳 [33]宝版表保板榜磅□哑哑~~：勉为其难 [55]报□拉：~紧□拔：~出来 [213]彼指示代词，这

pʰ [35]偏1，~莫去：偏不去 [24]袍浮拍白，拍打嫖萍彭白，~家山：地名 [55]襻鳔泡白，~牯：泡沫 [21]暴白，~伙子：生手薅撇

m [24]忙芒~□[xa⁵⁵]：杂有稻谷的禾芒毛1，鸡~蛮茅白，~柴 [55]晚满2白，~公公：最小的叔公毛3，~~：项链 [33]毛2，~~：头发咩拟声词 [21]帽慢

f [35]藩翻1，~书方白，那一~ [24]凡烦繁 [33]反1，喧闹：~起来了 [21]饭1，□[ma²⁴]~撬：饭勺

t [35]单刀 [33]倒1，~水 [55]到倒2，打~：返回道文，次，头~

tʰ [35]贪摊瘫滩 [24]逃桃绹1，~生魂头2，白~公：白头翁 [33]讨 [55]道白，味~炭萄套探绹2，~倒：拴住 [21]跌弹1白，~棉花

l [24]牢难痨1，~病栏1，牛~ [33]脑 [55]楝苦~木树：苦楝树女1，~人眼耳白，~夹：耳朵老懒唠语气词 [21]业烂绿闹白，~事痨2，毒：~鱼哪2，~人了2，语气词□鸡~：未下过蛋的母鸡

tɕ [35]糟酒~猪朱珠株争车1，~马炮 [33]煮主白，做~早枣蚤盏□没教~：没家教 [55]□嘴灶澡燥锯句姐□酸~：一种茎是酸的，可以生吃的植物 [21]诘 [213]拣捡锄足检角2，~色

tɕʰ [35]蛆操1，~心铛锅撑1，~铛姑姑：用来支撑锅子的有三个支架的铁环 [24]茄槽漕潮 [33]草铲槛 [55]造躁糙□赌~味：尝试撑2，支撑：~起处 [21]□量词，一~木头：一副棺材□量词，双，一~鞋子橱~柜

ɕ [35]山书输生牲甥墟身白，单~公蝎~蚊：蚊子臊狐~□[tsua³³]：腋臭骚烧白，五~六月须白，根~ [33]省伞嫂燥 [55]扫散 [21]树鼠薯赎粟絮被~□~晡工：大后天

Ø [35]于介词，在予给吁3，发语词，表示警告 [33]娜母亲 [55]也惹 [21]药 [213]吁4，发语词，

表示惊奇、不满

ye

tɕʰ [35]撑3，~船窜~水串一~ [55]赚

ɕ [35]闩删拴 [21]勺

k [35]关 [55]惯 [213]□搂

kʰ [24]□动词，小孩爬行

∅ [35]弯湾咿1，发语词，表警告□动词，讨好、央求，~倒你挽 [24]□横拦文，~倒：拦住□动词，缝 [33]舀 [55]咿2，打~：反胃 [21]万辋惘

ə

p [35]杯碑文，口~ [33]□干~~：很干的样子 [55]贝辈簸备焙文，~干褙背1，~底：背后倍□~起：吃完把1，表约数：□[ta55]~子 [21]伯文2，叔~□动词，碰：~下□挡手~足：碍手碍脚 [213]北脖钵□放置：~到上面

pʰ [35]坯胚文，~子：块头 [24]赔陪培裴 [55]配佩□拼：~命 [21]焙白，~：用油煎薄拍文，~子背2，~书□量词，阵：一~雨 [213]泼~水

m [35]霉白，~烂□~雨，多日连下的细雨□[①]否定词：~，莫去 [24]磨1白，动词，磨：~刀梅文，~花煤媒霉文，~豆腐谋楣 [55]没昧默想 [21]脉慕妹墨磨2，~石：石磨莫1，~来：不来

f [35]灰 [24]回 [55]悔 [21]活白，~套：灵活会□莫~子：不要紧 [213]阔白，宽：好~

v [35]煨污~秽 [33]□~~：儿语称水 [21]岳外~甥 [213]□表示同意的应答词

t [35]多 [33]子4，竹~朵垛~子驮1，拿得2，写~起：能写；食~：能吃 [55]碓□动词，伸、探 [213]德积~，~性得1，~病：生病特

tʰ [35]拖 [24]砣1，重~~：体积小而重驼托驮2，背bēi；怀孕 [21]□~子：踉跄特□踏，~碓 [213]脱

l [35]□搓，~衣；踩着来回磨挪□动词，身体不停扭动或者抖动 [24]雷擂白，打腡萝锣螺乐贬义：你~哏勒~紧 [33]哩啰语气词子3，棍~ [55]肏娘白1，鸟子~婆 [21]糯落1，~下哪2，~东：什么㛿□斗~：添乱肋□野~公：情夫

ts [33]崽白，~~：崽子仔子2，代词，他 [55]左白，~手面这做 [21]侄 [213]遭作文，发~测暗自测试侧着1，~衣著桌一~豆腐：一盒豆腐

tsʰ [35]抄搓~衣板子操2，做~ [33]炒吵 [55]坐座 [21]贼挫锉凿作白，~难着2，~急 [213]错撮1~子：撮斗

s [35]筲梭睃唆 [33]锁 [55]潲 [213]塞索色□~子：重孙子

k [35]该阶梯子 [33]改解2，~汗手：解除别人下的咒语 [55]盖白，~子□~哩：现在 [21]格嗝个3，结构助词，相当于普通话的"的"；语气词 [213]隔文，~开割疙革□制作棺材佮~索子：将小股绳子搓合成大股绳子

kʰ [21]刻文，~字咳 [213]磕□~子：坛子客文，~气

ŋ [24]鹅蛾 [21]额饿

x [35]开 [33]海 [21]害 [213]黑

∅ [24]呃表惊讶的发语词□形容词，刀刃钝，鞋底磨损 [33]□~~：凹痕呃2，语气词 [55]爱耳文，~门 [21]艾呃1，语气词 [213]呃3，表同意的应答词

ɔ

m [24]冒□~眼：天快黑了的时段 [33]猫毛1

---

① 单独使用，疑为"莫爱"的合音。

文，～轻嬷飞～～：蝴蝶 [55]亩卯铆□量词，一～枱子：一面桌子 [21]木□大的，丰盛的

t　[33]堵赌堆2，打～～：多得成堆 [55]剁□啄：鸡～米

t^h　[24]图□～牯：地方徒 [33]土 [55]吐兔肚 [21]独读毒

l　[35]炉白，～腹：厨房里□讨 [24]闹文，～子：集市捞儿络□～来：素来□～碎：猪的内脏□～子：狗气杀炉文，～门 [33]佬1，～崽：强盗 [55]佬2，贼～□动词，撒，尤指撒菜种子落2，角牯～：角落路3，行（háng）：一～字 [21]路1，一里～露冷～ [213]爀热

ts　[35]租抓 [33]阻祖爪找

ts^h　[35]粗初 [24]砠石山 [55]苎醋柱1，～头 [21]柱2，量词，一～屎住箸

s　[35]苏紫～梳疏1，亲～ [33]数1，动词 [55]□戽：～水数2，名词 [213]缩

k　[35]姑箍膏文，枞～浆：松脂 [33]古鼓股估牯白，弄～：巷子股 [55]告文，～诉顾搞文，～手：对手；值得做的事 [213]谷□倒：扳～觉2，儿语指睡觉

k^h　[33]□～子：睾丸苦文，累：辛～ [55]库～里：地名

ŋ　[24]鱼

x　[35]呿语气词枯白，～瘦 [24]壶湖胡3，～椒 [33]苦白，味苦□①2厅～：客厅 [55]去 [21]虎 [213]哭

ø　[35]乌喔3，语气词 [24]吴～泊营：地名 [33]凹1，～～：低洼处□挑，～水 [21]喔1，语气词 [213]屋喔2，语气词

iɔ

p　[33]镖滮喷出标插～：设标识 [21]瞟

p^h　[33]漂文，打～～：打水漂飘

t^h　[24]跳文，～舞

l　[35]尿1文，～桶 [24]□甩，～呱去 [55]了1，～事鸟文，～崽 [213]□斜、弯

tɕ　[33]焦 [55]姣

ɕ　[33]宵 [55]□驱赶鸡的吆喝声

o

p　[35]斑枫疤巴背□动词，叼□负担，～账 [33]波2，～～：球靶把2，扫～菠□外甥～：外甥 [55]啵打～：亲嘴把3，量词，一～刀跛□～～：儿语，指蛋 [213]伯白，～～百佰

p^h　[35]坡 [24]耙 [55]帕 [21]白伯文1，～公：曾祖父□汗～溜身：浑身是汗的样子婆文2，～～：曾祖母魄柏

m　[24]麻磨1文，挪动抹梅白，杨～ [33]母嫫□手～：手印□没有尾巴：～子狗 [55]马白，～公码蚂摸1，～螺螺 [21]麦莫2，～个：难道

t　[35]堆1，动词 [33]□纳，～底牯：纳鞋底□～铁：打铁 [55]队对兑担 [21]□戳□拄 [213]□剳：～蓑衣答搭白，～车

t^h　[35]推 [24]沓叠摞 [33]毯 [55]淡退褪蜕 [21]大白，～个

l　[24]南楠蓝男兰□丢失□喧闹□可惜～：可惜擂文，研磨：～烂 [55]冷 [21]腊蜡

ts　[35]渣正1，～月遮□洗碗～：洗碗布 [33]□揭、掀诊整2，～人□蕨～～：蕨 [55]左文，～半牯：左边证□溅榨炸2，～弹诈正2，～好整1，～齐

---

① 疑为“房屋”的合音，取“房”的声母 [x]，取屋的韵母 [ɔ] 和声调 [213]，此处读变调 [33]。

脐 [213]摘炙只一～杯子

ts^h [35]车2，汽～斥差白，～莫多：差不多岔白，～路叉杈□～□[mẽ^{55}]娘：亲家娘 [24]檫茶察查搽 [33]扯动词，～油头：找借口□动词，湿衣服穿在身上后变干 [55]锉罪文，受～ [21]择昨杂白，猪～碎 [213]拆尺

s [35]沙纱砂杉痧三叁赊桑衫声嗓梭 [24]蛇城成盛存白，莫～家：不存钱，不节俭 [33]舍1，～得疏2，生～ [55]兄2，～子：兄弟，弟弟碎白，打～□嗾，唆使狗捕猎或者咬人岁白，年～秽污～□～喜：喜欢 [21]射赤石萨惜可～□[lo^{24}]：可惜失白，～本：折（shé）本

k [35]家加瓜佳 [33]寡假剐哥个2，一二～：依次 [55]裹甲2，手～：指甲嫁价架□蘸□～盒饭饭：过家家痂卦□碗～□[tsa^{21}]：碎瓷片 [213]裌隔白，～壁

k^h [24]课□拨：～火棍□扒□爬行：～出来[33]棵科挎 [55]摸2，～□[tia^{33}]：摸探一下 [21]各确扩括阔文，摆～：讲排场壳文，～～：外壳 [213]客白，人～：客人

ŋ [24]芽牙 [33]轭甲1，鳞～ [55]瓦 [21]恶可～：凶恶

x [35]花虾 [24]咸 [55]下1，～去吓夏附香～午2，端～ [33]呵 [21]话讲～活文，快～化画划下2，彼～：这下

Ø [35]丫白，～头 [33]凹2，～下去哑□动词，勉强：～倒子去 [55]鸦 [21]握□善于 [213]压鸭押轧崖坳

io

p [35]兵冰 [33]饼柄 [213]壁

p^h [24]平坪瓶凭评 [21]病

m [24]名明1白，～□[fu^{21}]：明显，清楚□～□[kua^{33}]：青蛙 [21]命

t [35]丁盯2，目不转睛地看钉1，名词，～子叮 [33]顶 [55]钉2，动词，～好 [213]盯1，看

t^h [35]厅 [24]停亭踢庭 [33]挺 [55]听 [21]订定笛

l [35]□薄～～：很薄的样子□甜～～：形容很甜 [24]伶灵零宁陵邻 [33]领1，一～衣：一件衣服 [55]野领2，衣～岭□舔 [21]夜白，～地：晚上历～本立白，～脚：地名略虐 [213]□黏

tɕ [35]精惊□□[ya^{35}]～：在高建筑或者树上攀爬京 [33]井颈 [55]静借睛镜1，～子劲白，增～：努力 [21]□发语词，表示不屑 [213]唊

$tɕ^h$ [35]青清轻亲白，～嫂：姐妹配偶的嫂子 [24]晴勤 [33]请吟谢□天～：天井 [55]笪庆～乐园：地名撮2，量词，一～米；动词，抓，揪爽凉～ [21]袖净席卄跨

ɕ [35]腥白，～味星兄1，～弟 [24]邪 [33]写□形容词，不严肃的样子：～浆～牯□形容词，～□□[$k^ha^{21}k^ha^{21}$]：已经变质的蛋醒～酒 [55]锈姓性泻舍2，隔壁邻～ [21]□糯～：用来做酒或者粑粑的糯米饭 [213]锡

Ø [24]爷营白，吴泊～：地名 [33]哟 [55]我 [21]约益～田：地名夜文，半～

ei

f [35]菲 [33]匪妃 [55]肺费 [213]血

v [33]□湿～～：湿漉漉的样子 [21]越 [213]月1，一个～

uei

l [21]□撵

ts [24]最 [55]罪文，有～ [213]倔啜2，吸

tsʰ [55]脆 [21]绝

s [55]税岁文，几～碎文，□[lɔ24]～：猪的内脏 [213]雪啜1，喝

k [35]□少量，稍，～子子：一点点 [33]□绕 [213]蕨

kʰ [21]可～惜□[lo24]：可惜□动词，扔、丢、抛□量词，头，一～柴 [213]缺

əu

m [24]谋

t [35]逗兜1，动词，装入口袋蔸□传染 [33]□动词，踹，用脚跟踢陡抖斗1，量词，一～米，兜2，～～：口袋 [55]斗2，动词，～气昼

tʰ [35]偷 [24]头1，～上投畜～牲 砣2，秤～ [33]敨笋笠～：斗笠 [55]族簇透□裈～：裤裆 [21]豆痘

l [35]□动词，挠痒痒□形容词，人精神不振，人～呱了 [24]楼 [33]垒 [55]篓□赚，得到：～到两角钱 [21]漏□踩 [213]□量词，碗：一～□[ma24]（饭）

ts [35]州洲周邹□蹲：～倒 [33]走 [55]皱 [213]卒竹粥

tsʰ [35]抽搊□蜷缩：～倒那领 [24]仇愁绸 [33]丑龊 [55]凑臭

s [35]收馊搜 [33]守手首 [55]受瘦嗽寿1，～命根子：生命 [21]寿2，～□[vã33]：寿命熟 [213]叔

k [35]勾沟钩 [33]狗 [55]够枸[213]构

kʰ [35]眍抠文，～出来阄 [33]口文，～才：口福 [55]货扣～倒：扣下

ŋ [24]牛刘尤～壁：地名 [55]沤怄

x [35]齁抠白，～痒 [24]猴喉吼 [33]口白，～水 [55]后有候 [21]□揉，～粑粑□驱逐猪的吆喝声

ø [35]欧瓯

iəu

p [35]包胞～衣苞 [33]饱 [55]爆暴文，性子～趵水涌出，～井 [213]剥

pʰ [35]抛～秤：在测量的基础上适当增加□颠簸脬挡卵～：拍马屁□□[la213]～～：很胖的样子 [33]漂白，～亮 [55]票泡文，～茶炮 [21]雹

m [24]苗文，植物的苗茅文，～厕

f [213]法

l [35]溜□呼叫猪的声音 [24]流留瘤榴扭拧瑶□食物有韧性 [55]柳咬腴用盐防食物变质 [21]六陆

tɕ [35]教交胶茭～笋：茭白焦□～苔：苔藓蛟～里塘：地名 [33]酒九玖韭绞搅纠缴剿 [55]窖救咒□动词，移栽□用作种子，～萝卜 [213]角1，～歪：动物的角觉1，瞓～：睡觉毂拧

tɕʰ [35]丘秋鳅邱 [24]求球 [55]翘撬舅 [21]嚼旧就

ɕ [35]削修 [33]朽 [55]孝绣秀～气[21]学 [213]啸歇宿壳白，信～子：信封

ø [35]忧悠 [24]油由游 [55]友柔温～幼细□姑～：姑父□～～：姨姨 [21]右又佑弱

ã

p [35]边白，～际 [33]扁1，～子：扁担办1，～鸭：杀鸭子的一系列工作 [55]变

pʰ [35]拼～□[tsʰɛ24]：拼在一起偏2，～脑牯编 [55]片骗□偏僻 [21]便大～，方～办2，～场：

操办大餐蚌文，界～螺螺：河蚌

m [35]寐儿语指睡觉 [24]棉明1文，～瓦 [33]饭2，儿语 [55]满2文，～～：叔叔面2，量词，一～桌子，一～镜子 [21]面1，洗～：洗脸

f [35]浑荤文，～腥昏 [24]魂晕 [55]晒睡 [21]县□游～□□[mẽ³³][mẽ³³]：萤火虫房文，一～人：一个宗族的人

v [35]瘟温冤枉 [24]完园原源炆～铛：饭锅和水锅 [33]稳腕□寿～：寿命 [55]远 [21]愿顽□转身：～过来

t [35]癫 [33]当3，象声词：叮～点1，动词，～火

t^h [35]添天 [24]田填甜 [55]簟倘趟[21]垫弹1文，用手～谈

l [35]年1，一～ [24]连1，～长镰年2，～岁鲶鲢笼1，灯～ [33]点2，名词和量词：雨～～，一～水□～巴：最小的一个□得到，讨：～到 [55]鲤[21]染炼练念□滚动、弄乱殓栏2，～杆郎篮文，～球

ts [35]尖真针蒸籤1，～子砧钟□～米：粳米金2，～禾草：稻草 [33]肿种1，种子：～谷□厚剪 [55]剑箭噤占颤□将冷饭菜重新加热种2，栽种：～红薯烬□闷热

ts^h [35]搀千称白，～斤数籤2，竹～子迁郴 [24]钱前陈沉潜尘白，灰～ [33]浅 [55]秤重揰动词，往灶里添柴茨麻～：荸荠□动词，伸 [21]□动词，镇，顶仗文，打～贱斟～酒

s [35]身文，～子：身段深升先鲜仙申 [24]形神白，干瘟～：白费神□垫高□～莫起：经不起；敌不过 [33]耸□～牯：屁股□～子根：脚后跟 [55]渗线扇鳝 [21]剩□节日，八月～

k [35]蚣工龚更哽公跟3，～倒：跟着根 [33]杆秆卷□啃：～骨头 [213]□老～～：很老的样子

k^h [35]孔夯文，粑～ [24]缠 [55]□蘸□动词，罩，反扣□～柜：门向上开的储存柜□莫～：不答应 [21]滚文，～地

x [35]空白，有～ [24]红 [33]肯憨夯白，拖沓：蛮～ [55]□～是：如果

iã

p [35]鞭辫分白，～开崩 [33]本 [55]畚

p^h [35]蜂 [24]盆溢棚彭文，姓～朋蓬篷 [33]捧 [55]喷□甩、摇：～脑牯 [21]份□依靠：～倒门高头□～子：白天

m [35]文十～花钱：十块钱 [24]门 [55]蚊闻 [21]问梦袜

f [35]婚风吩封文，～口分文1，～子 [33]粉2，米～ [55]讳犯愤文，～气～牯：生气的样子 [21]缝2，裂～分文2，本～

t [35]灯东冬箪～子：水瓢 [33]等 [55]冻凳

t^h [35]吞锃 [24]筒桐铜童腾藤同文，老～：同庚茼□扶着：～到走 [33]桶 [55]氹小水坑：水～牯□量词，台阶的级，楼梯的层 [21]甸邓洞垌～里：田野

l [35]拈拎 [24]银聋鳞笼文，～子咙膿膩□虫：～婆 [33]□半担：一～谷子 哏2，语气词 [55]忍篮白，～子□～～：奶奶□漏、塌，动词哏3，语气词 [21]弄认娘文，～婆哏1，语气词

tɕ [35]棕金1，～子斤径胫巾筋□根，恼怒：～气供经文，～路：经络 [33]讲紧尽□腹～：里面 [55]敬襟衣～甑劲文，有～：有力量□美：好～禁2，禁止：～山掌2，脚～

$tɕ^h$ [35]亲文，～戚葱□骂，欺负 [24]穷曾莫～：暂时不 [55]近□～倒：罩住 [21]像

ɕ [35]新胸心辛芯兴1，流行：～着裙腥文，荤～

[33]悚怕，恐惧 [55]幸信送兴2，～头：兴奋 [21]降2，投～

ø [35]音阴荫 [24]垠～头：田埂螾动词，软体动物的爬行 [33]隐影引瘾掩饮～食 [55]湮印1，动词，盖～应□量词，薄层，一～泥巴巴：一层薄薄的土 [21]用印2，名词，～子□要

uã

t [35]蹬□扽礅墩1，～牯：木桩子□蹲，～尸：骂人话，指蹲着不做事 [33]墩2，～牯：坐具 [55]□竖立顿

t^h [24]团1，～长 [21]钝

l [35]软 [24]轮论连2，～狗都莫食□根本：～莫作讲 [33]□搅拌 [21]嫩

ts [35]专砖 [33]准转 [55]□动词，向上蹿跳□～沟：阴沟□齐～：整齐

ts^h [35]川穿～针春椿 [24]全传存文，～钱[33]蠢 [55]寸 [21]巡旋圈～子：圆圈□渔网

s [35]孙□面称时，放在称谓前，表示忽略了辈分 [24]船椽 [33] 癣选损2，～鞋子：鞋子磨损快 [21]顺

k [35]裈裤子 [33]棍滚白，～水 [213]□黄～～：很黄的样子

k^h [24]拳况矿邝 [33]框匡眶 [55]劝哐关门款 [21]□头～：枕头

yã

tɕ [35]军□～药（中药）

$tɕ^h$ [24]裙挦拔毛松2，～树 [55]菌肫鸡～头皮：鸡内金

ɕ [35]熏 [33]隼损1，发～痛：风湿痛笋髓粉1，～子 [55]擤 [21]缝1，合～：缝隙小

ø [35]□量词，次，趟 [24]云铅匀缘营文，～长 [21]熨润闰运

ẽ

p [35]帮1，～忙 [33]绑1，～跌子：摔跤 [55]放白，～牛 [213]绑2，紧～～：很紧的样子梆词缀，硬～～：很硬的样子

p^h [35]□动词，将鸡鸭等一顿乱撵 [33]纺 [55]帮2，群：一～人 [21]蚌白，～头腹：地名绊～露水

m [35]□摸，予手～ [24]蒙开～□～尘：灰尘 [33]冥想□打～箸：煮饭时用来搅拌的长筷子网夹～：一种用来捕鱼的网□量词，根：一～竹子□游□[fã²¹]～～：萤火虫 [55]眉2，蛾～豆□～子：甘蔗□～子：水稻田里的绿色小昆虫□～～：婶婶□猪～：未生育的母猪□斑～：叶子呈锋利锯齿状的一种草□炉～：厨房中的成串的灰尘□缸～：缸 [21]懵闷～车：晕车□头晕

f [35]峰方文，～便欢1，～喜疯瘫痪荤白，有～：有好处封白，一～信 [24]防房白2，草～ [33]访～家：女方到男方家相亲 [55]放文，～心□～用钱：零用钱 [21]横～经：反正

v [21]月2，～亮望旺

t [35]当1，～官眈 [33]胆挡 [55]当2，上～

t^h [35]通汤 [24]同白，～学堂唐糖塘□等 [33]坦捅 [55]动弹2，子～

l [24]能农 [33]□荡 [21]拦白，动词，拦、架，使得到不能移动

ts [35]中文，～药樟张彰～佳山：地名妆赃庄装章桩增征终送～ [33]涨长1，动词，～大掌1，巴～茧 [55]种3，种类：那～个众胀帐账站葬

ts^h [35]仓冲疮称文，～呼充窜逞菖呛2，好～：气味呛人 [24]床蚕藏场长2文，～短 [55]唱

铳丈嫜姑～：女婿趁仗白，炮～：鞭炮 [21]掺闯状撞臓尘文，口[mẽ24]～：车等扬起的灰尘

s [35]双霜松1，～头：宽松商伤丧 [24]尝常 [33]□推怂□清～：清楚□米～菜：米粉肉□干～：干爽 [55]上1，动词 [21]上2，方位词□告～：告诉神文，好～：很神奇尚

ø [33]嗯

iẽ

p [35]边白，～哭～讲 [33]翻2，～谷子：翻动谷子使之均匀晒干反2，着～呱了：衣服穿反了 [55]半

pʰ [24]盘 [55]伴□表重复的标记：食～一碗 [21]拌～匀路：拌均匀

m [35]□摸，～螺螺 [24]瞒 [55]满1，载～：装满 [21]漫

f [35]欢2，～喜

t [35]端 [33]短叮～当

tʰ [24]团2，～圈：圆圈 [55]断段

l [35]烟焰阉1，～鸡公 [24]笼白，～头龙狼粱梁盐量1，～长短粮□肠凉良燃娘白2，皇妃～～檐白，屋～□□[pʰɛ21]～：便宜 [33]两2，三～□头□[kʰuã21]～：枕头附近□轻轻～～：悄悄地 [55]暖辆两1，数词，～个□□[ɿ55]～：反正 [21]亮让酿量1，～气：气量谅～死你莫敢：认定了你不敢铃然凌

tɕ [35]经白，念～姜浆中白，～心：中间禁1，～得起 [55]见将将军酱降1，霜～

tɕʰ [35]牵迁枪 [24]墙强长2白，～工□堆砌 [33]抢 [55]芡欠1，～钱羿呛1，～到：呛住 [21]匠□挂～：挂念情

ɕ [35]乡香箱镶厢 [24]雄嫌熊 [33]想显响蛲～婆：蚯蚓欠2，呵～ [55]现2，～原形象相向献险 [21]贤行文2，莫～：不行现1，～的：已有的

k [35]刚缸更岗干1，口～肝柑跟1，～你样了：与你一样甘光2，～个～：白做 [33]拱敢赶文，～到 [55]耿虹扛干2，有劲、干劲：好～杠

kʰ [24]□熯，用火苗烤 [33]砍□～起睏：侧睡 [55]空文，～话 [21]□打～□[liẽ33]睏：打瞌睡

x [35]糠荒 [24]含衔寒黄皇洪蝗行文1，在～房白1，～屋腹：卧室□一～衣：一件衣服□干～：瞎费劲 [33]哄恨狠发～：发奋□～皮：头皮 [55]烘 [21]汗焊馅

ø [35]秧央阉2，～呱：阉割 [24]容溶绒融洋杨羊阳疡炎檐文，～老鼠：蝙蝠□彻底：翻～；煮～：煮烂 [55]养痒 [21]样

yẽ

tʰ [24]抟～箱：小簸箕团3，～鱼

l [24]圂栾 [21]乱

ɕ [35]酸 [55]蒜算□唤

k [35]官冠光1，收～：聚焦光线 [33]管 [55]灌

ø [33]碗 [21]换

ŋ

ø [35]安庵 [24]人 [55]五你 [21]日文，～子入

第四章　词汇特点

第一节

方言特别词①

这里说的方言特别词，是指与周边方言和源方言相比具有一定特色的词和词语。

一　中定结构词

与普通话一样，宁远平话的绝大多数词，都是中心语素在后面。但平话中有一些词，中心语素在修饰语素前。如：

鸡公公鸡tsɿ^{22}kã^{55}｜凳板板凳tiã^{55}pie^{33}｜钱纸纸钱tsʰã^{21}tsɿ^{33}｜人客客人ŋ^{21}kʰo^{33}｜磨石石磨mə^{21}so^{21}｜碑石石碑pɛ^{35}so^{21}

像“鸡公”这种表示性别的语素后置的词还有：鸡婆tsɿ^{22}pu^{55}｜鸡□未下过蛋的母鸡tsɿ^{35}lie^{21}｜狗公kəu^{33}kã^{55}｜狗婆kəu^{33}pʰu^{33}｜马公mo^{55}kã^{55}｜马婆mo^{55}pʰu^{33}｜牛公ŋəu^{21}kã^{55}｜牛婆ŋəu^{21}pu^{55}。

平话中有些并列结构的词语，语素排列顺序不同于普通话，如“齐整整齐”“闹热热闹”“欢喜喜欢”“惯习习惯”。

三字词中，也有些中定结构或者不同常规的结构。如：酱辣椒辣椒酱tɕiẽ^{55}lia^{21}tsɿ^{33}｜天老爷老天爷tʰã^{22}lie^{55}io^{33}。

受西南官话的影响，部分中心语前置的词，正与中心语后置的同义词发生竞争。如“牛公”和“公牛”同时使用，“酱辣椒”和“辣椒酱”也处于竞争阶段。目前，竞争的词之间，还有一些意义上的差别，如“公牛”侧重牛的性别，而“牛公”侧重牛的强壮。

---

① 从本章开始，需要标音时，均按照实际读音标注，只记连读变调，不记本调。举例中涉及到一些官话词，官话词中的语素读音，不见于同音字汇。

二　时间词语

宁远平话中表达时间概念有一定的特色。

一是用“工”表示“日”，表日和年的词后面还可以加“子”尾。如：昨工$ts^ho^{21}kã^{55}$｜昨工子昨天$ts^ho^{21}kã^{55}tə^{33}$｜即工今天$tɕia^{11}kã^{55}$｜即工子今天$tɕia^{11}kã^{55}tə^{33}$｜□工明天$t^hɛ^{22}kã^{55}$｜□工子明天$t^hɛ^{22}kã^{55}tə^{33}$｜旧年去年$tɕ^hiəu^{21}lã^{55}$｜旧年子去年$tɕ^hiəu^{21}lã^{55}tə^{33}$｜□年今年$tsɿ^{22}lã^{55}$｜□年子今年$tsɿ^{22}lã^{55}tə^{33}$｜□年明年$liã^{24}lã^{55}$｜□年子明年$liã^{24}lã^{55}tə^{33}$。

二是时间词语比较丰富。除了有表示今天、明天和后天概念的词外，还有“前晡工前天”“先前晡工大前天”“□[$ɕie^{21}$]晡工大后天”。上午、下午、晚上时间概念的词分别是“上头”“晚下”“夜地”。与此相关的早中晚餐也分别称为“早□饭”“斗食”“夜地”。上午、下午、晚上的中间点还有专门的词来表达，上午的中间称为“半晡上头”，中午的中间称为“半晡昼食”，下午的中间段称“半晡晚下”，晚上的中间段称为“半晡夜地”。其中“半晡上头”“半晡斗食”“半晡晚下”“半晡夜地”还可以分别指上午的一半、中午的一半、晚上的一半等时间长度。将这些词语中的“半晡”改为“一晡”，则分别表达整个上午、中午、晚上。此外，还有“下冷露凌晨”“开亮口拂晓”“日头落岭太阳下山”“煞黑黄昏”来描述一天中的特定时段。

三是“月”与“工”“年”与数量词结合时有较大不同。见下表。

表4-1　“月”“工”“年”的数量表示比较表

	一	半	每	约	整
年	一年	半年	年□[ta^{55}]年每年	年把子	成年数成年，连续几年
月	一个月	半个月	个□个[$ku^{55}ta^{55}ku^{33}$]月每个月	个把月	成个数月连续几个月
工	一工	半工	工□[ta^{55}]工每天	工把子	成工数成天，连续几天

此外，平话的前半年用“上把年”和“上春头”表示，下半年用“下把年”“下春头”指称。过年后，称过年之前为“老年”或者“老年婆”，年后称“新年”。

三　其他特殊词语

（一）“崽崽”

宁远平话的“崽崽”有多种意义和用法。

1. 指植物的种子、瓜果的核或者动物的“崽”

（1）单独使用。可以表示植物的种子，相当于“子”，如“丝瓜有崽崽丝瓜有子”“有伙雪瓜没得崽崽有些西瓜没有子”。也可以指动物的崽子，如“鸡婆带崽崽母鸡带着小鸡”。又如：□□是那头狗个崽崽这是那条狗的崽$pie^{213}ta^{55}sɿ^{55}a^{55}t^həu^{33}kəu^{33}kə^{33}tsə^{33}tsə^{33}$.

一般不能特指，但不能说“□[pie^{213}]这头崽崽是那头狗个”。可以说“□[pie^{213}]这头狗崽崽是那头狗下起个这只小狗是那只母狗生的”，但在这句话中的“崽崽”指“小”意，见下文第二部分。

（2）用在表示植物的名词后面，指植物的种子；或者用在动物名词后，指动物的崽。重音在前面的名词上。如：

丝瓜崽崽丝瓜的子儿 sɿ^{22}ko^{55}tsə^{33}tsə^{33} ｜苦栗崽崽苦瓜的子儿 xɔ^{33}lɛ^{21}tsə^{33}tsə^{33} ｜茄子崽崽茄子的种子 tɕʰie^{24}lə^{33}tsə^{33}tsə^{33} ｜豆公崽崽豆角的种子 tʰəu^{21}kã^{55}tsə^{33}tsə^{33} ｜蒜崽崽大蒜瓣儿 ɕyẽ^{55}tsə^{33}tsə^{33} ｜柑子崽崽柑子的核 kiẽ^{35}tsɿ^{33}tsə^{33}tsə^{33} ｜北瓜崽崽南瓜子儿 pə^{11}ko^{33}tsə^{33}tsə^{33} ｜瓜子崽崽瓜子儿 ko^{35}tsɿ^{33}tsə^{33}tsə^{33} ｜辣椒崽崽辣椒子儿 lia^{21}tsɿ^{55}tsə^{33}tsə^{33} ｜葡萄崽崽葡萄核 pʰu^{21}tʰie^{55}tsə^{33}tsə^{33} ｜枇瓜崽崽枇杷子儿 pʰɛ^{21}ko^{55}tsə^{33}tsə^{33} ｜高粱崽崽高粱的颗粒 ke^{22}liẽ^{55}tsə^{33}tsə^{33}。

这些植物的种子，个体都比较小。并不是所有的植物种子都能叫“崽崽”，如桃子的核只能说“桃子骨头”，不能说“桃子崽崽”，“桃子崽崽”指小桃子。

2. 表示“小”

用在名词后面，是“小”的意思，与较大的同种事物相区别，如“红薯崽崽”是指个体较小的红薯，以区别个体较大的红薯。再如：

鸟崽崽崽小鸟 liɔ^{55}tsɛ^{55}tsə^{33}tsə^{33} ｜牛崽崽小牛 ŋəu^{24}tsə^{33}tsə^{33} ｜猪崽崽小猪 tɕie^{35}tsə^{33}tsə^{33} ｜狗崽崽小狗 kəu^{33}tsə^{33}tsə^{33} ｜□婆崽崽小虫子 liã^{24}pu^{55}tsə^{33}tsə^{33} ｜树子崽崽小树 ɕie^{21}lə^{21}tsə^{33}tsə^{33} ｜红薯崽崽小红薯 xã^{24}ɕie^{21}tsə^{33}tsə^{33} ｜桃子崽崽小桃子 tʰie^{24}lə^{33}tsə^{33}tsə^{33} ｜石磙崽崽小石头 so^{21}kuã^{33}tsə^{33}tsə^{33} ｜凳崽崽（小）矮凳 tiã^{55}tsə^{33}tsə^{33} ｜箱子崽崽小箱子 ɕiẽ^{35}tə^{33}tsə^{33}tsə^{33} ｜鬼崽崽小鬼 kuɛ^{33}tsə^{33}tsə^{33} ｜人崽崽书小人书，连环画 ŋ^{24}tsə^{33}tsə^{33}ɕie^{35}。

这里的“崽崽”不能与前面的名词交换位置。

3. 指物的一部分

用在名词后，表示该名词指称事物的一部分。如：手崽崽手指 səu^{33}tsə^{33}tsə^{33} ｜足崽崽脚趾 tɕie^{213}tsə^{33}tsə^{33} ｜眼睛鬼崽崽眼珠子 lie^{55}tɕio^{55}kuɛ^{33}tsə^{33}tsə^{33}。平话中的“手”指臂和手，包括手指，“手崽崽”专指手指。宁远平话的“足”指腿和脚，也包括脚趾，“足崽崽”专指脚趾。

4. 表小称，没有实际意义

如“蚂蚁崽崽蚂蚁[ma^{55}liẽ^{21}tsə^{33}tsə^{33}]”就是指蚂蚁。

（二）带“公”“婆”“牯”的词语

平话亲属称谓词中的“公”“婆”与普通话差别不大，亲属称谓中带“公”“婆”的有：祖公高祖父 tsə^{33}kã^{55}，祖婆高祖母 tsə^{33}pʰu^{33}；伯公曾祖父 pʰo^{21}kã^{55}，伯婆曾祖母 pʰo^{21}pʰo^{21}；多公外公 tə^{22}kã^{55}，多婆外婆 tə^{22}pu^{55}，等等。

一般地，“公、牯”表示雄性，“婆、牸、□[mẽ^{55}]、□[lie^{21}]”表示雌性。雌性又区分为生育过的和未生育的。生育过的在名词后加“婆”表示，如“鸡婆”表示下过蛋的母鸡。“牸、□[mẽ^{55}]、□[lie^{21}]”表示未成年或者未生育的雌性动物。“狗牸”和“牸狗”指未生育的母狗，“牛牸”“牸牛”指未生育过的母牛。“猪□[mẽ^{55}]”指未成年的母猪，“鸡□[lie^{21}]”指未下过蛋的母鸡。“公、婆、牯”等一般在名词或者名词性语素之后，但是要强调地指明动物性别时，可以放在中心词前面，如“是头公牛”。并非所有动物名词后都可以加“公”“婆”，如“鱼公*”“鱼婆*”就不行。

带“公”或“婆”的词语，有三种情形。一种是“公、牯”和“婆”表示性别，有成对的词语，如有“猪公（公猪）”，也有“猪婆（母猪）”。又如：

斋公tsa^{22}kã^{55}，斋婆tsa^{22}pu^{55}｜鸡公tsɿ^{22}kã^{55}，鸡婆tsɿ^{22}pu^{55}｜鸭公ŋo^{21}kã^{55}，鸭婆ŋo^{21}p^{h}u^{33}｜鹅公ŋə^{21}kã^{55}，鹅婆ŋə^{21}pu^{55}｜狗公kəu^{33}kã^{55}，狗婆kəu^{33}p^{h}u^{33}｜猫崽公mɔ^{33}tsɛ^{55}kã^{35}，猫崽婆mɔ^{33}tsɛ^{55}p^{h}u^{24}｜牛公ŋəu^{21}kã^{55}，牛婆ŋəu^{21}pu^{55}｜野□公情夫lo^{55}lə^{21}kã^{55}，野□婆情妇lo^{55}lə^{21}pu^{33}。

第二种情况是表示与性别有关，但不成对。带“公”的词语表示的是男性或者雄性动物，带“婆”的词语表示的是女性或者雌性动物。如有“雷公”，但没有“雷婆”或者“雷母”。这类词语还有：

僧公皮子做法事的人sa^{22}kã^{55}p^{h}a^{24}lə^{33}｜偷人婆有情人的女性t^{h}əu^{35}ŋ^{33}p^{h}u^{33}｜接生婆tsɿ^{11}ɕie^{55}p^{h}u^{33}｜癫婆疯女人tã^{22}pu^{55}。

第三种情况是与性别无关，除“蔸公”“蔸婆”外，一般不成对。如：

鼻头公鼻子p^{h}ɛ^{21}t^{h}əu^{33}kã^{55}｜蔸公植物的根təu^{22}kã^{55}｜虾公虾xo^{22}kã^{55}｜偷吃婆蟑螂t^{h}əu^{35}ɿ^{21}p^{h}u^{33}｜虱婆虱子sa^{11}pu^{55}｜蛆婆蛆tɕ^{h}ie^{22}pu^{55}｜□婆虫子liã^{24}pu^{55}｜石菜婆芥菜so^{21}tɕ^{h}ia^{55}p^{h}u^{33}｜田菜婆大叶子的小白菜t^{h}ã^{24}tɕ^{h}ia^{55}pu^{55}。

“牯”也用以表示人或者动物的性别，如“牯子牛”指未成年的雄性牛。“讨食牯[t^{h}ie^{33}ɿ^{21}kɔ^{33}]”一般指男性，有“讨食婆t^{h}ie^{33}ɿ^{21}p^{h}u^{33}”与之对应。但更多的情形是与性别无关，如：

□牯地方t^{h}ɔ^{21}kɔ^{33}｜□牯屁股sã^{33}kɔ^{33}｜弄牯巷子liã^{21}kɔ^{33}｜挂牯钩子kua^{55}ku^{55}｜米筒牯米筒，也指雪粒子mi^{55}t^{h}iã^{33}kɔ^{33}｜氹牯坑t^{h}iã^{55}kɔ^{33}｜穴牯洞fa^{11}kɔ^{33}｜木瘩牯木头mɔ^{21}ta^{55}kɔ^{33}｜箸筒牯筷[illegible]ia[illegible]kɔ^{33}｜钱袋牯钱袋子ts^{h}ã^{24}t^{h}ia^{21}kɔ^{33}｜脑牯脑袋lie^{33}kɔ^{33}｜拳牯拳头k^{h}uã^{24}kɔ^{33}｜鞋子底牯鞋垫xa^{24}lə^{33}ti^{33}kɔ^{33}｜啄牯帽檐ts^{h}a^{11}ku^{55}｜半牯一半piẽ^{55}kɔ^{33}｜对门对牯对面to^{55}miã^{33}to^{55}kɔ^{33}｜角牯角儿tɕiəu^{213}kɔ^{33}｜角牯□角落tɕiəu^{213}kɔ^{33}lɔ^{33}｜常时牯经常sẽ^{21}sɿ^{55}kɔ^{33}｜特□牯故意t^{h}ə^{21}ti^{33}ku^{33}。

“婆”也可以附在别的语素后面，没有特殊的意义。如：蔸婆较粗大的根təu^{22}pu^{55}｜根婆根kã^{22}pu^{55}。

（三）“脑牯”

“脑牯”是“脑袋”的意思。男性理发，称“剃脑牯”，洗头发，称“洗脑牯”。女性剪头发，称“打毛毛[mie^{33}mie^{33}]”“铗毛毛[mie^{33}mie^{33}]”。“脑牯”并引申为“头脑、思想”。

“木头脑牯”“石头脑牯”“牛脑牯”“猪脑牯”，意思是“木头”“石头”“牛”“猪”一样的脑袋，用来指那些思维不灵敏、不善于变通的人。

“脑牯”也可以作为词缀放在名词后。根据前面名词类别不同，“脑牯”表达不同的感情色彩意义。

一是放在长辈称谓词或者人名后，在比较随意的场合使用，具有轻微的嗔怪意味。如“那杯酒是爹脑牯予到凳高头个那杯酒是爸爸放在凳子上的”，意思是就不应该放在凳子上。“爹脑牯”除了做句内成分外，还可以做称呼语，指“爸爸”。常用的还有“娜脑牯妈妈”“满满脑牯叔叔”等。“脑牯”也可以放在人名后，表达对比较亲近的人的轻微的嗔怪。

二是放在一些事物名称后面，整个词语含有“土里土气”或者模样难看的意义。这种词语数量有限。常见的有：

水砖脑牯：指没有烧制过的泥砖。水砖与红砖（用煤烧制）、火砖（用柴烧制）比较，显得土气。“水砖脑牯”的词汇意义与“水砖”相同，但带上色彩意义。一般不说“火砖脑牯”“红砖脑牯”。

红薯脑牯：红薯。如“驮一个红薯脑牯就走了”。这个句子要表达的意思是，没有别的更好的食物，只能拿一个红薯充饥。在这个句子中，“红薯”被认为不是很好的食物。

猪婆脑牯：“猪婆”指下过猪崽的母猪。“猪婆脑牯”有模样不好看的意义。

狗婆脑牯：“狗婆”指下过狗崽的母狗。“狗婆脑牯”带有贬义。

除了上述的几类词语外，平话中还有一些词语，与周边方言相比，具有一定的特色，也收录在这里。

□kuei^{35} 少量，一点：有～子子有一点，有～寒有些冷。

□tɛ^{55} 量词，一些：有～人有些人。

□pʰiẽ^{55} 体助词，表示重复、补偿：斥～一顿再骂一顿。

□pʰia^{33} ①单肩挎：～书包；②挑两边轻重不同的担子；③用针挑出肉中的刺：～出来。

马路牯 mɔ^{55}lɔ^{21}kɔ^{33} 石头，小石子。

祖 tsɔ^{33} 墓。

木木 mɔ^{21}mɔ^{33} 布。

毛毛 mie^{33}mie^{33} 头发：梳～。

毛毛 mie^{21}mie^{55} 弟弟。

围楼 vɛ^{21}ləu^{55} 村庄，主要指自然村。

炉□ lɔ^{21}mẽ^{55} 厨房的墙壁吊着垃圾。厨房的蜘蛛网上缀满灰尘后，由原来的网状逐渐成为条柱状，经过烟熏后成为黑色。农村的厨房中极为常见。过年之前有“扫～”之说。

即工 tɕia^{11}kã^{55} 今天。

老满 lie^{55}mã^{55} 老小。同辈中最小的一个。

老末 lie^{55}ma^{55} 同辈中最小的一个。

老□ lie^{55}tɕ^{h}iẽ^{24} 亲家，适用于面称和背称。

啄牯 tsua^{11}ku^{55} 帽檐。

疯气 fẽ^{22}ts^{h}ɿ^{55} 一种引起皮肤瘙痒和长出疙瘩的有毒物质，存在的形式未知。如人们从田野、河边、鸡圈等场合经过，皮肤瘙痒并长出疙瘩，被认为是“绊了疯气”所致。

疯瘩婆 fiã^{22}ta^{55}p^{h}o^{21} 皮肤上长的疙瘩。

隐底 iã^{33}ti^{33} 鞋垫。

尾公 ma^{55}kã^{55} ①尾巴；②末尾。

打伙 ta^{33}fu^{33} 合作做生意。

打平伙 ta^{33}p^{h}io^{24}fu^{21} 出份子钱聚餐。

禁 tɕiã^{55} ①蓄（头发胡子等）；②禁止（砍伐山林）。

逮倒 təu^{35}tie^{33} 被；拿。

干□ kiẽ^{55}xiẽ^{24} 本意指问神等活动，比喻浪费时间，没有结果。如：你于个～你在没事找事做。

□水 ləu^{21}suɛ^{33} 动词，鸭交配。

走草 tsəu^{33}tɕ^{h}ie^{33} 动词，狗交配。

打生 ta^{33}ɕie^{35} 动词，鸡交配。

□索子 lə^{35}sə^{213}lə^{33} 动词，蛇交配。

牵楼 tɕiẽ^{35}ləu^{24} 动词，猪交配。

过古 ku^{33}kɔ^{33} 耐用，经得起时间考验。如：那个物什好～那个东西很耐用。也可以中间插入“得”：子过得古长远看，他靠得住。

老靠 lie^{55}k^{h}e^{55} 形容词，可靠，老练：彼个人蛮～。

老 lie^{55} ①年龄大；②婉称，过世；③提醒，叮嘱：我～呱子个我曾经反复说明过；你～□[p^{h}iẽ^{55}]下子你再给他说明一下。

食得咸 ɿ^{21}tə^{33}xo^{24} 做生意奸诈，分毫必争，引申为贪婪：子好～，我总□[ta^{55}]莫买之个他太奸诈，我从不买他的东西。

总□ tsẽ^{33}ta^{55} 一直，总是。

手甲长 səu^{33}ko^{55}ts^{h}ẽ^{24} 拿了不该拿的东西，或者使用权力超出应有的范围。

上得天 sẽ^{55}tə^{33}t^{h}ã^{35} 牛皮吹大了，吹上天了：你总讲起子～你总是把他吹上天了。

食得开 ɿ^{21}tə^{33}xə^{35} 人缘好：我妹崽蛮～。

起花 sɿ^{33}xo^{35} 嫌弃：予粒子，子还～我给他一个，他还看不起，不想接受。

同得 [illegible] 只，仅仅：～三粒只有三个。

在行 tɕ^{h}ia^{55}xiẽ^{24} 听话，乖：子儿子蛮在行他的儿子很听话。

在回 tɕ^{h}ia^{55}fə^{21} 随便：～你去不去随便你去不去。

雨水 vu^{55}suɛ^{33} ①二十四节气中的雨水；②来自雨的水：载～；③雨量：旧年～莫好。

木 mɔ^{21} ①木材；②麻木：坐～呱了坐久了腿麻木了；③大，丰盛：食了一顿～个吃了一顿丰盛的。

木头 mɔ^{21}t^{h}əu^{33} 棺材。

老屋 lie^{55}ɔ^{33} 棺材（讳称）；老屋子。

冬田 tiã^{35}t^{h}ã^{33} 冬天还储有水的田。

园地 vã^{24}t^{h}ɛ^{21} 用来种蔬菜的地。

发损□ fia^{21}ɕyã^{33}ts^{h}a^{21} 风湿痛。

飞飞跳 pa^{22}pa^{55}t^{h}ɛ^{55} 飞快地跑。

起风 sɿ^{33}fiã^{35} 助跑，汽车上坡前的提速也称“起风”。

青菜 tɕ^{h}io^{22}tɕ^{h}ia^{55} 泛指菜，包括荤菜和青菜。

□tia^{213} 全部：～来了。

生 ɕie^{35} ①活的；②没煮的，没煮熟的：菜～个；③生长：～出来了长出来了；④将鱼、田螺等放在清水中养着，使其将泥沙吐出。

□ts^{h}ua^{33} 歪，不正：帽子戴～呱了帽子戴得不正。

□tsã^{33} ①厚：那块板子蛮～那块板子很厚。②酒的度数高。

□ə^{24} 钝，形容刀：刀～呱了。也可以用来表示门槛磨损了，如形容某人来的次数多，就说“门槛都予子□ ləu^{21} ～门槛的棱角都被他踩平”。

洋 iẽ^{24} ①煮菜煮得烂：洋呱了，食得移很烂了，能咬动。②把整齐的东西弄得很乱：床高头予子炼～呱了床上被他弄得乱七八糟。

松头 sẽ^{35}t^{h}əu^{55} ①宽松，主要指经济条件宽松：手头蛮～手有余钱。②慷慨：子个物什蛮～他很乐意把自己的东西借给别人。

□ləu^{35} ①动词，挠痒痒；②形容词，被挠痒痒的感觉。

轻快 tɕ^{h}io^{22}k^{h}ya^{55} 轻松：子做个是～事他做是轻松的事。

当腰 tẽ^{35}ʅ^{35} 重要，关键：那领蛮～。

起眼 sɿ^{33}lie^{55} 看起来顺眼，不差：那头狗蛮～那只狗很漂亮。

□t^{h}uã^{21} 动作不灵活，笨拙：子好～他很笨拙。

强力 tɕ^{h}iẽ^{24}li^{21} 硬朗，指老年人身体好：我爹爹还蛮～我父亲还很硬朗。

□suã^{35}（疑为“算”的音变）放在称谓前，表示忽略了辈分，称辈分比自己小但年纪比自己大的同宗：～哥哥年纪比自己大的男性晚辈。

第二节

方言古语词

平话中保留了较多的古语词，本节选择部分进行介绍。

于 ie^{35} 在，对于：～屋腹在家里；～我来讲对于我来说。《广韵》遇摄合口三等字，虞韵平声，云母字，羽俱切。“于”在古代做介词。《诗·唐风·鸨羽》：“肃肃鸨羽，集于苞栩。”《史记·魏世家》：“败秦于注。”“于”均为引出处所的介词。《诗·邶风·泉水》：“有怀于卫，靡日不思。”嵇康《与山巨源绝交书》：“尚未熟悉于足下，何从便得之也。”

予 ie^{35} ①给予，给：～粒糖子给他一粒糖。②引出受事或者施事：讲起～我听说给我听；～爹爹驮呱去了被父亲拿走了。“予”是中古遇合三以母平声鱼韵字。《广韵》余吕切。宁远平话读[ie^{35}]，符合语音规律。《诗经》已经有了“予”的用例，《诗·小雅·采菽》：“君子来朝，何锡予之？”“予”为给予义。《荀子·修身》：“怒不过夺，喜不过予。”杨倞注：“予，赐也。”“予”引出受事，如《史记·廉颇蔺相如列传》：“秦亦不以城予赵，赵亦终不予秦璧。”

箸 $ts^hɔ^{21}$ 筷子。“箸”为中古遇合三鱼韵知母去声字，《广韵》去声御韵，澄母，迟倨切。平话读[$ts^hɔ^{21}$]符合语音规律，同地位的“柱”“住”宁远平话均读[$ts^hɔ^{21}$]。古代“箸”用例较多，如《荀子·解蔽》：“从山下望木者，十仞之木若箸。”《汉书·周勃传》：“上居禁中，召亚夫赐食。独置大胾，无切肉，又不置箸。”

裈 kuã^{35} 裤子。也写作“裩”。《广韵》平魂韵，见母，古浑切。平话读[kuã^{35}]，声韵调均符合古今语音对应规律。“裈”古指满裆裤，《急就篇》卷二：“襜褕袷复褶袴裈。”颜师古注：“合裆谓之裈，最亲身者也。”唐谷神子《博异志·马侍中》：“衣豹皮裈，携短兵，直入室来。”五代马缟《中华古今注·裩》：“裩，三代不见所述。周文王所制裩长至膝，谓之弊衣，贱人不下服，曰良衣，盖良人之服也。至魏文帝赐宫人绯交裆，即今之裩也。”

面 mã^{21} 脸：洗～，～盆。“面”，《广韵》线韵明母去声，弥箭切。《墨子·非攻中》：“君子不镜于水而镜于人。镜于水，见面之容；镜于人，则知吉与凶。”元稹《遣春》诗之十：“三杯面上热，万事心中去。”其中的“面”均指脸面。

阶 kə^{35} 梯子。《广韵》皆韵见母平声，古谐切。平话读[kə^{35}]，符合古今语音对应规律。《礼记·丧大记》：“复有林麓则虞人设阶，无林麓则狄人设阶。”郑玄注：“阶，所乘以升屋者……阶，梯也。”《孟子·万章上》：“父母使舜完廪，捐阶，瞽叟焚廪。”其中的“阶”也是指梯子。

子 tsə^{33} 代词，指第三人称，如“子来呱他来过”。“之”《广韵》即里切，止韵精母上声字。古代是对人的尊称，做代词时指第二人称，在平话中转为代第三人称。“彼”古代远指，今在平话中转为近指，可以作为旁证。

索 sə^{213} 绳子。“索”，《广韵》铎韵心母入声，苏各切。宁远平话读[sə^{213}]，音韵地位相符。古代的“索”指粗绳，也泛指绳子。《书·五子之歌》：“予临兆民，懔乎若朽索之驭六马。”《墨子·尚贤中》：“傅说被褐带索，庸筑乎傅岩。”王充《论衡·谢短》：“挂芦索于户上，画虎于门阑。”李商隐《令狐舍人说昨夜西掖玩月因戏赠》诗：“露索秦宫井，风弦汉殿筝。”这些用例中的“索”都是指绳子。

寐 mã^{35} 儿语睡的意思：～觉觉睡觉。《广韵》至韵明母去声，弥二切。宁远平话读[mã^{35}]，又音[mɛ^{35}]。“寐”在古代用例很多。《诗·卫风·氓》：“三岁为妇，靡室劳矣。夙兴夜寐，靡有朝矣。”唐蒋防《霍小玉传》：“其夕，生浣衣沐浴，修饰容仪，喜跃交并，通夕不寐。”

归 kuɛ^{35} 回：归外家回娘家。“归”，《广韵》微韵见母平声，举韦切。《书·舜典》：“十有一月朔巡守……归，格于艺祖，用特。”韩愈《送李六协律归荆南》诗：“早日羁游所，春风送客归。”《水浒传》第七二回：“从小在外，今日方归。”

着 tsə^{213} 动词，穿：～衣。《广韵》药韵知母入声，张略切。王维《西施咏》：“邀人傅脂粉，不自着罗衣。”“着”即穿。元马彦良《一枝花·春雨》套曲：“穿一领布衣，着一对草履。”“穿”和“着”对举，均是穿的意思。

斥 ts^{h}o^{35} 动词，骂。《广韵》昔韵昌母入声，昌石切。古代“斥”可以表示“指责；责骂”。如秦观《春日杂兴》诗之十：“儿曹独何事？诋斥几覆酱。”

识 sɿ^{213} 认识：我～得子我认识他。《广韵》赏职切，职韵书母入声。“识”历来就有“认识；识别”的意义。《史记·刺客列传》：“行乞于市，其妻不识也。”“不识”就是不认识。又如李白《与韩荆州书》：“生不用封万户侯，但愿一识韩荆州。”《资治通鉴·唐宪宗元和十四年》：“弘正初得师道首，疑其非真，召夏侯澄使识之。”

抈 vɛ^{213} 折叠：～船。《广韵》月韵疑母入声，鱼厥切。《说文·手部》：“抈，折也。”

铛 tɕ^{h}ie^{35} 锅：炆～。单用时指炒菜的锅，煮饭烧水的锅称“炆铛”。“铛”在《广韵》庚韵初母平声，楚庚切，平话念[tɕ^{h}ie^{35}]符合古今语音对应规律。“铛”在古代主要指有耳和足的锅，后来泛指所有的锅。《太平御览》卷七五七引汉服虔《通俗文》：“鬴有足曰铛。”南朝宋刘义庆《世说新语·德行》：“母好食铛底焦饭。”苏轼《送柳宜师》诗：“折脚铛边煨淡粥，曲枝桑下饮离杯。”清李渔《蜃中楼·耳卜》：“瓦铛饭煮神仙字，黎火光生太乙文。”

樵 $ts^{h}ʅ^{24}$柴：烧～个火大烧柴火力大。《广韵》宵韵从母平声，昨焦切。《左传·桓公十二年》：“请无扞采樵者以诱之。”杜预注：“樵，薪也。”《梁书·处士传·阮孝绪》：“家贫无以爨，僮妾窃邻人樵以继火。”“邻人樵”即邻居的柴。宋林光朝《再次前韵》：“南国更逢陶令菊，西江莫扞楚人樵。”

狭 xa^{21}狭窄：那条路好～。《广韵》侯夹切，入声洽韵匣母。宁远平话念[xa^{21}]符合语音规律。“狭”，窄的意思，与“宽”“广”相对。如《墨子·备突》：“维置突门内，使度门广狭。”另，韩愈《袁州刺史谢上表》：“伏以州小地狭，税赋及时，人安吏循，闾里无事。”宋洪皓《松漠记闻》卷上：“其江甚深，狭处可六七十步，阔处至百步。”“狭”“阔”对举，“狭”即窄。

阔 $fə^{213}$宽：子屋腹好～他家里很宽敞。《广韵》入声末韵溪母，苦括切。古代文献中很常用，如司马相如《封禅文》：“迩陿游原，遐阔泳沫。”陆机《为顾彦先赠妇》诗之二：“游宦久不归，山川修且阔。”叶绍翁《田家三咏》之二：“黄犊归来莎草阔，绿桑采尽竹梯闲。”

润 $y\tilde{a}^{21}$潮、湿润：地好～地板很潮湿。尤指干制品回潮：谷子～呱了晒干的稻谷回潮了。《广韵》去声稕韵日母，如顺切。《易·说卦》有“风以散之，雨以润之”。南朝宋鲍照《学陶彭泽体》诗：“秋风七八月，清露润绮罗。”王安石《〈洪范〉传》：“故水润而火炎，水下而火上。”这些用例中均指滋润或者使润湿。

腹 pu^{213}里面，内部：屋～屋里；于～□[$tɕi\tilde{a}^{33}$]在里面。“腹”在《广韵》为方六切，入声屋韵非母。平话读[pu^{213}]，符合古今对应规律。古代指物体内部或表面的中心部位。《楚辞·天问》：“夜光何德，死则又育？厥利维何，而顾菟在腹？”《荀子·强国》：“案欲剡其胫而以蹈秦之腹。”南朝梁吴均《登二妃庙》诗：“折菌巫山下，采荇洞庭腹。”韩愈《枯树》诗：“老树无枝叶，风霜不复侵。腹穿人可过，皮剥蚁还寻。”这些文献的“腹”均为“里面”“腹地”的意思。

燃 $li\tilde{e}^{24}$烧，燃烧：～起呱了烧着了。一般不带宾语，如“烧燃”指烧着了。又如“燃火”“点燃”。《广韵》“燃”为如延切，平声仙韵日母。古代文献中表“焚烧”的用例，如王充《论衡·论死》：“天下无独燃之火，世间安得有无体独知之精？”唐周繇《咏萤》：“微雨洒不灭，轻风吹欲燃。”

挦 $tɕ^{h}y\tilde{a}^{24}$动词，拔（毛）：～鸭毛拔鸭毛。《广韵》昨含切，平声覃韵从母；又视占切，平省盐韵禅母；又徐林切，平声侵韵邪母。古代“挦”指“拔取；摘取”。唐贾岛《原居即事言怀赠孙员外》诗：“镊挦白发断，兵阻尺书传。”唐徐夤《病中春日即事寄主人尚书》诗之一：“镜里白须挦又长，枝头黄鸟静还呼。”元武汉臣《生金阁》第三折：“我儿也，你眼睫毛我都挦了你的。”清孔尚任《桃花扇·哄丁》：“掌他的嘴，挦他的毛。”

沕 ma^{213} 潜入水中：打～子。“沕”《广韵》莫笔切，入声质韵明母。《文选·吊屈原文》：“袭九渊之神龙兮，沕深潜以自珍。”李善注引张晏曰：“沕，潜藏也。”《楚辞·招隐士》：“罔兮沕，憭兮栗。”洪兴祖补注“沕，潜藏也。”

载 tɕia^{55} 装：～到篮子腹装进篮子。“载”《广韵》作代切，去声代韵精母。古代用来指“运载，装运”。《如易·大有》：“大车以载，有攸往，无咎。”孔颖达疏：“犹若大车以载物也。”《汉书·扬雄传下》：“时有好事者载酒肴从游学，而巨鹿侯芭常从雄居，受其《太玄》《法言》焉。”李白《怀仙歌》：“巨鳌莫载三山去，我欲蓬莱顶上行。”平话“载”意义稍有变化，专指“装”，不含“运”的意思。

伊 a^{213} 代词，这。《广韵》于脂切，平声脂韵影母。古止开三的字，如“衣”“姊”宁远平话都读[a]。古代是“此”的意思。如《诗·小雅·小明》：“心之忧矣，自诒伊戚。”《汉书·扬雄传上》：“伊年暮春，将瘗后土，礼灵祇，谒汾阴于东郊。”颜师古注：“伊，是也。”晋陶潜《拟古》诗之六：“万一不合意，永为世笑之。伊怀难具道，为君作此诗。”

悚 ɕiã^{33} 怕，担心：莫～子别怕他。“悚”《广韵》息拱切，上声肿韵心母。古代有“恐惧；惶恐”的意思，如《孔子家语·弟子行》：“不戁不悚。”王肃注：“悚，惧。”晋潘岳《射雉赋》：“瞰出苗以入场，情愈骇而神悚。”韩愈《与孟尚书书》：“行官自南回，过吉州，得吾兄二十四日手书数番，忻悚兼至。”清魏源《圣武记》卷十四：“商君千金徙木以市信，田单神师走卒以悚众。”

炙 tso^{213} 烤：～酒温酒，～火烤火。《广韵》之石切，入声昔韵章母。又，之夜切，去声祃韵章母。“烤”义的用如《诗·小雅·瓠叶》：“有兔斯首，燔之炙之。”毛传：“炕火曰炙。”《乐府诗集·相和歌辞十二·西门行》：“饮醇酒，炙肥牛。”《徐霞客游记·滇游日记八》：“僧瀹茗炙面为饵以啖客。”

滗 pi^{213} 动词，滤、沥，挡住渣滓把液体倒出来：予那水～呱去，予茶～出来将中药的药液沥出来。《广韵》鄙密切，入声质韵帮母。汉服虔《通俗文》：“去汁曰滗。”

湓 pʰiã^{24} 动词，水或者其他液体从容器中溢出：予火关小，莫～出来将火关小，别让水溢出来。《广韵》薄奔切，平声魂韵并母。古代指“水涌溢”，如《汉书·沟洫志》：“是岁，勃海、清河、信都河水湓溢，灌县邑三十一。”颜师古注：“湓，踊也。”汉崔瑗《河堤谒者箴》：“八野填淤，水高民居，湓溢滂汩，屡决金堤。”《新唐书·循吏传·贾敦颐》：“徙瀛州刺史，州濒滹沱、滱二水，岁湓溢，坏室庐，寖洳数百里。”

啸 ɕiəu^{213} 叫，喊：～你过来叫你过来。平话的狗、鸡等动物发声，也称为“啸”。曹植《名都篇》诗：“鸣俦啸匹旅，列坐竟长筵。”南朝齐陆厥《秦答内兄希叔》诗：“凫鹄啸俦侣，荷芰始参差。”

第三节

民俗文化词

一　建筑和用具

正屋 tso^{55}ɔ^{33} 方方正正的住宅，流行于20世纪七八十年代。屋子中央为客厅，两边分别为卧室和厨房。屋子前面，客厅部分的墙壁相对两边卧室和厨房缩进一到两米，俯视呈“凹”字。“凹形”缺口的顶上有瓦。屋子正面只有客厅开设大门供出入。

老辈正屋 lie^{55}pə^{21}tso^{55}ɔ^{33} 古式正屋。青砖青瓦，大门一面是木墙。老辈正屋包括单座的和“上座下座”。单座的老辈正屋，在客厅里设有神龛，神龛后面有一狭长的房间，称为“倒槽”，主要用来放坛子和杂物等。上座下座是二进或者多进式的正屋。长辈一般住里面的房间。

洋子屋 iẽ^{24}lə^{33}ɔ^{213} 四面坡顶，四四方方的两层楼房。泥瓦结构，一般都带有吊楼。洋子屋流行于20世纪，是有钱人家的房子，现在比较少见。

偏厦 p^{h}iɔ^{33}sa^{33} 搭建在正屋一侧与正屋共用一面墙的简易房子。80年代有人作为住宅居住。现在一般做厨房、杂物或者猪圈等。“偏”的语音讹化。

水砖屋 suɛ^{33}ts^{h}uã^{55}ɔ^{213} 用泥砖砌成的房子。墙体接近地面有30—50厘米高度的用石块砌的“砂墙”。水砖屋在20世纪比较常见，现在条件比较差的家庭建房时也用泥砖砌墙。

火炉 fu^{33}lɔ^{33} 厨房。正屋中一般设在客厅左边第一间。也称为“火炉腹”[fu^{33}lɔ^{55}pu^{33}]或者简称为“炉腹”[lɔ^{55}pu^{33}]。由于一家只有一个“火炉”，所以“火炉”也是“户”的代称。几户就称为几个“火炉”。

天□ t^{h}ã^{35}tɕ^{h}io^{33} 天井。“天□[t^{h}ã^{35}tɕ^{h}io^{33}]”既可以指顶上留空、能采光的地面，也可以指屋顶的天窗。上座下座的房子一般都设有天井，并有“□沟阴沟”[tsuã^{55}kəu^{55}]排水。

图 1　桥

东塘村 /2012.10.7/ 李永新 摄

图 2　井穴

麻田村 /2011.2.1/ 李永新 摄

桥 $ts^{h}ɿ^{24}$ 桥梁式样很多。有一种木桥，由几根树木拼成，面上还钉有多层花布。这种桥一般是人们为了祈福而架设的。当地迷信，遇到灾祸，按照“鬼婆”（巫婆）的说法，朝某某方向架一座桥就可以解除。这种桥，需要将五彩布钉在桥板上。一般选择早晨架桥，桥架设好后，要请一个有福的人将自己牵着过桥。走过之后，还要放鞭炮。之后，主人把准备好的粑粑、糖果分发给大家。

井穴 $tɕio^{33}fa^{33}$ 水井，包括吊井穴和淌水井。吊井穴就是吊水井，水面离开井口有一段距离，需要用绳子才能将井中的水取出。淌水井的水源源不断地涌出来，井的下方有出水口。稍大一点的村庄，都有三个前后连着的淌水井，前面井水流进后面的井，最前面的井水是用来喝的，后面两个井分别用来洗菜和洗衣。

上梁 $sẽ^{55}liẽ^{24}$ 将梁安装在屋上的仪式。梁，除了在建筑结构上实用而显得重要外，更有其重要的民俗意义，代表家庭的支柱。在所有的建筑活动中，上梁场面最隆重，程序规矩也最讲究。事先要选定吉日，邀请亲朋好友。上梁的仪式由木匠和泥瓦匠主持。梁树 [$liẽ^{24}ɕie^{21}$] 放在新屋子的大门前。到了预定时刻，木匠杀雄鸡，将鸡血洒在梁木上构成两条龙的形状。同时木匠口中念念有词，大意是主人家人丁兴旺、后人成才等。念完，即吆喝放鞭炮，升梁。将梁吊到屋上后，安装的仪式由泥瓦匠主持。泥瓦匠将梁木安放好后，将主人事先准备好的雄鸡绕梁木三圈，并从梁上抛下，由来观看的人抢抓。雄鸡落地被人抢住后，泥瓦匠就带领工人们从墙上往下抛撒糖果、粑粑，上梁的仪式结束。现代的水泥钢筋结构的房子，建造中没有上梁的环节。

封垛 $fiã^{35}tə^{33}$ 封顶。建造砖瓦结构的房子，上梁和封顶一般同一天进行。现代一般盖水泥板的屋子，用水泥钢筋封顶，当地称“打水泥板”。“打水泥板”也要选择吉日良辰。此前，屋顶的模子已经做好。“打水泥板”的当天，主砌师傅要在屋顶上祭祀，杀公鸡，并将鸡血洒在新房子的四角。主人则烧纸钱、点香并燃放鞭炮。砌匠师傅在屋顶向下撒糖果、红包。仪式结束后，再往模子中填水泥和沙石混合物。

上大门 sẽ^{55}t^{h}o^{21}miã^{33} 给新屋子安装出入门。一般要杀雄鸡，以鸡血分别在两扇门上分别写“人兴”“财旺”。安装大门的木匠主持上大门的仪式。

撑铛姑姑 tɕ^{h}ie^{35}tɕ^{h}ie^{33}kɔ^{22}kɔ^{55}① 灶台，也指灶神。“撑铛姑姑”是家的象征，备受当地人尊敬，白天锅子放在其上煮饭烧水，晚上必须将锅子拿开，非常忌讳小孩在“撑铛姑姑”附近撒尿。搬入新屋，称为“入火”。“入火”的时间以设立“撑铛姑姑”为准。当地习俗，十二月二十四过小年，小年前一天晚上，有送“撑铛姑姑”上天过年的习俗，到了除夕晚上再接回。送和接“撑铛姑姑”仪式较简单，用供品摆在“撑铛姑姑”前面，并燃放鞭炮。

图 3　撑铛姑姑
砠脚村 /2011.2.2/ 李永新 摄

草树 tɕ^{h}ie^{33}ɕie^{21} 缠有稻草的树。脱粒后的稻草，可以用来铺牛栏或者猪圈，给畜生保暖过冬。放在室内占用空间太大，就将稻草缠绕在树干上。将扎成把的稻草，围绕树干，一层一层往上叠。这样，内层的稻草就不会被淋湿。缠草树的过程叫“上草树”。秋后，农村的草树很多。

图 4　草树
砠脚村 /2011.2.2/ 李永新 摄

橱柜 tɕ^{h}ie^{21}k^{h}uɛ^{21} 分区的多功能柜子，一般放在厨房。橱柜下部是个架子，柜腿长约1米，台面上可以放碗盆、砧板、刀等；上层箱式，分三格，用于放碗筷以及油盐等作料。橱柜的侧面还可以挂筷筒、插刀等。当地人也把橱柜看成家的象征。小狗刚带回

图 5　橱柜
砠脚村 /2011.2.12/ 李永新 摄

---

① “撑”的读音讹化，或者本字为“铛”，暂记为“撑”，存疑。

时要将其围绕橱柜的腿转三圈，才能放下。大家认为，这样做，小狗就认识这个家了。橱柜是放食物的地方，非常忌讳将药品放在上面。

皮箱 $p^{h}a^{24}ɕiẽ^{55}$ 用于装衣物的扁平木箱子。因为箱子外面包一层花布，所以称“皮箱”。20世纪六七十年代，皮箱是常见的嫁妆。送亲前，新娘方在皮箱中放了很多蒸熟的鸡蛋，皮箱的钥匙由新娘的兄弟掌握，到达新郎家后，再将钥匙交给新郎。新郎要取得钥匙，按照礼俗要送给小舅子红包。

篮子 $liã^{55}tə^{21}$ 竹子或者打包带编织而成用来装菜的用具。20世纪90年代以前，赶集、走亲戚都提篮子。参加红白喜事，每家提一个篮子（装礼品）。统计来客，就以“篮子”数为准，一个“篮子”代表一户客人。送客时，主人回馈的礼物也装在客人带来的篮子里，称为“篮子菜”。一般来说，主人不能让客人带空篮子回去。

棚簟 $p^{h}iã^{24}t^{h}ã^{55}$ 晒谷的簟子。收割后的稻子要晒干才能储存，收稻子的夏天，中午多有阵雨，下雨时收起来，雨后还要摊开晒，一天中，有时要反复多次。用棚簟晒稻子，收起来比较方便，分别扯棚簟的四个角一掀，谷子就聚在棚簟中央了。棚簟用完后可以卷起来收藏。

图6　棚簟　砠脚村 /2011.2.5/ 李永新 摄

二　日常生活

打粑粑 $ta^{33}pa^{33}pa^{33}$ 糍粑。糯米做成，扁圆形，可以存放较长时间。打粑粑一般不做正餐，是在吃早餐前和宵夜时用。“打粑粑”可以当作礼品送人，在20世纪七八十年代，正月给亲戚朋友拜年，都会带“打粑粑”，数量四个、六个、九个或者十二个不等。

过米筛 ku^{55}mi^{55}sa^{55} 包好的粽子，在煮之前，在米筛里放一放，就叫“过米筛”。当地人相信，在米筛中放一放，可以防止粽子蒸不熟。

图 7　过米筛
尧田村 /2013.8.12/ 李永新 摄

馅心粑粑 xiẽ^{21}ɕiã^{55}pa^{33}pa^{33} 用糯米粉做成，以糖做馅的粑粑。喜庆的日子，人们常常在馅心粑粑的外面沾上几粒红米。农家正月初一早餐都要上馅心粑粑。正月来客，早餐前也要安排馅心粑粑。除夕晚上接“撑铛姑姑”、正月里的夜宵，一般要用到馅心粑粑。漏放馅的粑粑叫“哑子粑粑”，据说吃到了“哑子粑粑”是不吉利的。

图 8　馅心粑粑
砠脚村 /2011.2.2/ 李永新 摄

酿酒 liẽ^{21}tɕiəu^{33} 用糯米制酒。几乎家家户户都会酿酒。酿酒的原料主要是糯米、红薯。迷信认为，酿酒会引来神灵，灵魂触摸酒糟后，就会很快变馊。为防止变馊，人们常常在酒糟的表面涂上锅灰，并将草标插在酒糟上。

拖缸酒 t^{h}ə^{22}kiẽ^{55}tɕ^{h}iəu^{33} 将白酒（一般是农家自制）放在糯米酒中泡浸后制成的甜酒。一般在过年前酿制，供春节期间饮用。

图 9　馅豆腐
寨投村 /2011.1.31/ 李永新 摄

馅豆腐 liã^{24}t^{h}əu^{21}fu^{21} 将猪肉加蒜等剁成肉末，塞进油豆腐做成的一道菜，待客常用。到了腊月，当地人会制作较多的馅豆腐，作为来年正月待客的主菜。人们还常常将肉末塞进辣椒、苦瓜等瓜果中，制成辣椒豆腐、苦瓜豆腐。

闹子 lɔ^{24}tsɿ^{55} 集市。集市一般设在乡镇政府驻地。集市一般上午八九点成市（称“起闹子”[sɿ^{33}lɔ^{24}tsɿ^{55}]），下午二三点收市（称“散闹子”[ɕie^{55}lɔ^{24}tsɿ^{55}]）。也有的持续时间很短，如保和的集市从成市到散市，只有一两个小时，

图 10　闹子　上街村 /2011.1.29/ 李永新 摄

被称为"狗蚤闹子"[kəu^{33}tɕie^{55}lɔ^{24}tsɿ^{55}]。"狗蚤"就是"跳蚤"。"狗蚤闹子"比喻其像跳蚤一样，只一跳就找不到了。前来"赶闹子"的不仅有本地的居民，也有从外地赶来的生意人。卖家赶集，出门后，很忌讳往回走，他们认为，一出门就返回是自己的货物卖不出去的兆头。到了市场，很忌讳买家问了价就走人。市场上，特别是刚开市，买主不能随便问价，如果问了价格又不愿意买，至少应该还一个很低的价格。

打簟子 ta^{33}tʰã^{55}lə^{21} 编织簟子。也指短时的睡觉，是调侃的说法。

压床板 o^{213}tsʰẽ^{24}pie^{33} 指睡觉前吃饭吃得多。

腊肉菜 lo^{21}vu^{33}tɕʰia^{55} 腊肉，也泛指腊鱼等各种烘烤的食物。进入腊月后，宁远几乎家家户户都要烘制腊肉。腊肉一般用棕树叶子穿起来，挂在灶头熏烤。

图 11　腊肉菜

砠脚村 /2011.2.4/ 李永新 摄

□草鞋 pʰia^{33}tɕʰie^{33}xa^{33} 提草鞋，做仆人。如："你这莫争气，跟子～子都莫要你这么不争气，专门给他带鞋子，他都不要。"

鸡公打生 tsɿ^{22}kã^{55}ta^{33}ɕie^{35} 鸡交配。又引申为"快"，贬义。如："哪领有那快，又莫是～哪有那么快，又不是鸡交配！"

挖到痒□牯 ya^{213}tie^{33}iẽ^{55}tʰɔ^{21}kɔ^{33} 挠痒痒挠对地方，也指一个愿打，一个愿挨。"挖到痒□牯"贬义，如：你惹子，子□[ta^{55}]～了你惹他，他巴不得。

溜溜 liəu^{35}liəu^{33} 人们模仿母猪召唤小猪时的声音，用来呼唤猪。“溜溜”也就成为跟儿童说话时“猪”的代名词。

狗□□ kəu^{33}lə^{35}lə^{33} 呼唤狗时的喊声。

咕 ku^{35} 呼唤鸡时发出的声音。“咕咕”是跟儿童说话时“鸡”的代名词。

□□ li^{35}li^{33} 呼唤鸭的吆喝声。

□ xəu^{21} 驱赶猪时的吆喝声。

□ xə^{55} 驱赶牛时的吆喝声。

□ va^{213} 犁田时让牛停下来时的命令声。

三 生育婚丧

洗媒 sɿ^{33}mə^{24} 谢媒。平话“媒”音同“霉”。人们认为做媒给媒人带来霉气。成婚后，新郎和新娘带着礼物要到媒人家感谢，称为“洗霉”，即洗去霉气。

打花烛 ta^{33}xo^{35}tɕie^{33} 接新娘前一天，男方到女方家送礼。

抬盒 tʰia^{24}fu^{21} 下聘礼的担子。一般由两人抬着。

图 12 抬盒 砠脚村 /2011.2.5/ 李永新 摄

上门 sẽ^{55}miã^{24} 新婚回门。新婚第二天，新婚夫妇到娘家回门。娘家会摆酒请客。酒席上，允许捉弄新郎。

拦门 ye^{24}miã^{24} 迎亲中，新娘的兄弟在新郎家门口拦住新娘，并向新郎索要红包。20世纪，新娘的兄弟会反复索要红包，直到满意为止。现在一般只为了凑凑热闹而已。

寄生日 tsɿ^{55}ɕie^{35}ŋ^{33} 第一次到女婿家为新婚女儿庆祝生日。其用意是将女儿的生日告诉婆家，提醒婆家每年给女儿做生日。

催生 tsʰuɛ^{35}ɕie^{35} 岳母到女婿家来看快分娩的女儿，旁人称“催生”。

报江 pie^{55}tɕiẽ^{35} 女婿到岳母家报告小孩出生的消息。“报江”前要到肉铺买一两斤猪肉。肉铺老板按照习俗，询问是生男生女。生男孩，则免费送一截猪小肠。

捆胎 kʰa^{213}tʰia^{35} 将绳子套在婴儿手腕、脖子或者脚踝上。当地迷信认为，婴儿灵魂还不稳定，容易走丢。灵魂走丢，又称“走胎”。捆胎就是为了防止婴儿走胎。捆胎时，一般会在绳子上吊一两个铜钱。捆胎的绳子需要自行磨损，不能拆除，否则不吉利。

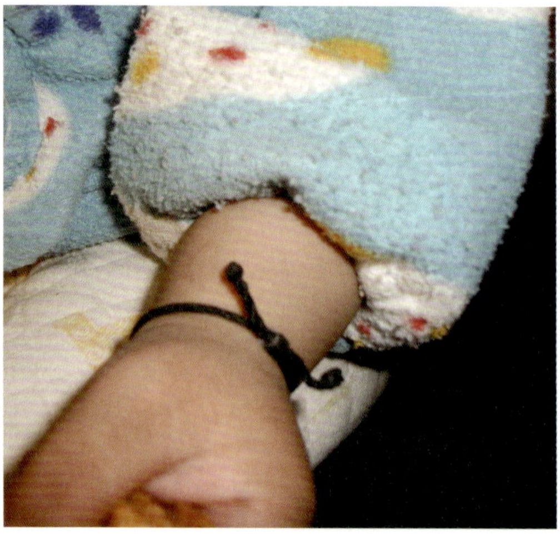

图 13　捆胎
砠脚村 /2011.4.18/ 李永新 摄

送终 ɕiã^{55}tsẽ^{35} 后人守在身边送老人过世。没有给父母送终是很遗憾的事情，也会受到族人的责怪。

报丧 pie^{55}sẽ^{35} 孝子向长辈、亲戚报丧。报丧时要着孝服，行跪拜礼。

接客 tsɿ^{213}kʰo^{213} 迎接客人。办丧事时，客人来吊孝，孝子们要在灵堂前跪下迎接。一般客人到村口就会燃放鞭炮，主人这边则会安排在灵堂门口燃放鞭炮，并奏乐表示迎接。

满七 miẽ^{55}tsʰɛ^{213} 下葬满七天。下葬七日后孝子们到坟上祭奠，杀鸡烧纸钱，并修整坟墓。

四　节日习俗

大年初一 tʰo^{21}lã^{33}tsʰɔ^{35}ɿ^{213} 正月初一，春节。春节是当地人特别重视的节日，这一天有很多礼节和禁忌。起床要早，要着新装，晚辈要给长辈拜年，早餐要吃馅心粑粑。不能说不吉利的话，不能晒衣服，不能扫地。80年代以前的习俗，这天不能洗澡洗脚。

出行 suɛ^{213}xe^{24} ①正月初一早晨起来开门迎新年。出行要早，出行的标志是放鞭炮。此外，还要烧钱纸、点蜡烛和燃香来祭祖先。②正月第一次走人家。出行代表一年的兆头，有很多讲究，如第一次走人家，只能上午去，不能下午去；“出行”当天要留宿主人家里，不能当天返回。新世纪以来，这些习俗逐渐淡化。

拜年 pia^{55}lã^{24} 拜新年。大年初一一大早，小朋友就给族人拜年。吃过早餐后，成年人开始给长辈拜年。此后，还要给亲朋好友拜年。接待来拜年的客人，主人都要“摆茶”，即给每人倒上一杯茶，并摆上一桌的果品点心。不论年纪大小，拜年都不磕头。

挂清 kya^{55}tɕ^{h}io^{35} 扫墓。扫墓以家族为单位，在清明节前完成。扫墓的队伍规模有大有小，有的一个大家族，好几十人去扫墓，有的以小家庭为单位，两三人去扫墓。扫墓需要修整墓地（墓地一般只能在清明节期间才能修整），要挖一块土坯倒放在坟头，并洒上石灰。在“社”（祭祀土地神的日子）这一天给新坟扫墓，称“挂社清”。

图 14　挂社清

砠脚村 /2011.3.23/ 李永新 摄

食清明 ɿ^{21}tɕ^{h}io^{22}mi^{55} 清明节聚餐。聚餐规模有大有小，费用一般按照族人中男性人头摊派。在完成自己摊派任务后，有喜事的如孩子升学等的家庭会主动要求多交一些。

图 15　食清明

砠脚村 /2011.4.5/ 李永新 摄

三月三 so^{35}vei^{21}so^{35} 三月初三。当地认为三月初三是蚂蚁的生日。平话中有“三月三，蚂蚁崽崽归外家”[so^{35}vei^{21}so^{35}，ma^{55}iẽ^{21}tsə^{33}tsə^{33}kuɛ^{35}və^{213}ko^{55}]的说法。据说，这天，蚂蚁成批回娘家。当地习俗，这一天要将“蚂蚁崽崽花”[ma^{55}iẽ^{21}tsə^{33}tsə^{33}xo^{35}]（荠菜）放在家具或者器具等蚂蚁经过的地方。人们希望通过这种方式，阻止蚂蚁损坏家中器物和食品。

图 16　三月三

砠脚村 /2011.3.27/ 李永新 摄

七月七香 ts^{h}ɛ^{213}vei^{21}ts^{h}ɛ^{213}ɕiẽ^{35} 七月初七。按照当地习俗，这天的中餐吃“七样青菜”[ts^{h}ɛ^{213}iẽ^{21}tɕ^{h}io^{22}tɕ^{h}ia^{55}]，即一道菜中有七种蔬菜。人们相信吃了七样青菜可以防止痱子等皮肤病。

七月半 $ts^{h}\varepsilon^{213}vei^{21}pi\tilde{e}^{55}$ 农历七月十四，中元节。按照当地习俗，七月初开始，每餐用餐前都要祭奠祖先。父母过世第一年，已经出嫁的女儿要在七月半前将准备的纸钱等送回娘家，称为“送包”[$ɕi\tilde{a}^{55}pi\text{ə}u^{35}$]。到了七月十四这天晚上，要隆重地祭奠先人，称为“烧包”[$s\text{ɿ}^{35}pi\text{ə}u^{35}$]。在外地生活的人，会用石灰画一个圈，在圈内烧纸钱。人们认为，石灰可以阻止其他鬼神来抢供品。

图 17　烧包

中和东塘村 /2014. 8. 9/ 李永新 摄

头□粑粑 $t^{h}\text{ə}u^{24}k^{h}u\tilde{a}^{21}pa^{33}pa^{33}$ 枕头形状的粽子。“头□ [$t^{h}\text{ə}u^{24}k^{h}u\tilde{a}^{21}$]”就是枕头。一般只在端午、七月半、中秋节前才吃这种粽子。

送节 $ɕi\tilde{a}^{55}ts\text{ɿ}^{213}$ 中秋节前夕，女婿给岳母娘拜节。拜节的礼物主要是粽子、母鸭等。

五　地名

地名与历史、民俗相联系。宁远是双方言区，许多地名，平话与官话用词不一样。如官方记录为“半塘”，平话称“蚌头腹”[$p^{h}\tilde{e}^{21}t^{h}\text{ə}u^{33}pu^{33}$]。官方记录“砠脚”，平话称“砠底下”。为了文雅，有些村更改了村名，或者改用了音近的字来记录，但平话仍保留了原来的名称。慕投的和平村，原名用官话称“库里”，“库”与“裤”同音，后来改为“和平”。但平话仍然称“库里”。

宁远同族聚居，带“家”的村名比较多，这就容易出现村庄同名。平话采用两种方式加以区别。一是冠以片区名（这种片区名多数在民间自发形成，不一定是行政区划名），如“绿源李家”。二是冠以邻村的村名。“四坊”是一个村庄，邻村龚家村就称“四坊龚家”。“瑶田周家”“麻田周家”中的“瑶田、麻田”都是村名。

宁远平话中比较常见的一些地名用字还有“塘、脚、洞、园”等。

“塘”指池塘，宁远平话“塘”较“池”大，带“池”的地名很少。带“塘”的地名，往往不指塘本身，而是指塘边的村庄。有的地方的塘已经被填平了，所以村名带“塘”的村庄，现在也不一定还保留着塘。带“塘”的地名如（小字为官话的名称）①：石板塘、柳塘、东塘、麻子塘麻池塘、鹰子塘岩鹰塘、蛟里塘蛟龙塘、杨柳塘、鲤鱼塘，等等。

“脚”在地名中一般指处在山脚的村庄，也指树林等旁边的村庄。带“脚”的地名如：

---

① 当地人的平话字和语音联系不上，单从字面上看，给出的平话地名，一般人不能识别，为避免误会，特给出官话名称。

枫木树脚、泥脚、砠脚、铜岗脚、新田脚、下山脚、上山脚、岭脚、大路脚、杉树脚、枫木树脚，等等。“脚”读[tsʅ^{213}]，在地名中的处于词末，读成轻声，调值[33]。

“园”一般指种蔬菜、树木的地方。不少地名是“园”前面加植物名构成。当然，名称为“植物＋园”的村子，村里和村子附近现在不一定有成片的这种植物。“园”在地名中一般处于词末，读轻声，调值为[33]。带“园”的地名如：萝卜园、茶籽园、小桃园、大桃园、枣栗园枣子园，等等。

“洞”在平话中表示低洼开阔地带，尤其指连成一片的田地。宁远以丘陵为主，开阔的平地都可以叫“洞”。宁远的村庄一般建在高地，以避洪水。村子周围的田地，叫“洞里”。“洞”可大可小，如整个中和镇都属于“西洞腹”。带“洞”的地名：冷水洞、高子洞、苗子洞尧田、马脚洞、塘下洞、旱禾洞、下立洞、花盘洞、山下洞、昌田洞，等等。以下是带“洞”的地名，但发音人只能用官话读，不能用平话读出：大阳洞、庄家洞、曾家洞、皇家洞、普洛洞、下坝洞、柏家洞、左洞、潘家洞、姜家洞。

六　社会称谓

平话的社会称谓，按照指称对象，可以分为三类：通用称谓语、职业称谓语、泛化的亲属称谓语。

通用称谓有“徕头小孩”“女子家”“师傅”“老板”“老＋姓”。

职业称呼语很少，常见的就是称教师为“先生”，一般不带姓，也没有面称和背称的区别。其他职业一般用工作内容加“个的”构成，如“杀猪个”“卖菜个”“卖鸭个”“做木匠个”“做衣个”“剃毛毛个”“开车个”，等等。少数职业，借用官话的专名，如“医生”“老师”。称呼职务一般也借用官话，如“支部书记/书记”“妇女主任/主任”“民兵营长/营长”“大队会计/会计”，等等。

泛化的亲属称谓，一般根据使用者和被称者的性别年龄决定。如小孩称与自己年龄相仿的男女为“哥哥”“姐姐”“毛毛”“妹崽”；称与父辈年龄相近的男性为“满满”，女性为“姑姑”，已婚女性为“□□婶婶[mẽ^{55}mẽ^{55}]”；称与爷爷辈的为“公公”“□□奶奶[liã^{55}liã^{55}]”。不论面称还是背称，均可以在称谓前加上名字或者名字中的一个字。如“井辉哥”“德常叔公”。

下面介绍几个常用的社会称谓。

师傅sʅ^{35}fu^{33}主要用来称呼手艺人，包括司机、工匠、杂耍人员等。也用来称呼陌生人，属于尊称。“师傅”前可以加姓。流行于20世纪。新世纪后逐渐被“老板”取代。

老板lie^{55}pie^{33}是通用社会称呼，适用于男女性，新世纪后开始流行。最初是年轻人用，现在男女老少都用。“老板”前面可以加姓氏。

后生 xəu^{55}çie^{55} 用来称呼比年龄自己小的年轻男性，是一种亲切的称呼。老人和女性使用时加“家”，即“后生家”。

女子家 lie^{55}tə^{21}ko^{55} 一般用来称呼年轻女性，是一种亲切的称呼。加“崽崽”即“女子家崽崽”，用来称呼小女孩。

老人家 lie^{55}ŋ^{33}ko^{55} 用来称呼老年人。青年和老人都可以是使用。是一种敬称。

徕头 lia^{55}t^{h}əu^{21} 用来称呼小孩，特别是男孩。既可以用作面称也可以用作背称。

老乡 lie^{55}çiẽ^{35} 在外地称呼自己的同乡，可以面称也可以背称。

老华 lie^{55}fa^{21} 姓氏相同的人互相称为“老华”。可以做面称，也可以做背称。

老李 lie^{55}lɛ^{55} “老 + 姓氏”可以用来称呼已知姓氏的人，“老”是前缀，不代表年龄。年轻人之间可以互相用“老 + 姓氏”称呼。

老同 lie^{55}tiã^{24} 因为同庚而结成的亲戚。一般结成老同的亲戚，双方家长事先已经有了较好的关系。只是利用“老同”使关系更加巩固。

同年爷 t^{h}iã^{24}lə^{55}io^{33}① 老庚的父亲，父亲的老庚，母亲的老庚的丈夫。

同年娘 t^{h}iã^{24}lə^{55}lə^{55} 老庚的母亲，母亲的老庚，父亲的老庚的妻子。

溜子 liəu^{35}tsɿ^{33} 不务正业的人，背称。

打溜个 ta^{33}liəu^{35}kə^{33} 指在外地偷摸扒窃的人，背称。

七　特殊习惯

这里的特殊习惯用词语，指根据特殊民俗习惯凝练形成的词语，或者与特殊习惯相关的词语。特殊习惯用语除了字面意思外，在当地具有特殊含义。

雷公啸 lə^{21}kã^{55}çiəu^{213} 本意是打雷。打雷被认为雷公发怒的行为。所以“雷公啸”用来警告那些正在犯错误的人。如小孩吃饭时饭粒掉在地上，或者顶撞父母，大人就用“雷公啸了的雷公要打雷了”表示警告。成人吵架，也用“雷公啸”斥责对方。

西鸭公 sɿ^{35}o^{33}kã^{55} 嗓子沙哑的人。平话的“西鸭”和“嘶哑”同音。

黄眼狗 xiẽ^{24}lie^{55}kəu^{33} 见人就叫，不分生人和熟人的狗。借指不分好歹、恩将仇报的人。

量倒虾公没血出 liẽ^{21}tie^{33}xo^{22}kã^{55}mə^{33}fei^{213}suɛ^{213} 人们认为虾子体内没有血，“量倒虾公没血出”本意是料定虾子不会出血，借指料定某些人成不了某种事情。如:“子那样子，考得大学起，我量倒虾公没血出。”意思是料定他考不上大学。

打狗归 ta^{33}kəu^{33}kuɛ^{35} 沿途行乞回来。

浸酸萝卜 tç^{h}ɛ^{21}çyẽ^{35}lə^{33}pə^{55} 复读。“浸”是浸泡的意思。坛子里的萝卜，越浸泡越酸。

① 年 [lã^{55}] 读音讹化成 [lə^{55}]。下一词条同。

如“子浸酸萝卜直个一直浸起去了”。“浸酸萝卜”是贬义的，也可以用于自嘲，如“我浸了一年酸萝卜才考起大学的我复读了一年才考上大学的”。

驮把姜 tə³³po⁵⁵tɕiẽ³⁵ 拿一把生姜。姜像手，“驮把姜”意思是手空着。喻指空手而来，贬义。宁远走人家要带礼物，如果走人家没有带礼物，就说“驮把姜”。

起早火 sɿ³³tɕie³³fu³³ 早晨生火。人们认为早起是吉利的。所以，家里第一个起来的人，首先要做的事就是生火。

眼睛鬼崽崽浅 lie⁵⁵tɕio⁵⁵kuɛ³³tsə³³tsə³³tsʰã³³ 羡慕，希望得到。浓缩为“眼浅[lie⁵⁵tsʰã³³]”。常常用在小孩身上，如，小孩嘴馋，看见别人买了好吃的东西，就主动凑过去，人们就骂他“眼睛鬼崽崽浅”。

半路亲 piẽ⁵⁵lɔ²¹tɕʰiã³⁵ 二婚。过去习俗，娶二婚的女性，只能在半路上接亲。

着布衣 tsə²¹³pu⁵⁵a⁵⁵ 戴孝，穿麻衣。

卝矮子 tɕʰio²¹a³³lə³³ 从胯下经过或者从上面晾有裤子的地方经过。人们认为“卝矮子”后的小孩会长得慢，甚至不能长高。人们认为，成人“卝矮子”，尤其是从上面晾女性短裤的地方经过，会带来不好的运气。所以，在下面可以行人的地方晾衣服会受到指责。

食头子 ʅ²¹tʰəu²⁴lə³³ 吃鱼时首先吃鱼头。“头子”指头，也指生意人的本钱。生意人忌讳吃鱼从头开始外，也忌讳吃鸡头、鸭头。

割棕 kə²¹³tɕiã³⁵ 从棕树上割下棕丝。棕是棕叶柄底部的丝状物，可以用来编制棕垫、蓑衣、绳子等。割棕被认为是割棕树的皮，是很残忍的事，所以，从初长成的棕树上第一次割棕，割棕的人要给棕树下跪磕头。

干瘟神 kiẽ⁵⁵vã³⁵sã⁵⁵ 做毫无意义的事。过去，当地人遇到逆境，容易想到鬼神作祟，并常常找鬼婆（据说可以通灵的人）求助，称为“问神”“干□[xiẽ²⁴]”。后来人们逐渐认识到这是没有意义的事。所以“干瘟神”“干□[xiẽ²⁴]”就被用来指称做了没有意义的事情。

介卦 ka⁵⁵ko⁵⁵ 传授秘诀，介绍真谛。据说有法术的人向徒弟传授秘诀，有一个关键的环境，即将画符的一碗水给徒弟喝，称为介卦。后来，“介卦”就具备了“介绍真谛”的意义。民间也用吃了某人“吐个的口水”，形象地说明得到了真传。

第五章　分类词表

说明

1. 本章收录宁远平话的词汇。第一节收录根据《中国语言资源调查手册·汉语方言》调查的词语，词语分类和排列均与该手册一致，手册中有、方言无的词语不列；同一条目有不同说法的，分别列出。为了便于读者与其他方言比较，方言说法相同的不同条目，分别列出。共收14类，均附音频。音频目录与《中国语言资源调查手册·汉语方言》词汇条目一致。（本方言不说的除外；同义词共用一个音频条目）

2. 第二节收录不见于《中国语言资源调查手册·汉语方言》的其他词语。词语的分类和排列参照《汉语方言词语调查条目表》(《方言》2003年第1期)。有些名词，特别是有容量的器具等名词，一般兼做量词，为节约篇幅，仅举例，不做特别说明。同一词语，如果可以分别归为前后不同类别的，一般在前一个类别中出现。同形词，分列在所属的类别中，如“马”，既可以指牲口的马，也可以指木匠的架子。“马”分别列在“动物”和“器具、用品”中。个别词语由相关的词带出，没有按照其本身属于的类别归类，如“扫地”，可以放在“动作”里，本书考虑其与“扫把”关系密切，就由“扫把”一词带出，并与之一起归在“农业”一类。一词多义，义项之间以分号隔开。

3. 本章词条，先出方言词，随后标音。标注的读音为老派读音。需要解释时，在音标后给出普通话解释。需要举例时，解释后用冒号带出例句。

4. 词中记录实际读音。由于多种原因，宁远平话很多词语的读音已经讹化，本文按照实际读音标注，很明显的讹化音，不列在同音字汇中。暂时找不到本字的以方框代替。

5. 一些常见的事物，平话的表达已经失传；日常生活中常用的新词，平话没有相应的词来表达，都借用官话音表达。这样的词语，本表不作为平话词收入。

6. 凡第四章收录的词语，前加“*”，一般只写词条和音标，不再做说明或者解释。

第一节

《中国语言资源调查手册 · 汉语方言》

一　天文地理	六　服饰饮食	十一　动作行为
二　时间方位	七　身体医疗	十二　性质状态
三　植物	八　婚丧信仰	十三　数量
四　动物	九　人品称谓	十四　代副介连词
五　房舍器具	十　农工百艺	

一　天文地理

日头 li^{21}t^{h}əu^{33} 太阳

月亮 vẽ^{21}liẽ^{33}

星子 ɕio^{35}lə^{33} 星星

云 yã^{24}

风 fiã^{35}

台风 t^{h}ia^{24}fiã^{55}

龙打水 liẽ^{24}ta^{33}suɛ^{33} 闪电

雷 lə^{24}

雨 vu^{55}

落雨 lə^{21}vu^{55} 下雨

浞 ts^{h}ua^{55} 淋

晒 sa^{55} 太阳光强

雪 suei^{213}

构子 kəu^{213}lə^{33} 冰

雹子 p^{h}iəu^{21}lə^{21} 冰雹

霜 sẽ^{35}

　霜婆 sẽ^{35}pu^{55}

雾子 vu^{21}lə^{21} 雾

露水 lɔ^{213}suɛ^{33} 露

虹 kiẽ^{55}

天狗食日头 t^{h}ã^{35}kəu^{33}ɿ^{21}li^{21}t^{h}əu^{33} 日食

天狗食月亮 t^{h}ã^{35}kəu^{33}ɿ^{21}vẽ^{21}liẽ^{33} 月食

天气 t^{h}ã^{35}ts^{h}ɿ^{55}

晴 tɕ^{h}io^{24}

阴 t^{h}ã^{55}

天干 t^{h}ã^{35}kiẽ^{35} 天旱

天亮 t^{h}ã^{35}liẽ^{21}

田 t^{h}ã^{24} 可以储水，一般用来种植水稻的耕地

地 t^{h}ɛ^{21} 旱地

垦头 iã^{24}t^{h}əu^{55} 田埂

　垦头高头 iã^{24}t^{h}əu^{55}ke^{35}t^{h}əu^{55}

路 lɔ^{213}

岭 lio^{55}

　山 ɕie^{35}

累冲 lɛ^{55}ts^{h}ẽ^{55} ①山谷；②溪

河 xa^{35} 水流较大的河

累冲水 lɛ^{55}ts^{h}ẽ^{55}suɛ^{33} 山间的溪水

沟 kəu^{35} 较小的水道

池塘 ts^{h}ɿ^{21}tẽ^{55}

　塘 t^{h}ẽ^{24}

　池子 ts^{h}ɿ^{24}lə^{33}

水氹牯 suɛ^{33}t^{h}iã^{55}kɔ^{33} 水坑儿

洪水 xiẽ^{24}suɛ^{33}

浸 ts^{h}ɛ^{21} 淹、浸

河公坪子 xa^{35}kã^{55}p^{h}io^{24}lə^{33} 河岸

□pa^{35} 坝

穴牯 fa^{11}kɔ^{33} 小的窟窿

裂缝 lia^{213}fiã^{21} 缝儿

石头 so^{21}t^{h}əu^{33}

　石磙 so^{21}kuã^{33}

　*马路牯 mo^{55}lə^{21}kuã^{33}（“路”语音讹化）

土 t^{h}ɔ^{33}

泥巴巴 li^{24}pa^{33}pa^{33} 泥巴

水泥 suɛ^{33}li^{33}

沙子 so^{35}lə^{33}

砖 tsuã^{35}

瓦 o^{55}

煤 mə^{24}

煤油 mə^{24}iəu^{33}

炭 t^{h}ie^{55} 木炭

灰 fə^{35}

灰尘 fə^{22}ts^{h}ã^{55}

火 fu^{33}

烟子 liẽ^{35}lə^{33} 烧火形成的烟

起火 sɿ^{33}fu^{33} 失火

水 suɛ^{33}

冷水 lio^{55}suɛ^{33} 生水

爦水 lɔ^{213}suɛ^{33} 热水：洗脸个～

滚水 kuã^{33}suɛ^{33} 开水

□铁 lio^{11}t^{h}i^{33} 磁铁

二　时间方位

时候 sɿ^{24}xəu^{33}

哪东时候 lə^{21}tiã^{33}sɿ^{24}xəu^{33} 什么时候

□哩 kə^{55}lə^{33} 现在

那刻 la^{55}k^{h}e^{33} 以前

　以前 ɿ^{55}ts^{h}ã^{24}

以后 ɿ^{55}xəu^{55} 十年～

一世人 ɿ^{33}sɿ^{55}ŋ^{33} 一辈子

□年 tsɿ^{22}lã^{55} 今年

　□年子 tsɿ^{22}lã^{55}tə^{33}

□年 liã^{21}lã^{55} 明年

　□年子 liã^{21}lã^{55}tə^{33}

后年 xəu^{55}lã^{55}

　后年子 xəu^{55}lã^{55}tə^{33}

旧年 tɕ^{h}iəu^{21}lã^{55} 去年

　旧年子 tɕ^{h}iəu^{21}lã^{55}tə^{33}

前年 ts^{h}ã^{22}lã^{55}

　前年子 ts^{h}ã^{22}lã^{55}tə^{33}

前几年 ts^{h}ã^{24}tsɿ^{33}lã^{35} 过去的几年

一年起搞ɿ^{33}lã^{35}sɿ^{33}ke^{33}年初

　　新年ɕiã^{35}lã^{55}

一年煞角ɿ^{33}lã^{35}sa^{21}ke^{213}年底

即工tɕia^{11}kã^{55}今天

　　即工子tɕia^{11}kã^{55}tə^{33}

□工t^{h}ɛ^{35}kã^{55}明天

　　□工子t^{h}ɛ^{35}kã^{55}tə^{33}

下晡工xo^{55}pu^{33}kã^{55}后天

□晡工ɕie^{21}pu^{33}kã^{55}大后天

昨工ts^{h}o^{21}kã^{55}昨天

　　昨工子ts^{h}o^{21}kã^{55}tə^{33}

前晡工ts^{h}ã^{24}pu^{55}kã^{55}前天

先前晡工sã^{35}ts^{h}ã^{24}pu^{55}kã^{55}大前天

一工扎实个ɿ^{33}kã^{35}tsa^{213}sɿ^{21}kə^{21}整天

工□工kã^{35}ta^{55}kã^{35}每天

　　样工子iẽ^{21}kã^{55}tə^{33}

早□tɕie^{33}ma^{33} ①早晨；②早餐

上头sẽ^{21}t^{h}əu^{21}上午

昼食边təu^{55}ɿ^{33}pã^{55}中午

昼食təu^{55}ɿ^{33} ①中午；②中餐

晚下mie^{55}xo^{33}下午

煞黑sa^{21}xə^{213}天快黑了的时候

□子p^{h}iã^{21}lə^{21}白天

夜地lio^{21}t^{h}ɛ^{21}夜晚

半夜piẽ^{55}io^{21}

正月tso^{35}vei^{21}

*大年初一t^{h}o^{21}lã^{33}ts^{h}ɔ^{35}ɿ^{213}

正月常tso^{35}vei^{21}sã^{21}元宵节

清明tɕ^{h}io^{22}mi^{55}

　　清明节tɕ^{h}io^{22}mi^{55}tsɿ^{33}

端午tiẽ^{22}xo^{55}

*七月半ts^{h}ɛ^{213}vei^{21}piẽ^{55}

八月□pia^{213}vei^{21}sã^{21}中秋

冬至tiã^{35}tsɿ^{55}

十二月sɿ^{21}li^{21}vei^{21}

三十晡夜地so^{35}sɿ^{21}pu^{33}lio^{21}t^{h}ɛ^{21}除夕

历本lio^{21}piã^{33}历书

星期天ɕiẽ^{33}ts^{h}ɿ^{21}t^{h}ã^{35}

地方t^{h}ɛ^{21}fẽ^{33}

　　□牯t^{h}ɔ^{24}kɔ^{33}

哪东地方lə^{21}tiã^{35}t^{h}ɛ^{21}fẽ^{33}什么地方

　　哪东□牯lə^{21}tiã^{35}t^{h}ɔ^{24}kɔ^{33}

屋腹ɔ^{11}pu^{33} ①家里；②家乡

城腹so^{24}pu^{33}城里

乡里ɕiẽ^{35}la^{55}乡下

上面sẽ^{21}mã^{21}走～滚下来

　　高头ke^{35}t^{h}əu^{55}

下面xo^{55}mã^{21}从～爬上去

　　底下ti^{33}xo^{21}

左半牯tsə^{55}piẽ^{55}kɔ^{33}左边

　　左手面tsə^{55}səu^{33}mã^{21}

右半牯iəu^{21}piẽ^{55}kɔ^{33}右边

　　右手面iəu^{21}səu^{33}mã^{21}

中心tɕiẽ^{35}ɕiã^{55} ①中间；②中心

前头ts^{h}ã^{24}t^{h}əu^{55}前面：排队排到～

背底pə^{55}ti^{33}后面：排队排到～

*尾公ma^{55}kã^{55}

对门对牯to^{55}miã^{33}to^{55}kɔ^{33}对面

前头ts^{h}ã^{24}t^{h}əu^{55}面前

背底pə^{55}ti^{33}背后

腹□pu^{213}tɕiã^{33}里面：躲到～

门下miã^{24}xo^{55}外面

边际piã^{35}tsɿ^{55}旁边，边

　　边皮piã^{35}p^{h}a^{55}

高头kie^{35}t^{h}əu^{55}上：碗于枱子～

底下ti^{33}xo^{21}下：凳于枱子～

角牯tɕiəu^{213}kɔ^{33}角儿：枱子～

上去sẽ^{55}xo^{21}

下来xo^{55}la^{33}

进去ŋ^{21}xo^{55}

出来suɛ^{213}la^{33}

出去suɛ^{213}xɔ^{33}

归来kuɛ^{22}la^{55}回来

起来sɿ^{33}la^{33}

三　植物

树子ɕie^{21}lə^{21}树

木瘩牯mɔ^{21}ta^{55}kɔ^{33}木头

松树tɕ^{h}yã^{24}ɕie^{21}

柏料树p^{h}o^{21}li^{21}ɕie^{21}柏树

杉树so^{35}ɕie^{21}

杨柳树iẽ^{24}liəu^{55}ɕie^{21}柳树

竹子tsəu^{21}tə^{33}

笋子ɕyã^{33}tə^{33}竹笋

叶子皮ɿ^{21}lə^{21}p^{h}a^{33}叶子

花xo^{35}

花苞苞xo^{35}piəu^{35}piəu^{55}花蕾

梅花mə^{21}xo^{55}

草tɕ^{h}ie^{33}

藤t^{h}iã^{24}

䓖lə^{21}植物上的刺

桃子t^{h}ie^{24}lə^{33}

梨子lɛ^{24}lə^{33}梨

李子lɛ^{55}lə^{21}

柑子kiẽ^{35}tsɿ^{33}橘子

□子kuɛ^{213}lə^{33}柚子

柿子sɿ^{55}lə^{21}

石榴so^{21}liəu^{33}

枣栗tɕie^{33}lɛ^{21}枣

板栗pie^{33}lɛ^{21}栗子

□子mẽ^{55}lə^{21}甘蔗

菌子tɕ^{h}yã^{55}lə^{21}蘑菇

禾vu^{24}稻，指植物

谷子kɔ^{213}lə^{33}稻谷，指籽实

金禾草tɕiã^{35}vu^{55}tɕ^{h}ie^{33}稻草

麦子mo^{21}tə^{21}

　四月麦sɛ^{55}vei^{21}mo^{21}

高粱ke^{22}liẽ^{55}

玉米y^{24}mi^{55}

棉花mã^{24}xo^{55}

油菜iəu^{24}tɕ^{h}ia^{55}

麻子mo^{24}tə^{33}芝麻

蚕豆ts^{h}ã^{21}təu^{33}

冬豆tiã^{35}t^{h}əu^{21}豌豆

黄豆子xiẽ^{24}t^{h}əu^{21}lə^{21}黄豆

绿豆lie^{21}t^{h}əu^{21}

豆公t^{h}əu^{21}kã^{55}豆角

白菜p^{h}o^{21}tɕ^{h}ia^{55}卷心菜

菠菜po^{33}tɕ^{h}ia^{55}

韭菜tɕiəu^{33}tɕ^{h}ia^{55}

葱tɕ^{h}iã^{35}

蒜ɕyẽ^{55}

姜tɕiẽ^{35}

洋葱iẽ^{24}tɕ^{h}iã^{55}

辣椒la^{21}tsɿ^{55}

茄子tɕ^{h}ie^{24}lə^{33}

萝卜lə^{24}pə^{55}

胡萝卜fu^{24}lə^{33}pə^{55}

黄瓜 xiẽ^{21}ko^{55}

丝瓜 sɿ^{22}ko^{55}

北瓜 pə^{11}ko^{33} 南瓜

麻茨 mo^{21}tsʰã^{55} 荸荠

红薯 xã^{24}ɕie^{21}

四　动物

老虎 lie^{55}xɔ^{21}

猴子 xəu^{24}lə^{33}

蛇 so^{24}

老鼠 lie^{55}ɕie^{21}

檐老鼠 iẽ^{24}lie^{55}ɕie^{21} 蝙蝠

鸟子 ti^{33}tə^{33} 鸟儿，统称

□夹 tsʰɿ^{21}ka^{33} 翅膀

爪子 tsɔ^{33}lə^{33}

*尾公 ma^{55}kã^{55}

簇子 tʰəu^{55}lə^{21} 窝

□婆 liã^{24}pu^{55} 虫子，统称

洋杆咩咩 iẽ^{24}kã^{55}mie^{33}mie^{33} 蜻蜓，统称

蜜蜂 mã^{21}pʰiã^{55}

蜜糖 mã^{21}tʰẽ^{33} 蜂蜜

叽叽哟 tsɿ^{55}tsɿ^{55}io^{33} 知了，统称

蚂蚁崽崽 ma^{55}li^{21}tsə^{33}tsə^{33} 蚂蚁

蛲婆 ɕiẽ^{33}pu^{55} 蚯蚓

　蛲公 ɕiẽ^{33}kã^{55}

蚕丝□婆 tsʰẽ^{24}sɿ^{35}liã^{24}pu^{55} 蚕

波丝螳螳 po^{33}sɿ^{33}tã^{21}tã^{21} 蜘蛛，会结网的

蚊子 miã^{55}lə^{21} 苍蝇，统称，尤指饭蚊子

蛆头蚊 tɕʰie^{22}tʰəu^{55}miã^{55} 绿头苍蝇

狗蚤 kəu^{33}tɕie^{55} 跳蚤，咬人的

虱婆 sa^{11}pu^{55} 虱子

鱼 ŋɔ^{24}

鲤鱼 lã^{55}ŋɔ^{33}

斧头鱼 pu^{213}tʰəu^{33}ŋɔ^{24} 鳙鱼

鲫鱼 tsɿ^{11}ŋɔ^{33}

鳖 pi^{213} 甲鱼

鳞甲 lã^{24}ŋo^{33}

虾公 xo^{22}kã^{55} 虾，统称

□□ mio^{24}kua^{33} 青蛙，统称

癞子□□ lia^{21}lə^{21}mio^{24}kua^{33} 癞蛤蟆

马 mo^{55}

骡子 lə^{24}tə^{33} 骡

牛 ŋəu^{24}

牛公 ŋəu^{24}kã^{55} 公牛

牛婆 ŋəu^{24}pu^{55} 母牛

放牛 pẽ^{55}ŋəu^{24}

　盯牛 tio^{213}ŋəu^{24}

羊 iẽ^{24}

猪 tɕie^{35}

猪楼公 tɕie^{35}ləu^{55}kã^{21} 种猪

猪公 tɕie^{35}kã^{55} 公猪

猪婆 tɕie^{35}pu^{55} 母猪

猪崽崽 tɕie^{35}tsə^{33}tsə^{33} 猪崽

猪楼 tɕie^{35}ləu^{55} 猪圈

养猪 iẽ^{55}tɕie^{35}

猫崽 mɔ^{33}tsɛ^{55} 猫的统称

猫崽公 mɔ^{33}tsɛ^{55}kã^{35} 公猫

猫崽婆 mɔ^{33}tsɛ^{55}pʰu^{24} 母猫

狗 kəu^{33}

狗公 kəu^{33}kã^{55} 公狗

狗婆 kəu^{33}pʰu^{33} 母狗

*啸 ɕiəu^{213}

兔子 tʰɔ^{55}tə^{21}

鸡 tsɿ^{35}

鸡公 tsɿ^{35}kã^{55} 公鸡

鸡婆 tsɿ^{35}pu^{55} 下过蛋的母鸡

啸 ɕiəu^{213} 叫：鸡公～

生（□□）ɕie^{35}（k^{h}a^{21}k^{h}a^{21}）下（蛋）

菢 p^{h}ie^{21} 孵

鸭 o^{213}

鹅 ŋe^{24}

劁猪 tsɿ^{35}tɕie^{35} 阉母猪

阉猪 liẽ^{35}tɕie^{35} 阉公猪

阉 liẽ^{35} ～鸡

喂 vɛ^{55} ～猪

杀猪 sa^{213}tɕie^{35}

□鱼 ka^{55}ŋɔ^{24} 杀鱼

五　房舍器具

*围楼 vɛ^{21}ləu^{55}

弄牯 liã^{21}kɔ^{33} 胡同，统称

街 ka^{35}

起屋 sɿ^{33}ɔ^{213} 盖房子

屋 ɔ^{213} 房子，整座的，不包括院子

屋腹 ɔ^{21}pu^{33} ①家里；②屋子里

房屋 xiẽ^{24}ɔ^{33} 卧室

间子 ke^{55}lə^{21} ①卧室；②房间

茅草屋 miəu^{24}tɕ^{h}ie^{33}ɔ^{213} 茅屋

火炉腹 fu^{33}lɔ^{55}pu^{33} 厨房

灶 tɕie^{55}

炆铛铛 vã^{21}tɕ^{h}ie^{55}tɕ^{h}ie^{35} 锅子，统称

炆铛 vã^{21}tɕ^{h}ie^{55} 烧水煮饭的锅子

*铛 tɕ^{h}ie^{55}

屎坑 sɿ^{33}k^{h}e^{55} 厕所

桁子树 xie^{24}lə^{33}ɕie^{21} 房屋结构中承载椽条的木头

柱头 ts^{h}ɔ^{55}t^{h}əu^{33} 柱子

大门 t^{h}o^{21}miã^{33} 入户门

门槛 miã^{24}tɕ^{h}ie^{55}

*阶 kə^{35}

扫把 ɕie^{55}po^{33}

扫地 ɕie^{55}t^{h}ɛ^{21}

龌龊 vu^{11}ts^{h}əu^{33} 垃圾

家什 ko^{35}sɿ^{21} 家产，家具

物什 va^{21}sɿ^{33} 东西，物件

床 ts^{h}ẽ^{24}

头□ t^{h}əu^{24}k^{h}uã^{21} 枕头

被 p^{h}a^{55} 被子

被絮 p^{h}a^{55}ɕie^{21} 棉絮

毯子 t^{h}o^{33}tə^{33}

垫被絮 t^{h}ã^{21}p^{h}a^{55}ɕie^{21} 褥子

　垫被 t^{h}ã^{21}p^{h}a^{55}

席子 tɕ^{h}io^{21}lə^{21}

帐子 tsẽ^{55}lə^{21} 蚊帐

枱子 t^{h}ia^{24}lə^{33} 桌子

柜 k^{h}uɛ^{21} 柜子：一～书

枱子箱子 t^{h}ia^{24}lə^{33}ɕiẽ^{35}tə^{33} 抽屉

交椅凳 tɕiəu^{35}ʅ^{21}tiã^{55} 椅子

凳 tiã^{55} 凳子

菜刀 tɕia^{55}tie^{55}

缸□ kiẽ^{35}mẽ^{55} 缸

□子 k^{h}ə^{213}lə^{33} 坛子：一～酒

瓶子 p^{h}io^{24}lə^{33} 一～醋

盖盖 kə^{55}kə^{55} 盖子：杯子的～

　盖子 kə^{55}lə^{33}

碗 yẽ^{33}

*箸 ts^{h}ɔ^{21}

*樵 ts^{h}ʅ^{24}

锁 sə^{33}

锁锁 sə^{33}sə^{33} 钥匙

面盆 mã^{21}pʰiã^{33} 脸盆

　洗面盆 sɿ^{33}mã^{21}pʰiã^{33}

洗面水 sɿ^{33}mã^{21}suɛ^{33}

帕子 pʰo^{55}lə^{21} 毛巾

手巾帕 səu^{33}tɕiã^{55}pʰo^{55} 手绢

梳 sɔ^{35} 梳子

剪刀 tsã^{33}tie^{55}

蜡烛 lo^{21}tɕie^{55}

伞 ɕie^{33}

单车 tie^{22}tsʰo^{55} 自行车

六　服饰饮食

衣 a^{35} 衣服

*着 tsə^{213}

解 ka^{33} 脱，解开：～衣

捆 kʰa^{213} 系：～鞋子带子

背褡衣 pə^{55}to^{33}a^{35} 背心

　背褡 pə^{55}to^{33}

棉衣 mã^{24}a^{55}

　隔衣 ko^{213}a^{55}

衣袖 a^{35}tɕʰio^{21} 袖子

衣袋牯 a^{35}tʰia^{213}kɔ^{33} 衣服口袋

*裤 kuã^{35}

半截裤 piẽ^{55}tsɿ^{33}kuã^{35} 短裤

裤足 kuã^{35}tɕie^{33} 裤腿

帽子 mie^{21}lə^{21} 统称

鞋子 xa^{24}lə^{33}

水袜 suɛ^{33}miã^{21} 袜子

围裙 vɛ^{24}tɕyã^{33}

垫屎帕 tʰã^{21}sɿ^{33}pʰo^{55} 尿布

□头 kʰuɛ^{55}tʰəu^{33} 扣子

□ kʰuɛ^{55} 扣

戒指 ka^{55}tsɿ^{33}

手圈 səu^{33}kʰua^{55} 手镯

剃毛毛 tʰi^{35}mie^{33}mie^{33} 理发

　剃脑牯 tʰi^{35}lie^{33}kɔ^{33}

梳毛毛 sɔ^{35}mie^{33}mie^{33} 梳头发

　梳脑牯 sɔ^{35}lie^{33}kɔ^{33}

□ ma^{24} 米饭

粥□ tsəu^{11}ma^{33} 稀饭，用米熬的

面灰 mã^{21}fə^{55} 麦子磨的粉

面 mã^{21} 面条

包子 piəu^{35}lə^{33}

馅心 xiẽ^{21}ɕiã^{55} 馅儿

豆浆 tʰəu^{21}tɕiẽ^{55}

豆腐脑髓①tʰəu^{21}fu^{21}lie^{33}ɕiã^{33} 豆腐脑

□子□ iẽ^{24}tsɿ^{33}tsʰa^{21} 三角形的粽子

点心 tã^{33}ɕiã^{55}

菜 tɕʰia^{55}

豆腐 tʰəu^{21}fu^{21}

猪血 tɕie^{35}fei^{33}

猪爪子 tɕie^{35}tsɔ^{33}lə^{33} 猪蹄子

猪脷头 tɕie^{35}li^{21}tʰəu^{33} 猪舌头

猪肝花 tɕie^{35}kiẽ^{35}xo^{55} 猪肝

□碎 lɔ^{24}suei^{55} 猪的内脏

鸡□□ tsɿ^{35}kʰa^{21}kʰa^{21} 鸡蛋

板油 pie^{33}iəu^{33} 猪油

香油 ɕiẽ^{35}iəu^{33}

---

① “髓”，音频材料中读为 [fiã^{33}]，但大多数人读为 [ɕyã^{33}]。

酱油 tɕiẽ^{55}iəu^{33}

盐 liẽ^{24}

醋 ts^{h}ɔ^{55}

烟 liẽ^{35} 香烟，统称

纸烟 tsɿ^{33}liẽ^{55}

旱烟 xiẽ^{21}liẽ^{55}

白酒 p^{h}o^{21}tɕiəu^{33}

黄酒 xiẽ^{24}tɕiəu^{33}

糊酿 fu^{21}liẽ^{55} 糯米酒的酒汁

茶叶 ts^{h}o^{24}ɿ^{21}

泡 piəu^{55} 沏：～茶

煮□ tɕie^{33}ma^{24} 做饭菜

炒青菜 ts^{h}ə^{33}tɕ^{h}io^{35}tɕ^{h}ia^{55} 炒菜

煲 pie^{35}

□ t^{h}ia^{213} 煎

炸 ts^{h}a^{21} ～油条

蒸 tsã^{35} ～鱼

□ xəu^{21} 揉：～面做馒头

食早□ ɿ^{21}tɕie^{33}ma^{33} 吃早饭

食昼食 ɿ^{21}təu^{55}ɿ^{33} 吃午饭

食夜地 ɿ^{21}lio^{21}t^{h}ɛ^{21} 吃晚饭

食 ɿ^{21} 吃：～菜

□ suɛ^{213} 喝：～酒

□ suɛ^{213} 喝：～茶

食 ɿ^{21} 抽：～烟

盛 so^{24} ～菜

夹 ka^{213} 用箸～

斟 ts^{h}ã^{21} ～酒

颈干 tɕio^{33}kiẽ^{35} 口渴

口干 xəu^{33}kiẽ^{35}

干 kiẽ^{35}

饿 ə^{21}

哽 kã^{35} 噎

七　身体医疗

脑牯 lie^{33}kɔ^{33} 头，头脑

* 毛毛 mie^{33}mie^{33}

辫子 piã^{35}tə^{33}

□ ts^{h}uã^{21} 头旋

□子 ts^{h}uã^{21}lə^{21}

额子头 ə^{21}tsɿ^{33}t^{h}əu^{21} 额头

相貌 ɕiẽ^{55}mɔ^{33}

* 面 mã^{21}

眼睛 lie^{55}tɕio^{55}

眼睛鬼崽崽 lie^{55}tɕio^{55}kuɛ^{33}tsə^{33}tsə^{33} 眼珠

眼泪水 lie^{55}lə^{21}suɛ^{33} 眼泪

眉毛 mɛ^{24}mie^{33}

耳夹 lie^{55}ka^{33} 耳朵

鼻头 p^{h}ɛ^{21}t^{h}əu^{33} 鼻子

鼻鼻 p^{h}ɛ^{21}p^{h}ɛ^{21} 鼻涕

□ pa^{213} 擤：～鼻涕

擤 ɕyã^{55}

□夹 tɕie^{55}ka^{33} 嘴巴

□皮 tɕie^{55}p^{h}a^{33} 嘴唇

口水 xəu^{33}suɛ^{33} 唾沫

脷头 li^{21}t^{h}əu^{33} 舌头

牙齿 ŋo^{24}ts^{h}ɿ^{21}

下□皮 xo^{55}tɕie^{55}p^{h}a^{33} 下巴

胡子 vu^{24}lə^{33}

颈骨 tɕio^{33}kua^{33} 脖子

喉咙 xəu^{24}liã^{55}

膀头 pə^{213}t^{h}əu^{33} 肩膀

手 səu^{33} 胳膊，也包括手

手 səu^{33} 手，包括臂

左手 tsə^{55}səu^{33} 左手，包括左臂

右手 iəu^{21}səu^{33} 右手，包括右臂

拳牯 k^{h}uã^{24}kɔ^{33} 拳头

手崽崽 səu^{33}tsə^{33}tsə^{33} 手指

大手娘 t^{h}o^{21}səu^{33}liẽ^{33} 拇指

啄手娘 tsua^{11}səu^{33}liẽ^{33} 食指

　鸡公手崽崽 tsɿ^{22}kã^{55}səu^{33}tsə^{33}tsə^{33}

中心手崽崽 tɕiẽ^{35}ɕiã^{55}səu^{33}tsə^{33}tsə^{33} 中指

小手崽崽 sɿ^{55}səu^{33}tsə^{33}tsə^{33} 无名指

末鸟鸟 ma^{55}ti^{55}ti^{55} 小拇指

手甲 səu^{33}ko^{55} 指甲

足 tɕie^{213} 腿，包括大腿、小腿和脚

足 tɕie^{213} 脚，也包括大腿和小腿

鱼头骨 ŋɔ^{21}t^{h}əu^{55}kua^{33} 膝盖

背颈 pə^{55}tɕio^{33} 背，指部位

肚子 t^{h}ɔ^{55}lə^{21}

腹脐皮 pu^{213}tso^{55}p^{h}a^{33} 肚脐

奶奶 lɛ^{33}lɛ^{33} 乳房

□牯 sã^{33}kɔ^{33} 屁股

屎穴 sɿ^{33}fa^{33} 肛门

鸟鸟 ti^{33}ti^{33} 阴茎

屄 pi^{35} 女阴

肏 lə^{55} 交合

浆水 tɕiẽ^{35}suɛ^{33} 精液

来月经 la^{24}vei^{21}tɕiã^{33}

　做好事 tsə^{55}xe^{33}sɿ^{21}

屙屎 vu^{35}sɿ^{33}

屙尿 vu^{35}li^{21}

打屁 ta^{33}p^{h}ɛ^{55}

　放屁 pẽ^{55}p^{h}ɛ^{55}

得病 tə^{213}p^{h}io^{213} 生病

寒倒呱了 xiẽ^{24}tie^{33}kua^{33}lie^{21} 着凉

　受寒气 səu^{55}xiẽ^{24}ts^{h}ɿ^{55}

咳嗽 k^{h}ə^{213}səu^{55}

发爤 fia^{213}lɔ^{213} 发烧

发抖 fia^{213}təu^{33}

肚子□ t^{h}ɔ^{55}lə^{21}ts^{h}a^{21} 肚子疼

泻肚 ɕio^{55}t^{h}ɔ^{55}

　泻肚子 ɕio^{55}t^{h}ɔ^{55}lə^{21}

打摆子 ta^{33}pia^{33}tə^{33} 患疟疾

发痧 fia^{21}so^{35} 中暑

肿 tsã^{33}

灌积 kyẽ^{55}tsɿ^{213} 化脓

疤子 po^{35}lə^{33} 伤疤

癣 suã^{33}

痣 tsɿ^{55}

风瘩婆 fiã^{35}ta^{55}p^{h}o^{21} 蚊子咬后形成的疙瘩

狐骚□ vu^{24}ɕie^{55}ts^{h}ua^{24} 狐臭

盯病 tio^{213}p^{h}io^{21} 看医生

搭脉 xa^{35}mə^{21} 号脉

扎干针 tsa^{213}kiẽ^{35}tsã^{55} 针灸

打针 ta^{33}tsã^{35}

打吊针 ta^{33}ti^{55}tã^{55}

食药 ɿ^{21}ie^{21}

茶 ts^{h}o^{24} 汤药

好□了 xie^{33}tɛ^{55}lie^{21} 病轻了

八　婚丧信仰

做媒 tsə^{55}mə^{24} 说媒

媒人婆 mə^{24}ŋ^{33}p^{h}u^{33} 媒人

对面 to^{55}mã^{21} 相亲

订婚 t^{h}io^{21}fiã^{35}

嫁妆 ko^{55}tsẽ^{55}

结婚 tsɿ^{213}fiã^{35}

讨老客 t^{h}ie^{33}lie^{55}k^{h}o^{33} 娶妻子

　讨亲 t^{h}ie^{33}tɕ^{h}iã^{35}

出嫁 $sue^{213}ko^{55}$

新姑丈 $çiã^{35}kɔ^{55}ts^hẽ^{55}$ 新郎

新妇娘娘 $çiã^{35}fu^{33}liẽ^{33}liẽ^{33}$ 新娘子

大肚怪 $t^ho^{21}t^hɔ^{55}kua^{33}$ 孕妇

驮肚子 $t^hə^{24}t^hɔ^{55}lə^{21}$ 怀孕

嫌□ $çiẽ^{21}tçio^{33}$ 害喜，妊娠反应

下地 $xo^{55}t^hɛ^{21}$ 分娩

落胎 $lə^{21}t^hia^{35}$ 流产

双巴 $suã^{33}pa^{33}$ 双胞胎

坐月子 $ts^hə^{55}vei^{213}tə^{33}$

食奶奶 $ʅ^{21}lɛ^{33}lɛ^{33}$ 吃奶

隔奶奶 $ko^{213}lɛ^{33}lɛ^{33}$ 断奶

满月 $miẽ^{55}vei^{213}$

生日 $çie^{35}ŋ^{33}$

做生日 $tsə^{55}çie^{35}ŋ^{33}$ 做寿

死 $sɛ^{33}$

过呱了 $ku^{55}kua^{33}lie^{21}$ 死，婉称

寻短路 $t^hi^{21}tiẽ^{33}lɔ^{21}$ 自杀

断气 $t^hiẽ^{55}ts^hʅ^{55}$ 咽气

入殓 $ŋ^{21}lã^{21}$

*木头 $mɔ^{21}t^həu^{33}$

　*老屋 $lie^{55}ɔ^{33}$

出葬 $sue^{213}tsẽ^{55}$ 出殡

灵位 $lio^{24}vɛ^{21}$

　灵牌 $lio^{21}p^hia^{55}$

祖 $tsɔ^{33}$ 坟墓

钱纸 $ts^hã^{24}tsʅ^{33}$ 纸钱

天老爷 $t^hã^{35}lie^{55}io^{33}$ 老天爷

菩萨 $p^hu^{24}so^{21}$

观娘娘 $kyẽ^{35}liẽ^{33}liẽ^{33}$ 观音

*撑铛姑姑 $tç^hie^{35}tç^hie^{33}kɔ^{35}kɔ^{55}$

庙 mi^{21} 寺庙

祠堂 $ts^hʅ^{24}t^hẽ^{55}$

斋公 $tsa^{35}kã^{55}$ 和尚

　斋公脑牯 $tsa^{35}kã^{55}lie^{33}kɔ^{33}$

斋婆 $tsa^{35}pu^{55}$ 尼姑

□公皮子 $sa^{35}kã^{55}p^ha^{24}lə^{33}$ 做道场的人

盯八字 $tio^{213}pia^{213}ts^hʅ^{21}$ 算命

运气 $yã^{21}ts^hʅ^{55}$

保倒 $pie^{33}tie^{33}$ 保佑

九　人品称谓

人 $ŋ^{24}$ 一个～

男人家 $lo^{24}ŋ^{33}ko^{55}$ 男人，成年的，统称

女人 $lie^{55}ŋ^{33}$ 女人，三四十岁已婚的，统称

单身公 $tie^{22}çie^{55}kã^{21}$ 单身汉

老姑婆 $lie^{55}kɔ^{55}pu^{55}$ 老姑娘

毛奶崽崽 $mie^{24}lia^{55}tsə^{33}tsə^{33}$ 婴儿

徕头崽崽 $lia^{55}t^həu^{21}tsə^{33}tsə^{33}$ 小孩

儿子家 $lɔ^{24}tə^{33}ko^{55}$ 男孩

女子家 $lie^{55}tə^{21}ko^{55}$ 女孩

老人家 $lie^{55}ŋ^{33}ko^{55}$ 老人

亲戚 $tçiã^{35}ts^hʅ^{21}$

朋友 $p^hiã^{24}iəu^{55}$

隔壁邻舍 $ko^{213}pio^{213}lio^{24}çio^{55}$ 邻居，统称

客 k^ho^{213} 客人

　人客 $ŋ^{24}k^ho^{213}$

农夫 $lẽ^{24}fu^{33}$ 农民

做生意个 $tsə^{55}sçie^{35}ʅ^{55}kə^{21}$ 商人

做手艺个 $tsə^{55}səu^{33}li^{21}kə^{21}$ 手艺人，统称

砌匠 $ts^hʅ^{55}tç^hiẽ^{21}$ 泥水匠

木匠 $mɔ^{21}tç^hiẽ^{21}$

□衣个 $ye^{24}a^{35}kə^{33}$ 裁缝

剃毛毛个 $t^hi^{35}mie^{33}mie^{33}kə^{21}$ 理发师

　剃脑牯个 $t^hi^{35}lie^{33}kɔ^{33}kə^{21}$

*师傅sɿ^{35}fu^{33}

徒弟tʰɔ^{24}tʰi^{55}

讨吃牯tʰie^{33}ɿ^{21}kɔ^{33} 乞丐

码子婆mo^{55}tsɿ^{33}pʰu^{33} 婊子，妓女

痞子pʰi^{55}tsɿ^{33}

贼佬tsʰə^{21}lɔ^{55} 贼

　贼拐子tsʰə^{21}kya^{33}lə^{33}

瞎子xa^{213}lə^{33}

聋子liã^{24}lə^{33}

哑子o^{33}lə^{33} 哑巴

驼子tʰə^{33}lə^{33}

跰子pia^{35}lə^{33} 瘸子

癫子tã^{35}lə^{33} 疯子

蠢子tsʰuã^{33}tsɿ^{33}

呆货ŋa^{21}kʰəu^{55}

公公kã^{22}kã^{55} 爷爷

□□liã^{55}liã^{55} 奶奶

□公tə^{22}kã^{55} 外祖父

□婆tə^{22}pu^{55} 外祖母

娜娜爹爹ie^{33}ie^{33}tia^{33}tia^{33} 父母，合称，叙称

爹爹tia^{33}tia^{33} 父亲，叙称

娜娜ie^{33}ie^{33} 母亲，叙称

爹tia^{33} 爸爸，呼称

娜ie^{33} 妈妈，呼称

继父公子tsɿ^{55}fu^{33}kã^{35}lə^{33} 继父

后来老母xəu^{55}la^{33}lie^{55}mo^{33} 继母

岳哺公子və^{21}pʰu^{33}kã^{35}lə^{33} 岳父，叙称

岳哺老母və^{21}pʰu^{33}lie^{55}mo^{33} 岳母，叙称

公子kã^{35}lə^{33} 公公，叙称

老母lie^{55}mo^{33} 婆婆，叙称

伯伯po^{11}po^{33} 伯父

伯伯po^{11}po^{33} 伯母

满满mã^{55}mã^{55} 叔父

□满mie^{55}mã^{55} 排行最小的叔父

□□mẽ^{55}mẽ^{55} 叔母

姑姑kɔ^{35}kɔ^{55}

姑□kɔ^{35}iəu^{55} 姑父

舅舅tɕʰiəu^{55}tɕʰiəu^{21}

舅□tɕʰiəu^{55}mẽ^{21} 舅妈

□□iəu^{55}iəu^{55} 小姨

大大tʰo^{21}tʰo^{21} 大姨

姨丈爷ɿ^{24}tsʰẽ^{55}io^{33} 姨父

兄弟ɕio^{35}lia^{55}

姊妹tsa^{33}mə^{21} 姊妹，可以包括男性

哥哥ko^{33}ko^{33}

嫂嫂ɕie^{33}ɕie^{33}

*毛毛mie^{24}mie^{55}

弟伯嫂lia^{55}pə^{21}ɕie^{55} 弟媳，叙称

姊丈tsa^{33}tsʰẽ^{55} 姐夫

妹妹mə^{21}mə^{21}

幼妹兄iəu^{55}mə^{21}so^{55} 妹夫，叙称

兄嫂ɕio^{35}ɕie^{33} 妯娌

老姨lɔ^{55}ɿ^{21} 连襟，叙称

儿子lɔ^{24}tə^{33}

新妇ɕiã^{35}fu^{33} 儿媳妇

女子pɛ^{55}tə^{21} 女儿

姑丈kɔ^{35}tsʰẽ^{55} 女婿，叙称

孙子suã^{35}tə^{33}

□子sə^{213}tə^{33} 重孙子，儿子之孙

侄子tsə^{21}tə^{21}

外甥və^{21}ɕie^{33}

外孙və^{21}ɕie^{55}

两姑婆liẽ^{55}kɔ^{55}pu^{55} 两夫妻

男人lo^{24}ŋ^{33} 丈夫，叙称

老客 lie^{55}k^{h}o^{33} 妻子，叙称，非贬称

名字 mio^{24}ts^{h}ɿ^{21}

讳名 fiã^{55}mio^{33} 绰号

十　农工百艺

做事 tsə^{55}sɿ^{21} 干活

事情 sɿ^{21}tɕ^{h}iẽ^{21}

莳田 sɿ^{21}t^{h}ã^{24} 插秧

割禾 kə^{213}vu^{24} 割稻子

种青菜 tsã^{55}tɕ^{h}io^{22}ts^{h}a^{55} 种菜

犁 li^{24}

锄头 tɕie^{213}t^{h}əu^{33}

镰刀 lã^{24}tie^{55}

把把 po^{55}po^{55} 把儿：刀～

　把牯 po^{55}kɔ^{33}

扁子 pã^{33}lə^{33} 扁担

围篮 vɛ^{35}liã^{55} 箩筐

筛子 sa^{35}lə^{33}

畚箕 piã^{55}tsɿ^{55}

簸箕 pə^{55}tsɿ^{55} 用来簸米扬糠的圆盘形竹器

磙子 k^{h}ã^{21}lə^{21} 轮子

碓 tə^{55} 碓，整体

碓夯 tə^{55}xã^{33} 臼

磨石 mə^{21}so^{21} 石磨

年成 lã^{24}so^{55}

打工 ta^{33}kã^{35}

斧头 pu^{213}t^{h}əu^{33} 斧子

铗子 ka^{213}lə^{33} 钳子

螺螺刀 lə^{21}lə^{55}tie^{35} 螺丝刀

锤子 ts^{h}ua^{24}lə^{33}

钉子 tio^{35}tə^{33}

索子 sə^{213}lə^{33} 绳子

棍子 kuã^{33}lə^{33}

做买卖 tsə^{55}mia^{55}mia^{21}

　做生意 tsə^{55}ɕie^{35}ɿ^{55}

铺子 p^{h}u^{55}lə^{21} 商店，铺面

馆子 kyẽ^{33}lə^{33} 饭馆

伙铺 fu^{33}pu^{55} 旅馆

贵 kuɛ^{55}

□□ p^{h}ɛ^{21}liẽ^{55} 便宜

发得来 fia^{213}tə^{33}la^{24} 合算

亏本 kuɛ^{35}piã^{33}

钱 ts^{h}ã^{24}

零钱 lio^{24}ts^{h}ã^{33}

毫子 xɔ^{21}tsɿ^{33} 硬币

本钱 piã^{33}ts^{h}ã^{33}

工钱 kã^{35}ts^{h}ã^{33}

路费钱 lɔ^{21}fei^{55}ts^{h}ã^{33} 路费

　路费 lɔ^{21}fei^{55}

用 iã^{21} 花费：～钱

赚 tɕ^{h}y^{55} 卖：一斤能～一文钱

赚 tɕ^{h}y^{55} 挣：打工～了一千文花钱

　抓 tsɔ^{35} ～钱

欠 tɕ^{h}iẽ^{55} ～你三元钱

算盘 ɕyẽ^{55}p^{h}iẽ^{33}

秤 ts^{h}ã^{55}

称 ts^{h}ã^{35} 予杆秤～

赶闹子 kiẽ^{33}lɔ^{24}tsɿ^{55} 赶集

闹子上 lɔ^{24}tsɿ^{55}sẽ^{21} 集市

学堂 ɕio^{21}t^{h}ã^{21} 学校

上学 sẽ^{55}ɕiəu^{21}

放学 pẽ^{55}ɕiəu^{21}

考试 k^{h}e^{33}sɿ^{21}

书包 ɕie^{35}piəu^{55}

本子 piã^{33}lə^{33}

铅笔 yã^{24}pɛ^{33}

水笔 suɛ^{33}pɛ^{33} 钢笔

毛笔 mie^{24}pɛ^{33}

墨 mə^{21}

墨盘 mə^{21}pʰã^{21} 砚台

信 ɕiã^{55} 一封～

人崽崽书 ŋ^{24}tsə^{33}tsə^{33}ɕie^{35} 连环画

搭摸哒车 xa^{35}mo^{33}ta^{21}tɕʰie^{33} 捉迷藏

跳秋 tʰɛ^{55}tɕʰiəu^{35} 跳绳

球子钱 tɕʰiəu^{24}lə^{33}tsʰã^{24} 毽子

耍狮子 sua^{33}sɿ^{33}lə^{33} 舞狮

炮丈 pʰiəu^{55}tsʰẽ^{33} 鞭炮，统称

唱歌 tsʰẽ^{55}ku^{35}

唱戏 tsʰẽ^{55}sɿ^{55} 演戏

锣鼓 lə^{24}kɔ^{33}

拱拱形 kõ^{55}kõ^{55}ɕiẽ^{21} 二胡

笛子 tʰio^{21}tə^{21}

猜拳 tsʰa^{35}kʰuã^{24} 划拳

下棋 xo^{55}tsʰɿ^{24}

打麻将 ta^{33}mo^{21}tɕiẽ^{55}

耍把戏 sua^{33}po^{33}sɿ^{33} 变魔术

讲古话 tɕiã^{33}kɔ^{33}xo^{21} 讲故事

猜谜子 tsʰa^{35}ma^{213}tə^{33} 猜谜语

随席 tsʰuɛ^{24}tɕʰio^{21} 玩耍

走亲戚 tsəu^{33}tɕʰiã^{35}tsʰɿ^{21}

十一　动作行为

盯 tio^{213} 看：～电视

听 tʰio^{55}

闻 miã^{55}

□ tsuei^{213} 吸：～气

□ kʰya^{24} 睁：～眼

□ mɛ^{35} 闭：～眼

眨 tsa^{55}

□ ŋa^{24} 张：～开

　□ tsʰa^{55}

闭 pi^{55} ～倒□ [tɕie^{55}] 夹：闭嘴

　□ ma^{213}

　□ mi^{213}

咬 liəu^{55}

嚼 tɕʰiəu^{21}

哽 kã^{35} 咽

□ lio^{55} 舔

含 xiẽ^{24}

打啵 ta^{33}po^{55} 亲嘴

□ tsuei^{213} 吸

吐 tʰɔ^{55} ～骨头

吐 tʰɔ^{55} 呕吐

打□□ ta^{33}xɛ^{55}tɕʰiẽ^{21} 打喷嚏

驮 tə^{33} 拿：把苹果～过来

*予 ie^{35}

摸 miẽ^{35}

□ tsʰɿ^{55} 摛，伸：～手

　□ tsʰã^{55}

抠 kʰəu^{35} 挠：～痒痒

□ lia^{213} 用拇指和食指的指甲掐

□ liəu^{24} 拧：～螺丝

毂 tɕiəu^{213} ～毛巾

捏 la^{35} 捻，用拇指和食指来回捻

搬 pie^{35} 掰：把橘子～开，把馒头～开

　□ pa^{213}

剥 piəu^{213} ～皮子

撕 sɿ^{35}

□pa^{213}折：～断

□ya^{21}拔：～萝卜；扯开

摘tso^{213} ～花

徛tsɿ^{55}站，站立：～起来

□pʰiã^{21}倚，斜靠：～倒门高头

□tsəu^{35}蹲

坐tsʰə^{55}

跳tʰɛ^{55}

牛tɕʰio^{21}迈，跨过

□ləu^{21}踩

翘tɕʰiəu^{55} ～脚

　刁ti^{35}

弯yẽ^{35}

挺tʰio^{33} ～胸口：挺胸

伏pʰu^{213}趴：～起睡

□kʰo^{24}爬：于地底下～

　□kʰye^{24}

走tsəu^{33}

跳tʰɛ^{55}跑

逃tʰie^{24}

追tsuɛ^{35}

抓tsɔ^{35} ～贼佬：捉贼

□kye^{213}抱

背po^{35} ～徕头：背小孩

牵tɕʰiẽ^{35}搀～老人家

　扶fu^{24}

□sẽ^{33} ～汽车

　推tʰo^{35}

跌tʰie^{21}摔，跌：～倒

　砸tɕia^{213}

撞tsʰẽ^{21} ～到电杆树高头

挡tẽ^{33}你～倒呱我了，我盯不见

藏tsʰẽ^{24}躲藏：～倒床底下

藏tsʰẽ^{24}藏放：钱～倒柜腹

□pə^{213}放：碗～倒凳板高头

　放pẽ^{55}

堆to^{35}摞：予砖～起来

　□tʰo^{24}

　齐tsʰɿ^{24}

埋mia^{24} ～到地底下

盖kə^{55} ～倒

压o^{213}

□xie^{21}摁，用手指按：～图钉

捅tʰẽ^{55}予棍子～鸟崽簇子

插tsʰa^{213}予那香～到香里钵子腹

□to^{21}戳：～个穴牯

砍kʰiẽ^{33} ～树子

剁tɔ^{55} ～猪菜

削ɕiəu^{35} ～苹果

裂lia^{213}裂开：板子～开了

皱tsəu^{55}起皱：皮子～起呱了

霉mə^{35}腐烂

抹mo^{24}擦：～手

倒tie^{33}予碗腹个青菜～呱去

　空xã^{35}

□kʰuei^{21}扔，丢弃

□kʰuei^{21}投掷

跌tʰie^{21}掉落，坠落

　落lə^{21}

滴tʰie^{21}水～下来

□lo^{24}丢，丢失：锁锁～了

□tʰi^{21}找，寻找：锁锁～到呱了

捡tɕie^{213} ～到十文花钱

拎 liã^{35} 提：逮到那篮子～起来

挑 ɔ^{33} ～担子

背 po^{35} 扛

抬 t^{h}ia^{24} ～轿子

举 tɕy^{33} ～旗子

打 ta^{33} ～伞：撑伞

撬 tɕ^{h}iəu^{55} ～开门

选 suã^{33}

收捡 səu^{35}tɕie^{33} 收拾

　收领 səu^{35}lio^{55}

扎 tsa^{213} ～衣袖：挽袖子

□ lẽ^{33} 荡，涮：～杯子

洗 sɿ^{33} ～衣

捞 lɔ^{24} ～鱼

吊 ti^{55} 拴：～牛

捆 k^{h}a^{21}

解 ka^{33} ～索子：解绳子

磨 mə^{24} 挪：～枱子

捧 p^{h}iã^{33} 端：～碗

砸 tɕia^{213} 碗～烂：碗摔碎了

掺 ts^{h}ẽ^{21} ～水

烧 sɿ^{35} ～火

拆 ts^{h}o^{21} ～屋

转 ts^{h}uã^{21} ～圈

捶 ts^{h}ua^{24} 予拳头～

打 ta^{33} ～了我

打□□ ta^{33}sɿ^{55}p^{h}ɛ^{55} 打架：两个人在～

敨气 t^{h}əu^{33}ts^{h}ɿ^{55} 中途休息

打呵欠 ta^{33}xo^{33}ɕiẽ^{33} 打哈欠

打□□睏 ta^{33}k^{h}iẽ^{21}liẽ^{33}fã^{55} 打瞌睡

睏 fa^{55} 睡

　*寐 mã^{35}

扯鼻牯 ya^{21}p^{h}ɛ^{21}kɔ^{33} 打呼噜

得梦 tə^{213}miã^{21} 做梦

起床 sɿ^{33}ts^{h}ẽ^{24}

洗澡 sɿ^{33}tɕie^{55}

想 ɕiẽ^{33} 我～下

想 ɕiẽ^{33} ～子：想他

打算 ta^{33}ɕyẽ^{55} 我～开个铺子

记得 tsɿ^{55}tə^{33}

记莫得 tsɿ^{55}mə^{21}tə^{33} 忘记

*悚 ɕiã^{33}

信 ɕiã^{55} 我～你

愁倒愁倒 ts^{h}əu^{24}tie^{33}ts^{h}əu^{24}tie^{33} 发愁

小心 sɿ^{55}ɕiã^{55} 过马路～

所喜 so^{55}sɿ^{55} 喜欢：～看电视

烦 fie^{24} 讨厌：～这个人

难受 lie^{24}səu^{55} 难受，包括心理的和生理的

难过 lie^{24}ku^{55} 难过，包括心理的和生理的

欢喜 fiẽ^{35}sɿ^{33} 高兴

发火 fia^{213}fu^{33} 生气并发怒

怪□ kua^{55}fiəu^{33} 责怪

悔 fə^{55}

眼红 lie^{55}xã^{24} 忌妒

　眼浅 lie^{55}tɕ^{h}ã^{33}

　莫服气 mə^{21}fu^{21}ts^{h}ɿ^{55}

悚羞 ɕiã^{33}ts^{h}əu^{33} 恐羞

倒面 tie^{33}mã^{21} 丢脸

　□面皮 kuəi^{21}mã^{21}p^{h}a^{33}

欺负 ts^{h}ɿ^{35}fu^{33}

装 tsẽ^{35} ～病

□ ts^{h}a^{21} 疼爱：～徕头

□ iã^{21} 要：我～彼粒

有 xəu^{55} ～一个徕头

没得mə^{55}tə^{21}没有：子～徕头

是sɿ^{55}我～老师

莫是mə^{21}sɿ^{55}不是：子～老师

*于ie^{35}

莫于mə^{21}ie^{35}不在

知得tɛ^{35}tə^{33}知道：我～彼桩事

知莫得tɛ^{35}mə^{21}tə^{33}不知道：我～彼桩事

知得tɛ^{35}tə^{33}懂：我～英语

知莫得tɛ^{35}mə^{21}tə^{33}不懂：我～英语

知得tɛ^{35}tə^{33}会：我～开车

知莫得tɛ^{35}mə^{21}tə^{33}不会：我～开车

识得sɿ^{213}te^{33}认识：我～子

识莫得sɿ^{213}mə^{21}tə^{33}不认识：我～子

□得iã^{21}tə^{33}行，应答语

□莫得iã^{21}mə^{21}tə^{33}不行

肯xã^{33} ～来

该kə^{35} ～去

讲tɕiã^{33} ～话

话xo^{21}讲～

谈白t^{h}ã^{21}pə^{21}聊天

啸ɕiəu^{213}叫：～子一声

背起喉咙啸po^{35}sɿ^{33}xəu^{24}liã^{55}ɕiəu^{213}吆喝，大声喊

哭xɔ^{213}

*斥ts^{h}o^{35}

闹□□lie^{21}sɿ^{33}p^{h}ɛ^{55}吵架：两个人在～

骗pã^{55}

哄xiẽ^{33} ～徕头

讲哄话tɕiã^{33}xiẽ^{33}xo^{21}撒谎

吹牛皮ts^{h}uɛ^{35}ŋəu^{24}p^{h}a^{33}吹牛

挡卵泡ts^{h}əu^{35}liẽ^{55}p^{h}iəu^{35}拍马屁

挡泡ts^{h}əu^{35}p^{h}iəu^{35}

讲笑话tɕiã^{33}sɿ^{55}xo^{21}开玩笑

告□kɔ^{55}sẽ^{21}告诉：～你

多谢tə^{35}tɕ^{h}io^{33}

对莫住to^{55}mə^{21}ts^{h}ɔ^{21}对不起，致歉语

再见面tɕia^{55}tɕiẽ^{55}miã^{21}再见

十二　性质状态

大tɛ^{24}

小sɿ^{55}

粗ts^{h}ɔ^{35}索子～

幼iəu^{55}细：索子～

长ts^{h}ẽ^{24}线～

短tiẽ^{33}线～

长ts^{h}ẽ^{24}时间～

短tiẽ^{33}时间～

*阔fə^{213}

阔大fə^{213}t^{h}o^{21}宽敞：屋～

*狭xa^{21}

高ke^{35}飞得～

矮a^{33}鸟飞得～

高ke^{35}你比我～

矮a^{33}你比我～

远vã^{55}路～

近tɕ^{h}iã^{55}路～

深sã^{35}水～

浅ts^{h}ã^{33}水～

清tɕ^{h}io^{35}水～

浑fã^{35}水～

圞lyẽ^{24}圆

扁p^{h}ɛ^{24}

方fie^{35}

尖tsã^{35}

平 p^{h}io^{24}

肥 fɛ^{24} ～肉

精 tɕio^{35} ①瘦：～肉；②灵活；③警觉

□la^{213} 肥，形容猪等动物

□la^{213} 胖，形容人

枯 xɔ^{35} 瘦，形容人、动物

黑 xə^{213} 黑板的颜色

白 p^{h}o^{21} 雪的颜色

红 xã^{24}

黄 xiẽ^{24}

蓝 lo^{24} 蓝天的颜色

青 tɕ^{h}io^{35} 绿，绿叶的颜色

紫 tsɿ^{33} 紫药水的颜色

灰 fə^{35} 草木灰的颜色

多 tə^{35} 物什～

少 sɿ^{33} 物什～

重 ts^{h}ã^{55} 担子～

轻 tɕ^{h}io^{35} 担子～

直 ts^{h}ɿ^{21} 线～

陡 təu^{33} 坡～

弯 ye^{35} 那条路是～个

□ts^{h}ua^{33} 歪：帽子戴～呱了

*□tsã^{33} 厚；酒的度数高

薄 p^{h}ə^{21} 板子～

浓 liã^{24} 稠：汤好～

清 tɕ^{h}io^{35} 稀：粥饭好～

密 p^{h}a^{24} 菜种得～

稀 sɿ^{35} 菜种得～

亮 liẽ^{21} 指光线，明亮

黑 xə^{213} 指光线，完全看不见

□vu^{213} 热：天气～

暖 liẽ^{55} 暖和

凉爽 liẽ^{24}ɕio^{55}

寒 xiẽ^{24} 冷：天气～

㶌 lɔ^{213} 热：～水

冷 lo^{55} 水～

干 kiẽ^{35} 衣服晒～了

□xa^{55} 湿，潮湿：衣涅～了

干净 kiẽ^{35}tɕ^{h}io^{21} 衣～

污秽 və^{35}so^{55} ①脏，不干净；②垃圾，脏东西

利 lɛ^{21} 快，锋利：刀子～

*□ə^{24} 钝：刀～呱了

快 k^{h}ya^{55} 坐车比走路～

慢 mie^{21} 走路比坐车～

早 tɕie^{33} 来得～

迟 ts^{h}ɿ^{24} 来～了

黑 xə^{213} 天～

松 sẽ^{35} 捆得～

紧 tɕiã^{33}

容得 iẽ^{24}tə^{33} 容易

难 lie^{24}

新 ɕiã^{35} ～衣

老 lie^{55} 旧：～衣

老 lie^{55} 年纪大：人～

年轻 lã^{24}tɕ^{h}io^{35}

软 luã^{35}

硬 ŋe^{21}

洋 iẽ^{24} 烂：肉煮得～

臭 ts^{h}əu^{55}（饭）煳

扎实 tsa^{213}sɿ^{21} 结实：家具～

烂 lie^{21} 破：衣～呱了

发财 fia^{213}tɕ^{h}ia^{24} 富

穷 tɕ^{h}iã^{24}

没得空 mə^{55}tə^{21}xã^{35} 忙

有空 xəu^{55}xã^{35} 闲

苦 kʰɔ^{33} 累

疼 tsʰa^{21}

痒 iẽ^{55} 皮肤～

闹热 lɔ^{24}ie^{21} 热闹

熟悉 səu^{21}sɿ^{21}

生疏 ɕie^{35}sɔ^{55} 陌生

味道 vɛ^{21}tʰie^{21}

□气 tsʰua^{24}tsʰɿ^{55} 气味

　气味 tsʰɿ^{55}vɛ^{21}

咸 xo^{24}

淡 tʰo^{55}

酸 syẽ^{35}

甜 tʰã^{24}

苦 xɔ^{33} 味苦

辣 lia^{21}

新鲜 ɕiã^{35}sã^{55}

香 ɕiẽ^{35}

臭 tsʰəu^{55}

馊 səu^{35}

腥 ɕio^{35}

好 xie^{33} 人～

坏 ya^{21} 人～

差 tsʰo^{35} 物什好～

对 to^{55} 账算～

错 tsʰə^{213} 账算～

漂亮 pʰiəu^{33}liẽ^{21} 女性长得漂亮，美

　乖 kya^{35}

　姣 tɕiɔ^{55}

丑 tsʰəu^{33} 长相不好

勤快 tɕʰio^{21}kʰya^{55}

懒门 lie^{55}miã^{33} 懒

*在行 tɕʰia^{55}xẽ^{24}

　伶俐 lio^{21}lɛ^{21}

跳皮 tʰiɛ^{55}pʰa^{24} 顽皮

本分 piã^{33}fiã^{21} 老实

蠢 tsʰuã^{33}

呆 ŋa^{24} 笨，蠢

舍得 so^{33}tə^{33} 大方，不吝啬

小气 ɕiɔ^{55}tsʰɿ^{33} 吝啬

直贴 tsʰɿ^{21}tʰie^{33} 直爽

犟 tɕʰiẽ^{55}

十三　数量

一 ɿ^{213}

二 li^{21}

三 so^{35}

四 sɛ^{55}

五 ŋ^{55}

六 liəu^{21}

七 tsʰɛ^{213}

八 pia^{213}

九 tɕiəu^{33}

十 sɿ^{21}

二十 li^{21}sɿ^{21}

三十 so^{35}sɿ^{21}

一百 ɿ^{33}po^{213}

一千 ɿ^{33}tsã^{35}

一万 ɿ^{33}ye^{21}

一百零五 ɿ^{33}po^{213}lio^{24}ŋ^{55}

一百五十 ɿ^{33}po^{213}ŋ^{55}sɿ^{21}

第一 tʰi^{21}ɿ^{213}

两两 liẽ^{55}liẽ^{33} 二两

几粒 tsɿ^{33}lɛ^{213} 几个：～桃子

　几□ tsɿ^{33}ta^{55} 几个：～儿子

两人 lie^{55}ŋ^{33} 俩：你们～

三□人 so^{35}ta^{55}ŋ^{33} 仨：你们～

□把子 ta^{55}pə^{55}tə^{21} 个把

□ ta^{55} 个：一～人

头 t^{h}əu^{24} 一～马

　匹 p^{h}a^{24}

头 t^{h}əu^{24} 一～牛

头 t^{h}əu^{24} 只：一～狗

头 t^{h}əu^{24} 只：一～鸡

头 t^{h}əu^{24} 只：一～蚊子

头 t^{h}əu^{24} 条：一～鱼

头 t^{h}əu^{24} 条：一～蛇

把 po^{33} 张：一～□ [tɕie^{55}] 夹

　□ po^{55}

□ mã^{55} 张：一～桌子

　张 tsẽ^{35}

床 ts^{h}ẽ^{24} 一～被

张 tsẽ^{35} 一～席子

　床 ts^{h}ẽ^{24} 一～席子

双 sẽ^{35} 一～鞋子

　□ tɕ^{h}ie^{21}

把 po^{55} 一～刀

把 po^{33} 一～锁

□ mẽ^{33} 根：一～棍子

□ mẽ^{33} 支：一～毛笔

副 fu^{55} 一～眼镜

面 mã^{55} 一～镜子

块 k^{h}ya^{55} 一～香皂

辆 liẽ^{33} 一～车

　架 ko^{55}

　部 pu^{55}

□ tɕio^{55} 座：一～房子

　座 ts^{h}ə^{55}

座 ts^{h}ə^{55} 一～桥

　架 ko^{55}

条 t^{h}i^{24} 一～河

条 t^{h}i^{24} 一～路

蔸 təu^{35} 棵：一～树

朵 tə^{33} 一～花

粒 lɛ^{213} 一～珠子

粒 lɛ^{213} 一～米

顿 tuã^{55}

剂 tsɿ^{55} 一～中药

　副 fu^{55} 一～中药

路 lə^{55} 行（háng）：一～字

文 miã^{35} 块：一～钱

角 tɕie^{213} 毛：一～钱

桩 tsẽ^{35} 件：一～事情

*□ kuei^{35} 少量

*□ tɛ^{55} 量词，一些

□ tia^{213} 下：打一～

□子 tia^{213}tə^{33} 会儿：坐了一～

顿 tuã^{55} 打一～

席 tɕ^{h}io^{21} 阵：下了一～雨

　□ p^{h}ə^{21}

道 tie^{55} 趟：去了一～

　转身 tsuã^{33}

十四　代副介连词

我 io^{55} ～姓王

你 ŋ^{55} ～也姓王

*子 tsə^{33}

我哩 $io^{55}lə^{33}$ 我们，可以包括也可以不包括听话人：你们莫去，～去；子莫去，～去

你哩 $ŋ^{55}lə^{33}$ 你们：～去

子哩 $tsə^{33}lə^{33}$ 他们：～去

大侪 $t^{h}o^{21}ts^{h}ɿ^{55}$ 大家：～一起干

自家 $ts^{h}ɿ^{21}ko^{55}$ 自己：我～做个

　自家□人 $ts^{h}ɿ^{21}ko^{55}ta^{55}ŋ^{33}$

人家 $ŋ^{24}ko^{55}$ 别人：是～个

我屋腹爹 $io^{55}ɔ^{21}pu^{33}tia^{33}$ 我爸：～八十岁

你屋腹爹 $ŋ^{55}ɔ^{21}pu^{33}tia^{33}$ 你爸：～莫于屋腹

子屋腹爹 $tsə^{33}ɔ^{21}pu^{33}tia^{33}$ 他爸：～莫于了

彼□ $pie^{213}ta^{55}$ 这个：我用～，不用那□[ta^{21}]

那□ $la^{55}ta^{21}$ 那个：我用彼□[ta^{55}]，不用～

哪□ $lie^{21}ta^{55}$ 哪个

哪人 $lie^{21}ŋ^{33}$ 谁

彼领 $pie^{213}lio^{33}$ 这里：于～，莫于那领

那领 $la^{55}lio^{33}$ 那里：于彼领，莫于～

哪领 $lie^{21}lio^{33}$ 哪里：你到～去？

彼样 $pie^{213}iẽ^{21}$ 这样：事情是～个，不是那样个

　样□ $iẽ^{21}tsɿ^{21}$

　彼□ $pie^{213}tsɿ^{21}$

那样 $a^{55}iẽ^{21}$ 事情是彼样个，不是～个

　那□ $a^{55}tsɿ^{21}$

哪□ $lie^{21}tsɿ^{21}$ 怎样，什么样：你用～个

　哪样 $lie^{21}iẽ^{21}$

这□ $tsə^{55}tsə^{21}$ 这么：～贵啊

哪□ $lie^{21}tsə^{21}$ 怎么：彼粒字～写

哪东 $lə^{21}tiã^{33}$ 什么：彼粒是～字？

哪东 $lə^{21}tiã^{33}$ 什么：你找～？

跟哪□ $kã^{35}lie^{21}tsə^{21}$ 为什么：你～莫去？

做哪东 $tsə^{55}lə^{21}tiã^{33}$ 干什么：你于～？

好多 $xie^{33}tə^{55}$ 多少：彼围楼有～人？

好 xie^{33} 很

蛮 mie^{24} 非常

还 $xɛ^{24}$ 更：子～高□[$tɛ^{55}$]

太 $t^{h}ia^{55}$

最 $tsuei^{24}$

*□ tia^{213} 全部

做□ $tsə^{55}tia^{213}$ 共，总计

　一起 $ɿ^{33}ts^{h}ɿ^{33}$

一起 $ɿ^{33}ts^{h}ɿ^{33}$ 我和你～去

就是 $t^{h}iəu^{21}sɿ^{55}$ 只：我～去了一趟

正 tso^{55} 刚：这双鞋我穿着～好

才 $ts^{h}ɛ^{213}$ 刚：我～到

才 $ts^{h}ɛ^{213}$ 你哪□[$tsɿ^{21}$]～来啊？

就 $tɕ^{h}iəu^{21}$ 我写完～去

常时牯 $sẽ^{24}sɿ^{55}kɔ^{33}$ 经常：我～去

又 $iəu^{21}$ 你～来了

还 $xɛ^{24}$ ～没得归

再 $tɕia^{55}$

也 ie^{55} 我～去

横经 $fẽ^{21}tsɿ^{33}$ 反正：莫着急，～还用改个

莫得 $mə^{21}tə^{213}$ 没有：昨天我～去

莫 $mə^{21}$ 不：明天我～去

莫 $mə^{21}$ 别：你～去

莫作 $mə^{21}ts^{h}ə^{21}$ 甭，不用，不必：你～客气

快 $k^{h}ya^{55}$ 天～亮了

差点子子 $ts^{h}o^{35}kuei^{55}lə^{33}lə^{33}$ 差点儿：～砸倒了

愿 $vã^{21}$ 宁可：～买贵个

特地牯 $tə^{21}ti^{33}ku^{33}$ 故意：～打烂

随便 $ts^{h}uɛ^{24}p^{h}ã^{21}$

干□干 $kiẽ^{35}ta^{55}kiẽ^{35}$ 白：～跑一趟

坐死 tsʰə^{55}sɛ^{33} 肯定：～是子做个

算莫倒 ɕyẽ^{55}mə^{21}tie^{33} 可能：～是他做个

边 piẽ^{35} ～走～讲

□ti^{21} 和：我～子都姓王

□kie^{213}

□ti^{21} 和：我昨天～他去城里了

□kie^{213}

对 to^{55} 子～我蛮好

向 ɕiẽ^{55} 往：～东走

问 miã^{21} 向：～他借一本书

跟倒 kã^{35}tie^{33} 按：～子讲个做

替 tʰi^{55} ～他写信

倘然是 tʰã^{55}iẽ^{21}sɿ^{33} 如果

莫管 mə^{21}kyẽ^{33} 不管：～怎么劝他都不听

第二节

《汉语方言词语调查条目表》

一　天文
二　地理
三　时令　时间
四　农业
五　植物
六　动物
七　房舍
八　器具　用品
九　称谓
十　亲属
十一　身体
十二　疾病　医疗
十三　衣服　穿戴
十四　饮食
十五　红白大事
十六　日常活动
十七　讼事
十八　交际
十九　商业　交通
二十　文化　教育
二十一　文体活动
二十二　动作
二十三　位置
二十四　代词等
二十五　形容词
二十六　副词　介词
二十七　量词
二十八　附加成分等
二十九　数字等

一　天文

日头地里 li^{21}tʰəu^{33}tʰɛ^{21}la^{33} 太阳照到的地方

当阳 tẽ^{35}iẽ^{24} 向阳

花花日头 xo^{22}xo^{55}li^{21}tʰəu^{33} 不烈的太阳

日头出山 li^{21}tʰəu^{33}suɛ^{213}ɕie^{35} 出太阳

日头落岭 li^{21}tʰəu^{33}lə^{21}lio^{55} 太阳下山

晒日头 sa^{55}li^{21}tʰəu^{33} 晒太阳

莫晒 mə^{21}sa^{55} 太阳不烈

荫□牯 iã^{35}tʰɔ^{21}kɔ^{33} 阴凉处

避荫 pʰɛ^{21}iã^{35} 避阳

*雷公啸 lə^{21}kã^{55}ɕiəu^{213}

出月亮 suɛ^{213}vẽ^{21}liẽ^{33}

半股月亮 piẽ^{55}kɔ^{33}vẽ^{21}liẽ^{33} 半月

　圂月亮 lyẽ^{24}vẽ^{21}liẽ^{33} 圆月亮

月亮地里 vẽ^{21}liẽ^{33}tʰɛ^{21}la^{33} 有月光的地方

月亮大 vẽ^{21}liẽ^{33}tɛ^{24} 月光强

　月亮亮 vẽ^{21}liẽ^{33}liẽ^{21}

月亮莫亮 vẽ^{21}liẽ^{33}mə^{21}liẽ^{21} 月光不够亮

月亮小 vẽ21liẽ33sɿ55

月亮背枷 vẽ21liẽ33po22ko35 月亮周围有环形光圈

月亮生毛 vẽ21liẽ33ɕie35mie24 月晕，看起来月亮边界模糊

天河 tʰã22xa55 银河

扫把星子 ɕie55po33ɕio35lə33 彗星

东风 tiã35fiã55

南风 lo24fiã55

西风 sɿ22fiã55

北风 pə11fiã55

悠悠风 iəu22iəu55fiã35 微风

顺风 suã21fiã35

南风天 lo21fiã55tʰiã35 吹南风的天气

南风南牯 lo21fiã55lo24kɔ33 吹南风，尤指入春后气温回暖

发南风 fia213lo21fiã55

北风天 pə11fiã55tʰã35 刮北风的天气

对到风 to55tie33fiã35 迎风

避风 pʰɛ21fiã35

□子风 tsʰuã21lə21fiã35 旋风

翻风 fie35fiã35 起风；风向变化，多指下雨或者天气变冷前的风向变化

翻冷风 fie35lo55fiã35

吹霜风 tsʰuɛ35sẽ35fiã55 下霜天吹的冷风

黑云 xə213yã24

白云 pʰo21yã24

火烧云 fu33sɿ55yã24

起云 sɿ33yã24 出现云朵，尤其指下雨前的黑云

雷公 lə24kã55

打雷 ta33lə24 雷鸣

雷公啸 lə24kã55ɕiəu213

打炸雷 ta33tso55lə33 闷雷

雷公劈 lə24kã55pʰi35 雷击

雨崽崽 vu55tsə33tsə33 小雨

雹子雨 pʰiəu21lə21vu55 瓢泼大雨

泡牯雨 pʰie55kɔ33vu55

急雨 tsɿ11vu55

□□雨 mɛ35mɛ55vu55 毛毛细雨

□雨 mə35vu55 连续多日的阴雨

飞起两点子 pa35sɿ33liẽ55lã33tə33 下着几滴小雨

落起两点子 lə21sɿ21liẽ55lã33tə33

罢雨足 pa213vu55tɕie33 雨停了

莫得落了 mə21tə33lə21lie33

起构子 sɿ33kəu213lə33 结冰

□雪 pʰu35suei33 鹅毛雪

米沙子 mi55so35lə33 雪粒子

米筒牯 mi55tʰiã33kɔ33

落雪 lə21suei213 下雪

融雪 iẽ24suei213 化雪

打霜 ta33sẽ35

狗牙齿霜 kəu33ŋo24tsʰɿ21sẽ35 很重的霜（使得松的土壤变得像狗牙齿形状）

冷露 lo55lɔ21 凌晨的露

打冷露 ta33lo55lɔ21 水汽凝结成露

下冷露 xo55lo55lɔ21

天气好 tʰã35tsʰɿ55xie33

冷 lo55 ①天气冷；②凉：～滚水（凉开水）

□ tsã55 闷热

暖 liẽ55 暖和

寒 xiẽ24 天气冷

*雨水 vu55suɛ33

凉爽 liẽ21tɕʰio55 ①冷；②凉

沤 ŋəu55 天气闷热

二　地理

水田 suɛ^{33}t^{h}ã^{33} 储有水的耕地

干田 kiẽ^{35}t^{h}ã^{33} 放干水的耕地

*冬田 tiã^{35}t^{h}ã^{33}

沙泥田 so^{35}li^{33}t^{h}ã^{24}

荒田 xiẽ^{35}t^{h}ã^{33}

*园地 vã^{24}t^{h}ɛ^{21}

荒地 xiẽ^{35}t^{h}ɛ^{21}

山岭 ɕie^{35}lio^{55} 较大的山

荒岭 xiẽ^{35}lio^{55}

岭底下 lio^{55}ti^{33}xo^{21} 山脚

背底山 pə^{55}ti^{33}ɕie^{35} 村子背后的山

土皮 t^{h}ɔ^{33}p^{h}a^{33} 带草的土块

坳子高头 o^{213}lə^{33}ke^{35}t^{h}əu^{55} 山坳

岭垛子 lio^{55}tə^{33}lə^{33} 山顶

半□岭高头 piẽ^{55}p^{h}ia^{33}lio^{55}ke^{55}t^{h}əu^{55} 半山腰

砠 ts^{h}ɔ^{24} 石山

背底砠 pə^{55}ti^{33}ts^{h}ɔ^{24} 村庄背后的石山

坡 p^{h}o^{35}

坡高头 p^{h}o^{22}ke^{55}t^{h}əu^{55} 山坡顶上的平地

河腹 xa^{35}pu^{33} 河里

海 xə^{33}

氹牯 t^{h}iã^{55}kɔ^{33} 坑儿

温爤水 vã^{35}lɔ^{33}suɛ^{33} 温水

冷滚水 lo^{55}kuã^{33}suɛ^{33} 凉开水

潲水 sə^{55}suɛ^{33}

□米水 tɕ^{h}ia^{21}mi^{55}suɛ^{33} 淘米水

涨洪水 tsẽ^{33}xiẽ^{24}suɛ^{33} 发大水

清水 tɕio^{35}suɛ^{33}

浑水 fã^{35}suɛ^{33}

足子水 tɕie^{213}lə^{33}suɛ^{33} 天旱时水井、水坑里剩下的少量的水

□水 ɔ^{33}suɛ^{33} 挑水

车水 ts^{h}o^{35}suɛ^{33}

石板 so^{21}pie^{33}

泻泥巴巴 ɕio^{55}li^{33}pa^{33}pa^{33} 烂泥

□沟泥 tsuã^{55}kəu^{55}li^{24} 阴沟里的泥

金刚泥 tɕiã^{22}kiẽ^{55}li^{33} 河流或者稻田中深层的韧性很强的泥巴

金 tɕiã^{35}

　金子 tɕiã^{35}tsɿ^{33}

银 liã^{24}

　银子 liã^{24}tsɿ^{33}

铜 t^{h}iã^{24}

铁 t^{h}ie^{213}

洋铁皮子 iẽ^{24}t^{h}i^{33}p^{h}a^{24}lə^{33} 铁片

锡 ɕio^{213}

汽油 ts^{h}ɿ^{55}iəu^{33}

火烬 fu^{33}tsã^{55} 烧红的炭

石灰 so^{21}fə^{33}

城 so^{24} 城市

县里 fã^{21}la^{33}

　街头 ka^{22}t^{h}əu^{55} 特指县城

山岭腹 ɕie^{35}lio^{55}pu^{33} 山里

马路 mo^{55}lɔ^{21} 公路

大路 t^{h}o^{21}lɔ^{21}

小路 sɿ^{55}lɔ^{21}

垠头路 iã^{21}t^{h}əu^{55}lɔ^{21} 田埂路

虾公路 xo^{22}kã^{55}lɔ^{21} 村子里用鹅卵石铺成的路

三　时令时间

春天 ts^{h}uã^{22}t^{h}ã^{55}

春上天 $ts^{h}uã^{35}sẽ^{21}t^{h}ã^{55}$

暖天 $liẽ^{55}t^{h}ã^{55}$

秋天 $tɕ^{h}iəu^{22}t^{h}ã^{55}$

冬天 $tiã^{22}t^{h}ã^{55}$

冬上天 $tiã^{22}sẽ^{21}t^{h}ã^{55}$

寒天 $xiẽ^{21}t^{h}ã^{55}$

立春 $lɛ^{24}ts^{h}uã^{35}$

惊蛰 $tɕio^{35}tsɿ^{21}$

*挂清 $kya^{55}tɕ^{h}io^{35}$

*食清明 $ɿ^{21}tɕ^{h}io^{22}mi^{55}$

*三月三 $so^{35}vei^{21}so^{35}$

谷雨 $kɔ^{213}vu^{55}$

立秋 $lɛ^{24}tɕ^{h}iəu^{35}$

*七月七香 $ts^{h}ɛ^{213}vei^{21}ts^{h}ɛ^{213}ɕiẽ^{35}$

白露 $p^{h}o^{21}lɔ^{21}$

霜降 $sẽ^{35}tɕiẽ^{55}$

新年八节 $ɕiã^{35}lã^{55}pia^{213}tsɿ^{33}$ 从过小年到第二年的正月十五这段时间

*拜年 $pia^{55}lã^{24}$

*出行 $suɛ^{213}xe^{24}$

过人家 $ku^{55}ŋ^{24}ko^{55}$ 走亲戚

挂挂钱 $kya^{55}kya^{55}ts^{h}ã^{24}$ 离开时主人给客人家的小孩的红包钱

*篮子菜 $liã^{55}tə^{21}tɕ^{h}ia^{55}$

*送节 $ɕiã^{55}tsɿ^{213}$

上春头 $sẽ^{21}ts^{h}ua^{55}t^{h}əu^{55}$ 上半年

上把年 $sẽ^{21}po^{33}lã^{55}$ 上半年

下春头 $xo^{55}ts^{h}ua^{55}t^{h}əu^{33}$ 下半年

下把年 $xo^{55}po^{33}lã^{55}$ 下半年

一年扎实的 $ɿ^{33}lã^{35}tsa^{213}sɿ^{21}kə^{21}$ 整年

年□年 $lã^{35}ta^{55}lã^{35}$ 每年

样年子 $iẽ^{21}lã^{55}tə^{33}$ 每年

年把子 $lã^{35}pə^{55}tə^{21}$ 一年左右

成年数 $so^{21}lã^{35}sɔ^{55}$ 多年

十一二月 $sɿ^{21}ɿ^{33}li^{21}vei^{21}$ 十一月和十二月

老年子 $lie^{55}lã^{55}tə^{33}$ 去年年底

闰月 $yã^{21}vei^{21}$

初几 $ts^{h}ɔ^{35}tsɿ^{33}$ 月初

一个月 $ɿ^{33}ku^{55}vei^{33}$

个把月 $ku^{55}pə^{55}vei^{33}$ 一个月左右

前个月 $ts^{h}ã^{24}ku^{55}vei^{33}$

上个月 $sẽ^{21}ku^{55}vei^{33}$

彼个月 $pie^{213}ku^{55}vei^{33}$ 这个月

伊个月 $a^{213}ku^{55}vei^{33}$

下个月 $xo^{55}ku^{55}vei^{33}$

个□个月 $ku^{55}ta^{55}ku^{55}vei^{33}$ 每个月

样个月 $iẽ^{21}ku^{55}vei^{33}$

成个数月 $so^{21}ku^{55}sɔ^{21}vei^{33}$ 几个月，以月为单位计算

前几工 $ts^{h}ã^{24}tsɿ^{33}kã^{55}$ 前几天

成工数 $so^{21}kã^{35}sɔ^{55}$ 语音讹化后成为 $su^{21}kã^{55}su^{55}$ 经常，成天

十多天 $sɿ^{21}tə^{55}kã^{55}$

清起 $tɕ^{h}io^{35}sɿ^{33}$ 一大早

半晡上头 $piẽ^{55}pu^{55}sẽ^{21}t^{h}əu^{21}$ ①半个上午的时间；②上午十点左右

一晡上头 $ɿ^{33}pu^{35}sẽ^{21}t^{h}əu^{21}$ 一个上午

昼食 $təu^{55}ɿ^{33}$ ①中午；②中饭

昼食边 $təu^{55}ɿ^{33}pã^{55}$ 中午时分

半晡昼食 $ɿ^{33}pu^{35}təu^{55}ɿ^{33}$

正昼食 $tso^{55}təu^{55}ɿ^{33}$ 正中午

一晡昼食 $ɿ^{33}pu^{35}təu^{55}ɿ^{33}$ 一个中午

半晡晚下 $piẽ^{55}pu^{55}mie^{55}xo^{33}$ ①半个下午的时间；②下午四点左右

一晡晚下ɿ^{33}pu^{35}mie^{55}xo^{33}一个下午

半工piẽ^{55}kã^{55}半天

大半工t^{h}o^{21}piẽ^{55}kã^{55}

开亮口xə^{35}liẽ^{21}xəu^{33}拂晓

晚黑mie^{55}xə^{213}黄昏

晚黑边mie^{55}xə^{213}pã^{55}黄昏前后一段时间

□眼mɔ^{24}lie^{55}天快黑了有些看不见的时段

上半夜sẽ^{21}piẽ^{55}io^{21}

下半夜xo^{55}piẽ^{55}io^{21}

三更半夜so^{35}kiẽ^{55}piẽ^{55}io^{21}

半□半夜piẽ^{55}ta^{55}piẽ^{55}io^{21}半夜

半晡夜地piẽ^{55}pu^{55}lio^{21}t^{h}ε^{21} ①半个夜晚的时间；②半夜零点左右

一晡夜地ɿ^{33}pu^{35}lio^{21}t^{h}ε^{21}一个晚上

小个子sɿ^{55}kə^{33}tə^{21}小时候

一□子ɿ^{33}tia^{11}tə^{33}一会儿

撞倒ts^{h}ẽ^{21}tie^{33} ①偶尔碰上；②撞倒

有两时xəu^{55}liẽ^{55}sɿ^{21}有时，偶尔

煞角sa^{11}ke^{213} ①后来；②结束

啸天煞角çiəu^{213}t^{h}ã^{35}sa^{11}ke^{213}毫无办法，只有喊天

四　农业

开春xə^{35}ts^{h}uã^{35}

出工suε^{213}kã^{35}

收工səu^{35}kã^{35}

挖地ya^{11}t^{h}ε^{21}锄地

犁田li^{24}t^{h}ã^{24}

耙田p^{h}o^{24}t^{h}ã^{24}

下种xo^{55}tsã^{33}

浸种谷ts^{h}ε^{21}tsã^{33}kɔ^{33}泡谷种

撒种谷çia^{213}tsã^{33}kɔ^{33}将发芽的谷种播撒到田里

秧田iẽ^{35}t^{h}ã^{33}用来培育秧苗的田

扯秧ya^{213}iẽ^{35}

坐蔸ts^{h}ə^{55}təu^{35}移栽后禾苗生根

薅田xie^{35}t^{h}ã^{24}除去禾苗间的杂草

挖水ya^{213}suε^{33}将水引入田中浇灌禾苗

禾线vu^{24}sã^{55}还带着花粉的稻穗

出线suε^{213}sã^{55}抽穗

□子tsua^{33}lə^{33}稻穗，尤其指已经饱满的

撒肥çia^{213}fε^{24}施肥

杀□sa^{11}liã^{24}杀虫

火壄fu^{33}vε^{55}带草的土坯用火烧后制成的农肥

　土壄t^{h}ɔ^{33}vε^{55}

沤火壄ŋəu^{55}fu^{33}vε^{55}制作火壄

䟺火壄ts^{h}ua^{21}fu^{33}vε^{55}将火烧的农肥直接撒在秧苗的根部

打谷子ta^{33}kɔ^{213}lə^{33}

毛□mie^{24}xa^{55}从谷堆中清出来的稻草

晒谷子sa^{55}kɔ^{11}lə^{33}

*上草树sẽ^{55}tç^{h}ie^{33}çie^{21}

薅青菜xie^{35}tç^{h}io^{22}tç^{h}ia^{55}松土

起红薯干子sɿ^{33}xã^{24}çie^{21}ke^{55}lə^{21}将土堆成垄，以便种红薯

分厢piã^{35}çiẽ^{35}将整块土地分成几个部分

灌青菜kyẽ^{55}tç^{h}io^{22}tç^{h}ia^{55}给蔬菜浇肥或者浇水

大便t^{h}o^{21}p^{h}ã^{21}粪肥

　大壄t^{h}o^{21}vε^{55}

小壄sɿ^{55}vε^{55}用于做肥料的小便

猪楼肥tçie^{35}ləu^{55}fε^{24}猪圈肥

出猪楼肥suε^{213}tçie^{35}ləu^{55}fε^{24}将猪圈中的猪粪和草清出来

月刮 vei^{21}kua^{33} 农具，比锄头薄，面宽，主要用来刮沟里的淤泥

四齿刮 sɛ^{55}tsɿ^{33}kua^{33} 四齿耙

两齿刮 liẽ^{55}tsɿ^{33}kua^{33} 两齿耙

锹子 tsʰɿ^{35}lə^{33} 铁锹

水车 suɛ^{33}tsʰo^{55}

牛轭 ŋəu^{24}ŋo^{33}

笼头 liã^{24}tʰəu^{55} 用于套牛嘴的竹制笼子

耙 pʰo^{24}

风车 fiã^{35}tsʰo^{55}

柴刀 tsʰɿ^{24}tie^{55} 用来砍树的刀，一字型，前面稍有弯尖

禾镰刀 vu^{24}lã^{33}tie^{55} 有齿的镰刀，用以割草、割禾

扦担 tɕʰiẽ^{33}tã^{33} 两头尖的挑柴的工具

砍樵 kʰiẽ^{33}tsʰɿ^{24} 砍柴

围筛 vɛ^{35}sa^{55} 底部孔较大的筛子

抟箱 tʰyẽ^{24}ɕiẽ^{55} 圆盘形竹器，比簸箕稍小，筛米时用来接米筛里筛出来的碎米和糠

筒筛 tʰiã^{24}sa^{55} 用来将米粉中的粗颗粒分离开的筛子

米筛 mi^{55}sa^{55} 用来分离米和糠的筛子

连枷 lã^{24}ko^{33}

*棚簟 pʰiã^{24}tʰã^{55}

撮子 tsʰə^{213}tsɿ^{33} 撮斗，扫地时用来收集垃圾

刮板 kua^{213}pie^{33} 晒谷子时用来收集谷子或者翻动谷子的板子，有长柄

松毛挂子 tɕʰyã^{24}mie^{33}kua^{213}lə^{33} 农具，用竹子制成，前段爪状，用来收集松树叶子或者碎柴，也用来翻晒谷物

高粱扫把 ke^{22}liẽ^{55}ɕie^{55}po^{33} 用高粱秆子制成的扫把

扫槎 ɕie^{55}tsʰa^{21} 用竹子或者树枝制成的扫帚，用来扫较粗的垃圾，或者收集谷物

竹子扫把 tsəu^{11}tə^{33}ɕie^{55}po^{33} 用竹子编成的扫把

铁扫把 tʰi^{213}ɕie^{55}po^{33} 用荆条制成的扫帚，可以用来扫地，也有人用作炊帚

墩子 tuã^{33}lə^{33} 木墩

墩牯 tuã^{35}kɔ^{33} ①用一截短木做成的坐具；②柱头的底座

板车 pie^{33}tsʰo^{55}

疙瘩 kə^{11}ta^{33} 绳子打的结

打疙瘩 ta^{33}kə^{11}ta^{33} 打结

死疙瘩 sɛ^{33}kə^{11}ta^{33} 死结

五 植物

粮食 liẽ^{24}sɿ^{21}

头禾 tʰəu^{24}vu^{33} 早稻

二禾 li^{21}vu^{33} 晚稻

粳谷 tsã^{35}kɔ^{33}

糯谷 lə^{21}kɔ^{33}

稗子 pʰia^{213}lə^{21}

瘪谷 pɛ^{213}kɔ^{33} 空的或不饱满的谷粒

米 mi

粳米 tsã^{35}mi^{55} 籼米

糯米 lə^{21}mi^{55}

糠 xiẽ^{35}

麦子 mo^{21}tə^{21}

荞麦 tsʰɿ^{24}mo^{21}

高粱棍子 ke^{35}liẽ^{55}kuã^{33}lə^{33} 高粱秆子

苎 tsʰɔ^{55} 苎麻

蓖麻子 pɛ^{35}mo^{33}tə^{33} 蓖麻

*红薯脑牯 xã^{24}ɕie^{21}lie^{33}kɔ^{33}

秧 iẽ^{35} 待移栽的水稻苗

秧子 iẽ^{35}tə^{33} 待移栽的蔬菜苗

树子秧子 ɕie^{21}lə^{21} 树苗

红薯秧子 xã^{24}ɕie^{21}iẽ^{35}tə^{33} 红薯苗

豆子 tʰəu^{21}lə^{21}

四月豆 sɛ^{55}vei^{21}tʰəu^{21} 农历四月成熟的豆子

蛾眉豆 ŋə^{24}mẽ^{55}tʰəu^{21} 扁豆

刀片公 tie^{35}pʰa^{55}kã^{21} “片”的鼻音脱落刀豆

苋菜 xie^{21}tɕʰia^{21}

石菜 so^{21}tɕʰia^{55} 芥菜

田菜 tʰã^{24}tɕʰia^{55} 形状与卷心菜未卷时相似，叶子比较光滑

　田菜婆 tʰã^{24}tɕʰia^{55}pu^{55}

生菜 ɕie^{22}tɕʰia^{55}

灰菜 fə^{35}tɕʰia^{55} 样子像生菜，叶子背面呈灰色

茼蒿 tʰiã^{24}xe^{21}

蒜崽崽 ɕyẽ^{55}tsə^{33}tsə^{33} 蒜瓣

蒜叶子 ɕyẽ^{55}ʅ^{21}lə^{21}

蒜□子 ɕyẽ^{55}mẽ^{55}lə^{21} 蒜的茎

蒜条子 ɕyẽ^{55}tʰi^{24}lə^{33} 蒜的花莛

藠头 tsʅ^{55}tʰəu^{21}

仔姜 tsʅ^{33}tɕiẽ^{55} 嫩姜

老姜 lie^{55}tɕiẽ^{55}

*驮把姜 tə^{33}po^{55}tɕiẽ^{35}

青辣椒 tɕʰio^{35}la^{21}tsʅ^{33}

红辣椒 xã^{24}la^{21}tsʅ^{55}

泡牯辣椒 pʰie^{55}kɔ^{33}la^{21}tsʅ^{55} ①球形辣椒；②喜欢吹牛的人

辣椒粉 la^{21}tsʅ^{55}fiã^{33} 辣椒晒干后磨成的粉

胡椒 xɔ^{24}tsʅ^{55}

红萝卜 xã^{24}lə^{33}pə^{55} 红皮萝卜

白萝卜 pʰo^{21}lə^{24}pə^{55} 白皮萝卜

*浸酸萝卜 tɕʰɛ^{21}ɕyẽ^{35}lə^{33}pə^{55}

八月丝瓜 pia^{213}vei^{21}sʅ^{35}ko^{55} 有棱的丝瓜

苦栗 xɔ^{33}lɛ^{21} 苦瓜

冬瓜 tiã^{35}ko^{55}

蚂蚁崽崽花 ma^{55}iẽ^{21}tsə^{33}tsə^{33}xo^{35} 荠菜

苦斋公 xɔ^{33}tsa^{35}kã^{55} 苦菜

马丝苋 mo^{55}sʅ^{33}xie^{21} 马齿苋

茭笋 tɕiəu^{35}ɕyã^{33} 茭白

树子尾公 ɕie^{21}lə^{21}ma^{55}kã^{55} 树梢

蔸婆 təu^{35}pu^{55} 树根，尤指主根

树子根婆 ɕie^{21}lə^{21}kã^{35}pu^{55} 树根，一般指主根

树子根须 ɕie^{21}lə^{21}kã^{22}ɕie^{55} 树根，较细的根

桍子 kʰo^{33}lə^{33} 树枝

龙头 liẽ^{24}tʰəu^{55} 植物的嫩芽

种树子 tsã^{55}ɕie^{21}lə^{21} 植树

砍树子 kʰiẽ^{33}ɕie^{21}lə^{21} 砍树

松毛 tɕʰyã^{24}mie^{33} 松树叶

球子□□ tɕʰiəu^{24}lə^{33}po^{33}po^{33} 松树球

松膏浆 tɕʰyã^{24}ke^{35}tɕiẽ^{35} 松香

杉树麸 so^{35}ɕie^{21}lə^{21} 杉树的叶针

杉篙 so^{35}ke^{55} 用来晾衣的杉树杆子

桑叶树 so^{35}ʅ^{21}ɕie^{21} 桑树

桑叶蔗 so^{35}ʅ^{21}pʰu^{35} 桑葚

桑叶 so^{35}ʅ^{21}

桐子树 tʰiã^{24}tə^{33}ɕie^{21}

桐油 tʰiã^{24}iəu^{33}

樟木树 tsẽ^{35}mɔ^{21}ɕie^{21} 不少人将其中的“木”读为mo^{21} 樟树

香花树 ɕiẽ^{22}xo^{55}ɕie^{21} 桂花树

香花 ɕiẽ^{22}xo^{55} 桂花

苦楝木树 xɔ^{33}lie^{55}mɔ^{21}ɕie^{21} 苦楝树

棕叶树 tɕiã^{35}ʅ^{21}ɕie^{21} 棕树

茶子树 tsʰo^{24}tsʅ^{55}ɕie^{21} 油茶树

茶子 tsʰo^{24}tsɿ^{55}

茶子□□ tsʰo^{24}tsɿ^{55}po^{33}po^{33} 油茶树的果

紫木柞子 tsɿ^{55}mɔ^{21}tsʰa^{21}lə^{21} 柞树

苦竹 xɔ^{33}tsəu^{33} 笋味苦的一种竹子

水竹 suɛ^{33}tsəu^{33} 喜长水边的一种竹子

毛竹 mie^{24}tsəu^{33} 竿上有绒毛的一种竹子

桶竹 tʰiã^{33}tsəu^{33} 干较粗大的一种竹子

吊竹 ti^{55}tsəu^{33} 枝条下垂的一种竹子

竹子棍子 tsəu^{213}tə^{33}kuã^{33}lə^{33} 竹竿

竹篙 tsəu^{11}ke^{33}

篾片 mi^{21}pʰã^{21}

青篾 tɕʰio^{35}mi^{21}

白篾 pʰo^{21}mi^{21} 篾黄

果子 ku^{33}tsɿ^{33} 桃子

果子骨头 ku^{33}tsɿ^{33}kua^{11}tʰəu^{33} 桃核

枇杷 pʰɛ^{24}ko^{55}

枣栗树 tɕie^{33}lɛ^{21}ɕie^{21} 枣树

茅栗 miəu^{24}lɛ^{21} 野生栗子，个儿比栗子要小

葡萄 pʰu^{21}tʰie^{55}

血瓜 suei^{213}ko^{55} 西瓜

瓜子 ko^{35}tsɿ^{33} ①类似于西瓜，瓤白色，子红色，颗粒比西瓜子大；②瓜的子

菊花 tɕʰy^{24}xo^{55}

清明花 tɕʰio^{35}mi^{55}xo^{35} 杜鹃花

苦麻菜 xɔ^{33}mo^{33}tɕʰia^{55} 苦苣菜

艾子 ə^{21}tə^{21} 艾叶

菖蒲 tsʰẽ^{35}pʰu^{21}

丝草 sɿ^{35}tɕʰie^{33} 水草

游草 iəu^{24}tɕʰie^{33} 水边的嫩草

马鞭草 mo^{55}piã^{55}tɕʰie^{33}

狗尾公草 kəu^{33}ma^{55}kã^{55}tɕʰie^{33} 狗毛草

香附崽崽草 ɕiẽ^{22}xo^{55}tsə^{33}tsə^{33}tɕʰie^{33} 香附

⿱艹劳□ lə^{21}mẽ^{33} 有刺的草本植物的嫩尖

雷公屎 lə^{21}kã^{55}sɿ^{33} 地木耳

天鹅菌 tʰã^{35}ŋə^{33}tɕʰyã^{55}

伞把把菌 ɕie^{33}po^{55}po^{55}tɕʰyã^{55} 柄特别高的一种蘑菇

牛屎菌 ŋəu^{24}sɿ^{33}tɕʰyã^{55} 颜色如牛屎的一种蘑菇

粑粑菌 pa^{33}pa^{33}tɕʰyã^{55} 近球形的一种蘑菇

南风菌 lo^{24}fiã^{55}tɕʰyã^{55} 春天吹南风时出现的一种蘑菇，是每年最早的一种

鸟崽菌 liɔ^{55}tsɛ^{55}tɕʰyã^{55} 个体较小，长在茶树林中的蘑菇

石灰菌 so^{21}fə^{55}tɕʰyã^{55} 白颜色的菌子

酸□ ɕyẽ^{22}tɕie^{55} 一种长在水沟边的草本植物，茎可以生吃，味酸

茶泡 tsʰo^{21}pʰiəu^{55} 圆的茶饼菌

胶苔 tɕiəu^{35}tʰia^{55} 青苔

六 动物

畜生 tʰəu^{24}ɕie^{35} 牲口

马公 mo^{55}kã^{55} 公马

马婆 mo^{55}pʰu^{24} 母马

牸牛 tsʰɿ^{21}ŋəu^{33} 未成年的母牛

牛牸 ŋəu^{24}tsʰɿ^{21}

牛崽崽 ŋəu^{24}tsə^{33}tsə^{33} 牛犊

黄牛 xiẽ^{24}ŋəu^{33}

水牛 suɛ^{33}ŋəu^{33}

猪□ tɕie^{35}mẽ^{55} 未成年的母猪

架子猪 ko^{55}lə^{21}tɕie^{35} 三四个月，暂时还不能出栏的猪

肉猪 vu^{33}tɕie^{55} 可以出栏的猪

*猪婆脑牯 tɕie^{22}pu^{55}lie^{33}kɔ^{33}

毛头 mie^{24}tʰəu^{55} 牲畜的毛重

皮子 pʰa^{24}lə^{33} 特指猪的肉重，不含内脏

□碎 lɔ^{21}suei^{55} 猪的内脏

狗崽崽 kəu^{33}tsə^{33}tsə^{33} 狗崽

狗牸 kəu^{33}tsʰɿ^{21} 未成年的母狗

癫狗 tã^{35}kəu^{33} 疯狗

*黄眼狗 xiẽ^{24}lie^{55}kəu^{33}

*打狗归 ta^{33}kəu^{33}kuɛ^{35}

生鸡公 ɕie^{22}tsɿ^{55}kã^{55} 未阉的公鸡

阉鸡公 liẽ^{35}tsɿ^{35}kã^{55} 阉过的公鸡

阉鸡 liẽ^{35}tsɿ^{35} 阉公鸡

赖菢鸡婆 lia^{21}pʰie^{21}tsɿ^{35}pu^{55} 正在孵蛋的母鸡

鸡□ tsɿ^{35}lie^{21} 还未下过蛋的母鸡

鸡崽崽 tsɿ^{35}tsə^{33}tsə^{33} 小鸡

□□ kʰa^{21}kʰa^{21} 蛋

开啸 xə^{35}ɕiəu^{213} 公鸡头一次打鸣

菢崽崽 pʰie^{21}tsə^{33}tsə^{33} 孵蛋

鸡冠子 tsɿ^{35}kyẽ^{35}lə^{33} 鸡冠

鸡爪子 tsɿ^{35}tsɔ^{33}lə^{33} 鸡爪

水鸭 suɛ^{33}o^{33} 本地鸭，土鸭，主要生活在水中

西鸭 sɿ^{35}o^{33} 黑色的洋鸭，主要生活在旱地

*西鸭公 sɿ^{35}o^{33}kã^{55}

洋鸭 iẽ^{24}o^{33} 灰色和白色的鸭

拷鸭 kʰe^{55}o^{33} 水鸭和西鸭杂交的鸭

鸭公 o^{213}ka^{35} 公鸭

鸭婆 o^{213}pʰu^{33} 母鸭

鸭崽崽 o^{213}tsə^{33}tsə^{33} 小鸭

鸭□□ o^{213}kʰa^{21}kʰa^{21} 鸭蛋

鹅崽崽 ŋə^{24}tsə^{33}tsə^{33} 小鹅

鹅公 ŋə^{24}kã^{55} 公鹅

鹅婆 ŋə^{24}pu^{55} 母鹅

野物什 lio^{55}va^{21}sɿ^{33} 野禽兽

狮子 sɿ^{35}lə^{33}

熊 ɕiẽ^{24}

白尾狗 pʰo^{21}ma^{55}kəu^{33} 狐狸

老鼠 lie^{55}ɕie^{21}

　尖□夹 tsã^{35}tɕie^{55}ka^{33}

老鼠药 lie^{55}ɕie^{21}ie^{21}

补药 pu^{33}ie^{21} ①滋补药；②老鼠药

黄鼠狼子 xiẽ^{24}ɕie^{21}liẽ^{24}tə^{33} 黄鼠狼

龙公 liẽ^{24}kã^{55} 蛇

　长尾公 tsʰẽ^{24}ma^{55}kã^{55}

乌蛇公 ɔ^{35}so^{33}kã^{55} 一种毒性很强的乌蛇

　乌蛇 ɔ^{35}so^{33}

鸡公蛇 tsɿ^{22}kã^{55}so^{33} 一种能发出像公鸡叫一样声音的蛇

草鱼蛇 tɕʰie^{33}ŋɔ^{33}so^{24}

麻蛇 mo^{24}so^{33}

狗婆蛇 kəu^{33}pʰu^{33}so^{24} 四脚蛇

叮叮蛇 tiẽ^{33}tiẽ^{33}so^{24} 外形类似于壁虎的四足爬行动物

蜈蚣蛇 vu^{21}kã^{55}so^{33} 蜈蚣

雁子 ŋa^{24}lə^{33} 鹰的一种

老鸦 lie^{55}o^{55} 老鹰

白头公 pʰo^{21}tʰie^{55}kã^{21} 白头翁

沙□ so^{35}liã^{33} 泥土中的小虫子

千足□ tsʰã^{35}tɕie^{33}liã^{24} 千足虫

打屁□ ta^{33}pʰɛ^{55}liã^{33} 臭屁虫

蜂子 pʰiã^{35}lə^{33}

蜂子簇子 pʰiã^{35}lə^{33}tʰəu^{55}lə^{21} 蜂窝

鬼头蜂 kuɛ^{33}tʰəu^{33}pʰiã^{35}

蛆婆 tɕʰie^{22}pu^{55} 蛆虫

蝎蚊 ɕie^{35}miã^{55} 蚊子

长足蚊 tsʰẽ^{24}tɕie^{213}miã^{55} 长脚蚊，最常见的

吸人血的蚊子

花鸡婆 xo^{35}tsɿ^{55}pu^{55} 身上有白点的蚊子，毒性较大

偷吃婆 t^{h}əu^{35}ɿ^{21}p^{h}u^{33} 蟑螂

蓋□婆 fu^{24}liã^{24}pu^{55} 一种毒性较大的毛毛虫

米□婆 mi^{55}liã^{24}pu^{55} 米虫

游□□□ iəu^{24}fã^{21}mẽ^{33}mẽ^{33} 萤火虫

土狗崽崽 t^{h}ɔ^{33}kəu^{33}tsə^{33}tsə^{33} 蝼蛄

□子 mẽ^{55}tsɿ^{33} 稻田里的一种绿色小飞虫

雄鲤 ɕiẽ^{24}lã^{55} 雄鱼

狗婆鱼 kəu^{33}p^{h}u^{33}ŋɔ^{24} 一种体形较圆的小鱼

草鱼 tɕ^{h}ie^{33}ŋɔ^{33}

鳖鱼 pi^{11}ŋɔ^{33} 鳖

泥鳅鱼 li^{21}tɕ^{h}iəu^{55}ŋɔ^{33} 泥鳅

鳝鱼 sã^{55}ŋɔ^{33}

白鲢 p^{h}o^{21}lã^{55} 鲢鱼

串生公 tɕ^{h}ye^{35}ɕie^{55}kã^{21} 一种喜逆水游的小鱼

鲇鱼骨 lã^{24}ŋɔ^{33}kua^{21} 鲇鱼

浮头鱼 p^{h}ie^{24}t^{h}əu^{55}ŋɔ^{33} 喜欢生活在水面的一种小鱼，也指浮夸的人

僧公皮子 sa^{22}kã^{55}p^{h}a^{24}lə^{33} 扁平状，有似和尚的袈裟样花纹的鱼

鱼花子 ŋɔ^{24}xo^{35}tə^{33} 鱼苗

*量倒虾公没血出 liẽ^{21}tie^{33}xo^{22}kã^{55}mə^{33}fei^{213}suɛ^{213}

鳞甲 lã^{24}ŋo^{33} 鳞

鱼莿 lə^{21} 鱼刺

鱼膘 ŋɔ^{24}p^{h}iəu^{55}

鱼鳍 ŋɔ^{24}ts^{h}ɿ^{21}

鱼鳃 ŋɔ^{24}tɕ^{h}ia^{35}

鱼子 ŋɔ^{24}tsɿ^{33} 鱼卵

钓鱼 ti^{55}ŋɔ^{24}

钓棍 ti^{55}kuã^{33} 钓鱼竿

□ ts^{h}uã^{21} 渔网

夹网 ka^{213}mẽ^{33} 一种捞鱼的网，两边有棍子，一人即可以操作

抬网 t^{h}ia^{24}mẽ^{55} 一种捞鱼的大网。两边有较粗大的棍子，捞鱼时需要多人同时操作

虾篓 xo^{35}ləu^{55}

把子 pa^{33}lə^{33} 用来装鱼的篓子，口大颈小

痨鱼 lie^{21}ŋɔ^{24} 将鱼毒死或者毒晕后捕捉

米虾公 mi^{55}xo^{33}kã^{55} 较小的虾

木虾公 mɔ^{21}xo^{33}kã^{55} 较大的虾

青体□□ tɕ^{h}io^{22}t^{h}i^{55}mio^{24}kua^{33} 青皮青蛙

　青体□ tɕ^{h}io^{22}t^{h}i^{55}kua^{33}

田鸡□□ t^{h}ã^{21}tsɿ^{55}mio^{24}kua^{33} 田鸡，学名虎纹蛙

土地□□ t^{h}ɔ^{33}t^{h}ɛ^{21}mio^{24}kua^{33} 肤色如土的一种蛙

苗□崽崽 mi^{21}kua^{33}tsə^{33}tsə^{33} 蝌蚪

螺螺 lə^{21}lə^{55} 螺

铁螺螺 t^{h}i^{213}lə^{21}lə^{55} 较小，贝壳较硬的田螺

田螺螺 t^{h}ã^{24}lə^{21}lə^{55} 较大，贝壳较薄的田螺

天螺螺 t^{h}ã^{35}lə^{21}lə^{55} 蜗牛

界蚌螺螺 ka^{55}p^{h}ã^{21}lə^{21}lə^{55} 蚌

蚂蟥 mo^{55}xiẽ^{33} 水蛭

鼻鼻□ p^{h}ɛ^{21}p^{h}ɛ^{21}liã^{24} 似蜗牛，但没有贝壳的软体动物，一般栖息在菜叶子上

七　房舍

*正屋 tso^{55}ɔ^{33}

*洋子屋 iẽ^{24}lə^{33}ɔ^{213}

*老辈正屋 lie^{55}pə^{21}tso^{55}ɔ^{33}

*上座下座 sẽ^{21}tsʰə^{55}xo^{55}tsə^{55}

厅里 tʰio^{22}la^{55} 祠堂

*偏厦 pʰiɔ^{33}sa^{33}

□屋 ye^{24}ɔ^{33} 厢房

　厢屋 ɕiẽ^{35}ɔ^{33}

青砖屋 tɕʰio^{22}tsuã^{55}ɔ^{213} 青砖砌成的房子

红砖屋 xã^{21}tsuã^{55}ɔ^{213} 红砖砌成的房子

*水砖屋 suɛ^{33}tsuã^{55}ɔ^{213}

充泥屋 tsʰẽ^{35}li^{33}ɔ^{213} 墙用泥巴填充成的老式房子

草房 tɕʰie^{33}fẽ^{33} 临时搭建的棚子

厅房 tʰio^{35}xɔ^{33} 疑为“房屋”的合音，取“房”的声母[x]，取屋的韵母[ɔ]和声调[213]，连读后变调为[33] 客厅

*火炉 fu^{33}lə^{55} 厨房

　炉腹 lə^{35}pu^{33}

楼子高头 ləu^{24}lə^{33}ke^{22}tʰəu^{55} 楼上

楼子底下 ləu^{24}lə^{33}ti^{33}xo^{21} 楼下

门楼 miã^{24}ləu^{55}

板阶 pie^{33}kə^{55} 固定的楼梯

屋脊 ɔ^{213}tsɿ^{213}

　屋顶顶 ɔ^{11}tio^{33}tio^{33}

屋檐跌水 ɔ^{213}liẽ^{21}tʰie^{21}suɛ^{33} 屋的四界

屋檐水 ɔ^{213}liẽ^{21}suɛ^{33}

瓦片高头 ŋo^{55}pʰã^{21}ke^{35}tʰəu^{55} 屋顶

两面跌水 liẽ^{55}mã^{21}tʰie^{21}suɛ^{33} 两面坡屋顶

四面跌水 sɛ^{55}mã^{21}tʰie^{21}suɛ^{33} 四面坡屋顶

墙公 tɕʰiẽ^{24}kã^{55} 墙

水砖墙公 suɛ^{33}tsuã^{55}tɕʰiẽ^{24}kã^{55} 用泥砖砌的墙

充泥墙公 tɕʰẽ^{35}li^{33}tɕʰiẽ^{24}kã^{55} 用泥垒成的墙

火砖墙公 fu^{33}tsuã^{55}tɕʰiẽ^{24}kã^{55} 用青砖砌的墙

红砖墙公 xã^{21}tsuã^{55}tɕʰiẽ^{24}kã^{55} 用红砖砌的墙

石磙墙公 so^{21}kuã^{33}tɕʰiẽ^{24}kã^{55} 用石块砌成的墙

屋皮 ɔ^{213}pʰa^{33} 房屋的外墙

屋皮底下 tɔ^{213}pʰa^{33}i^{33}xo^{21} 屋檐下墙壁至屋檐滴水之间的空间

屋檐 ɔ^{213}liẽ^{21}

梁树 liẽ^{24}ɕie^{21} 梁

椽皮 suã^{21}pʰa^{55} 椽子

　椽皮板子 suã^{21}pʰa^{55}pie^{33}lə^{33}

水砖 suɛ^{33}tsuã^{55} 泥砖

　*水砖脑牯 suɛ^{33}tsuã^{55}lie^{33}kɔ^{33}

火砖 fu^{33}tsuã^{55} 烧制的砖

红砖 xã^{21}tsuã^{55} 用煤烧制的砖

青砖 tɕʰio^{35}tsuã^{55} 用木材烧制的砖

半截砖 piẽ^{55}tsɿ^{33}tsuã^{35} 半块砖头

瓦片 ŋo^{55}pʰiã^{21} 碎瓦

盖瓦 kə^{55}o^{55} 盖房子时凹面朝下的瓦

槽瓦 tɕʰie^{24}ŋo^{55} 盖房子时凹面朝上的瓦

脊瓦 tsɿ^{213}ŋo^{55} 屋脊上用的瓦

明瓦 mã^{24}ŋo^{55} 透明的瓦

壁 pio^{213} 墙壁

围墙 vɛ^{24}tɕʰiẽ^{55}

*天□ tʰã^{35}tɕʰio^{33} 天井

门 miã^{24}

房屋门 xiẽ^{24}ɔ^{33}miã^{24} 客厅通往卧室的门

背底门 pə^{55}ti^{33}miã^{24} 后门

闩子 ɕye^{35}lə^{33} 门闩

锁 sə^{33}

楼板 ləu^{24}pie^{33}

茅厕 miəu^{24}sɿ^{33} 厕所

牛栏 ŋəu^{21}lie^{55} 牛圈

狗簇子 kəu^{33}tʰəu^{55}lə^{21} 狗窝

鸡□ tsɿ^{35}tsɛ^{55} 鸡圈

鸡崽弄牯 tsɿ^{35}tsɛ^{55}liã^{21}kɔ^{33} 建在室外的鸡窝

鸡笼子 tsɿ^{35}liã^{24}lə^{33} 用竹篾编制成的装鸡的笼子

仓 tsʰẽ^{35}

板仓 pie^{33}tsʰẽ^{55} 用厚木板镶嵌成的立式仓

□柜 kʰã^{55}kʰuɛ^{21} 卧式仓，从上面打开

土仓 tʰɔ^{33}tsʰẽ^{55} 砖砌成的仓

窖 tɕiəu^{55} 地窖

*井穴 tɕio^{33}fa^{33}

*吊井穴 ti^{55}tɕio^{33}fa^{33}

趵井穴 piəu^{55}tɕio^{33}fa^{33} 淌水井

凉亭 liẽ^{21}tʰio^{55}

牌楼 pʰia^{24}ləu^{55}

碓屋 tə^{55}ɔ^{33} 碓坊

油榨 iəu^{24}tso^{55} 榨油坊

水榨 suɛ^{33}tso^{55} 用水做动力的榨油或榨糖的作坊

窑 ɿ^{24}

石灰窑 so^{21}fə^{33}ɿ^{24}

砖窑 tsuã^{35}ɿ^{33} 烧砖的窑

瓦窑 ŋo^{55}ɿ^{33}

炭窑 tʰie^{55}ɿ^{24}

木头窑 mɔ^{21}tʰəu^{33}ɿ^{24} 大型炭窑

笠头窑 lɛ^{21}tʰəu^{33}ɿ 外形像斗笠的一次性炭窑

*桥 tsʰɿ^{24}

拱桥 kiẽ^{33}tsʰɿ^{33}

石板桥 so^{21}pie^{33}tsʰɿ^{24}

板子桥 pie^{33}lə^{33}tsʰɿ^{24} 木板桥

天桥 tʰã^{35}tsʰɿ^{33} 渡槽

烤烟房 kʰe^{55}liẽ^{55}fã^{21} 用于烤烟的房子

*草树 tɕʰie^{33}ɕie^{21}

草堆 tɕʰie^{33}to^{35} 草垛

*上梁 sẽ^{55}liẽ^{24}

*封垛 fiã^{35}tə^{33}

*上大门 sẽ^{55}tʰo^{21}miã^{33}

八 器具用品

*橱柜 tɕʰie^{21}kuɛ^{21}

四方枱子 sɛ^{55}fẽ^{55}tʰia^{24}lə^{33} 方桌

圈枱子 lyẽ^{24}tʰia^{24}lə^{33} 圆桌

凳板 tiã^{55}pie^{33} 板凳

扶手 fu^{24}səu^{33}

长凳板 tsʰẽ^{24}tiã^{55}pie^{33} 长条形板凳，可以并排坐两人

独凳 tʰɔ^{21}tiã^{55} 只能坐一人的凳子，尤指高凳子

凳崽崽 tiã^{55}tsə^{33}tsə^{33} 小矮凳

板子床 pie^{33}lə^{33}tsʰẽ^{24} 用木板拼成的简易床

大床 tʰo^{21}tsʰẽ^{33} 有床架，并带有一定装饰的古式床

竹子床 tsəu^{213}tə^{33}tsʰẽ^{24}

草簇子 tɕʰie^{33}tʰəu^{55}lə^{21} 用稻草和棉衣放入箩筐做成的简易摇篮

簟子 tʰã^{55}lə^{21}

*打簟子 ta^{33}tʰã^{55}lə^{21}

帐子挂牯 tsẽ^{55}l[illegible]kua^{55}ku^{55} 帐钩

帐子棍子 t[illegible]^{55}lə^{21}kuã^{33}lə^{33} 用来悬挂蚊帐的棍子

床板 tsʰẽ^{24}pie^{33}

*压床板 o^{213}tsʰẽ^{24}pie^{33}

镜子 tɕio^{55}lə^{21}

□箱 ɔ^{33}ɕiẽ^{55} 成对使用的四方箱子，底座有孔，套上绳子后可以用肩挑

板箱 pie^{33}ɕiẽ^{55} 用来装衣服的箱子，有木制、藤制等，做工较粗糙，比□箱[ɔ^{33}ɕiẽ^{55}]矮

*皮箱p^{h}a^{24}ɕiẽ^{55}

衣架子a^{35}ko^{55}lə^{21}衣架

尿桶suɛ^{35}t^{h}iã^{33}

炭盆t^{h}ie^{55}p^{h}iã^{33}

火桶fu^{33}t^{h}iã^{55}有提手的小型烤火器具

铛盖tɕ^{h}ie^{35}kə^{55}锅盖

豆腐锹t^{h}əu^{21}fu^{21}tsɿ^{35}锅铲

□炆铛ma^{24}vã^{33}tɕ^{h}ie^{55}煮饭的锅子

铛墨tɕ^{h}ie^{35}mə^{21}锅底的黑灰

饭锹fie^{21}tsɿ^{55}饭勺

水炆铛suɛ^{33}vã^{33}ɕ^{h}ie^{55}烧水的锅子

炆铛盖盖vã^{21}tɕ^{h}ie^{55}kə^{55}kə^{55}锅盖

灶铛tɕie^{55}tɕ^{h}ie^{55}敞口的大锅

潲炆铛sə^{55}vã^{33}tɕ^{h}ie^{55}煮猪菜的锅，形状同水锅，比水锅大

□碗ma^{24}yẽ^{33}饭碗

菜碗tɕ^{h}ia^{55}yẽ^{33}

木瓜皮碗mɔ^{21}ko^{55}p^{h}a^{33}yẽ^{33}木碗

碗□□yẽ^{33}ko^{55}tsa^{21}碎瓷片

钵子pə^{213}lə^{33}比碗大的瓦碗，形状同坛子盖

酒杯tɕiəu^{33}pə^{55}

瓯子əu^{35}lə^{33}小酒杯

盘子p^{h}iẽ^{24}lə^{33}

酒壶tɕiəu^{33}xɔ^{33}

酒□子tɕiəu^{33}k^{h}ə^{21}lə^{33}酒坛子

水缸suɛ^{33}kiẽ^{55}

鸡公壶子tsɿ^{33}kã^{55}xɔ^{24}lə^{33}形状像公鸡的酒坛子，能装十来斤酒

箪子tiã^{35}lə^{33}竹筒做成的舀水的勺子

打□筷ta^{33}mẽ^{33}ts^{h}ɔ^{21}搅拌饭的长筷子

箸筒牯ts^{h}ɔ^{21}t^{h}iã^{33}kɔ^{33}筷笼

筲箕sə^{22}tsɿ^{55}

砧板tsã^{35}pie^{33}

碗盆yẽ^{33}p^{h}iã^{33}洗碗的盆子

水桶suɛ^{33}t^{h}iã^{33}

甑tɕiã^{55}蒸笼

搭子tia^{213}lə^{33}箅子

甑帕tɕiã^{55}p^{h}o^{55}放在箅子上，用来隔开食物和箅子的布

潲水桶sə^{55}suɛ^{33}t^{h}iã^{33}泔水缸，用来接洗菜水、淘米水的桶或者缸

潲盆sə^{55}p^{h}iã^{33}

洗碗渣sɿ^{33}yẽ^{33}tso^{55}用来洗碗的布

吹火筒ts^{h}uɛ^{35}fu^{33}t^{h}iã^{33}

拨火棍k^{h}o^{24}fu^{21}kuã^{33}

铁夹t^{h}i^{11}ka^{33}火钳

香锹ɕiẽ^{35}ts^{h}ɿ^{55}铲灶里的木炭等用的火铲

茅樵mie^{24}ts^{h}ɿ^{33}草类和蕨类的柴

块子樵k^{h}ya^{55}lə^{21}ts^{h}ɿ^{24}将树干劈成一块一块的柴

大柴t^{h}o^{21}ts^{h}ɿ^{24}

木瓜皮mɔ^{21}ko^{55}p^{h}a^{33}刨花

锯丝tɕie^{55}sɿ^{55}锯末

锯丝灰tɕie^{55}sɿ^{55}fə^{35}

推劈t^{h}o^{35}p^{h}i^{55}刨子

斧头pu^{213}t^{h}əu^{33}斧子

锯tɕie^{55}锯子

凿子ts^{h}ə^{21}lə^{21}

尺ts^{h}o^{213}尺子

墨斗mə^{21}təu^{33}

铗子ka^{213}lə^{33}钳子

锤子ts^{h}ua^{24}lə^{33}

钉子tio^{35}tə^{33}

索子sə^{213}lə^{33}绳子

棍子kuã^{33}lə^{33}

泥刀 li^{24}tie^{55}

砌刀 tsʰɿ^{55}tie^{55}

⿰火赖铁 lɔ^{11}tʰi^{33} 烙铁

梭子 sə^{35}lə^{33}

纺车 pʰẽ^{33}tsʰo^{35}

洗面架子 sɿ^{33}mã^{21}ko^{55}lə^{21} 脸盆架

洗衣粉 sɿ^{55}ɿ^{33}fẽ^{55}

洗面帕 sɿ^{33}mã^{21}pʰo^{55}

洗澡帕 sɿ^{33}tɕie^{55}pʰo^{55}

汗帕 xiẽ^{21}pʰo^{55}

足盆 tɕie^{11}pʰiã^{33} 澡盆

汽灯 tsʰɿ^{55}tiã^{55}

马灯 mo^{55}tiã^{55}

油盏 iəu^{24}tɕie^{55} 灯盏

灯芯 tiã^{35}xiã^{55}

灯笼 tiã^{22}lã^{55}

袋牯 tʰia^{21}kɔ^{33} 包

　袋子 tia^{55}lə^{21}

　包 piəu^{35}

钱袋牯 tsʰã^{24}tʰia^{21}kɔ^{33}

　钱包 tsʰã^{24}piəu^{55}

针 tsã^{35}

针鼻头 tsã^{35}pʰɛ^{21}tʰəu^{33} 针眼

穿针 tsʰuã^{35}tsã^{35}

抵针皮 ti^{33}tsã^{55}pʰa^{33} 顶针

锥子 tsuɛ^{35}lə^{33}

扇子 sã^{55}tə^{21}

揩屎棍 kʰa^{35}sɿ^{33}kuã^{33} 旧时用稻草卷成，擦屁股用

九　称谓

*徕头 lia^{55}tʰəu^{21}

*女子家 lie^{55}tə^{21}ko^{55}

　女子家家 lie^{55}tə^{21}ko^{22}ko^{55} 一般指未婚的女子

*后生 xəu^{55}ɕie^{55}

　后生家 xəu^{55}ɕie^{55}ko^{55} 年轻人

大后生 tʰo^{21}xəu^{55}ɕie^{55} 已成年男子

*老人家 lie^{55}ŋ^{33}ko^{55}

老物什 lie^{55}va^{21}sɿ^{33} 老人，贬义

　七老八十 tsʰɛ^{21}lie^{55}pia^{213}sɿ^{21}

一族人 ɿ^{33}tʰəu^{55}ŋ^{33} 一家人

家庭 ko^{22}tʰio^{55} 家族

　家族 ko^{22}tʰəu^{55}

屋腹□ ɔ^{11}pu^{33}tɕiã^{33} 一家人，不是外人

本地人 piã^{33}tʰɛ^{21}ŋ^{33}

门下个 miã^{21}xo^{55}kə^{21} 外乡人

*老乡 lie^{55}ɕiẽ^{35}

乡里个 ɕiẽ^{22}la^{55}kə^{21} 乡里人

寡婆拐子 ko^{33}pʰu^{33}kua^{33}lə^{33} 寡妇

偷人婆 tʰəu^{35}ŋ^{33}pʰu^{33}

野□公 lio^{55}li^{21}kã^{35} 情夫

私徕 sɿ^{35}lia^{55} 私生子

败子 pʰia^{21}tsɿ^{33} 败家子

骗子 pʰã^{55}tsɿ^{33}

*溜子 liəu^{35}tsɿ^{33}

*打溜个 ta^{33}liəu^{35}kə^{33}

拐子 kua^{33}tsɿ^{33} 拐卖人口的人

贼拐佬 tsʰə^{21}kua^{33}lɔ^{55}

　贼佬拐 tsʰə^{21}lɔ^{55}kua^{33}

土匪 tʰɔ^{33}fei^{33}

同娘哥 tʰia^{21}lə^{55}ko^{33} 称瑶族男性

同娘姐 tʰia^{21}lə^{55}tɕie^{55} 称瑶族女性

*老同 lie^{55}tɕʰiã^{24}

*老华 lie^{55}fa^{21}

*□suã^{35}放在称谓前，表示忽略了辈分

长工tɕʰiẽ^{24}kã^{55}

长工脑牯tɕʰiẽ^{24}kã^{55}lie^{33}kɔ^{33}

短工tiẽ^{33}kã^{55}

零工lio^{21}kã^{55}

*老板lie^{55}pie^{33}

先生sã^{22}ɕie^{55} ①教书先生；②医生

学生ɕiəu^{21}ɕie^{55}

同学tʰẽ^{24}ɕiəu^{21}

兵pio^{35}士兵

农夫公lẽ^{21}fu^{55}kã^{55}农民

当官个tẽ^{35}kyẽ^{35}kə^{33}当官的

盯门个tio^{213}miã^{24}kə^{33}门卫

开车个xə^{22}tsʰo^{35}kə^{33}驾驶员

打铁个ta^{33}tʰi^{213}kə^{33}铁匠

□铁个to^{33}tʰi^{213}kə^{33}

屠夫公tʰɔ^{24}fu^{55}kã^{55}屠户

丫头o^{35}tʰəu^{55}丫鬟

十　亲属

伯公pʰo^{21}kã^{55}曾祖父

伯婆pʰo^{21}pʰo^{21}曾祖母

叔公公səu^{213}kã^{55}kã^{55}祖父的弟弟

叔□□səu^{213}liã^{55}liã^{55}祖父的弟媳

伯公公po^{213}kã^{55}kã^{55}祖父的哥哥

伯□□po^{213}liã^{55}liã^{55}祖父的嫂子

□□tə^{22}tə^{55}外祖母

老□公lie^{55}tə^{35}kã^{55}外公的父亲

老□婆lie^{55}tə^{55}pu^{55}外公的母亲

姨□□ʅ^{24}tə^{55}tə^{55}姨外婆

姨□公ʅ^{24}tə^{55}kã^{55}姨外公

舅公tɕʰiəu^{55}kã^{55} ①妈妈的舅舅；②爸爸的舅舅

舅婆tɕʰiəu^{55}pʰu^{33} ①妈妈的舅妈；②爸爸的舅妈

姨□□ʅ^{24}liã^{55}liã^{55}奶奶的姐妹

姨公公ʅ^{24}kã^{55}kã^{55}奶奶的姐夫或者妹夫

亲亲tɕʰiã^{22}tɕʰiã^{55}干爹干娘，面称背称通用，可以指其中之一，也可以指两人

*同年爷tʰiã^{24}lə^{55}io^{33}

*同年娘tʰiã^{24}lə^{55}lə^{55}

两姊嫂liẽ^{55}tsʅ^{33}ɕie^{33}妯娌俩

两兄弟liẽ^{55}ɕio^{35}lia^{55}

两姊妹liẽ^{55}tsa^{33}mə^{21}两姐妹

兄兄弟弟ɕio^{35}ɕio^{55}lia^{55}lia^{21} ①兄弟们；②兄弟间

姊姊妹妹tsa^{33}tsa^{33}mə^{21}mə^{21}姊妹间

姊姊嫂嫂tsʅ^{33}tsʅ^{33}ɕie^{33}ɕie^{33} ①妯娌们；②妯娌间

兄兄嫂嫂ɕio^{35}ɕio^{55}ɕie^{33}ɕie^{33} ①兄弟妯娌们；②兄弟妯娌间

□□嫂嫂suã^{35}suã^{55}ɕie^{33}ɕie^{33} ①堂兄弟妯娌们；②堂兄弟妯娌间

三□□子so^{35}tia^{21}ku^{55}tə^{33}三兄弟

兄子so^{55}lə^{21}丈夫的兄弟，背称

叔伯兄弟səu^{21}pə^{21}ɕio^{22}lia^{55}堂兄弟

外家哥哥və^{21}ko^{55}ko^{33}ko^{33}妻子的哥哥，叙称

外家毛毛və^{21}ko^{55}mie^{24}mie^{55}妻子的弟弟，叙称

外家姐姐və^{21}ko^{55}tɕie^{55}tɕie^{55}妻子的姐姐，叙称

外家妹崽və^{21}ko^{55}mə^{21}tsɛ^{55}妻子的妹妹，叙称

表哥piɔ^{55}ko^{33}

表姐piɔ^{55}tɕie^{55}

表姊妹piɔ^{55}tsa^{33}mə^{21}表姐妹

表嫂piɔ^{55}ɕie^{33}

表毛毛 piɔ^{55}mie^{24}mie^{55} 表弟

表妹崽 piɔ^{55}mə^{21}tsɛ^{55} 表妹

*老同 lie^{55}tʰiã^{24}

*老末 lie^{55}ma^{55}

子女 tsə^{33}lie^{55}

子子女女 tsə^{33}tsə^{33}lie^{55}lie^{55} 众子女，子女们

大儿子 tʰo^{21}lɔ^{24}tə^{33}

小儿子 sʅ^{55}lɔ^{24}tə^{33}

孙媳妇 suã^{35}ɕiã^{35}fu^{33}

侄媳妇 tsə^{21}ɕiã^{35}fu^{33}

外甥□ və^{21}ɕie^{33}po^{33} 外甥

外甥男女 və^{21}ɕie^{33}lo^{21}lie^{55} 外甥们

侄女子 tsə^{21}lie^{55}tə^{21}

外家侄子 və^{21}ko^{55}tsə^{21}tə^{21} 妻的兄弟之子

外家侄女子 və^{21}ko^{55}tsə^{21}lie^{55}tə^{21} 妻的兄弟之女

两叔侄 liẽ^{55}səu^{213}tsʅ^{21}

两爷子 liẽ^{55}io^{33}tsʅ^{33} 两父子

□□娘 tsʰo^{35}mẽ^{55}lə^{55} 亲家母

外家 və^{21}ko^{55} 娘家

□婆屋腹 tə^{35}pu^{55}ɔ^{213}pu^{33} 外婆家

十一　身体

身体 sã^{35}tʰi^{55}

条子 tʰi^{24}lə^{33} 身材：～好

桩子 tsẽ^{35}lə^{33} ～稳：人站立或者走路时稳重

胚子 pʰə^{35}lə^{33} 人的块头：～大

　胚牯 pʰa^{35}kɔ^{33}

脑牯高头 lie^{33}kɔ^{33}ke^{22}tʰəu^{55} 头上

□子毛毛 tɕʰiã^{55}lə^{21}mic^{33}mic^{33} 刘海儿

生相 ɕie^{22}ɕiẽ^{55} 长相

面皮 mã^{21}pʰa^{33} 脸面，面子

眼水 lie^{55}suɛ^{33} 投掷、射击的准确程度

眼水真 lie^{55}suɛ^{33}tsã^{35} 投掷、射击的准确度高

眼屎 lie^{55}sʅ^{33}

眼皮 lie^{55}pʰa^{33}

双眼皮 sẽ^{35}lie^{55}pʰa^{33}

单眼皮 tie^{35}lie^{55}pʰa^{33}

眼毛 lie^{55}mie^{33} 睫毛

酒氹牯 tɕiəu^{33}tʰiã^{55}kɔ^{33} 酒窝

腮 tɕʰia^{35} 腮帮子

苦骨 xɔ^{33}kua^{33} 颧骨

鼻头公 pʰɛ^{21}tʰəu^{33}kã^{55} 鼻梁

鼻头穴牯 pʰɛ^{21}tʰəu^{33}fa^{11}kɔ^{33} 鼻孔

□夹皮 tɕie^{55}ka^{33}pʰa^{33} 嘴唇

脷头苔 li^{21}tʰəu^{33}tʰia^{35} 舌苔

大脷头 tʰo^{21}li^{21}tʰəu^{33} 口齿不清

门牙 miã^{24}ŋo^{33}

座牙 tsʰə^{55}ŋo^{33} 磨牙

当门牙齿 tie^{35}miã^{21}ŋo^{24}tsʰʅ^{21} 虎牙

暴牙齿 piəu^{55}ŋo^{33}tsʰʅ^{21} 向外斜长的牙齿

缺牙齿 kʰuei^{213}ŋo^{33}tsʰʅ^{21}

□牙 liã^{24}ŋo^{33} 蛀牙

牙根□ ŋo^{21}kã^{55}li^{21} 牙龈

牙齿屎 ŋo^{33}tsʰʅ^{21}sʅ^{33} 牙垢

耳夹皮 lie^{55}ka^{33}pʰa^{33} ①耳郭；②似叶子的茶饼菌

耳夹屎 lie^{55}ka^{33}sʅ^{33} 耳屎

声音 so^{22}iã^{55}

嗓音 so^{22}iã^{55}

喉咙□ xəu^{24}liã^{55}kua^{33} 嗓门

喉咙□燥 xəu^{24}liã^{55}kya^{33}ɕie^{33} 嗓门大

络腮胡子 lɔ^{24}suɛ^{33}vu^{24}lə^{33}

勺锹骨 ɕye^{21}tsʰʅ^{55}kua^{33} 肩胛骨

石灰夹夹 so^{21}fə^{33}ŋa^{11}ŋa^{33} 腋窝

手□子 səu^{33}mẽ^{55}lə^{21} 手臂

巴掌 po^{35}tsẽ^{55} 手掌

手心 səu^{33}ɕiã^{35}

手背 səu^{33}pə^{55}

老鼠肉 lie^{55}ɕie^{21}vu^{33} 上臂的肌肉

足□子 tɕie^{213}mẽ^{55}lə^{21} 小腿

当门骨 tẽ^{35}miã^{33}kua^{33} 胫骨，小腿骨

牛婆肚 ŋəu^{24}pu^{55}t^{h}ɔ^{55} 腿肚子

赤足 so^{21}tɕie^{55}

足背 tɕie^{213}pə^{55}

足底板 tɕie^{11}ti^{33}pie^{33} 脚掌

足崽崽 tɕie^{213}tsə^{33}tsɛ^{33} 脚趾

足甲 tɕie^{213}ko^{55} 脚趾甲

足印子 tɕie^{213}iã^{21}lə^{33} 脚印儿

足胵 tɕie^{213}tɕiã^{55} 脚心

□鸡公 sã^{33}tsɿ^{33}kã^{55} 脚后跟

大足髀 t^{h}o^{21}tɕie^{213}p^{h}ia^{55} 大腿

胯胯 k^{h}a^{24}k^{h}a^{55} 裆，两条腿的中间

下身 xo^{55}sã^{55} 下阴，婉称

臟头 ts^{h}ẽ^{21}t^{h}əu^{33} 大肠尾端

睾子 k^{h}ɔ^{33}lə^{33} 睾丸

螺丝骨 lə^{24}sɿ^{33}kua^{33} 踝

胸口 ɕiã^{35}xəu^{33}

　胸口跕牯 ɕiã^{35}xəu^{33}t^{h}iã^{55}kɔ^{33}

肋条 lə^{21}t^{h}iɔ^{21} 肋骨

小肚子 sɿ^{55}t^{h}ɔ^{55}lə^{21} 小腹

腰骨 ɿ^{35}kua^{33} 腰

放屁 pẽ^{55}p^{h}ɛ^{55}

螺 lə^{24} 圆形螺纹手指头上的

汗毛 xiẽ^{21}mie^{33}

鱼痣 ŋɔ^{24}tsɿ^{55} 突出来的肉痣

骨头 kua^{11}t^{h}əu^{33}

筋 tɕiã^{35}

血 fei^{213}

脉 mə^{21}

心 ɕiã^{35} 心脏

　脔心 liẽ^{24}ɕiã^{55}

肝花 kiẽ^{35}xo^{55} 肝

肺 fei^{55}

腰子 ɿ^{35}lə^{33} 肾脏

胆 tẽ^{33}

脾 p^{h}a^{24}

□子 liẽ^{24}tə^{33} 肠子

大□子 t^{h}o^{21}liẽ^{24}tə^{33} 大肠

小□子 sɿ^{55}liẽ^{24}tə^{33} 小肠

十二　疾病医疗

有寒气 xəu^{55}xie^{24}ts^{h}ɿ^{55} 受凉

灌了风 kyẽ^{55}lie^{21}fiã^{35} 吹了凉风

好呱了 xie^{33}kua^{33}lie^{21} 病好了

诊病 tso^{33}p^{h}io^{21}

开单子 xə^{35}tie^{35}lə^{33} 开药方

驮药 tə^{33}ie^{21} 抓药

买药 mia^{55}ie^{21}

拣茶 tɕie^{213}ts^{h}o^{24} 买中药

　抓药 tsɔ^{35}ie^{21}

中药 tsẽ^{35}ie^{21}

西药 sɿ^{35}ie^{21}

草药 tɕ^{h}ie^{33}ie^{21}

引子 iã^{33}lə^{33} 药引子

煲茶 pie^{35}ie^{24} 煎药

　熬中药 ŋe^{35}tsẽ^{35}ie^{21}

膏药 ke^{35}ie^{21}

□膏药 lio^{213}ke^{35}ie^{21} 贴膏药

上药 sẽ^{55}ie^{21} 涂药

　搽药 tsʰo^{24}ie^{21}

退烧 tʰo^{55}sɿ^{35}

清火 tɕʰio^{35}fu^{33} 降火，消炎

解毒 ka^{33}tʰɔ^{21}

□痧 tsuei^{213}so^{35} 拔火罐

打冷噤 ta^{33}lo^{55}tsã^{55} 寒战

起鸡婆瘤 sɿ^{33}tsɿ^{35}pu^{55}liəu^{24} 起鸡皮疙瘩

*疯气 fẽ^{22}tsʰɿ^{55}

绊疯气 pʰẽ^{21}fẽ^{35}tsʰɿ^{55} 接触毒气

*疯瘩婆 fiã^{22}ta^{55}pʰo^{21}

咳半截嗽 kʰə^{213}piẽ^{55}tsɿ^{33}səu^{55} 间断性咳嗽

扯齁 ya^{21}xəu^{35} 哮喘

发痧 fia^{213}so^{35} 中暑

刮痧 kya^{11}so^{35}

有火气 xəu^{55}fu^{33}tsʰɿ^{55} 上火

火气重 fu^{33}tsʰɿ^{55}tsʰã^{55} 上火严重

*发损□ fia^{21}ɕyã^{33}tsʰa^{21}

鼓气 kɔ^{33}tsʰɿ^{55} 胀气

胸口□ ɕiã^{35}xəu^{33}tsʰa^{21} 胸痛

脑牯晕 lie^{33}kɔ^{33}fã^{24} 头晕

　脑牯□ lie^{33}kɔ^{33}mẽ^{21}

　脑牯昏 lie^{33}kɔ^{33}fã^{35}

闷车 mẽ^{21}tsʰo^{35} 晕车

脑牯□ lie^{33}kɔ^{33}tsʰa^{21} 头疼

想吐 ɕiẽ^{33}tʰɔ^{55} 恶心

干哕 kiẽ^{35}ye^{55}

出麻子 suɛ^{213}mo^{24}tə^{33} 出麻疹

出痘子 suɛ^{213}tʰəu^{21}lə^{21} 出水痘

痨病 lie^{24}pʰio^{21} 肺结核

抽筋 tsʰəu^{35}tɕiã^{35} 抽搐

天蛇头 tʰã^{22}so^{24}tʰəu^{33} 长在手指上的一种疮疾

地蛇头 tʰɛ^{21}so^{24}tʰəu^{33} 长在脚趾上的一种疮疾

砸倒 tɕia^{11}tie^{33} 跌倒

　跌倒 tʰie^{21}tie^{33}

出血 suɛ^{213}fie^{213}

结疤子 tsɿ^{11}po^{35}lə^{33} 结痂

痔疮 tsɿ^{55}tsʰẽ^{55}

痧痱 so^{35}pɛ^{55} 痱子

生□子 ɕie^{35}tsʰua^{24}lə^{33} 长疖子

蚊子屎 miã^{55}lə^{21}sɿ^{33} 雀斑

臭□夹 tsʰəu^{55}tɕie^{55}ka^{33} 臭嘴

*西鸭公 sɿ^{35}o^{213}kã^{55}

疯 fẽ^{35} 瘫痪

　瘫 tʰie^{35}

虾公背 xo^{22}kã^{55}pə^{55} 轻微的驼背

跛子手 po^{55}tsɿ^{33}səu^{33} 手残者

跰子 pia^{35}lə^{33} 腿残者

聋 liã^{24}

哑 o^{33}

癞子 lia^{21}lə^{21}

缺子 kʰuei^{213}lə^{33} 豁唇子

左撇子 tsə^{55}pʰie^{55}tsɿ^{33}

十三　衣服穿戴

着相 tsə^{213}ɕiẽ^{55} 穿着打扮

*木木 mɔ^{21}mɔ^{33}

家织木木 ko^{22}tsɿ^{55}mɔ^{21}mɔ^{33} 家织布

花木木 xo^{35}mɔ^{21}mɔ^{33} 花布

□木木 ya^{21}mɔ^{21}mɔ^{33} 扯布，买布

衣裈 a^{35}kuã^{55} 服装

袍子 pʰie^{24}tə^{33}

山里袍子 ɕie^{35}lɛ^{55}pʰie^{24}tə^{33} 长衫

大衣 ta^{24}ɿ^{33}

盖皮衣 kə^{55}p^{h}a^{33}a^{35} 外套

里衣 lɛ^{55}a^{55} 内衣

汗衣 xẽ^{21}a^{55}

对门□ to^{55}miã^{33}k^{h}uɛ^{55} 对襟

衣尾巴 a^{35}ma^{55}kã^{55} 下摆

衣领 a^{22}lio^{55}

长衣袖 ts^{h}ẽ^{24}a^{35}tɕ^{h}io^{21} 长袖

短衣袖 tiẽ^{33}a^{35}tɕ^{h}io^{21} 短袖

单裈 tie^{35}kuã^{55} 单裤

赖死裈 lia^{213}sɛ^{33}kuã^{35} 开裆裤

满袋裈 miẽ^{55}t^{h}iã^{21}kuã^{35} 不开裆的裤子

裈袋 kuã^{35}t^{h}iã^{21} 裤裆

裈头 kuã^{35}t^{h}əu^{55} 裤头

裈头带 kuã^{35}t^{h}əu^{55}tia^{55} 裤腰带

皮带 p^{h}a^{21}tia^{55}

裈袋牯 kuã^{35}t^{h}ia^{213}kɔ^{33} 裤子口袋

裙 tɕ^{h}yã^{24} 裙子

半截裙 piẽ^{55}tsɿ^{33}tɕ^{h}yã^{24} 短裙

□头 k^{h}uɛ^{55}t^{h}əu^{33} 扣子

鞋子 xa^{24}lə^{33}

草鞋 tɕ^{h}ie^{33}xa^{33}

*□草鞋 p^{h}ia^{33}tɕ^{h}ie^{33}xa^{33}

皮鞋 p^{h}a^{24}xa^{33} 胶鞋

　胶鞋 tɕiəu^{35}xa^{33}

棉鞋 mã^{24}xa^{33}

木木鞋子 mɔ^{21}mɔ^{33}xa^{24}lə^{33} 布鞋

襻襻鞋子 p^{h}ie^{55}p^{h}ie^{55}xa^{24}lə^{33} 带鞋襻的鞋子

鞋子底牯 xa^{24}lə^{33}ti^{33}kɔ^{33} 鞋底

鞋子面子 xa^{24}lə^{33}mã^{21}lə^{21} 鞋面

鞋子带子 xa^{24}lə^{33}tia^{55}lə^{21} 鞋带

鞋子襻襻 xa^{24}lə^{33}p^{h}ie^{55}p^{h}ie^{55} 鞋襻

*隐底 iã^{33}ti^{33}

草帽 tɕ^{h}ie^{33}mie^{21}

*啄牯 tsua^{11}ku^{55} 帽檐

　帽子啄牯 mie^{21}lə^{21}tsua^{11}ku^{55}

别针 pi^{213}tsã^{35}

毛毛 mie^{55}mie^{55} 耳环

毛毛夹子 mie^{33}mie^{33}ka^{213}lə^{33} 发夹

波罗针 po^{33}lo^{33}tsã^{35} 簪子

倒梳 tie^{55}sɔ^{55} 有齿的发箍

粉 fiã^{33} 女士用于化妆的粉底或者粉饼

口水皮 xəu^{33}suɛ^{33}p^{h}a^{33} 围嘴

手套 səu^{33}t^{h}ie^{55}

眼镜 lie^{55}tsɿ^{33}

笠头 lɛ^{21}t^{h}əu^{33} 斗笠

棕丝笠头 tɕiã^{22}sɿ^{55}lɛ^{21}t^{h}əu^{33} 用棕丝制作的斗笠，主要防晒

蓑衣 sɿ^{35}a^{55}

雨衣 vu^{55}a^{55}

十四　饮食

食□ ɿ^{21}ma^{24} 吃饭

宵上头 ɕiɔ^{33}sẽ^{21}t^{h}əu^{21} 早餐和中餐之间的加餐

宵晚下 ɕiɔ^{33}mie^{55}xo^{33} 中餐和晚餐之间的加餐

宵夜 ɕiɔ^{33}ie^{24} 吃夜宵

空物什 k^{h}iẽ^{55}va^{21}sɿ^{33} 零食

焦锅 tɕiɔ^{33}ko^{33} 锅巴

白米□ p^{h}o^{21}mi^{55}ma^{33} 白米饭

红薯丝□ xã^{24}ɕie^{21}sɿ^{33}ma^{24} 米和红薯丝混合煮的饭

糯米□ lə^{21}mi^{55}ma^{33} 糯米饭

糯□ lə^{21}ɕio^{21} 蒸熟的糯米饭，用来酿酒或者打粑粑

急火□ tsɿ^{21}fu^{33}ma^{24} 赶时间煮出来的饭

爤□ lɔ^{21}ma^{33} 热饭

冷□ lo^{55}ma^{33} 剩饭

□□ tsã^{55}ma^{24} 将冷饭加热

油炒□ iəu^{24}tsʰə^{33}ma^{24} 用油炒的饭

馊呱了 səu^{35}kua^{33}lie^{21} 馊了

臭呱了 tsʰəu^{55}kua^{33}lie^{21}（饭）煳了

粑粑 pa^{33}pa^{33} 糍粑、粽子的统称

*头□粑粑 tʰəu^{24}kʰuã^{21}pa^{33}pa^{33}

*打粑粑 ta^{33}pa^{33}pa^{33}

*馅心粑粑 xiẽ^{21}ɕiã^{55}pa^{33}pa^{33}

*哑子粑粑 o^{33}lə^{33}pa^{33}pa^{33}

米粉 mi^{55}fiã^{33}

　粉 fiã^{33}

油条 iəu^{21}tʰiɔ^{21}

饼 pio^{33}

馃子 ku^{33}tsɿ^{33} 油炸的米和面制品

荤菜 fã^{22}tɕʰia^{55}

猪肺 tɕie^{35}fei^{55}

猪□子 tɕie^{35}liẽ^{24}tə^{33} 猪肠

猪肚子 tɕie^{22}tʰɔ^{55}lə^{21} 猪的胃

猪脔心 tɕie^{35}liẽ^{24}ɕiã^{55} 猪心

鸡肫头皮 tsɿ^{35}tɕʰyã^{55}tʰəu^{33}pʰa^{33} 鸡肫

鸡□头 tsɿ^{35}xa^{24}təu^{55} 鸡的食囊

鸡血 tsɿ^{35}fei^{33}

里肉 lɛ^{55}vu^{33} 里脊肉

米□菜 mi^{55}sẽ^{33}tɕʰia^{55} 米粉肉

米□ mi^{55}sẽ^{33} 米粉肉上的米粉

走油菜 tsəu^{33}iəu^{33}tɕʰia^{55} 扣肉

*青菜 tɕʰio^{35}tɕʰia^{55}

青青菜 tɕʰio^{35}tɕʰio^{35}tɕʰia^{55} 素菜

泡豆腐 pʰiəu^{55}tʰəu^{21}fu^{21} 油炸过的豆腐

豆腐皮子 tʰəu^{21}fu^{21}pʰa^{24}lə^{33} 中空的油豆腐，一般用来做馅豆腐

片片豆腐 pʰã^{55}pʰã^{55}tʰəu^{21}fu^{21} 片状的油豆腐

白豆腐 pʰo^{21}tʰəu^{21}fu^{21} 豆腐

*馅豆腐 liã^{24}tʰəu^{21}fu^{21}

霉豆腐 mə^{24}tʰəu^{21}fu^{21} 豆腐乳

豆腐渣 tʰəu^{21}fu^{21}tso^{35}

明油 mio^{24}iəu^{33} 呈固态的油

茶油 tsʰo^{24}iəu^{33}

砂糖 so^{35}tʰẽ^{33} 红糖

白糖 pʰo^{21}tʰẽ^{33}

　盐糖 liẽ^{24}tʰẽ^{33}

香料 ɕiẽ^{35}li^{21} 佐料

豆丝 tʰəu^{21}sɿ^{35} 豆豉

纸烟 tsɿ^{33}liẽ^{55} 机器卷的烟

烤烟 kʰe^{55}liẽ^{55} ①烘烤出来的烟；②用于烘烤的烟叶

烟丝 lie^{55}sɿ^{55}

烟灰 liẽ^{22}fə^{55}

食烟 ɿ^{21}liẽ^{35} 抽烟

烟筒 liẽ^{35}tʰiã^{55}

水烟筒 suɛ^{33}liẽ^{55}tʰiã^{55}

烟盒子 liẽ^{35}xo^{21}lə^{21}

水酒 suɛ^{33}tɕiəu^{33} 在糊酿酒中加水后，过滤出来的酒

烧酒 sɿ^{35}tɕiəu^{33} 自制的蒸馏出来的酒

红薯酒 xã^{24}ɕie^{21}tɕiəu^{33} 用红薯酿造的烧酒

*拖缸酒 tʰə^{22}kiẽ^{55}tɕiəu^{33}

杨梅酒 iẽ^{24}mo^{21}tɕiəu^{33} 用杨梅泡过的酒

糊酿酒 fu^{21}liẽ^{55}tɕiəu^{33} 用糯米自制发酵酒

酒糟 tɕiəu^{33}tɕie^{55}

　酒糟皮 tɕiəu^{33}tɕie^{55}pʰa^{33}

*酿酒 liẽ^{21}tɕiəu^{33}

蒸酒 tsã^{35}tɕiəu^{33}

劝酒 kʰuã^{55}tɕiəu^{33}

清明茶 tɕʰio^{22}mi^{55}tsʰo^{24} 清明这天采摘的茶

谷雨茶 kɔ^{21}vu^{55}tsʰo^{24} 谷雨这天采摘的茶

十五　红白大事

年纪 lã^{24}tsʅ^{33} 年龄

盯日子 tio^{213}ŋ^{21}tsʅ^{33} 择日

访家 fẽ^{33}ko^{35} 女方到男方家相看

嫁女子 ko^{55}pʰɛ^{55}tə^{21}

轿子 tsʰʅ^{21}lə^{21}

*打花烛 ta^{33}xo^{35}tɕie^{33}

*洗媒 sʅ^{33}mə^{24}

*抬盒 tʰia^{24}fu^{21}

*上门 sẽ^{55}miã^{24}

*拦门 ye^{24}miã^{24}

接亲 tsʅ^{213}tɕʰiã^{35} 接新娘

*半路亲 piẽ^{55}lɔ^{21}tɕʰiã^{35}

*寄生日 tsʅ^{55}ɕie^{35}ŋ^{33}

出门 suɛ^{11}miã^{24} 改嫁

做后来娜娜 tsə^{55}xəu^{55}la^{24}ie^{33}ie^{33} 做后妈

养徕头 iẽ^{55}lia^{55}tʰəu^{21} 分娩

落呱了 lə^{21}kua^{33}lie^{21} 流产了

*催生 tsʰuɛ^{35}ɕie^{35}

接生 tsʅ^{213}ɕie^{35}

头胎 tʰəu^{24}tʰia^{55}

打三朝 ta^{33}so^{22}tsɛ^{55} 办三朝酒

*捆胎 kʰa^{213}tʰia^{35}

*报江 pie^{55}tɕiẽ^{35}

*送终 ɕiã^{55}tsẽ^{35}

*报丧 pie^{55}sẽ^{35}

*接客 tsʅ^{213}kʰo^{213}

*满七 miẽ^{55}tsʰɛ^{213}

白喜事 pʰo^{21}sʅ^{33}sʅ^{21} 丧事

*老 lie^{55}

过老 ku^{55}lie^{55} 老人过世

去呱了 xo^{55}kua^{33}lie^{21} 老人过世的讳称

　走呱了 tsəu^{33}kua^{33}lie^{21}

*老屋 lie^{55}ɔ^{33}

灵牌 lio^{24}pʰia^{33}

戴孝 tia^{55}ɕiəu^{55}

*着布衣 tsə^{213}pu^{55}a^{55}

孝子 ɕiəu^{55}tsʅ^{33}

出丧 suɛ^{21}sẽ^{35} 出殡

抬丧 tʰia^{21}sẽ^{55} 抬灵柩

送葬 ɕiã^{55}tsẽ^{55}

孝棍 ɕiəu^{55}kuã^{33} 哭丧棒

垒祖 ləu^{33}tsɔ^{33} 堆坟

碑 pɛ^{35}

　碑石 pɛ^{35}so^{21}

□碑 tuã^{55}pɛ^{35} 立碑

吊颈 ti^{55}tɕio^{33} 上吊

土地庙 tʰɔ^{33}tʰɛ^{21}mi^{21}

土地公公 tʰɔ^{33}tʰɛ^{21}kã^{22}kã^{55} 土地神

神堂 sã^{21}tʰẽ^{55} 神龛

庵堂腹 ŋ^{35}tʰẽ^{55}pu^{33} 庵子

线香 sã^{55}ɕiẽ^{55} 敬神用的香

香里钵子 ɕiẽ^{35}la^{55}po^{213}lə^{33} 香炉

点线香 tã^{33}sã^{55}ɕiẽ^{55} 点香

敬祖公兜子 tɕiã^{55}tsɔ^{33}kã^{35}təu^{35}lə^{33} 敬祖宗

鬼婆 kuɛ^{33}pʰu^{33} 巫婆

问神 miã^{21}sã^{24} 迷信，向鬼婆咨询

绹生魂 tʰie^{24}ɕie^{35}fã^{24} 迷信，向鬼婆咨询灵魂

的事

问撑鉛姑姑 miã^{21}tɕʰie^{35}tɕʰie^{33}kɔ^{35}kɔ^{55} 迷信，向鬼婆了解灶神的事情

抽签 tsʰəu^{35}tɕʰiẽ^{35}

抽牌 tsʰəu^{35}pʰia^{24}

地罗先生 tʰɛ^{21}lə^{21}sã^{22}ɕie^{55} 看风水的先生

盯地 tio^{213}tʰɛ^{21} 看风水

做道场 tsə^{55}tʰie^{55}tsʰẽ^{24}

念经 lã^{21}tɕiẽ^{35}

苦路八字 kʰɔ^{33}lɛ^{21}pia^{213}tsʰʅ^{21} 苦命

八字 pia^{213}tsʰʅ^{21} 生辰八字

盯相 tio^{213}ɕiẽ^{55} 看相

八字先生 pia^{213}tsʰʅ^{21}sã^{22}ɕie^{55} 算命先生

许愿 ɕie^{33}vã^{21}

回愿 fə^{24}vã^{21} 还愿

收惊 səu^{35}tɕio^{35} 迷信，给受惊吓的小孩画符

画水 xo^{21}suɛ^{33} 迷信，给病人画符

汗手 xiẽ^{21}səu^{33} 迷信，念咒语让人中咒

下汗手 xo^{55}xiẽ^{21}səu^{33} 念咒语

解汗手 ka^{33}xiẽ^{21}səu^{33} 迷信，解除符咒

□箸 tuã^{55}tsʰɔ^{21} 迷信，立筷子来判断邪气

*介卦 ka^{55}ko^{55}

*干瘟神 kiẽ^{55}vã^{35}sã^{55}

*牛矮子 tɕʰio^{21}a^{33}lə^{33}

*食头子 ʅ^{21}tʰəu^{24}lə^{33}

*割棕 [kə^{213}tɕiã^{35}]

财气 tɕʰia^{21}tsʰʅ^{55} 运气

走运 tsəu^{33}yã^{21} 运气好

背时 pʰɔ^{21}sʅ^{24} 运气差

  背瘟时 pʰə^{21}vã^{35}sʅ^{24}

煞气 sa^{213}tsʰʅ^{55} 迷信中一种能致病致死的邪气

撞煞气 tsʰẽ^{21}sa^{21}tsʰʅ^{55} 撞上煞气

阳火 iẽ^{24}fu^{33} 迷信，人身上具有的抵制邪气的能量

阳火高 iẽ^{24}fu^{33}ke^{35} 抵制邪气的能量大

十六　日常生活

*起早火 sʅ^{33}tɕie^{33}fu^{33}

着衣 tsə^{213}a^{35} 穿衣服

着裤 tsə^{213}kuã^{35} 穿裤子

着鞋子 tsə^{213}xa^{21}lə^{33} 穿鞋子

着水袜 tsə^{213}suɛ^{33}miã^{21} 穿袜子

解衣 ka^{33}a^{35} 脱衣服

解裤 ka^{33}kuã^{35} 脱裤子

解鞋子 ka^{33}xa^{24}lə^{33} 脱鞋子

解水袜 ka^{33}suɛ^{33}miã^{21} 脱袜子

量衣 liẽ^{24}a^{35} 量衣服

做衣 tsə^{55}a^{35} 缝制衣服

□边 ləu^{21}pã^{35} 绞边

纳鞋子底牯 to^{33}xa^{24}lə^{33}ti^{33}kɔ^{33} 纳鞋底

钉□子 tio^{55}kʰuɛ^{55}tʰəu^{33} 钉扣子

打补丁 ta^{33}pu^{33}tio^{55}

弹被絮 tʰie^{21}pa^{55}ɕie^{21} 弹棉花，做被褥

洗衣 sʅ^{33}a^{35} 洗衣服

洗一水 sʅ^{33}ʅ22suɛ^{33} 新衣服首次下水洗

洗头道 sʅ^{33}tʰəu^{24}tie^{55} 洗第一遍

摆 pia^{33} ①摆动；②摆开；③用清水漂洗

过清 ku^{55}tɕʰio^{35} 在干净水中再一次清洗

晒衣裤 sa^{55}a^{35}kuã^{55} 晒衣服

吹衣裤 tsʰuɛ^{35}a^{35}kuã^{55} 晾衣服

办场 pʰã^{21}tsʰẽ^{24} 操办丰盛的宴席

□米 tɕʰia^{213}mi^{55} 淘米

煮呱出来了 tɕie^{33}kua^{33}suɛ^{213}la^{24}lie^{21} 饭菜做好了

择青菜 tsʰo^{21}tɕʰio^{22}tsʰa^{55}

洗青菜 sɿ^{33}tɕʰio^{22}tsʰa^{55}

切青菜 tsʰɿ^{213}tɕʰio^{22}tsʰa^{55}

煮青菜 tɕie^{33}tɕʰio^{22}tsʰa^{55} 炒菜

*生 ɕie^{35}

盛□ so^{24}ma^{24} 盛饭

打汤 ta^{33}tʰẽ^{35} 做汤

舀汤 ye^{33}tʰẽ^{35}

　盛汤 so^{24}tʰẽ^{35}

□ tʰia^{213} 煎

食斋 ɿ^{21}tsa^{35} 吃素，又特指不出嫁的女性

食茶 ɿ^{21}tsʰo^{24} ①喝茶；②喝汤药

炙酒 tso^{21}tɕiəu^{33} 热酒

斟酒 tsʰã^{21}tɕiəu^{33}

□ suɛ^{213} 喝：～酒；～茶

夹青菜 ka^{213}tɕʰio^{22}tɕʰia^{55} 夹菜

颈干 tɕio^{33}kiẽ^{35} 口渴

胀倒呱了 tsẽ^{55}tie^{33}kua^{33}lie^{21} 吃撑了

上枱子 sẽ^{55}tʰia^{24}lə^{33} 入席

移箸 ɿ^{213}tsʰɔ^{21} 动筷子，请客人吃菜的话

赶菜 ke^{33}tɕʰia^{55} 将菜碗中的菜倒入饭碗中

食莫入 ɿ^{21}mə^{21}ŋ^{21} 吃不下，没胃口

*打伙 ta^{33}fu^{33}

*打平伙 ta^{33}pʰio^{24}fu^{21}

□气 tsʰua^{24}tsʰɿ^{55} 气味

　气味 tsʰɿ^{55}vɛ^{21}

洗手 sɿ^{33}səu^{33}

洗面 sɿ^{33}mã^{21} 洗脸

□□夹 lẽ^{33}tɕie^{55}ka^{33} 漱口

辫辫子 piã^{35}piã^{35}tə^{33}

剃胡子 tʰi^{35}vu^{24}lə^{33}

　刮胡子 kya^{21}vu^{24}lə^{33}

铗手甲 ka^{213}səu^{33}ko^{55} 剪指甲

□耳夹 ɕy^{55}lie^{55}ka^{33} 掏耳朵

抹澡 mo^{24}tɕie^{55} 擦澡

解手 ka^{33}səu^{33} 上厕所，婉称

　转弯 tsuã^{33}ye^{35}

解小手 ka^{33}səu^{33} 撒尿，婉称

解大手 ka^{33}səu^{33} 拉屎，婉称

*炉□ lɔ^{21}mẽ^{55}

敨凉 tʰəu^{33}liẽ^{24} 乘凉

炙火 tso^{11}fu^{33} 烤火

点油盏火 tã^{33}iəu^{24}tɕie^{55}fu^{33} 点灯

铺床 pʰu^{35}tsʰẽ^{24}

睏倒 fã^{55}tie^{33} 躺下

睏着呱了 fã^{55}tsʰə^{21}kua^{33}lie^{21} 睡着了

睏莫着 fã^{55}mə^{21}tsʰə^{21} 睡不着

睏晚下觉 fã^{55}mie^{55}xo^{33}tɕiəu^{213} 睡午觉

向天睏 ɕiẽ^{55}tʰã^{35}fã^{55} 仰面睡

侧起睏 tsʰə^{213}sɿ^{33}fã^{55} 侧着身子睡

伏起睏 pʰu^{21}sɿ^{33}fã^{55} 趴着睡

□筋 ya^{213}tɕiã^{35} 抽筋

惊醒 tɕio^{22}ɕio^{55} 警觉，睡眠不深

讲梦话 tɕiã^{33}miã^{21}xo^{21} 说梦话

发梦癫 fia^{213}miã^{21}tã^{55} 做噩梦，尤指伴着喊叫的噩梦

打被 ta^{33}pa^{55} ①睡觉时将盖在身上的被子踢开；②叠被子

赶夜工 kiẽ^{33}io^{21}kã^{55} 开夜车加班

　加夜班 ko^{35}io^{21}pie^{35}

过圂夜 ku^{55}lyẽ^{24}io^{21} 熬通宵

生死 ɕie^{35}sɛ^{33}

出呱去了 suɛ^{213}kua^{33}xɔ^{55}lie^{21} 出去了

归来了 kuɛ^{22}la^{55}lie^{33} 回家了

十七　讼事

告状 ke^{55}ts^{h}ẽ^{21}

打官司 ta^{33}kyẽ^{35}sɿ^{33}

家屋腹个事 ko^{35}ɔ^{213}pu^{33}kə^{33}sɿ^{21} 家务事

问话 miã^{21}xo^{21}

对质 to^{55}tsɿ^{213} 对证

□手□ xe^{21}səu^{33}mo^{33} 按手印

上铗子 sẽ^{55}ka^{11}lə^{33}

服 fu^{21}

莫服 mə^{21}fu^{21} 不服

犯法 fiã^{55}ɕiəu^{213}

搭起呱了 xa^{35}sɿ^{33}kua^{33}lie^{21} 逮捕

手铐 səu^{33}k^{h}e^{55}

坐班房 ts^{h}ə^{55}pie^{35}fẽ^{55} 坐牢

打靶 ta^{33}po^{33} 枪决

砍脑牯 k^{h}iẽ^{33}lie^{33}kɔ^{33} 杀头

罚钱 fia^{213}ts^{h}ã^{24} 罚款

放出来 pẽ^{55}suɛ^{21}la^{33} 特指从监狱中放出

地契 t^{h}ɛ^{21}ts^{h}ɿ^{55}

交税 tɕiəu^{35}suei^{55} 纳税

印 iã^{55} 印章

上任 sẽ^{55}iã^{55}

撤 ts^{h}o^{213} 罢免

十八　交际

熟人 səu^{21}ŋ^{33}

生疏人 ɕie^{22}sɔ^{55}ŋ^{33} 陌生人

主人家 tɕie^{33}ŋ^{33}ko^{55}

来客 la^{24}k^{h}o^{213} 来客人

请客 tɕ^{h}io^{33}k^{h}o^{213}

待客 t^{h}ia^{55}k^{h}o^{213}

做人客 tsə^{55}ŋ^{24}k^{h}o^{33}（用来）招待客人

做客 tsə^{55}k^{h}o^{213} ①谦让；②做客

陪客 p^{h}ə^{24}k^{h}o^{213}

送客 ɕiã^{55}k^{h}o^{213}

莫送了 mə^{21}ɕiã^{55}lie^{21} 不送了

多谢了 tə^{35}tɕ^{h}io^{33}lie^{33} 谢谢，致谢语

客气 k^{h}ə^{11}ts^{h}ɿ^{33} ①客气；②体面

莫客气 mə^{21}k^{h}ə^{11}ts^{h}ɿ^{33} 不客气

* 食得咸 ɿ^{21}tə^{33}xo^{24}

* 手甲长 səu^{33}ko^{55}ts^{h}ẽ^{24}

* 食得开 ɿ^{21}tə^{33}xə^{35}

摆酒 pia^{33}tɕiəu^{33} 摆酒席

帖子 t^{h}i^{213}tə^{33} 请帖

下帖子 xo^{55}t^{h}i^{213}tə^{33} 下请帖

上菜 sã^{55}tɕ^{h}ia^{55}

上席 sẽ^{21}tɕ^{h}io^{21}

下席 xo^{55}tɕ^{h}io^{21}

挂角 kya^{55}tɕiəu^{213} 在四方餐桌的角上增加的座位

讲莫来 tɕiã^{33}mə^{21}la^{24}（两人）谈不来，不和

冤枉 yẽ^{33}vã^{33}

做样子 tsə^{55}iẽ^{21}lə^{21}

* 在回 tɕ^{h}ia^{55}fə^{21}

　随倒 ts^{h}uɛ^{24}tie^{33}

摆架子 pia^{33}ko^{55}lə^{21}

摆谱 pia^{33}p^{h}u^{33} 摆资格

摆格 pia^{33}kə^{213} 炫耀，摆阔气，讲排场

　摆水 pia^{33}suɛ^{33}

现世 ɕiẽ^{55}sɿ^{55} 出洋相

　出洋相 suɛ^{213}iẽ^{24}ɕiẽ^{55}

　出丑 suɛ^{213}ts^{h}əu^{33}

□面皮 k^{h}uei^{21}mã^{21}p^{h}a^{33} 丢脸

失白 sɿ^{21}pʰo^{21} ①失信；②事情办砸；③露馅

失白失牯 sɿ^{21}pʰo^{21}sɿ^{21}kɔ^{33}

盯得起 tio^{213}tə^{33}sɿ^{33} 看得起

盯莫起 tio^{213}mə^{21}sɿ^{33} 看不起

巴莫得 po^{35}mə^{21}tə^{33} 巴不得

作力 tsʰə^{21}li^{21} 出力帮助

出力 suɛ^{213}li^{21}

合伙 fu^{213}fu^{33}

答应 to^{213}iã^{55}

莫答应 mə^{21}to^{213}iã^{55} 不答应

撵呱出去 luei^{21}suɛ^{213}xɔ^{55} 撵出去

出处 suɛ^{213}tɕʰie^{55} 出息

性子 ɕio^{55}tsɿ^{33} 脾气

发性 fia^{213}ɕio^{55} 生气，使性子

悚事 ɕiã^{33}sɿ^{21} 怕事

悚死 ɕiã^{33}sɛ^{33} 怕死

知莫得生死 tɛ^{35}mə^{21}tə^{33}ɕie^{35}sɛ^{33} 很危险，但不知道

搞手 kɔ^{55}səu^{33} ①对手：我莫是你的～；②值得做的事：没得～

赖死 lia^{213}sɛ^{33} 耍赖

莫理子 mə^{21}lɛ^{55}tsə^{33} 不理他

讲道理 tɕiã^{33}tʰie^{55}lɛ^{21} 讲礼貌

悚丑 ɕiã^{33}tsʰəu^{33} 害羞

搭话 to^{213}xo^{21}

打辣 ta^{33}lia^{21} ①爱占便宜；②泼辣

出众 suɛ^{213}tsẽ^{55} 公众场合不怯场

出打 suɛ^{213}ta^{33}

教检 tɕiəu^{35}tɕie^{33} 家教，教育

失教 sɿ^{21}tɕiəu^{55} 没家教

过话 ku^{55}xo^{21} 传话

口水话 xəu^{33}suɛ^{33}xo^{21} 闲话

讲耍话 tɕiã^{33}sua^{33}xo^{21} 闲聊的话

口彩 kʰəu^{33}tɕʰia^{33}

讨口彩 tʰie^{33}kʰəu^{33}tɕʰia^{33} 希望得到好的口彩

彩头 tsʰa^{33}tʰəu^{33} 兆头

滚下一年 kʰã^{21}tia^{33}ɿ^{33}lã^{35} 小孩成长顺利的祝愿语

顺溜 suã^{21}liəu^{33} 顺利的祝愿语

起呱来了 sɿ^{33}kua^{33}la^{24}lie^{33} 运气好起来的祝愿语

赌咒 tɔ^{33}tɕiəu^{55} 发誓

妲妃娘娘 tʰã^{55}tsɿ^{55}liã^{21}liã^{21} 针对女性的骂人话

鸡婆兜兜 tsɿ^{35}pu^{55}təu^{55}təu^{55} 指头发凌乱的女孩

鬼崽崽 kuɛ^{33}tsə^{33}tsə^{33} 针对小孩的骂人话

短命鬼 tiẽ^{33}mio^{21}kuɛ^{33} 咒人夭折

阴死鬼 iã^{35}sɛ^{33}kuɛ^{33} 阴险狡猾的人

背时鬼 pʰə^{21}sɿ^{24}kuɛ^{33} 运气不好的人

莫□面 mə^{21}iã^{21}mã^{21} 不要面子的人

三只手 so^{35}tso^{33}səu^{33}

活死人 fə^{21}sɛ^{33}ŋ^{33}

现世宝 ɕiẽ^{55}sɿ^{55}pie^{33}

臭狗屎 tsʰəu^{55}kəu^{33}sɿ^{33} 名声很臭的人

贪吃婆 tʰie^{35}ɿ^{21}pʰu^{33} 贪吃的人

赶饮食 kiẽ^{33}ŋ^{55}a^{55}iã^{33}sɿ^{21} 咒人吃不该吃或者不该某个时候吃东西

读屎坑板子 tʰə^{21}sɿ^{33}kʰe^{55}pie^{33}lə^{33} 骂不懂礼的读书人

十九　商业交通

牌子 pʰia^{24}tə^{33} 招牌

开铺子 xə^{35}pʰu^{55}lə^{21}

摆摊子 pia^{33}tʰie^{35}lə^{33}

下馆子 xo^{55}kyẽ^{33}tə^{33}

磅秤 pie^{33}tsʰã^{55}

秤砣 tsʰã^{55}tʰəu^{33}

学手艺 ɕiəu^{21}səu^{33}li^{21}

带徒弟 tia^{55}tʰɔ^{24}tʰi^{55}

剃脑牯 tʰi^{35}lie^{33}kɔ^{33} 理发

菜行 tɕʰia^{55}xiẽ^{33} 肉铺

猪行 tɕie^{35}xiẽ^{33} 猪市

牛行 ŋəu^{24}xiẽ^{33} 牛市

鸡行 tsɿ^{33}xiẽ^{33} 鸡市

米行 mi^{55}xiẽ^{33} 米市

批屋 pʰi^{35}ɔ^{213} 租房子

　租屋 tsɔ^{35}ɔ^{213}

买 mia^{55}

卖 mia^{21}

开张 xə^{35}tsẽ^{35} 开业

啸价 ɕiəu^{213}ko^{55} 开价

回价 fə^{24}ko^{55} 还价

　予价 ie^{35}ko^{55}

生意好 ɕie^{35}ɿ^{55}xie^{33}

出账 suɛ^{213}tsẽ^{55}

赊账 so^{35}tsẽ^{55}

收条 səu^{35}tʰi^{33}

保本 pie^{33}piã^{33}

赚钱 tɕʰy^{55}tsʰã^{33}

垫本 tʰã^{24}piã^{55} 亏本

利钱 lɛ^{21}tsʰã^{33} 利息

运气好 yã^{21}tsʰɿ^{55}xe^{33}

押钱 ŋo^{213}tsʰã^{33} 押金

收账 səu^{35}tsẽ^{55} 收债

欠账 tɕʰiẽ^{55}tsẽ^{55}

票 pʰiəu^{55} 发票

票子 pʰiəu^{55}tsɿ^{33} 钞票

存钱 tsʰuã^{24}tsʰã^{24} 存款

铜钱 tʰiã^{24}tsʰã^{33}

一分钱 ɿ^{33}fiã^{35}tsʰã^{33}

一角钱 ɿ^{33}tɕie^{213}tsʰã^{33}

一文花钱 ɿ^{33}miã^{55}xo^{55}tsʰã^{33} 一块钱

十文花钱 sɿ^{21}miã^{55}xo^{55}tsʰã^{33} 十块钱

一百文花钱 ɿ^{33}po^{213}miã^{55}xo^{55}tsʰã^{33} 一百块钱

一张票子 ɿ^{33}tsẽ^{35}pʰiəu^{55}tsɿ^{33}

过秤 ku^{55}tsʰã^{55} 复秤验证

平秤 pʰio^{24}tsʰã^{55} 称重时秤杆持平

称起□ tsʰã^{35}sɿ^{33}kuei^{55} 称重时秤杆尾端稍上扬

抛秤 pʰiəu^{35}tsʰã^{55} 比商定的重量稍多

铁路 tʰi^{213}lɔ^{21}

火车 fu^{33}tsʰo^{55}

火车站 fu^{33}tsʰo^{55}tsẽ^{55}

汽车 tsʰɿ^{55}tsʰo^{55}

客车 kʰo^{213}tsʰo^{55}

货车 kʰəu^{55}tsʰo^{55}

三轮车 sã^{33}lẽ^{21}tsʰo^{55}

单车 tie^{22}tsʰo^{55} 自行车

船 suã^{24}

二十　文化教育

开蒙 xə^{35}mẽ^{24}

放假 pẽ^{55}tɕia^{55}

请假 tɕʰio^{33}tɕia^{55}

上课 sẽ^{55}kʰo^{24}

下课 xo^{55}kʰo^{24}

粉笔 fiã^{33}pɛ^{33}

笔嘴嘴 pɛ^{33}tsuɛ^{33}tsuɛ^{33} 笔尖

笔壳壳pɛ^{33}kʰo^{21}kʰo^{21}笔帽

笔挂牯pɛ^{33}kya^{55}ku^{55}笔挂

笔筒牯pɛ^{33}tʰiã^{33}kɔ^{33}笔筒

墨水mə^{21}suɛ^{33}

红墨水xã^{24}mə^{21}suɛ^{33}

蓝墨水lo^{24}mə^{21}suɛ^{33}

信壳子ɕiã^{55}ɕiəu^{213}lə^{33}信封

读书个人tʰɔ^{21}ɕie^{35}kə^{21}ŋ^{24}读书人

读书tʰɔ^{21}ɕie^{35} ①读书；②上学

识字sɿ^{213}tsʰɿ^{21}

背书pʰə^{21}ɕie^{35}

头名tʰəu^{24}mio^{33}

末名ma^{55}mio^{33}

写字ɕio^{33}tsʰɿ^{21}

写白字ɕio^{33}pʰo^{21}tsɿ^{21}

白字先生pʰo^{21}tsɿ^{21}sã^{22}ɕie^{55}

二十一　文体活动

鬼崽崽书kuɛ^{33}tsə^{33}tsə^{33}ɕie^{35}连环画

食子ɿ^{21}tsɿ^{33}抓子游戏，向上抛出石子，做完规定动作后再接住

打水漂ta^{33}suɛ^{33}pʰiəu^{55}

刁索子ti^{35}sə^{213}lə^{33}穿绳子的手指游戏

象棋ɕiẽ^{55}tsʰɿ^{21}

将tɕiẽ^{55}将，帅

士sɿ^{55}

象ɕiẽ^{55}象，相

车tɕie^{35}象棋中的车

炮pʰiəu^{55}

卒子tsəu^{213}tə^{33}

上士sẽ^{55}sɿ^{55}

落士lə^{21}sɿ^{55}

飞象pa^{35}ɕiẽ^{55}

落象lə^{21}ɕiẽ^{55}

游水iəu^{24}suɛ^{33}游泳

打沕子ta^{33}ma^{213}tə^{33}潜水

打浮子ta^{33}pʰie^{24}tsɿ^{33}凫水

翻白fie^{35}pʰo^{21}仰泳

打拳ta^{33}kʰuã^{24}

打球ta^{33}tɕʰiəu^{24}

走鸡公路tsəu^{33}tsɿ^{35}kã^{55}lɔ^{21}倒立走

耍刀sua^{33}tie^{35}

耍枪sua^{33}tɕʰiẽ^{35}

射箭so^{21}tsã^{55}

倒马tie^{33}mo^{55}掰手腕

□马pa^{11}mo^{55}

花面xo^{35}mã^{21}花脸

丑角tsʰəu^{33}tɕie^{33}小丑

二十二　动作

流眼泪水liəu^{33}lie^{55}lə^{21}suɛ^{33}流泪

□so^{55}驱使狗追人或者猎物

□ɕyẽ^{55}呼唤家禽家畜

睃sə^{35}斜视

翘□夹tɕʰiəu^{55}tɕie^{55}ka^{33}噘嘴

□kã^{33}啃

□lio^{55}舔：用舌头～

啄脑牯tsua^{11}lie^{33}kɔ^{33}点头

抬脑牯tʰia^{24}lie^{33}kɔ^{33}抬头

埋脑牯mia^{24}lie^{33}kɔ^{33}低头

勾脑牯kəu^{35}lie^{33}kɔ^{33}垂头

□脑牯pʰiã^{55}lie^{33}kɔ^{33}摇头

转过面去tsuã^{33}ku^{55}mã^{21}xɔ^{55}脸转过去

哭赖xɔ^{213}lia^{21}哭

笑 $sɿ^{55}$

打 ta^{33} ①动词：～我；②量词：一～

*抙 $tɕ^hyã^{24}$

顺 $suã^{21}$ ①宠，溺爱；②顺利

捋 lua^{213}

*炙 tso^{213}

撑 $tɕ^hie^{55}$

撑船 $tɕ^hye^{35}suã^{24}$

*沕 ma^{213}

□ $tuã^{35}$ 扽

*载 $tɕia^{55}$

烘 $xiẽ^{55}$

筛 sa^{35}

揩 k^ha^{35}

*滗 pi^{213}

□ $tɕ^hia^{213}$ 蹭：在缸上～

举手 $tɕy^{33}səu^{33}$

□手 $p^hiã^{55}səu^{33}$ 甩手

□手 $va^{24}səu$ 招手

动手 $t^hẽ^{55}səu^{33}$

拍手 $p^hie^{24}səu^{33}$

放手 $pẽ^{55}səu^{33}$

松手 $sẽ^{35}səu^{33}$

捏拳头 $la^{35}k^huã^{24}kɔ^{33}$ 攥起拳头

拃 $tɕ^hia^{24}$ ①动词：张开大拇指和食指测量长度；②量词，张开手掌后，大拇指和食指之间的长度为一拃

捶背 $ts^hua^{24}pə^{55}$

*□ p^hia^{33} ①单肩挎；②挑两边不平衡的担子；③用针挑出肉中的刺

□ $tsəu^{35}$ 蹲：～倒

□起来 $ya^{35}sɿ^{33}la^{33}$ 爬起来

刁足 $ti^{35}tɕie^{213}$ 跷二郎腿

顿足 $tuã^{35}tɕie^{213}$ 跺脚

□子 $tə^{21}lə^{21}$ 踉跄

□一□子 $təu^{33}ɿ^{33}tə^{21}lə^{21}$ ①绊了一脚；②踢一脚

出 $suɛ^{213}$

*归 $kuɛ^{35}$

出堂 $suɛ^{21}t^hẽ^{24}$ 躲藏一段时间后露面

弯腰 $ye^{35}ɿ^{35}$

直腰 $ts^hɿ^{21}ɿ^{35}$ 伸腰

翘□股 $tɕ^hiəu^{55}sã^{33}kɔ^{33}$ 撅屁股

翘尾公 $tɕ^hiəu^{55}ma^{55}kã^{55}$ ①翘起尾巴；②骄傲

*起风 $sɿ^{33}fiã^{35}$

刮 kya^{213}

绊 $p^hẽ^{21}$

拌 $p^hiẽ^{21}$

*禁 $tɕiã^{55}$

搅 $tɕiəu^{33}$

敲 k^he^{35}

拍 p^hie^{24}

*抈 $vɛ^{213}$

塞 $sə^{213}$

□ $mə^{35}$ 腐烂：死鱼～呱了

抹 mo^{24}

挖 fa^{35} ①（用鞭子）抽；②掴

*燃 $liẽ^{24}$

绑跌子 $pẽ^{33}t^hie^{21}lə^{21}$ 摔跤

滚跌子 $k^hã^{21}t^hie^{21}lə^{21}$

啄□□瞓 $tsua^{213}k^hiẽ^{21}liẽ^{33}fã^{55}$ 打瞌睡

嫌弃 $ɕiẽ^{24}ts^hɿ^{33}$

装诈 $tsẽ^{33}tso^{55}$ 假装

挡手□足 $tẽ^{33}səu^{33}pə^{21}tɕie^{213}$ 碍手碍脚

撞财气 $ts^hẽ^{21}tɕ^hia^{24}ts^hɿ^{55}$ 碰运气

装天水 tsẽ^{35}tʰã^{35}suɛ^{33} 靠运气

揩油水 kʰa^{35}iəu^{24}suɛ^{33}

捡□□ tɕie^{213}pʰɛ^{21}liẽ^{55} 捡便宜

夹臭骚 ka^{11}tsʰəu^{55}ɕie^{55} 凑热闹

盯味道 tio^{213}vɛ^{21}tʰie^{33} 看热闹

炒冷□ tsʰə^{33}lo^{55}ma^{33} 炒剩饭，特指学生复读

*浸酸萝卜 tsʰɛ^{21}ɕyẽ^{35}lə^{33}pə^{55}

拖末足 tʰə^{22}ma^{55}tɕie^{33} 拖后腿

打下手 ta^{33}xo^{55}səu^{33}

打气 ta^{33}tsʰɿ^{55} 鼓劲，加油

盯得眼 tio^{213}tə^{33}lie^{55} 眼睁睁地看着

□ mẽ^{33} 想

猜 tsʰa^{35}

*识 sɿ^{213}

悚倒 ɕiã^{33}tie^{33} 害怕，唯恐

生悚 ɕie^{35}ɕiã^{33}

疑 li^{24} 怀疑

吓倒呱了 xo^{55}tie^{33}kua^{33}lie^{21} 吓着了

着急 tsʰə^{21}tsɿ^{213}

挂□ kya^{55}tɕʰiẽ^{21} 挂念

担心 tẽ^{35}ɕiã^{35}

费烦 fẽ^{55}fie^{24} 麻烦，费神

放心 fẽ^{55}ɕiã^{35}

开心 xə^{35}ɕiã^{35}

想起呱了 ɕiẽ^{33}sɿ^{33}kua^{33}lie^{21} 想起来了

*眼睛鬼崽崽浅 lie^{55}tɕio^{55}kuə^{33}tsə^{33}tsə^{33}tsʰã^{33}

眼睛红 lie^{55}tɕio^{55}xã^{24} 眼红，嫉妒

眼馋 lie^{55}tsʰã^{33}

流口水 liəu^{35}xəu^{33}suɛ^{33}

偏心 pʰiã^{35}ɕiã^{35}

起祸 sɿ^{33}fu^{55} 生祸端，告状

怄气 ŋəu^{55}tsʰɿ^{55} 憋气

□气 tɕiã^{35}tsʰɿ^{55} 气恼

莫□声 mə^{21}tsɿ^{55}so^{35} 不作声

逗斥 təu^{35}tsʰo^{35} 挨骂

讲乱话 tɕiã^{33}lyẽ^{21}xo^{21}

念味道 lã^{21}vɛ^{21}tʰie^{33} 神侃，吹牛

得秋梦 tə^{213}tɕʰiəu^{35}miã^{21} 白日做梦，痴心妄想

抬杠 tʰia^{24}kiẽ^{55}

犟□ tɕʰiẽ^{55}tɕie^{55} 顶嘴

飞 pa^{35}

落 lə^{21}

落宿 lə^{21}ɕiəu^{213} 鸟睡觉

铲 tɕie^{33} 飞行中的鸟突然落下

螾 iã^{24} 蛇虫等动物爬行

入笼 ŋ^{21}liã^{24} 鸡进笼子

下崽崽 xo^{55}tsə^{33}tsə^{33} 畜生生崽

□ tə^{55} 禽啄食

□ pa^{55} 鸭在水中觅食

巴穿 po^{35}tsʰuã^{35} 交配

*走草 tsəu^{33}tɕʰie^{33}

*□索子 tsʰə^{35}sə^{213}lə^{33}

*□水 ləu^{21}suɛ^{33}

*牵楼 tɕʰiẽ^{35}ləu^{24}

*打生 ta^{33}ɕie^{35}

*干瘟神 kiẽ^{55}vã^{35}sã^{55}

*干□ kiẽ^{55}xiẽ^{24}

转身 tsuã^{33}sã^{55} ①转身；②到某处去一趟

打转身 ta^{33}tsuã^{33}sã^{55} 转身

打转 ta^{33}tsuã^{55} 去一趟

打倒 ta^{33}tie^{55} 中途返回

*溢 pʰiã^{24}

*□ ləu^{35} ①动词，挠痒痒；②形容词，被挠痒痒的感觉

二十三　位置

地底下 $t^h\varepsilon^{21}ti^{33}xo^{21}$ 地下：跌倒～

地高头 $t^h\varepsilon^{21}ke^{22}t^h\text{ə}u^{55}$

天高头 $t^h\tilde{a}^{35}ke^{55}t^h\text{ə}u^{55}$ 天上

天上 $t^h\tilde{a}^{35}s\tilde{e}^{21}$

天底下 $t^h\tilde{a}^{35}ti^{33}xo^{21}$

路高头 $l\text{ɔ}^{21}ke^{22}t^h\text{ə}u^{55}$ 路上

路上 $l\text{ɔ}^{21}s\tilde{e}^{21}$

街高头 $ka^{22}ke^{55}t^h\text{ə}u^{55}$ 街上

街上 $ka^{35}s\tilde{e}^{21}$

墙公高头 $t\text{ɕ}^hi\tilde{e}^{24}k\tilde{a}^{55}ke^{22}t^h\text{ə}u^{55}$ 墙上

门高头 $mi\tilde{a}^{24}ke^{55}t^h\text{ə}u^{55}$ 门上

岭高头 $lio^{55}ke^{22}t^h\text{ə}u^{55}$ 山上

枱子高头 $t^hia^{24}l\text{ə}^{33}ke^{22}t^h\text{ə}u^{55}$ 桌上

凳高头 $ti\tilde{a}^{55}ke^{55}t^h\text{ə}u^{55}$ 凳子上

左半股 $ts\text{ə}^{55}pi\tilde{e}^{55}k\text{ɔ}^{33}$ 左边

右半股 $i\text{ə}u^{21}pi\tilde{e}^{55}k\text{ɔ}^{33}$ 右边

中心 $t\text{ɕ}i\tilde{e}^{35}\text{ɕ}i\tilde{a}^{55}$ 中间：排队排倒～

门下 $mi\tilde{a}^{24}xo^{55}$ 外面：衣晒倒～

门际 $mi\tilde{a}^{24}ts\text{ɿ}^{21}$ 门口

角牯佬 $t\text{ɕ}i\text{ə}u^{213}k\text{ɔ}^{33}l\text{ɔ}^{33}$ 角落

手腹 $s\text{ə}u^{33}pu^{33}$ 手里

心腹 $\text{ɕ}i\tilde{a}^{35}pu^{33}$ 心里

□里 $t^hi\tilde{a}^{21}la^{55}$ 田野

车子高头 $ts^ho^{35}t\text{ə}^{33}ke^{22}t^h\text{ə}u^{55}$ 车上

车子门下 $ts^ho^{35}t\text{ə}^{33}mi\tilde{a}^{24}xo^{55}$ 车外

车子前头 $ts^ho^{35}t\text{ə}^{33}ts^h\tilde{a}^{24}t^h\text{ə}u^{55}$ 车前

车子背底 $ts^ho^{35}t\text{ə}^{33}p\text{ə}^{55}ti^{33}$ 车后

岭前头 $lio^{55}ts^h\tilde{a}^{24}t^h\text{ə}u^{55}$ 山前

岭背底 $lio^{55}p\text{ə}^{55}ti^{33}$ 山后

手高头 $s\text{ə}u^{33}ke^{22}t^h\text{ə}u^{55}$ ①手臂和手的皮肤上；②手头

以前 $\text{ʅ}^{55}ts^h\tilde{a}^{24}$

以上 $\text{ʅ}^{55}s\tilde{e}^{55}$

以下 $\text{ʅ}^{55}xo^{55}$

东 $ti\tilde{a}^{35}$

南 lo^{24}

西 $s\text{ɿ}^{35}$

北 $p\text{ə}^{213}$

东板上 $ti\tilde{a}^{35}pie^{33}s\tilde{e}^{21}$ 东边，东方

东半股 $ti\tilde{a}^{35}pi\tilde{e}^{55}k\text{ɔ}^{33}$

西板上 $s\text{ɿ}^{35}pie^{33}s\tilde{e}^{21}$ 西边，西方

西半股 $s\text{ɿ}^{35}pi\tilde{e}^{55}k\text{ɔ}^{33}$

南板上 $lo^{24}pie^{33}s\tilde{e}^{21}$ 南边，南方

南半股 $lo^{24}pi\tilde{e}^{55}k\text{ɔ}^{33}$

北板上 $p\text{ə}^{213}pie^{33}s\tilde{e}^{21}$ 北边，北方

北半股 $p\text{ə}^{213}pi\tilde{e}^{55}k\text{ɔ}^{33}$

路边际 $l\text{ɔ}^{21}p\tilde{a}^{55}ts\text{ɿ}^{21}$ 路边

床底下 $ts^h\tilde{e}^{24}ti^{33}xo^{21}$

足底下 $t\text{ɕ}ie^{213}ti^{33}xo^{21}$ 脚底下

碗□股 $y\tilde{e}^{33}s\tilde{a}^{33}k\text{ɔ}^{33}$ 碗底

炆铛底牯 $v\tilde{a}^{21}t\text{ɕ}^hie^{55}ti^{33}k\text{ɔ}^{33}$ 锅底

眼眉□ $lie^{55}m\varepsilon^{21}ts^h\varepsilon^{24}$ ①眼前；②附近

眼睛底下 $lie^{55}t\text{ɕ}io^{55}ti^{33}xo^{21}$ 跟前，眼皮下

走起走腹□去 $ts\text{ə}u^{33}s\text{ɿ}^{33}ts\text{ə}u^{33}pu^{33}t\text{ɕ}i\tilde{a}^{33}x\text{ɔ}^{55}$ 往里走

走起走门下去 $ts\text{ə}u^{33}s\text{ɿ}^{33}ts\text{ə}u^{33}mi\tilde{a}^{24}xo^{55}x\text{ɔ}^{55}$ 往外走

走起走东板上去 $ts\text{ə}u^{33}s\text{ɿ}^{33}ts\text{ə}u^{33}ti\tilde{a}^{35}pie^{33}s\tilde{e}^{21}x\text{ɔ}^{55}$ 往东走

走起走西半股去 $ts\text{ə}u^{33}s\text{ɿ}^{33}ts\text{ə}u^{33}s\text{ɿ}^{35}pi\tilde{e}^{55}k\text{ɔ}^{33}x\text{ɔ}^{55}$ 往西走

走起走前头去 $ts\text{ə}u^{33}s\text{ɿ}^{33}ts\text{ə}u^{33}ts^h\tilde{a}^{24}t^h\text{ə}u^{55}x\text{ɔ}^{55}$ 往前走

二十四　代词等

*伊 a^{213}

伊□ a^{11}ta^{55} 这个

哪□ lie^{21}ta^{55} 哪个：你用～杯子？

哪人 lie^{21}ŋ^{33} 谁：你找～？

莫个 mo^{21}ko^{33} 难道

我两人 io^{55}liẽ^{55}ŋ^{33} 我们俩

你两人 ŋ^{55}liẽ^{55}ŋ^{33} 你们俩

子两人 tsə^{33}liẽ^{55}ŋ^{33} 他们俩

二十五　形容词

□ la^{21} 久，时间长

□长 ŋə^{21}tsʰẽ^{24} 狭长

短□□ tiẽ^{33}pʰia^{21}pʰia^{21} 形容很短的样子

矮驼驼 a^{33}tʰə^{21}tʰə^{24} 很矮的样子

强 tɕʰiẽ^{24}

弱 iəu^{21}

□ tsʰɛ^{24} 近：挨～□ [kuei^{35}]

圞滚滚 lyẽ^{24}kʰã^{21}kʰã^{21} 圆滚滚

四方四牯 sɛ^{55}fẽ^{55}sɛ^{55}kɔ^{33} 方正

　四四方方 sɛ^{55}sɛ^{55}fẽ^{33}fẽ^{33}

枯夹夹 xɔ^{35}ka^{21}ka^{213} 瘦骨嶙峋

嫩 luã^{21}

嫩秧秧 luã^{21}iẽ^{33}iẽ^{35} 很嫩的样子

白雪雪 pʰo^{21}suei^{21}suei^{213} 雪白

水红 suɛ^{33}xã^{24}

红血血 xã^{24}fei^{33}fei^{213} 深红

黄□□ xiẽ^{24}kuã^{21}kuã^{213} 形容颜色很黄

重坨坨 tsʰã^{55}tʰə^{21}tʰə^{24} 体积不大但很重

轻毛毛 tɕʰio^{35}mɔ^{33}mɔ^{33} 很轻

对麻直 to^{55}ma^{21}tsʰɿ^{21} ①（路）很直；②一直走不拐弯

直耿 tsʰɿ^{21}kiẽ^{55} 耿直

□ liɔ^{213}（棍子）弯，不直

薄□□ pʰə^{21}lio^{33}lio^{35} 很薄的样子

清垮垮 tɕʰio^{35}kʰua^{33}kʰua^{33} 粥很稀的样子

匀路 yã^{24}lɔ^{21} 均匀

亮锃锃 liẽ^{21}tʰiã^{33}tʰiã^{35} 形容十分亮堂

黑墨墨 xə^{21}mə^{33}mə^{33} 漆黑的样子

干□ kiẽ^{35}sẽ^{33} 干爽

*润 yã^{21}

干□□ kiẽ^{35}pə^{33}pə^{33} 很干的样子

好干 xe^{33}kiẽ^{55} 有劲，有力

莫干 mə^{21}kiẽ^{55} 没有力量

□□□ xa^{55}vei^{33}vei^{33} 湿漉漉的样子

马虎 ma^{33}fu^{21} 脏，肮脏，不干净：衣服～

活套 fə^{21}tʰie^{55} 灵活

贱 tsʰã^{21}

松□□ sẽ^{35}pʰia^{21}pia^{21} 很松的样子

*松头 sẽ^{35}tʰəu^{55}

紧绷绷 tɕiã^{33}pẽ^{21}pẽ^{213}

老□□ lie^{55}kã^{21}kã^{213} 很老的样子

古怪 kɔ^{33}kya^{55} 奇怪

*过古 ku^{33}kɔ^{33}

*老靠 lie^{55}kʰe^{55}

差火 tsʰo^{35}fu^{33} 差劲

显火 ɕiẽ^{33}fu^{33} 水平高，某方面很突出

□得 iã^{21}tə^{33} 可以

怪 kuɛ^{24} ①精灵、聪明；②奇怪

合缝 fu^{21}fiã^{21}

烂□□ lie^{21}mə^{33}mə^{35} 很破烂的样子

　□□□ mə^{35}tsɛ^{33}tsɛ^{33}

甜□□ tʰã^{24}lio^{33}lio^{33} 形容微甜

苦瘪瘪 xɔ^{33}pɛ^{21}pɛ^{213} 味道很苦

香喷喷 ɕiẽ^{35}p^{h}iã^{55}piã^{55}

臭瘟瘟 ts^{h}əu^{55}vã^{33}vã^{35} 形容很臭

* 木 mɔ^{21}

木手木足 mɔ^{21}səu^{33}mɔ^{21}tɕie^{213} ①毛手毛脚；②冷得手脚不灵活

*起花 sɿ^{33}xo^{35} 挑剔，看不上

*挖到痒□牯 ya^{213}tie^{33}iẽ^{55}t^{h}ɔ^{21}kɔ^{33}

莫错 mə^{21}ts^{h}ə^{213} 不错

差莫多 ts^{h}o^{35}mə^{21}tə^{35} 差不多

莫哪□样 mə^{21}lie^{21}tsɿ^{21}iẽ^{21} 不怎么样

没用处 mə^{55}iã^{21}tɕ^{h}ie^{33} 没用，不中用

过得去 ku^{55}tə^{33}xɔ^{55} 凑合，还行

漂亮 p^{h}iəu^{33}liẽ^{21}

*起眼 sɿ^{33}lie^{55}

打眼 ta^{33}lie^{55} 显眼，突出

增劲 tsẽ^{22}tɕio^{55} 努力，加油

发狠 fia^{21}xiẽ^{33} 发奋，刻苦

*轻快 tɕ^{h}io^{22}k^{h}ya^{55} 工作轻松

造孽 tɕ^{h}ie^{55}li^{21} 可怜

□紧 iã^{21}tɕiã^{33} 要紧

*当腰 tẽ^{35}ɿ^{35}

□紧莫□慢 iã^{21}tɕiã^{33}mə^{21}iã^{21}mie^{21} 慢腾腾

*强力 tɕ^{h}iẽ^{24}li^{21}

很 xiẽ^{33} 功夫好，能力强

骚 ɕie35

莫转弯 mə^{21}tsuã^{33}ye^{35} 不知道变通

钝 t^{h}uã^{21} 动作笨拙

□得空得 ts^{h}ɿ^{35}tə^{33}xã^{35}tə^{33} 磨磨蹭蹭

莫清□ mə^{21}tɕ^{h}io^{35}sẽ^{33} 糊涂

杀莫出血 sa^{213}mə^{21}suɛ^{213}fei^{213} 极为贫穷

洼 ya^{35} 凹

洋子洋牯 iẽ^{24}lə^{33}iẽ^{24}kɔ^{33} 不认真的样子

□浆□牯 ɕio^{33}tɕiẽ^{55}ɕio^{33}kɔ^{33}

中平 tsẽ^{35}p^{h}io^{33} 中等

中平古子 tsẽ^{35}p^{h}io^{33}kɔ^{33}tə^{21}

上不上，下不下 se^{55}mə^{21}sẽ^{55}, xo^{55}mə^{21}xo^{55} 进退两难

*上得天 sẽ^{55}tə^{33}t^{h}ã^{35}

清清□□ tɕ^{h}io^{22}tɕ^{h}io^{55}sẽ^{33}sẽ^{33} 清清楚楚

干干净净 kẽ^{22}kẽ^{55}tɕ^{h}io^{21}tɕ^{h}io^{21}

汗□溜身 xiẽ^{21}p^{h}o^{21}liəu^{35}sã^{35} 汗流浃背

二十六　副词介词

成总 so^{21}tsẽ^{33} 共计

*讨得 t^{h}ie^{33}tə^{33}

估倒 kɔ^{33}tie^{33} 估计

莫估 mə^{21}kɔ^{33} 莫非

正好 tso^{55}xie^{33}

有□ xəu^{55}kuei^{55} 有点儿：天～寒

*总□ tsẽ^{33}ta^{55}

赶倒 kiẽ^{33}tie^{33} 赶快，趁早儿：～走

紧倒 tɕiã^{33}tie^{33} 副词，再不做就来不及了：～走得了

起搞 sɿ^{33}ke^{33} 开始

开头 xə^{35}t^{h}əu^{24}

开张 xə^{35}tsẽ^{35}

起头 sɿ^{33}t^{h}əu^{24}

常时 sẽ^{24}sɿ^{55} 经常

常常时时 sẽ^{21}sẽ^{55}sɿ^{21}sɿ^{21}

尚尚好好 sẽ^{21}sẽ^{21}xe^{33}xe^{33} 毫无征兆地，反复无常地

常常好好 sẽ^{21}sẽ^{55}xe^{33}xe^{33}

有道没道 xəu^{55}tie^{55}mə^{55}tie^{55} 多次地，反复地

三工两工 so^{22}kã^{55}liẽ^{55}kã^{55} 隔三岔五地

轻轻□□ tɕʰio^{22}tɕʰio^{55}liẽ^{33}liẽ^{33} 轻手轻脚

轻易 tɕʰio^{35}ɿ^{55} ①经常；②容易

够意 kəu^{55}ɿ^{33} 还要很长时间：还～等

　够得意 kəu^{55}tə^{33}ɿ^{33}

□□ ɿ^{55}liẽ^{55} 反正

搭福 to^{213}fu^{21} 幸亏：～你来了

　搭福好 to^{213}fu^{21}xə^{33}

敨□ tʰəu^{33}tia^{213} 等会

　等□ tiã^{33}tia^{213}

搭早 to^{213}tɕie^{33} 趁早

尽倒 tɕiã^{33}tie^{33} 足够，随：～你食

没个得 mə^{55}kə^{21}tə^{21} 没有

莫曾 mə^{21}tɕʰiã^{24} 暂且不：～食

莫消 mə^{21}sɿ^{35} 不用，（做了）也没有用

失错 sɿ^{21}tsʰə^{213} 过失，非故意地

倘样是 tʰã^{55}iẽ^{21}sɿ^{33} 如果

算莫到 ɕyẽ^{55}mə^{21}tie^{55} 有可能

直个 tsɿ^{213}ko^{33} 持续，一直

一二个 ɿ^{24}li^{33}ko^{33} 依次：～来

快心 kʰua^{55}ɕiã^{55} 乐意

作死 tsə^{11}sɛ^{33} ①找死：你～了个；②拼命地：～个跳

*飞飞跳 pa^{22}pa^{55}tʰɛ^{55}

赌在回 tə^{33}tɕʰia^{55}fə^{21} 不抱希望地尝试，碰运气

　撞财气 tsʰẽ^{21}tɕʰia^{21}tsʰɿ^{55}

莫……莫 mə^{21}…mə^{21} 非……不

于个 ie^{35}kə^{33} 正在

立起 lɛ^{21}sɿ^{33} 马上

迟早 tsʰɿ^{24}tɕie^{33} 早晚：～都□[iã^{21}]来

盯倒盯倒 tio^{213}tie^{33}tio^{213}tie^{33} 眼看：～就到期了

该歪 kə^{35}vɛ^{33} ①不幸；②该死

当倒 tẽ^{35}tie^{33} 当面：有话～讲

□倒 pʰã^{55}tie^{33} 背地：莫～讲

一□人 ɿ^{33}ta^{55}ŋ^{33} 一个人

顺倒 suã^{21}tie^{33} ①顺便：～买本书；②顺着：～大路一直走

莫□ mə^{21}iã^{21} 不要：慢慢走，～跑

乱 lyẽ^{21} 胡乱：～讲

先 sã^{35} 你～走

兜倒 təu^{35}tie^{33} 被：～狗咬了一口

*逮倒 tɛ^{55}tie^{33}

　驮倒 tə^{33}tie^{33}

到 tie^{55} ～哪领去

于 ie^{35} 在：～哪领住

走 tsəu^{33} 从：～哪领起搞

用 iã^{21} 使：你～毛笔写

帮 pẽ^{35} 给：～大家办事

跟我 kiẽ^{35}io^{55} 给我，加重语气：你～吃干净

二十七　量词

□ pʰə^{21} 落了一～雨

本 piã^{33} 一～书

封 fẽ^{55} 一～信

味 vɛ^{21} 一～药

顶 tio^{33} 一～帽子

只 tso^{213} 一～手，一～鞋子，一～杯子，一～碗，一～油盏

块 kʰua^{55} 一～砖

架 ko^{55} 一～车子

□ xa^{21} 间：一～屋

□ xa^{21} 件：一～衣

　领 lio^{33}

□ iã^{55} 层：一～纸

□$t^hiã^{55}$层：一～楼子

盘$p^hiẽ^{24}$一～棋，一～果子

门$miã^{24}$一～亲

沓t^ho叠：一～纸

缸□$kiẽ^{35}mẽ^{55}$缸：一～水

□$ləu^{213}$碗：一～（饭）

杯$pə^{35}$一～茶

□$tɕ^hio^{55}$撮：一～米

卷$kã^{33}$一～纸烟

担tio^{55}一～谷子

封$fiã^{35}$一～炮仗

箍$kɔ^{35}$一～炮仗

句$tɕie^{55}$一～话

□$tɕ^hie^{21}$双：一～鞋子，一～水袜

样$iẽ^{21}$种：一～草

帮$p^hẽ^{55}$一～人

伙fu^{55}那～人

批p^hi^{35}一～货

族$t^həu^{55}$家，户：一～人

□p^hia^{33}两臂平伸两手伸直的长度：一～长

指$tsɿ^{33}$一～长

身$sã^{35}$一～土

眼lie^{55}盯一～

口$xəu^{33}$食一～

场$ts^hẽ^{24}$闹一～

幅fu^{55}一～图

垛$tə^{33}$一～墙

□$kuei^{35}$一～□$[t^hɔ^{24}]$秸

水$suɛ^{33}$洗一～

口$xəu^{33}$一～牙齿

师$sɿ^{35}$一～兵

旅$lɛ^{55}$一～兵

团$t^huã^{24}$一～兵

营$yã^{24}$一～兵

连$lã^{24}$一～兵

排p^hia^{24}一～兵

班pie^{35}一～兵，一～车

撮$ts^hə^{213}$一～毛

笔$pɛ^{213}$写一～好字

届ka^{55}一～会

台t^hia^{24}唱一～戏

点$lã^{33}$一～雨

盒xo^{21}一～烟

架子$ko^{55}lə^{21}$一～书

*篮子$liã^{55}tə^{21}$

池子$ts^hɿ^{24}lə^{33}$一～水

桶$t^hiã^{33}$一～汽油

盆$p^hiã^{24}$一～洗澡水

壶$xɔ^{24}$一～茶

一□子$ɿ^{33}tia^{213}tə^{33}$一会儿

一通火$ɿ^{33}t^hẽ^{55}fu^{33}$（骂）一阵：斥了一～

二十八　附加成分等

-得很$tə^{33}xiẽ^{33}$之极：苦～

-得死$tə^{33}sɛ^{33}$要命：苦～

-头$t^həu^{33}$有盯（食、想、等、望……）～，

没盯（食、想、等、望……）～

死-$sɛ^{33}$嗔语：～人，～物什，～棒棒

老-lie^{55} ～李，～三，～弟

第-t^hi^{21} ～一，～二

*□$p^hiẽ^{55}$表重复、补偿的体助词

了lie^{21}

呱kua^{33}了

得$tə^{33}$

二十九　数字等

十一 sɿ^{21}ɿ^{213}

十二 sɿ^{21}li^{21}

二十一 li^{21}sɿ^{21}ɿ^{213}

二十二 li^{21}sɿ^{21}li^{21}

三十一 so^{35}sɿ^{21}ɿ^{213}

三十二 so^{35}sɿ^{21}li^{21}

四十 sɛ^{55}sɿ^{21}

四十一 sɛ^{55}sɿ^{21}ɿ^{213}

四十二 sɛ^{55}sɿ^{21}li^{21}

五十 ŋ^{55}sɿ^{21}

五十一 ŋ^{55}sɿ^{21}ɿ^{213}

五十二 ŋ^{55}sɿ^{21}li^{21}

六十 liəu^{21}sɿ^{21}

六十二 liəu^{21}sɿ^{21}li^{21}

七十 tsʰɛ^{213}sɿ^{21}

七十二 tsʰɛ^{213}sɿ^{21}li^{21}

八十 pia^{213}sɿ^{21}

八十二 pia^{213}sɿ^{21}li^{21}

九十 tɕiəu^{33}sɿ^{21}

九十二 tɕiəu^{33}sɿ^{21}li^{21}

一百一 ɿ^{33}po^{213}ɿ^{213} 一百一十

一百二 ɿ^{33}po^{213}li^{21} 一百二十

一百五 ɿ^{33}po^{213}ŋ^{55} 一百五十

两百 liẽ^{55}po^{33}

两百二 liẽ^{55}po^{33}li^{21}

一万五 ɿ^{33}ye^{21}ŋ^{55} 一万五千

两万 lie^{55}ye^{21}

两万一 lie^{55}ye^{21}ɿ^{213}

两万二 lie^{55}ye^{21}li^{21}

两万两千两百二十二 lie^{55}ye^{21}lie^{55}tsʰã^{55}lie^{55}p
o^{33}li^{21}sɿ^{21}li^{21}

成百数 so^{21}po^{213}sɔ^{55} 成百

成千数 so^{21}tsʰã^{35}sɔ^{55} 成千

成万数 so^{21}ye^{21}sɔ^{55} 成万

千千万万 tsʰã^{22}sʰã^{35}ye^{21}ye^{21} 成千上万

初一 tsʰɔ^{35}ɿ^{213}

初二 tsʰɔ^{35}li^{21}

初三 tsʰɔ^{35}so^{35}

初四 tsʰɔ^{35}sɛ^{55}

初五 tsʰɔ^{35}ŋ^{55}

初六 tsʰɔ^{35}liəu^{21}

初七 tsʰɔ^{35}tsʰɛ^{213}

初八 tsʰɔ^{35}pia^{213}

初九 tsʰɔ^{35}tɕiəu^{33}

初十 tsʰɔ^{35}sɿ^{21}

老大 lie^{55}tʰo^{21}

老二 lie^{55}li^{21}

老三 lie^{55}so^{35}

老四 lie^{55}sɛ^{55}

老五 lie^{55}ŋ^{55}

老六 lie^{55}liəu^{21}

老七 lie^{55}tsʰɛ^{213}

老八 lie^{55}pia^{213}

老九 lie^{55}tɕiəu^{33}

老十 lie^{55}sɿ^{21}

老尾 lie^{55}ma^{55} 老幺

一□ ɿ^{33}ta^{55} 一个

两□ liẽ^{55}ta^{55} 两个

三□ so^{35}ta^{55} 三个

四□ sɛ^{55}ta^{55} 四个

五□ ŋ^{55}ta^{55} 五个

六□ liəu^{213}ta^{55} 六个

七□ tsʰε^{11}ta^{55} 七个
八□ pia^{11}ta^{55} 八个
九□ tɕiəu^{33}ta^{55} 九个
十□ sɿ^{21}ta^{55} 十个
第二 tʰi^{21}li^{21}
第三 tʰi^{21}so^{35}
第四 tʰi^{21}sε^{55}
第五 tʰi^{21}ŋ^{55}
第六 tʰi^{21}liəu^{21}
第七 tʰi^{21}tsʰε^{213}
第八 tʰi^{21}pia^{213}
第九 tʰi^{21}tɕiəu^{33}
第十 tʰi^{21}sɿ^{21}
第一□ tʰi^{21}ɿ^{213}ta^{55} 第一个
第二□ tʰi^{21}li^{21}ta^{55} 第二个
第三□ tʰi^{21}so^{35}ta^{55} 第三个
第四□ tʰi^{21}sε^{55}ta^{55} 第四个
第五□ tʰi^{21}ŋ^{55}ta^{55} 第五个
第六□ tʰi^{21}liəu^{21}ta^{55} 第六个
第七□ tʰi^{21}tsʰε^{213}ta^{55} 第七个
第八□ tʰi^{21}pia^{213}ta^{55} 第八个
第九□ tʰi^{21}tɕiəu^{33}ta^{55} 第九个
第十□ tʰi^{21}sɿ^{21}ta^{55} 第十个
两斤 liẽ^{55}tɕiã^{35}
两钱 liẽ^{55}tsʰã^{33} 重量
两分 liẽ^{55}fiã^{35}
两丈 liẽ^{55}tsʰẽ^{55}
两尺 liẽ^{55}tsʰo^{213}
两寸 liẽ^{55}tsʰuã^{55}
两里路 liẽ^{55}lε^{55}lɔ^{21}
两担 liẽ^{55}to^{55}
两斗 liẽ^{55}təu^{33}
两升 liẽ^{55}sã^{35}
两亩 liẽ^{55}mɔ^{55}
几□ tsɿ^{33}ta^{55} 几个：你有～孩子？
□把两□ ta^{55}pə^{55}liẽ^{55}ta^{55} 一两个
万把文花钱 ye^{213}pə^{55}miã^{55}xo^{35}tsʰã^{33} 万把块钱
里把子路 lε^{55}pə^{55}tə^{21}lɔ^{21} 一两里路
　里把两里路 lε^{55}pə^{55}liẽ^{55}lε^{55}lɔ^{21}
亩把两亩 mɔ^{55}pə^{55}liẽ^{55}mɔ^{55} 一两亩
亩把子 mɔ^{55}pə^{55}tə^{21} 一亩左右
好多□数 xe^{33}tə^{35}lε^{213}sɔ^{55} 很多个
好几□ xe^{33}tsɿ^{33}ta^{55} 好几个
一□子子 ɿ^{33}kuei^{35}lə^{33}lə^{33} 一点儿
十多粒 sɿ^{21}tə^{35}lε^{213} 十多个
百多粒 po^{213}tə^{35}lε^{213} 百多个
十把□ sɿ^{21}pə^{55}ta^{55} 十来个
百把□ po^{213}pə^{55}ta^{55} 百来个
千把□ tsʰã^{35}pə^{55}ta^{55} 千来个
半□ piẽ^{55}ta^{55} 半个
一半 ɿ^{33}piẽ^{55}
两半 liẽ^{55}piẽ^{55}
大半 tʰo^{21}piẽ^{55}
一粒半 ɿ^{33}lε^{213}piẽ^{55}

第六章 语法

本章介绍宁远平话的词法和句法。例句均用国际音标注音，例句中出现的官话词语，按照实际读音进行标注。这些官话词语中的字，不见于同音字汇。官话的音系如下：

一、声母（19个）

p 八兵病	p^h 派片爬	m 麦明梦	f 飞副肥	v 味问王	
t 多东毒	t^h 讨天甜				l 脑老南年
ts 资贼柱	ts^h 刺床抽		s 思三十		
tɕ 酒主九	$tɕ^h$ 清车船		ɕ 想软响		
k 高干更	k^h 开砍啃	ŋ 熬安硬	x 好很红		
∅ 热月云药					

二、韵母（30个）

ɿ 师丝戏	i 米比体	u 苦五骨	y 猪雨出
a 茶辣八	ia 牙鸭掐	ua 挂刷抓	
ɛ 开排鞋		uɛ 快帅揣	
ə 二活白	ie 写接贴	uə 国	ye 靴月
ɔ 宝饱炮	iɔ 笑桥教		
o 歌过壳	io 药学		
ei 赔对飞		uei 鬼亏柜	
əu 豆走狗	iəu 油牛臭		
ã 南山半	iã 讲强枪	uã 短官双	
ẽ 深灯横	iẽ 盐心根病	uẽ 寸滚捆	yẽ 权春云
oŋ 东桶弄	ioŋ 兄用穷		

三、声调（4个）

阴平 33　东该灯风通开天春

阳平 21　门牛皮红谷百塔六

上声 55　懂古鬼九苦讨买五

去声 24　动最冻半快去洞树

第一节

词 法

一 构词法

（一）单纯词

平话的单纯词，有单音节的和多音节的。名词、动词、形容词、副词、助词等，均有单音节的单纯词，如：人、猪、手、进、出、盯、上、生、想、红、大、高、蛮、太、个的。

双音节和多音节的单纯词不多，且以名词居多。如：啵啵球、叽叽哟蝉、奶奶、龌龊垃圾、茼蒿。不少双音节的单纯词是拟声构词，如“恰恰钹”“嘎嘎儿语鸭子”“唧腹哟丝知了”。或者拟声加类别词构成，如“叮叮蛇”。

（二）合成词

1. 复合式

①并列式

并列式构词，以名词、动词、形容词居多。

名词：山岭、荤腥、灰尘、沙泥、朋友、裂缝、名望。

动词：欢喜、哭赖、落宿、告诉、打算、答应、考试、藏诈捉迷藏、装诈假装、收捡。

形容词：闹热、熟悉、生疏、新鲜、凉爽、干净、轻快、勤快、直贴、惊醒睡眠不深、枯瘦、高大。

副词：正好、横经反正、失错、迟早、开张开始，起初、起搞。

②主谓式

平话中的主谓式合成词数量较少。如：霜降、眼浅嫉妒、年轻。

③偏正式

偏正式以名词居多，其次是形容词。

名词：生日、园地、水桶、尿箪、财气运气、口水、笑话、牛皮、秋梦、炆铛、油盏、煤油、汽油。

形容词：水红、小气。

副词：快心。

除了中心语在后的偏正式构词方式外，平话中较多的是“中心词＋修饰语”的正偏式构词，如：鸡公、石磙。可以参见第四章。

④动宾式

平话有很多动宾式的词。

名词：烤烟、刮板、夹网、垫被。

动词：怄气、发火生气、起祸、操心、增劲、啸冤、揩油、抬杠、摆格、摆水。

形容词：打眼显眼、起眼、当腰关键、在行乖、起花挑剔、跳皮、失教、出众、发财、悚死怕死、赖死、悚事怕事。

副词：搭福、搭早。

⑤述补式

述补式的词数量不多，如：扎实、过古，坐死肯定、立起马上。

2. 派生式

详见下一节“语缀”部分。

二　重叠与语缀

（一）重叠

这里说的重叠，特指构词方式，不同于形容词或者动词的重叠形式。

1. 构成成分

平话中有许多通过重叠构成的词语。重叠后构成的词以名词为多。重叠的语素主要是单音节的，可以是名词性的、动词性的和形容词性的。

名词或者名词性语素重叠成的名词，其意义与构词的语素意义相近，如：嘴嘴器物的嘴tsuɛ^{33}tsuɛ^{33}｜把把物体的柄po^{55}po^{55}｜本本本子或者证件piã^{33}piã^{33}｜片片片状的物体，粽丝的柄p^{h}ã^{55}p^{h}ã^{55}｜苞苞花苞piəu^{22}piəu^{55}｜堆堆堆成的物体to^{22}to^{55}｜顶顶事物的顶部tio^{33}tio^{33}｜须须根须、线头ɕy^{22}ɕy^{55}｜螺螺田螺lə^{21}lə^{55}。有些名词与构词语素的意义，联系不大，或者其构词语素原来具有音义联系，现在难以找到，如：木木布mɔ^{21}mɔ^{33}｜毛毛弟弟mie^{24}mie^{55}｜毛毛头发mie^{33}mie^{33}｜毛毛耳环mie^{55}mie^{55}。

形容词或者形容词性语素重叠构成的名词，表示具备该语素性质的事物。例如：圞圞圆圈lyẽ^{21}lyẽ^{55}｜尖尖事物的尖端tsã^{22}tsã^{55}｜大大大姨tʰo^{21}tʰo^{21}｜□□小姨iəu^{55}iəu^{55}｜亲亲干爹妈tɕʰiã^{22}tɕʰiã^{55}。

动词重叠后成为名词，指称与这种动作密切相关的事物。如：盖盖盖子kə^{55}kə^{55}｜襻襻用于扣的部件pʰie^{55}pʰie^{55}｜锁锁钥匙sə^{33}sə^{33}｜夹夹能弯曲的肢体部位ŋa^{11}ŋa^{33}｜兜兜袋子təu^{33}təu^{33}｜挂挂钩子kya^{55}kya^{55}。

拟声词重叠成的名词，指称发出这种声音的事物。如：□□钹tɕʰia^{21}tɕʰia^{55}｜铛铛铃铛tã^{33}tã^{33}｜咕咕儿语称鸡ku^{22}ku^{55}｜嘎嘎儿语称鸭子ka^{11}ka^{33}｜溜溜儿语称猪liəu^{22}liəu^{55}｜嘘嘘哨子ɕy^{55}ɕy^{55}｜屎唧唧乌鸦sɿ^{55}tɕia^{21}tɕia^{21}。

有的动词或者动词性语素重叠后，还需与别的成分结合，才能成词。如：挂挂钱发给客人小孩的红包kya^{55}kya^{55}tsʰã^{24}｜抖抖木木轻盈的布təu^{55}təu^{55}mɔ^{21}mɔ^{33}｜胡子吊吊胡子成串的样子vu^{24}lə^{33}ti^{55}-ti^{55}｜炉霉吊吊炉霉成串的样子lɔ^{24}mẽ^{55}ti^{55}ti^{55}”。拟声词和别的语素结合后，也可以构成新词。如：“叮叮糖牛皮糖tiẽ^{33}tiẽ^{33}tʰẽ^{24}｜踏踏鞋拖鞋tʰa^{21}tʰa^{21}xa^{24}｜括括鞋皮鞋kʰo^{55}kʰo^{55}xa^{24}｜□□铳竹制玩具枪pʰia^{55}pʰia^{55}tsʰẽ^{55}。

2. 用法举例

重叠而成的词，一般都能够独立地充当句子成分。其中一部分词义单纯，指称比较具体，如“毛毛”“螺螺”“木木”“□□蛋kʰa^{21}kʰa^{21}”，可以独立地充当主语、宾语，如：

你那毛毛紧倒剃得了你早该理发了。ŋ^{55}a^{55}mie^{33}mie^{33}tɕiã^{33}tie^{33}tʰi^{35}tə^{33}lie^{21}.

子去摸螺螺去了他去捡田螺了。tsə^{33}xɔ^{55}kʰo^{55}lə^{21}lə^{55}xɔ^{55}lie^{21}.

那伙片片莫用，就□呱去算了那些棕片不用，就丢了算了。a^{55}fu^{55}pʰã^{55}pã^{55}mə^{21}iã^{21}, tɕʰiəu^{21}kuei^{21}kua^{33}xɔ^{55}ɕyẽ^{55}lie^{21}.

子旧年子认了□亲亲他去年认了个干娘（或者干爹）。tsə^{33}tɕʰiəu^{21}lã^{55}tə^{33}liã^{21}lie^{21}ta^{55}tɕʰiã^{22}tɕʰiã^{55}.

这大个人了还于那领要泥巴巴这么大的人了还在那儿玩泥巴。tsə^{55}tɛ^{24}kə^{33}ŋ^{24}lie^{33}xɛ^{24}ie^{35}a^{55}lio^{33}sua^{33}li^{24}pa^{33}pa^{33}.

夜地莫□吹嘘嘘晚上不要吹口哨。lio^{21}tʰɛ^{21}mə^{21}iã^{21}tsʰuɛ^{35}ɕy^{22}ɕy^{55}.

我驮倒呱本本了我拿到证件了。io^{55}tə^{33}tie^{33}kua^{33}piã^{33}piã^{33}lie^{21}.

我教书也要得，我驮倒呱本本了我教书也行，我已经拿到证件了。io^{55}tɕiəu^{35}ɕie^{35}ie^{55}iã^{21}tə^{33}, io^{55}tə^{33}tie^{33}kua^{33}piã^{33}piã^{33}lie^{21}.

也有一些意义比较模糊，指称也比较宽泛，如“堆堆、顶顶、嘴嘴、苞苞”。为了使得名词的指称更加明确，常常在前面带有定语。如：

须须也食得根须也能吃。ɕy^{22}ɕy^{55}ie^{55}ɿ^{21}tə^{33}.

葱须须也食得葱的根须也能吃。tɕʰiã^{35}ɕy^{22}ɕy^{55}ie^{55}ɿ^{21}tə^{33}.

去捡□松树啵啵归来烧去捡些松树球回来烧。xɔ^{55}tɕie^{213}tɛ^{55}tɕʰyã^{24}ɕie^{21}po^{33}po^{33}kuɛ^{22}la^{55}sɿ^{35}.

屋顶顶高头有头猴子屋顶有个猴子。ɔ^{213}tio^{33}tio^{33}ke^{22}tʰəu^{55}xəu^{55}tʰəu^{33}xəu^{24}lə^{33}.

如果作为中心语出现，不论是单音节还是双音节的，与前面的定语之间，一般不用结构助词，如“瓶子嘴嘴”“花苞苞”“清鼻鼻”“草堆堆”“屋顶顶”“田螺螺”“铁螺螺”。

（二）语缀

1. 前缀

平话前缀主要有“老”“第”“初”等几个。

老：①加在“大”“小”“满”以及系数前，表示亲属的排名。如“老大、老小、老三……老满最小的一个”。后面可以加亲属称谓词，如“老三伯伯”“老二儿子”。②加在姓氏前，如“老李”“老张”。“老李”不仅仅称呼年纪大的人，也可以称呼年轻的人。③用在其他语素前，没有实在意义，如“老鼠”“老鸦”“老姨连襟”“老客老婆”“老华”“老同”。

第：加在数字前，表示顺序。如“第一、第二、第三……”

初：加在数字“一”到“十”前，表示农历月初前十天的日子。

2. 后缀

平话中有较多的后缀，“子”“头”“场”用例参考第二章“轻声”小节的相关内容。“崽崽”“公”“婆”“牯”等参考第四章相关部分内容，这里不再赘述。此外，常用的还有“夹”，附在其他语素后，组合成名词。这种名词指称的事物，一般由两个成对的部分组成。如：“□[tɕie^{55}]夹嘴巴、耳夹耳朵、□[tsʰɿ^{21}]夹翅膀”。“骨”附在其他语素后，表示身体部位，如：“颈骨脖子、鱼头骨膝盖、腰骨腰”。

3. 中缀

平话的中缀有“哺”“晡”“□[ta^{55}]”“把[pə^{55}]”“数”等。

哺：用在“岳”后，与亲属称谓组合，指称岳父母，即：岳哺公子岳父 və^{21}pu^{33}kã^{35}lə^{33} | 岳哺老母岳母 və^{21}pu^{33}lie^{55}mo^{33}。

晡：主要用在表示年、天、半天等的时间词中，如：上晡年上半年 sẽ^{21}pu^{33}lã^{55} | 下晡年下半年 xo^{55}pu^{33}lã^{55} | 三十晡夜地大年三十 so^{35}sɿ^{21}pu^{33}lio^{21}tʰɛ^{21} | 前晡工前天 tsʰã^{21}pu^{33}kã^{55} | □晡工后天 ɕie^{21}pu^{33}kã^{55}。这里的“晡”形式上像个量词，但没有实在意义，甚至可以去掉。如“前晡工”也可以说成“前工”“前工子”。所以，我们可以将其看成一个词缀。相似地，“晡”可以用在数词和时间词之间，也可以看成词缀，如：一晡上头一个上午 ɿ^{33}pu^{35}sẽ^{21}tʰəu^{21} | 半晡上头半个上午 piẽ^{55}pu^{55}sẽ^{21}tʰəu^{21} | 一晡晚下一个下午 ɿ^{33}pu^{35}mie^{55}xo^{33} | 半晡晚下半个下午 piẽ^{55}pu^{55}mie^{55}xo^{33} | 一晡夜地一个晚上 ɿ^{33}pu^{35}lio^{21}tʰɛ^{21} | 半晡夜地半夜 piẽ^{55}pu^{55}lio^{21}tʰɛ^{21}。

□[ta^{55}]：①用在量词中间，表示“每”或者“全部”，如：□□□每一个 ta^{55}ta^{55}ta^{55} | 粒□粒每一粒 lɛ^{11}ta^{55}lɛ^{33} | 本□本每一本 piã^{33}ta^{55}piã^{33} | 份□份每一份 pʰiã^{21}ta^{55}pʰiã^{21}。②插在重叠的

“年”“月”“工”中间，表示“每年、每月、每日”，如：工□工每天kã^{22}ta^{55}kã^{35}｜年□年每年lã^{22}ta^{55}lã^{35}｜个□个月ku^{55}ta^{55}ku^{55}vei^{33}。③其他，如“光□[ta^{55}]光白干了”。

把[pə^{55}]：①用在整位数字和单位之间，表示约数，如：百把头百来头po^{11}pə^{55}t^{h}əu^{33}｜千把粒一千个左右ts^{h}ã^{22}pə^{55}lɛ^{33}｜万把人一万人左右ye^{21}pə^{55}ŋ^{33}。②插在整位数字（“十”除外）和“两＋整位数字”之间，表示约数，如：百把两百一两百po^{11}pə^{55}liẽ^{55}po^{33}｜千把两千一两千ts^{h}ã^{22}pə^{55}liẽ^{55}ts^{h}ã^{55}｜万把两万一两万ye^{21}pə^{55}liẽ^{55}ye^{21}。③插在量词和“两＋量词”之间，表示量少。如：粒把两粒一两粒lɛ^{11}pə^{55}liẽ^{55}lɛ^{33}｜顿把两顿一两顿tuã^{55}pə^{55}liẽ^{55}tuã^{55}｜张把两张一两张tsẽ^{22}pə^{55}liẽ^{55}tsẽ^{55}。

数[sɔ^{55}]：插在重叠的量词中间，有“逐一”的意思。如“张数张”“粒数粒”。一般用在动词前面，表示动作的方式。如：

那沓纸是我张数张数个，没得错那一沓纸我是一张一张地数过的，没有错。a^{55}t^{h}o^{24}tsɿ^{33}sɿ^{33}io^{55}tsẽ^{35}sɔ^{55}tsẽ^{35}sɔ^{33}kə^{21}, mə^{55}tə^{33}ts^{h}ə^{213}.

只数只盯起去，有疤子个就莫□一只一只的检查，有疤痕的就别要。tso^{11}sɔ^{55}tso^{33}sɔ^{33}sɿ^{33}xɔ^{55}, xəu^{55}po^{35}lə^{33}kə^{21}tɕ^{h}iəu^{21}mə^{21}iã^{21}.

炸豆腐□粒数粒予，莫□一□就空倒下去炸豆腐要一个一个地放，不能一下全放下去。ts^{h}a^{21}t^{h}əu^{21}fu^{21}iã^{21}lɛ^{213}sɔ^{55}lɛ^{213}ie^{35}, mə^{21}iã^{21}ɿ^{33}tia^{213}tɕ^{h}iəu^{21}xã^{35}tie^{33}xo^{55}xɔ^{21}.

三　数量、方所、指代

（一）数量

1.“两”的表示

数数时，“2”用“两”不用“二”，如“一、两、三、四……”。带量词时，用“两”不用“二”，如“来了两□个[ta^{55}]人”，但不说“二两”，而说“两两”。序数用“第二”不用“第两”。

大于10小于200，个位和十位的“二”用“二”表示，如“二十一”“二十二”“三十二”“一百二十”“一百四十二”。

百位上以及更高位上的“2”，用“两”，如“两百”“两百二十”“两千”“两千两百二十二”。

2. 十位上“1”的表示

十位上的“1”，宁远平话可以读“一”，也可以不读。“12”可以读为“一十二”，也可以读为“十二”。不过，如果大于两位数，十位上的“一”不能省略，如“213”就要读为“两百一十三”，其中十位上的“一”不能省略。

3. 整十整百整千的表示

整十、整百和整千，最后一个位数可以省略单位。如“2300”读为“两千三百”，也可以读为“两千三”。如果数字后面带有单位，则不能省略位数，如“2300斤”就读为“两千三百斤”。

4. 约数的表示

宁远平话表达约数，有多种方式。一是可以用在十百千万等单位后，加“上下”“个的样子”，如“20斤个样子”“20斤上下”。二是可以在数字前用“差莫多”“大概”来表示推测，如“差莫多8斤”表示8斤左右。三是可以在尾数后加递增的个位数来表示约数，如“三十一二粒”“二十三四只”；或者在数量单位前用连续的两个数字，如“一二十斤”“三四十斤”。四是，只有两个位数单位组成时，前一个数量单位前不用数字，后一个数量单位前用两个连续递增的数字，如“万八九一万八九左右”“千七八百斤一千七八百斤”“百二三十斤一百二三十斤”“千七八”。五是位数或者单位后加“把[pə^{55}]”，表示约数，如“千把[pə^{55}]个”表示1000个左右。六是在单位后面加“把子”或者“把＋两＋单位”，如“斤把[pə^{55}]子”表示1斤左右，“粒把[pə^{55}]两粒”即一两粒。“把”的用法，详见前文“中缀”部分。

与普通话相同，可以在单位后加“多”，如“八斤多”“十六斤多”，也可以在位数后加“多”，如“十多斤”“三十多斤”。但不能在个位数后加“多”，如不能说“十八多斤”。

5. 量的表示

平话表示单位的词很丰富。使用范围较广的有“粒”“只”“头”。

“粒[lɛ^{213}]”使用十分广泛。最常用的是做小颗粒事物、水果、文字等的单位，如：一粒米｜一粒桃子｜一粒果子｜一粒疤子｜一粒字。用“粒”做单位的事物，形状一般是球形，如：米｜栗子｜梨子｜篮球｜排球｜灯泡。半球形或者相似的事物也可以用“粒”做单位，如：一粒疯瘔婆身上的疙瘩｜一粒坡。圆形的事物也用“粒”做单位，如：一粒穴牯一个洞｜一粒手表｜一粒磙子一个轮子。柱状瓜果也用“粒”做单位，如：一粒香蕉｜一粒茄子｜一粒辣椒｜一粒萝卜。较大空间的屋子也用“粒”做单位，如“一粒间子一间房”。家用电器等新出现的事物一般也用“粒”做单位，不论体积大小，如：一粒冰箱｜一粒洗衣机｜一粒电视｜一粒鼠标｜一粒键盘｜一粒遥控器。“粒”甚至可以宽泛地使用到很多事物，如：一粒头睏枕头｜一粒格子窗户｜一粒围楼一个村庄｜一粒衣架子｜一粒打谷机｜一粒氹牯一个坑。

“只[tso^{213}]”一般可以做体积较小的器具的单位，如：一只杯子｜一只碗｜一只油盏｜一只炭盆｜一只笼子｜一只簸箕。成对事物的一半，包括身体部分器官可以用“只”做单位，如：一只手｜一只眼睛｜一只耳朵｜一只水桶｜一只尿桶｜一只围篮箩筐｜一只鞋子｜一只水袜袜子。也可以用作其他事物的单位，如：一只箱子一个抽屉｜一只皮箱｜一只□□[k^{h}a^{21}k^{h}a^{21}]蛋。

“头 [$t^həu^{24}$]” 主要做动物的单位。家禽家畜可以用“头”做单位，如：一头牛｜一头猪｜一头狗｜一头鸡｜一头鹅｜一头鸭。鸟兽鱼虫，不论个体大小，均可以用“头”做单位，如：一头鸟崽｜一头鲤鱼｜一头虾公｜一头蛇｜一头蚊子｜一头狗蚤跳蚤。

此外，平话还有一些比较有特色的量词，下面分别说明。

□ [$mẽ^{55}$]：量词，根，如：一～棍子｜一～竹子｜一～树子。

柱 [$ts^hɔ^{21}$]：可以做屎尿的量词，如：一～屎一泡屎｜一～尿一泡尿。

□ [$tɕ^hie^{21}$]：量词，双，只用于鞋子和袜子。

□ [$ləu^{213}$]：量词，碗，用于米饭，但不能用于菜，如：一～□ [ma^{24}]一碗饭｜一～粉。

□ [k^huei^{21}]：量词，指一担子的一半，特别是柴，如：一～樵一头柴｜一～重□ [$tɛ^{55}$]那一头重一些”。

族 [$t^həu^{55}$]：量词，指一户，如：一～人一户人家。

房 [$fã^{21}$]：宗族和大家族的单位，如：一～人一族人。

席 [t^hio^{21}]：时间量词，表示一阵；动量词，表示一次。如：请了一～客请了一次客｜落了一～雨下了一阵雨。

□ [$p^hə^{21}$]：量词，表示不长的一段时间，如：肚子□ [ts^ha^{21}] 了一～肚子痛了一阵｜落了一～雨下了一阵雨。

（二）方所

1. 方所词的构成

表示方所的基本语素有“上、下、左、右、前、高、东、南、西、北”。与普通话相比，平话表示方所的语素中有“上、下”，没有“中”，表示中间用“中心”；有“前”，没有“后”，用“背底”表示后面；有“高”，没有“低”，用“底下”表示下面。这些表示方位的语素，可以分别与“面、头、半牯”组合成复合的方所词或者短语。“面”可以与“上、下”组合为“上面、下面”；还可以与“左手、右手”组合成“左手面左边”“右手面右边”。“左手面、右手面”以及“左边牯、右边牯”分别指左右。这些词语所指的左右，不但可以指事物本身的左右部分，也可以指事物之外的左右空间。“头”可以与“前、高”组合成“前头前面、高头上面”。“高头、上面”既可以表示与之接触的上端，也可以表示并不接触的空间上头。相对较高的地方，也可以说是“高头、上面”，如“岭高头”不是指岭的高峰，而是指岭本身。“面高头”指脸本身而不是指脸的上方。如“面高头有个痣”是指脸上有颗痣。“高头、上面”还可以表示抽象的上面，如“书高头”可以表示书的上面，也可以表示书的内容里面。“半牯”可以放在“上、下、左、右、东、南、西、北”后，如“上半牯”表示上半部或者上方，“南半牯”表示南边或者南方。

另有“边际边上、侧边边上、角牯路角落、中心中间、腹□ [$tɕiã^{33}$] 里面、门下外面”表示方所。

2. 方所词的功能

“上、下、左、右、前、高、东、南、西、北”一般不单独表示方位。“上”能与名词直接组合，但数量极少，如“街上”“天上”“地上”。“街上”“天上”“地上”也可看成是表示处所的名词。其他方位语素，一般不单独成词，除了对举外，一般不能与名词组合成方位短语。

方所词可以与名词构成方位短语，一般不加结构助词“个”，如：鞋子高头 xa^{24}lə^{33}ke^{33}tʰəu^{55} | 枱子高头 tʰia^{24}lə^{33}ke^{33}tʰəu^{55} | 书高头书上 ɕie^{22}ke^{55}tʰəu^{55} | 床底下 tsʰẽ^{24}ti^{33}xo^{21} | 箱子侧边 ɕiẽ^{35}tə^{33}pã^{22}tsɿ^{55} | 屋腹□ ɔ^{11}pu^{33}tɕiã^{33} | 瓶子腹□瓶子里面 pʰio^{24}lə^{33}pu^{213}tɕiã^{33} | 瓶子门下瓶子的外面 pʰio^{24}lə^{33}miã^{21}xo^{55} | 岭背底 lio^{55}pə^{55}ti^{33}”。方所短语，与名词组合成偏正短语时，中间需要加结构助词“个”，如：箱子个右手面 ɕiẽ^{35}tə^{33}kə^{21}iəu^{21}səu^{33}miã^{21} | 铛个左半牯 tɕʰie^{35}kə^{33}tsə^{55}pie^{55}kɔ^{33} | 屋个南半牯 ɔ^{213}kə^{33}lo^{21}piẽ^{55}kɔ^{33}。

这些方所词和短语，可以做主语、宾语和定语，如：

枱子高头有头老鼠桌上有只老鼠。tʰia^{24}lə^{33}ke^{22}tʰəu^{55}xəu^{55}tʰəu^{33}lie^{55}ɕie^{21}.

鞋子予到床底下鞋子放在床下面。xa^{24}lə^{33}ie^{35}tie^{33}tsʰẽ^{24}ti^{33}xo^{21}.

岭背底个田是我屋腹个岭后面的田是我们家的。lio^{55}pə^{55}ti^{33}kə^{21}tʰiã^{24}sɿ^{55}io^{55}ɔ^{11}pu^{33}kə^{21}.

也可以与介词一起构成介词短语，做状语，如：

你向南半牯走，半□钟就到呱了你往南走，半小时就可以到。ŋ^{55}ɕiẽ^{55}lo^{21}piẽ^{55}kɔ^{33}tsəu^{33}, piẽ^{55} kuei^{55}tsã^{35}tɕʰiəu^{21}tie^{55}kua^{33}lie^{21}.

你走屋背底去盯下你到屋子后面去看看。ŋ^{55}tsəu^{33}ɔ^{213}pə^{55}ti^{33}xɔ^{55}tio^{213}tia^{33}.

（三）指代

1. 人称代词

宁远平话有“我”“你”“子”三个表单数的人称代词，以及“我哩”“你哩”“子哩”三个表复数的人称代词，“自家”一个表反身的人称代词，以及“人家”“大侪”两个表不定指的人称代词。见“表6-1”。

表6-1　宁远平话常用人称代词表

人称	定指		不定指
	单数	复数	人家 ŋ^{21}ko^{55}、大侪 tʰo^{21}tsʰɿ^{33}
第一人称	我 io^{55}	我哩 io^{55}lə^{33}	
第二人称	你 ŋ^{55}	你哩 ŋ^{55}lə^{33}	
第三人称	子 tsɿ^{33}	子哩 tsə^{33}lə^{33}	
反身称	自家 tsʰɿ^{21}ko^{55}、自家□人 tsʰɿ^{21}ko^{55}ta^{55}ŋ^{33}	自家 tsʰɿ^{21}ko^{55}	

人称代词可以做主语、宾语、定语。人称代词做主语、宾语，用法同普通话；做定语时，与中心语之间有时可以插入“个的”“那”或“伊这”等。人称代词与名词组合搭配关系见“表6-2”。

表6-2 人称代词与名词搭配关系一览表

	单称			复称			反称	任称	
	我	你	子	我哩	你哩	子哩	自家	大侪	人家
爹爹	+	+	+	+	+	+	+	\	\
姑姑	+	+	+	+	+	+	+	\	\
女子	+	+	+	+	+	+	+	\	\
老师	+	+	+	+	+	+	+	\	+
徒弟	+	+	+	+	+	+	+	\	+
书	\	\	\	\	\	\	\	\	\
屋腹爹爹	+	+	+	+	+	+	+	\	+
屋腹姑姑	+	+	+	+	+	+	+	\	+
屋腹女子	+	+	+	+	+	+	+	\	+
个爹爹	+	+	+	+	+	+	+	+	+
个姑姑	+	+	+	+	+	+	+	+	+
个女子	+	+	+	+	+	+	+	+	+
个老师	+	+	+	+	+	+	+	+	+
个徒弟	+	+	+	+	+	+	+	+	+
个书	+	+	+	+	+	+	+	+	+
那爹爹	+	+	+	+	+	+	+	+	+
那姑姑	+	+	+	+	+	+	+	+	+
那女子	+	+	+	+	+	+	+	+	+
那老师	+	+	+	+	+	+	+	+	+
那徒弟	+	+	+	+	+	+	+	+	+
那书	+	+	+	+	+	+	+	+	+
那本书	+	+	+	+	+	+	+	+	+
个那本书	+	+	+	+	+	+	+	+	+

注：“+”表示可以组合，如“我爹爹”；“\”表示不能组合，如“我书”。

①“我”“你”“子”是单数第一、二、三人称的代词，分别相当于普通话的“我、你、他”。“子”是第三人称的通指，没有性别之分，也没有物和人之分。

“我、你、子”后面可以直接跟称谓词，具有指别性质。“我、你、子”均可以带“屋腹＋亲属称谓”，但亲近程度不如“我、你、子”直接带亲属称谓词。代词和称谓词之间可以插入“个的”，但双方亲近度更弱。甚至也可以插入“那”，有看不起、嫌弃的意义。如“子那女子”，表示不屑提起。

“我”还可以直接接人名，表示关系亲近。这种用法，只限于长辈对晚辈，或者上级对下级的叙称。如老师向他人谈及自己的学生，可以称“我＋学生名字”，名字前还可以冠以姓氏。如老师可以对旁人说，“我张三今年又得到呱奖学金我的张三今年又得到了奖学金。”“你”也可以直接接人名，与人名是复指关系，且带上不满的感情色彩。“子”后面一般不直接跟人名。

“我、你、子”后面接名词，表领属关系，代词和后面名词之间要用结构助词“个”连接，如：

莫移我个书别动我的书。mə^{21}ɿ^{24}io^{55}kə^{21}ɕie^{35}.

那是你个帽子啊那是你的帽子吗？ a^{55}sɿ^{33}ŋ^{55}kə^{21}mie^{21}lə^{21}a^{21}？

子个衣裤你着莫得他的衣裤你穿不了。tsə^{33}kə^{21}a^{22}kuã^{55}ŋ^{55}tsə^{213}mə^{21}tə^{33}.

“个”可以换成“那”，由于“那”有定指作用，所以换成“那”以后，对后面的名词进行了限定，使其成为有定的对象。试比较：

我个书不定指｜我那书定指｜我个那本书｜我伊本书定指｜我个伊本书定指

我个笔不定指｜我那笔定指｜我个那□支笔｜我伊□支笔定指｜我个伊□支笔定指

虽然“我那书”和“我个那本书”都是有定的，但是，“我那书”可以是一本，也可能不止一本，“我个那本书”只能是一本。值得注意的是，“伊这”与“那”分别指近指和远指代词，但“伊”只可以说“我个伊本书”，不能说“我伊书”。

②“我哩”“你哩”“子哩”表示第一、二、三人称复数。如：

爹吁，你莫去，我哩子子女女去爸爸，你别去了，我们儿女们去。tia^{33}e^{21}, ŋ^{55}mə^{21}xɔ^{55}, io^{55}lə^{33}tsə^{33}tsə^{33}lie^{55}lie^{55}xɔ^{55}.

爹吁，你也去，我哩一起去爸爸，你也去，我们一起去。tia^{33}e^{21}, ŋ^{55}ie^{55}xɔ^{55}, io^{55}lə^{33}ɿ^{33}ts^{h}ɿ^{33}xɔ^{55}.

你哩女子家莫去，我哩儿子家去你们女的不要去，我们男的去。ŋ^{55}lə^{33}lie^{55}tə^{21}ko^{55}mə^{21}xɔ^{55}, io^{55}lə^{33}lɔ^{24}tə^{33}ko^{55}xɔ^{55}.

复数人称代词，后接名词，表领属关系；后接亲属称谓，表示指别。“复数人称代词＋称谓”中，代词和称谓也可以成为复指关系，如：

我哩老师莫□跟学生一起走我们老师不要和学生一起走。o^{55}lə^{33}lɔ^{55}sɿ^{33}mə^{21}iã^{21}ke^{213}ɕiəu^{21}ɕie^{55}ɿ^{33} tsʰɿ^{33}tsəu^{33}.

你哩女子家到那半边牯去你们女性到那边去。ŋ^{55}lə^{33}lie^{55}tə^{21}ko^{55}tie^{55}a^{55}piẽ^{33}kɔ^{33}xɔ^{55}.

子哩学生讲走就走得他们学生说走就可以走。tsə^{33}lə^{33}ɕiəu^{21}ɕie^{55}tɕiã^{33}tsəu^{33}tɕʰiəu^{21}tsəu^{33}tə^{33}.

与单数人称代词一样，复数人称代词和其后的称谓词之间插入“屋腹”“个”“那”，二者所指的关系亲近程度依次递减。

③“自家”表反身，可以表示单数，也可以表示复数。“自家”可以做主语、宾语，但更多的是做定语，如：

自家个事情自家做自己的事情自己做。tsʰɿ^{21}ko^{55}kə^{21}sɿ^{21}tɕʰiẽ^{21}tsʰɿ^{21}ko^{55}tsə^{55}.

“自家”与后面的名词不能直接组合，如“自家妹崽”“自家碗”就说不通。“自家”可以带“屋腹”“个的”“那”后，加在名词前面，限定名词的所指。如表示自己的妹妹，可以说“自家屋腹妹崽”“自家屋腹个妹崽”“自家个妹崽”“自家那妹崽”。使用“屋腹”“个”“那”，代词和称谓所指的亲近程度递减。用“那”带有瞧不起的意味，如：

先管好自家那妹崽，才讲人家先管好自己的妹妹，才有资格讲别人的不是。sã^{35}kyẽ^{33}xe^{33}tsʰɿ^{21} ko^{55}a^{55}mə^{21}tsɛ^{55}, tsʰɛ^{21}tɕiã^{33}ŋ^{24}ko^{55}.

“自家”可以与单数和复数人称代词组合。“我自家”“你自家”“子自家”分别表示第一、二、三人称反身。“我哩自家”“你哩自家”“子哩自家”分别表示各复数人称的反身。“自家”后面可以加“□[ta^{55}]人”，变成“自家□[ta^{55}]人”，有时省略“家”，变成“自□[ta^{55}]人”。“自□[ta^{55}]人”“自家□[ta^{55}]人”用于单数较常见，但也可以用于复数，如：

你哩自家□人去算了你们自己去算了。ŋ^{55}lə^{33}tsʰɿ^{21}ko^{55}ta^{55}ŋ^{33}xɔ^{55}ɕyẽ^{55}lie^{21}.

你哩自□人□样□讲嗯你自己要这样说（还能怪谁啊）。ŋ^{55}lə^{33}tsʰɿ^{21}ta^{55}ŋ^{33}iã^{21}iẽ^{21}tsɿ^{21}tɕiã^{33}ẽ^{33}.

值得注意的是，“你哩自家□[ta^{55}]人去”只是表示不需要别的帮助，句子本身并不含有“各自去”“分头去”的意思。

④“人家”泛指旁人，可以指不包括听话人的其他任何人。这种常规用法，与普通话相同。“人家”做定语时，用法与“自家”相同。

“人家”可以指特定的第三者，如：

人家屋腹个物什莫食好□别人的东西不吃为好。ŋ^{21}ko^{55}ɔ^{11}pu^{33}kə^{21}va^{21}sɿ^{33}mə^{21}ɿ^{21}xe^{33}tɛ^{55}.

那蔸树子是人家个那棵树是别人的。a^{55}təu^{55}ɕie^{21}lə^{21}sɿ^{55}ŋ^{21}ko^{55}kə^{21}.

“人家”常常用来表达言外之意，特指说话人、听话人、旁人。特指说话人时，一般表达对对方的埋怨。如：

就是你食得，人家就食不得只是你能吃，我就不能吃？ tɕʰiəu^{21}sɿ^{55}ŋ^{55}ɿ^{21}tə^{33}, ŋ^{21}ko^{55}tɕʰiəu^{21}ɿ^{21} mə^{21}tə^{33}?

你就要死，人家就苦死你就好玩得要死，我就累得要死。ŋ^{55}tɕʰiəu^{21}sua^{33}sɛ^{33}, ŋ^{21}ko^{55}tɕʰiəu^{21}kʰɔ^{33}sɛ^{33}.

你□好，盯到人家搞莫清都莫移一□你倒好，看到我忙得一塌糊涂都不帮助动一下。ŋ^{55}ta^{55}xe^{33}, tio^{11}tie^{33}ŋ^{21}ko^{55}kɔ^{55}mə^{21}tɕʰio^{35}tu^{33}mə^{21}ɿ^{24}ɿ^{33}tia^{213}。

指特定的第三者时，一般是将听话人与其进行比较，表达对特定对象的赞赏，对听话人委婉的规劝。如：

你盯人家老三读书好用心你看人家老三读书多认真。ŋ^{55}tio^{213}ŋ^{21}ko^{55}lie^{55}so^{35}tʰɔ^{21}ɕie^{35}xe^{33}iã^{21}ɕiã^{35}.

指对方时，假定跟第三方说话，表达了不满、气愤。如：

我莫敢讲，人家是大老板我不敢说你，你是大老板！io^{55}mə^{21}kiẽ^{33}tɕiã^{33}, ŋ^{21}ko^{55}sɿ^{55}tʰo^{21}lie^{55}pie^{33}。

⑤“大侪”意思为“大家”，一般包括说话人在内的特定集体。如：

□去大侪一齐去要去大家一块去。iã^{21}xɔ^{55}tʰo^{21}tsʰɿ^{33}ɿ^{33}tsʰɿ^{33}xɔ^{55}.

“大侪”做定语，同“自家”，不再赘述。

2. 指示代词

这里主要介绍指示代词，一般“这”和“那”相对，所以“这”“那”以及相关词的用法也在这里一并介绍。指示代词（短语）见“表6-3”。

表6-3　宁远平话指示代词（短语）表

指示代词	近指	远指
指代人或者事物	彼pie^{213}、伊a^{213}、□e^{213}，彼帮pie^{11}pʰẽ^{55}、伊帮a^{11}pʰẽ^{55}、□帮e^{11}pʰẽ^{55}，彼伙pie^{11}fu^{55}、伊伙a^{11}fu^{55}、□伙e^{11}fu^{55}	那a^{55}，那帮a^{55}pʰẽ^{55}，那伙a^{55}fu^{55}
指代方位处所	彼领pie^{11}lio^{33}、伊领a^{11}lio^{33}、□领e^{11}lio^{33}，彼面pie^{11}mã^{21}、伊面a^{11}mã^{21}、□面e^{11}mã^{21}，彼半牯pie^{11}piẽ^{55}kɔ^{33}、伊半牯a^{11}piẽ^{55}kɔ^{33}、□半牯e^{11}piẽ^{55}kɔ^{33}	那领a^{55}lio^{33}，那面a^{55}mã^{21}，那半牯a^{55}piẽ^{55}kɔ^{33}
指代时间	彼□pie^{11}tia^{33}、伊□a^{11}tia^{21}、□□e^{11}tia^{33}	那□a^{55}tia^{21}
指代性质、程度、方式	这tsə^{55}，这□tsə^{55}tsɿ^{21}、样□iẽ^{21}tsɿ^{21}，彼样pie^{11}iẽ^{21}、伊样a^{55}iẽ^{21}、□样e^{11}ẽ^{21}	那a^{55}、那□a^{55}tsɿ^{21}、那样a^{55}iẽ^{21}

与普通话“这”相应的，宁远平话有“这”“样”“彼”“□[e^{213}]”“伊”等基本的表近指的代词。“彼”“□[e^{213}]”“伊”没有明显的语义和功能差异，可以比较自由地互换。与“这”系列相对应的，只有“那”这一个基本的远指代词。由这些基本的近指和远指代词，与“帮、伙、领、□[tsɿ^{21}]、牯、样”组合出一系列的指示代词。

①指代人或者事物，近指用“彼、伊、□[e^{213}]，彼帮、彼伙”；远指用“那，那帮、那伙”。“彼、伊、□[e^{213}]、那”与后面的人或者事物名称之间需加量词。如“彼□[ta^{55}]人”“那头鸭”“彼朵花”“□[e^{213}]句话”。这些基本指示代词后面的名词也可以省略，指示代词带量词直接做主语或者宾语，如：

彼朵莫姣这朵（花）不漂亮。pie^{11}tə^{33}mə^{21}tçiɔ^{55}.

“彼、伊、□[e^{213}]、那”指示代词能与“帮、伙”组合，成为指代群体的代词短语。“伙”组代词短语既可以指人的群体，也可以指事物的群体。如“彼伙徕头这些小孩”“伊伙书”。“帮”组的代词短语一般指人或者动物，如“那帮学生那些学生”“彼帮鸭崽崽”。少数人用“帮”组的短语指物，如“彼帮书”。“这”“样”不能与“帮、伙”组合（也不能说“三帮人”“两伙人”）。

②指示处所。用基本指示代词与“领”组合可以指代处所。“彼”“□[e^{213}]”“伊”与“领”组合，表示“这里”；“那领”表示“那里”。

基本的指示代词带“半牯”“面”，表示方位。有时候也用来表示处所，如：

徛到彼半牯来来到这边站着。tsɿ^{55}tie^{33}pie^{213}piẽ^{55}kɔ^{33}la^{24}.

那面好晒，徛到树子底下伊面来那边阳光太强，来这边的树荫下面站着。a^{55}mã^{21}xe^{33}sa^{55}, tsɿ^{55}tie^{33}çie^{21}lə^{21}ti^{33}xo^{21}a^{213}mã^{21}la^{24}.

“领”组、“面”组和“半牯”都能指代处所，“面”“半牯”指示的范围更大一些，或者更准确地说，“半牯”“面”指示较大范围是无条件的，“领”组指示较窄的范围是有条件的。如果不联系具体的语言环境，只是说“那半牯”，多数人会觉得是指目不能及的地方。如双方分别坐在桌子的两边，其中一边靠墙，空间较窄，一人说“那边牯不好坐，坐彼边牯来”，这时的“边牯”则表示很小的范围了。

③指示时间。用基本的指示代词与“□[tia^{213}]”组合来指示较小的时间段。“彼”“□[e^{213}]”“伊”与“□[tia^{213}]”组合表示当下，“□[tia^{213}]”变调为轻声，调值[33]；“那□[tia^{33}]”表“那会儿”，其前面一般有具体事件，如：

彼□我莫空这会儿我没空。a^{213}tia^{33}io^{55}mə^{21}xã^{35}.

你啸我那□，我于个食□你叫我的那会儿我正在吃饭。ŋ^{55}çiəu^{11}io^{55}a^{55}tia^{33}, io^{55}ie^{35}kə^{33}ɿ^{21}ma^{24}.

另外，“□[kə^{55}]哩”和“那刻”是时间名词，分别指现在和过去。上例的“彼□[tia^{33}]”可以用“□[kə^{55}]哩”替换，“那□[tia^{33}]”可以用“那刻”替换，意思不变。

④指代性质、程度、方式。平话用“这”“那”，以及“□[tsɿ^{21}]”“样”附在基本的指示代词“这”“然”“彼”“伊”“□[e^{213}]”和“那”后，来指代性质、程度、方式。

“这□[tsɿ^{21}]”表示“这样”，“那□[tsɿ^{21}]”表示“那样”，主要修饰形容词，如“这□[tsɿ^{21}]寒这么冷”“这□[tsɿ^{21}]大这么大”“这□[tsɿ^{21}]厉害”，“那□[tsɿ^{21}]红那样红”，等等。

"这""那"也可用来指示程度，修饰形容词，可以看成是"这□[tsɿ^{21}]""那□[tsɿ^{21}]"的简单式，如："这寒""这厉害""这大""那红"。"这□[tsɿ^{21}]""那□[tsɿ^{21}]"也可以指代方式，修饰动词，但不常用，如"这□[tsɿ^{21}]做这么做""那□[tsɿ^{21}]写那样写"，其中"□[tsɿ^{21}]"不可以省略。

"样□[iẽ^{21}tsɿ^{21}]"表示"这么""这样"，主要修饰动词，如"样□[iẽ^{21}tsɿ^{21}]做""样□[iẽ^{21}tsɿ^{21}]讲""样□[iẽ^{21}tsɿ^{21}]走"。

年轻一代开始使用"彼样、伊样、□[e^{213}]样"和"那样"，用来指代方式，分别表示"这么""那么"。如"彼样驮这样拿""莫跟那样驮不要那样拿"。但老派都认为那是不会说平话。

⑤"那"。宁远平话的"那"的功能和意义与普通话"那"差不多。"那"在宁远平话中有两个读音——[a^{55}]和[la^{55}]自由变读。"那"的使用比较广泛，凡是"这""然""彼""□[e^{213}]""伊"能使用的地方，都可以用"那"替代。"那"是远指，有时候用来表达不满的情绪，如"那桩个那样的"就表示埋怨。

"那"还能替代结构助词"个的"，连接两个名词，如"鸟崽那□[tɕie^{55}]夹鸟的嘴""蛇那鳞甲蛇的鳞甲""枱子那四只足桌子的四条腿""我那毛毛头发""子那女子他的女儿"。这里的"那"仍可以理解为远指代词，但同时兼有了结构助词的功能，因为在这些短语中，"那"前面还可以添加"个"，如"蛇个那片鳞甲"。与结构助词"个"不同的是，连接两个名词的"那"，其后面的名词不能省略。"彼本书是我个"不能换成"*彼本书是我那"。"彼本书是我个书"也不能说成"*彼本书是我那书"。"个""那"连接两个名词性成分，语义有细微差别，如"子那爹爹"比起"子个爹爹"来，父子关系显得不亲近。最亲近的是"子爹"，其次是"子爹爹""子屋腹爹爹"。"子个爹爹"和"子那爹爹"都显得生疏，特别是"子那爹爹"，似乎别有另外的意味，比如不是亲生的。这与"那"表远指显然有一定的联系。

关于指示代词，有两点值得注意，一是古代表远指的"彼"和"伊"，在宁远平话中却表近指；二是表远指的"那"兼有"结构助词"功能，读[la^{55}][a^{55}]比较自由。"那"读[a^{55}]是"伊"的变调，还是受到"伊"的同类牵引略去了声母，值得进一步研究。

3. 疑问代词

构成平话疑问代词的词根是"哪"。"哪"不能单独运用，但可以与各种量词或者名词组合，构成疑问代词。"好"也可以表示疑问，相当于普通话的"多少"。平话中的疑问代词，可以对各种句子成分提问。下面介绍常用的疑问代词和疑问代词短语：

①指问人。疑问代词可以带"人"，来指问人，如"哪人指代单复数""哪□[ta^{55}]人单数""哪个那个人的简略式""哪帮人复数""哪伙人复数"等，可以做主语、宾语和定语。如：

哪伙人样□做个哪些人这样做的？ lie^{21}fu^{55}ŋ^{33}iẽ^{21}tsɿ^{21}tsə^{55}kə^{21}？

你去盯哪人你去看谁？ ŋ^{55}xɔ^{55}tio^{213}lie^{21}ŋ^{33}？

彼是哪人个帽子这是谁的帽子？ pie^{11}sɿ^{55}lie^{21}ŋ^{33}kə^{21}mie^{21}lə^{21}？

②指问事物。“哪”和量词组合，用来指问有具体类别范围的事物。“哪东”用来泛指问任意的事物。“哪东”以及“哪”和量词的组合，可以用来做主语、宾语和定语。如：

哪杯冷□哪杯（水）冷一些？ lie^{21}pə^{55}lo^{55}tɛ^{55}？

那是哪东那是什么？ a^{55}sɿ^{55}lie^{21}tiã^{33}？

哪本书是我个哪本书是我的？ lie^{21}piã^{33}ɕie^{35}sɿ^{33}io^{55}kə^{21}？

③指问方位处所。主要有“哪领”“哪面”“哪半牯”。“哪领”主要问处所，是“哪里”的意思。“哪面”主要问方位，一般是指在两个区域中选择其一，相当于“哪一面”。“哪半牯”主要问方位，一般也是指在两个方向中选择其一，相当于“哪一边”。如：

你那钱袋牯予倒哪领个你的钱包放在哪里了？ ŋ^{55}a^{55}ts^{h}ã^{24}t^{h}ia^{21}kɔ^{33}ie^{35}tie^{33}lie^{21}lio^{33}kə^{21}？

前头有两条路，走哪面啊前面有两条路，走哪一条？ ts^{h}ã^{21}t^{h}əu^{55}xəu^{55}liẽ^{55}t^{h}i^{33}lɔ^{21}, tsəu^{33}lie^{21} miã^{21}a^{33}？

前头有两条路，走哪半牯啊前面有两条路，走哪边？ ts^{h}ã^{21}t^{h}əu^{55}xəu^{55}liẽ^{55}t^{h}i^{33}lɔ^{21}, tsəu^{33}lie^{21} piẽ^{55}kɔ^{33}a^{33}？

你走哪领去了你去哪里了？ ŋ^{55}tsəu^{33}lie^{21}lio^{33}xɔ^{55}lie^{21}？

“哪半牯”“哪面”区别不严格，多数情况下可以互换。“哪领”可以替代“哪半牯”“哪面”。

④指问时间。最常用来问时间的是“哪刻”，意思是“什么时候”，主要问时间点。如：

你哪刻去你什么时候去？ ŋ^{55}lie^{21}k^{h}e^{33}xɔ^{55}？

你哪刻归来个你什么时候回来的？ ŋ^{55}lie^{21}k^{h}e^{33}kuɛ^{22}la^{55}kə^{21}？

走路，你□走到哪刻如果走路，你要走到什么时候（才能到达）？ tsəu^{33}lɔ^{21}, ŋ^{55}iã^{21}tsəu^{33}tie^{33} lie^{21}k^{h}e^{33}？

此外，还有“哪工哪天”“哪年”“哪个月”等等，用法同普通话的“哪天”“哪一年”“哪个月”，这里不赘述。

⑤指问状态、性质、方式。主要用“哪□[tsɿ^{21}]”，相当于普通话的“怎么”。如：

你哪□了你怎么啦？ ŋ^{55}lie^{21}tsɿ^{21}lie^{21}？

走广东哪□去去广东怎么走？ tsəu^{33}kiẽ^{33}tiã^{35}lie^{21}tsɿ^{21}xɔ^{55}？

做莫完了，哪□搞做不完了，怎么办？ tsə^{55}mə^{21}vã^{24}lie^{33}, lie^{21}tsɿ^{21}kɔ^{55}？

⑥指问数量。平话用“好”与形容词组合，用来问数量，如“好多”“好重”“好长”，等等。在这些词语中，“好”相当于普通话的“多”。如“好重”可以表示“多重”，用法也与普通话的“多重”相同。如：

还□好□才到还有多久才能到达？ xɛ^{24}iã^{21}xe^{33}la^{21}ts^{h}ɛ^{21}tie^{55}？

你等呱好□了你等了多久了？ $ŋ^{55}tiã^{33}kua^{33}xe^{33}la^{21}lie^{21}$？

样桩个凳板，你屋腹有好多这样的凳子，你家里有多少张？ $iẽ^{21}tsẽ^{55}kə^{33}tiã^{55}pie^{33}$, $ŋ^{55}ɔ^{11}pu^{33}xəu^{55}xe^{33}tə^{55}$？

"好多"除了可以问"有多少"外，还可以与名词，或者与"量词＋名词"，或者与"量词＋数＋名词"一起，对数量提问。如：

种了好多树子种了多少棵树？ $tsã^{55}lie^{21}xe^{33}tə^{55}ɕie^{21}lə^{21}$？

走了好多里路走了几里路？ $tsəu^{33}lie^{33}xe^{33}tə^{55}lɛ^{55}lɔ^{21}$？

你买了好多只碗你买了几个碗？ $ŋ^{55}mia^{55}lie^{21}xe^{33}tə^{55}tso^{33}yẽ^{33}$？

姑姑驮了好多只数碗予你喔你姑姑拿了多少个碗给你？ $kɔ^{22}kɔ^{55}tə^{33}lie^{33}xe^{33}tə^{55}tso^{11}sɔ^{55}yẽ^{33}ie^{22}ŋ^{55}ɔ^{21}$？

"好多＋名词"，"好多＋量词＋名词"，"好多＋量词＋数＋名词"在意义上没有区别。上述例子中的"好多＋名词""好多＋量词＋名词""好多＋量词＋数＋名词"之间可以互换。如"好多树子""好多蔸树子""好多蔸数树子"意义一样。"好多"也可以用于陈述事实，表示"很多"。这时，"好多＋名词""好多＋量词＋名词""好多＋量词＋数＋名词"之间也可以互换而语义不变。

与普通话一样，这些疑问词或者短语，在特殊情况下也可以表示无疑而问或者通过疑问表达肯定或者否定意义。如客人告辞说："我走了。"主人留客，说："哪人讲个。"意思是"不能走""谁说走我就生谁的气"，这里"哪人"指没有一个人。"哪个都莫准走"指大家都不能走，"哪个"实际上指所有人。疑问代词或者短语也可以与"都"等全称副词搭配使用，表示对某个范围内事物的全部肯定或者全部否定，如"哪只都莫好哪个都不好"。

四　性状与程度

性状一般用形容词表示。按照传统的分类，形容词又分为性质形容词和状态形态词。程度一般用副词表示。本节主要介绍形容词和副词，但是也涉及除了形容词和副词以外的性状、程度的其他表达式。

（一）性质的表示

性质形容词比较简单，用法与普通话相同，如，能受否定副词（"莫"）和程度副词（"好""蛮"等）的修饰，可以充当谓语，大多数能做定语，少数可以做状语。一般来说，形容词做定语，不论修饰的中心语是双音节还是单音节，也不论形容词是单音节还是双音节，一般不带"个"，如：红花 $xã^{21}xo^{55}$ ｜黑木木黑布 $xə^{213}mɔ^{21}mɔ^{33}$ ｜干净衣 $kiẽ^{35}tɕ^{h}io^{21}a^{35}$ ｜生疏□牯地方 $ɕie^{35}so^{55}t^{h}ɔ^{24}kɔ^{33}$ ｜熟悉人 $səu^{21}sɿ^{21}ŋ^{33}$ ｜快心人 $kya^{55}ɕiã^{55}ŋ^{33}$ ｜懒门人 $lie^{55}miã^{33}ŋ^{24}$ ｜新鲜菜 $ɕiã^{22}sã^{55}tɕ^{h}ia^{55}$ ｜轻快事 $tɕ^{h}io^{22}k^{h}ya^{55}sɿ^{21}$。

有两种情况，形容词或者形容词短语须带"个的"才能与中心语组合。

一是带程度副词或者带补语构成的形容词短语做定语时，一般都带“个”。如：蛮高个人mie^{24}ke^{33}kə^{33}ŋ^{24}｜好甜个瓜xe^{33}tʰã^{24}kə^{33}ko^{35}｜蛮懒门个人mie^{21}lie^{55}miã^{33}kə^{21}ŋ^{24}｜蛮生疏个客mie^{24}ɕie^{22}sɔ^{55}kə^{21}kʰo^{213}；好新鲜个青菜xe^{33}ɕiã^{22}sã^{55}kə^{21}tɕʰio^{22}tɕʰia^{55}｜蛮生疏个□牯很陌生的地方mie^{24}ɕie^{22}sɔ^{55}kə^{21}tʰɔ^{24}kɔ^{33}｜好在行个徕头很乖的小孩xe^{33}tɕʰia^{55}xiẽ^{24}kə^{33}lia^{55}tʰəu^{21}；好□子子个纸质量好一点的纸xe^{33}kuei^{55}lə^{33}lə^{33}kə^{21}tsʅ^{33}]｜贵□个衣裈贵点的衣裤kuɛ^{55}kuei^{55}kə^{21}a^{22}kuã^{55}｜轻快□个事tɕʰio^{22}kʰya^{55}kuei^{55}kə^{21}sʅ^{21}。第一组的中心语为单音节词；第二组中心语为双音节词；第三组形容词带状语或补语。

二是形容词做补语构成的动补短语做定语时，与中心词之间也要加“个”，如：洗干净个衣｜拌匀路个砂子水泥和沙石搅拌均匀。

此外，形容词做句子的谓语，一般不能是光杆的形容词，前面需要有限制性成分，或者后面有补充成分。如：

□工个地蛮干净今天的地板很干净。tɕia^{21}kã^{55}kə^{21}tʰɛ^{21}mie^{24}kiẽ^{35}tɕʰio^{21}.

子屋腹好发财他家里很富有。tsə^{33}ɔ^{21}pu^{33}xe^{33}fiã^{213}tɕʰia^{24}.

□工凉爽得多了今天凉快多了。tɕia^{21}kã^{55}liẽ^{21}tɕʰio^{55}tə^{21}tə^{35}lie^{33}.

但在复句中，光杆形容词可以做分句的谓语。如：

彼□大，用得起这个大，用得上。pie^{213}ta^{55}tɛ^{24}, iã^{21}tɛ^{33}sʅ^{33}.

带“个”的形容词，可以用在“动 +（宾语）+ 数量 + 形容词 + 个”结构中，“形容词 + 个”补充说明前面动词的情状、结果等，做补语，如：打了子一顿死个他被狠狠地打了一顿ta^{33}lie^{33}tsə^{33}ʅ^{33}tuã^{55}sɛ^{33}kə^{33}｜食了顿饱个饱饱地吃了一顿ʅ^{21}lie^{21}tuã^{55}piəu^{33}kə^{33}｜耍两工好个好好地玩耍两天sua^{33}liã^{55}kã^{55}xe^{33}kə^{33}。

形容词短语也常常放在动宾短语后面，起到进一步说明的作用，如：地腹生起那草蛮高地里长了很高的草tʰɛ^{21}pu^{33}ɕie^{35}sʅ^{33}a^{55}tɕʰie^{33}mie^{24}ke^{35}｜子煮起那青菜蛮好食他煮得菜很好吃tsə^{33}tɕie^{33}sʅ^{33}a^{55}tɕʰio^{22}tɕʰia^{55}mie^{24}xe^{33}ʅ^{21}｜□起那鼻头好响打的呼噜声音很大ya^{21}sʅ^{2}la^{55}pʰɛ^{21}tʰəu^{33}xe^{33}ɕiẽ^{33}。

（二）状态的表示

状态形容词，不能受否定副词（“莫”）和程度副词（“好”“蛮”等）的修饰。一般可以做定语、谓语和补语。

平话的状态形容词以重叠形式最常见。平话也有“墨黑”“标直”这样的偏正结构的形容词，但是数量很少，而且，一般是从重叠式简化而来的。以下主要通过对几种重叠式的介绍，展示平话中状态形容词的一些特点。

1.“AA”式

“A”一般是动词或者动词性语素，“AA”可以做谓语，描述前面的主语。“AA”与它要描述的对象一般有着比较固定的搭配关系，如：胡子吊吊胡子拉碴vu^{24}lə^{33}ti^{55}ti^{55}｜炉□吊吊

挂满了蜘蛛网的样子 lɔ^{24}mẽ^{55}ti^{55}ti^{55} | 汗□溜溜浑身是汗的样子 xiẽ^{21}p^{h}o^{21}liəu^{22}liəu^{55} | 眼泪含含泪眼婆娑的样子 lie^{55}lɛ^{21}xiẽ^{21}xiẽ^{24}。

2.“AABB”式

“AABB”式的形容词不多。“A”和“B”都是词根，是词义的承载者。有的“AB”是双音节形容词，有的“AB”不成词，如：

①“AB”成词：干干净净 kiẽ^{22}kiẽ^{55}tɕ^{h}io^{21}tɕ^{h}io^{21} | 墨墨黑黑很黑 mə^{33}mə^{33}xə^{213}xə^{213} | 嫩嫩秧秧如秧苗一样嫩 luã^{21}luã^{21}iẽ^{35}iẽ^{35}。

②“AB”不成词：圞圞滚滚很圆的样子 lyẽ^{21}lyẽ^{55}k^{h}ã^{21}k^{h}ã^{21} | □□□□很零碎的样子 mə^{22}mə^{55}tsɛ^{33}tsɛ^{33} | □□肿肿浮肿的样子 p^{h}u^{22}p^{h}u^{55}tsã^{33}tsã^{33} | 阴阴瘪瘪形容阴险 iã^{22}iã^{55}pɛ^{11}pɛ^{213} | 凌凌□□凌乱的样子 liẽ^{21}liẽ^{21}la^{24}la^{55}。

“AABB”一般表示程度加深。可以做定语、谓语和补语。如：墨墨黑黑个□牯很暗的地方 mə^{33}mə^{33}xə^{213}xə^{213}kə^{33}t^{h}ɔ^{24}kɔ^{33} | 那条路墨墨黑黑那条路很暗 a^{55}t^{h}i^{33}lɔ^{21}mə^{33}mə^{33}xə^{213}xə^{213} | 晒起墨墨黑黑晒黑了 sa^{55}sɿ^{21}mə^{33}mə^{33}xə^{213}xə^{213}。

3.“ABB”式

宁远平话中有大量的“ABB”式形容词，一般表示程度加深。“A”本身是形容词，承担整个结构的基本意义，“BB”意义比较模糊，有的找不到本字，主要是描述“A”，使得“A”的意义更为生动。根据“B”的性质，可以分成两种。

①单个“B”是名词或者动词，表示具有“A”性质或特征的事物，或者“A”运动时的方式。“AB”无意义，不能成词。“BB”也无具体意义，是词缀。“ABB”结合使“A”性质或特征更直观、形象。如“红血血”，血是红的，整个词更形象地描写“红”这种颜色。“邦”具有硬的特点，“硬邦邦”更好地说明硬的特征。这种类型的比较多，如：红血血 xã^{24}fei^{33}fei^{213} | 白雪雪 p^{h}o^{21}suei^{21}suei^{213} | 黑墨墨 xə^{213}mə^{33}mə^{33} | 冷雪雪 lo^{55}suei^{21}suei^{213} | 硬邦邦 ɳe^{21}pẽ^{21}pẽ^{213} | 嫩秧秧 luã^{21}iẽ^{33}iẽ^{35} | 轻毛毛 tɕ^{h}io^{35}mɔ^{33}mɔ^{33} | 重坨坨 ts^{h}ã^{55}t^{h}ə^{21}t^{h}ə^{24} | 矮驼驼 a^{33}t^{h}ə^{21}t^{h}ə^{24}。

一般不能说成“BA”，如“血红”“邦紧”。有少数例外，如“毛轻”“墨黑”。

②单个“B”意义与“ABB”没有联系，本字不明。“BB”是重叠的后缀，也没有明确的意义，但是与“A”的搭配比较固定。“ABB”比“A”更加形象生动，比“A”程度更深。这类格式，一般不能变换为“BA”。如“枯”是瘦的意思，“枯夹夹”是瘦骨嶙峋的意思。单个的“夹”与“瘦”没有意义上的联系，在这里只是个表音字。“夹夹”是个叠音词缀。单独的“□□[vei^{33}vei^{33}]”没有意义，但“□□□ xa^{55}vei^{33}vei^{33}”是湿漉漉的意思，在这里“□□[vei^{33}vei^{33}]”描述了湿得滴水的样子。又如：

嬾脬脬 lɔ^{213}p^{h}iəu^{33}p^{h}iəu^{35} | 清垮垮 tɕ^{h}io^{35}k^{h}ua^{33}k^{h}ua^{33} | 香喷喷 ɕiẽ^{35}p^{h}iã^{55}piã^{55} | 紧绷

绷tɕiã^{33}pẽ^{21}pẽ^{213} | 枯夹夹xɔ^{35}ka^{21}ka^{213} | 薄□□pʰə^{21}lio^{33}lio^{35} | 老□□lie^{55}kã^{21}kã^{213} | 短□□pʰia^{21}pʰia^{21} | 干□□kiẽ^{35}pə^{33}pə^{33} | □□□湿漉漉xa^{55}vei^{33}vei^{33} | 烂□□lie^{21}mə^{33}mə^{35} | 甜□□tʰã^{24}lio^{33}lio^{33} | | 松□□sẽ^{35}pʰia^{21}pʰia^{21} | 黄□□xiẽ^{24}kuã^{21}kuã^{213}

以上情况，由于“BB”意义比较模糊，而且，“BB”的变调，也与一般两字组变调方式不同，说话人已经将“ABB”作为整体。所以，宜将“BB”看作词缀，“ABB”看成形容词。“ABB”式的形容词可做谓语、定语、补语。如：那水冷雪雪a^{55}suɛ^{33}lo^{55}suei^{11}suɛ^{213} | 红血血的日头xã^{24}fei^{11}fei^{21}kə^{33}li^{21}tʰəu^{33} | 捆起紧绷绷kʰa^{213}sɿ^{33}tɕiã^{33}pẽ^{11}pẽ^{213}。

4.“ABA古”式

“ABA古”意义主要承担者是“A”，且“A”是贬义（少数例外，如“背驼背古”）。“ABA古”可受程度副词“有点”“很”“最”的修饰。如：

那□人最邪皮邪古不正经。a^{55}ta^{55}ŋ^{33}tsuei^{24}ɕio^{24}pʰa^{33}ɕio^{24}kɔ^{33}.

子好蠢子蠢古呢蠢！tsə^{33}xe^{33}tsʰuã^{33}tsɿ^{33}tsʰuã^{33}kɔ^{33}lie^{21}.

“ABA古”主要有“A子A古”“A气A古”“A皮A古”三种形式。

①“A子A古”式

单个的“A”是贬义的形容词。“A子”是指人或者物的名词，一般有贬义，“古”是词缀，没有明确的意义。如“矮子矮古”，“矮子”是个子矮的人，贬义。“矮子矮古”形容人矮，贬义。这类词很多，如：蠢子蠢古很蠢tsʰuã^{33}tsɿ^{33}tsʰuã^{33}kɔ^{33} | 团子团古形容身材不好，又矮又胖的样子tʰyẽ^{33}lə^{33}tʰyẽ^{24}kɔ^{33} | 驼子驼古背很驼的样子tʰə^{24}lə^{33}tʰə^{24}kɔ^{33} | 聋子聋古形容很聋liã^{24}lə^{33}liã^{24}kɔ^{33} | 疤子疤古身上很多伤疤po^{35}lə^{33}po^{35}kɔ^{33} | 瘩子瘩古形容形状不规则ta^{35}lə^{33}ta^{35}kɔ^{33} | 渣子渣古形容食物很多渣滓tso^{35}lə^{33}tso^{35}kɔ^{33}。

“A子A古”式形容词都可以做谓语、定语和补语。如：

彼青青菜渣子渣古这个菜很老，很多渣滓。pie^{213}tɕʰio^{35}tɕʰio^{35}tɕʰia^{55}tso^{35}lə^{33}tso^{35}kɔ^{33}.

彼青青菜有□渣子渣古了这个菜有点老，很多渣滓。pie^{213}tɕʰio^{35}tɕʰio^{35}tɕʰia^{55}xəu^{55}kuei^{55}tso^{35}lə^{33}tso^{35}kɔ^{33}lie^{21}.

子逮倒那□矮子矮古个女子家讲起给我他把那个很矮的女人介绍给我作对象。tsə^{33}tɛ^{55}tie^{33}a^{55}ta^{55}a^{33}lə^{33}a^{33}kɔ^{33}kə^{21}lie^{55}tə^{21}ko^{55}tɕiã^{33}sɿ^{33}ie^{35}io^{55}.

子跌起疤子疤古了他跌得浑身是疤了。tsə^{33}tʰie^{21}sɿ^{21}po^{35}lə^{33}po^{35}kɔ^{33}lie^{33}.

②“A气A古”式

“A”是形容词或者形容词性的语素。“A气”有的是动词，有的是形容词，有的不成词。“A气”重叠为“A气A古”后，成为形容词，用来描摹人的神态，心理，形象说明“A”或者“A气”的状态。如：□气□古互不搭理的样子ŋe^{55}tsʰɿ^{55}ŋe^{55}kɔ^{33} | 胀气胀古内心十分委屈tsẽ^{55}tsʰɿ^{55}tsẽ^{55}kɔ^{33} | □气□古形容极不和谐tɕiã^{35}tsʰɿ^{55}tɕiã^{35}kɔ^{33} | 冲气冲古说话时很气愤的样子

tsʰẽ^{35}tsʰɿ^{55}tsʰẽ^{35}kɔ^{33} | 愤气愤古很气愤的样子 fiã^{55}tsʰɿ^{55}fiã^{55}kɔ^{33}。

上述例子中，“□气□古互不搭理的样子”中“□”是形容词，形容脾气犟或者情趣不合，“□气”是“斗争”“斗气”，是动词。“愤”是不成词语素，有“气愤”的意思，“愤气”增加了形象性，但也不单用。

“A气A古”可做谓语、定语和补语。如：

愤气愤古那□人就是子个男朋友气冲冲的那个人是她男朋友。

fiã^{55}tsʰɿ^{55}fiã^{55}kɔ^{33}a^{55}ta^{55}ŋ^{33}tɕʰiəu^{21}sɿ^{55}tsə^{33}kə^{21}lo^{24}pʰiã^{33}iəu^{55}.

③“A皮A古”式

“A”是形容词兼动词，“A皮”是形容词。如：拖皮拖古做事拖沓 tʰə^{35}pʰa^{33}tʰə^{35}kɔ^{33} | □皮□古老油条、厚脸皮 liəu^{24}pʰa^{33}liəu^{24}kɔ^{33} | 邪皮邪古不正经 ɕio^{24}pʰa^{33}ɕio^{24}kɔ^{33}。“拖”有“拖沓”意思，是形容词，也有拖延的意思，做动词。“拖皮”是形容词，是“拖沓”的意思。“拖皮拖古”形容做事极为拖沓。

“A皮A古”可用作谓语、定语、补语。如：

拖皮拖古个人没得人所喜拖沓的人无人喜欢。tʰə^{35}pʰa^{33}tʰə^{35}kɔ^{33}kə^{21}ŋ^{24}mə^{35}tə^{21}ŋ^{33}so^{55}sɿ^{55}.

子变二□变得□皮□古了他变得越来越不听话了。tsə^{33}pã^{55}lie^{55}tia^{33}pã^{55}tə^{33}liəu^{24}pʰa^{33}liəu^{24}kɔ^{33}lie^{21}.

“ABA古”有很强的格式意义，即表示是在描述形态和状态，并带有贬义。

“ABA古”除了上述三种主要类型外，还有其他类似的，如：失白失古形容十分的丢脸 sɿ^{21}pʰo^{21}sɿ^{21}kɔ^{33} | 梦浆梦古睡眼蒙眬的样子 miã^{21}tɕiẽ^{55}miã^{21}kɔ^{33} | □浆□古不正经 ɕio^{33}tɕiẽ^{55}ɕio^{33}kɔ^{33} | 背驼背古 pə^{55}tʰə^{24}pə^{55}kɔ^{33} | 蠢相蠢古 tsʰuã^{33}ɕiẽ^{55}tsʰuã^{33}kɔ^{33}。

5.“A没A（A没得A）”和“A没AB（A没得AB）”

单音节形容词可以重叠为“A没A”和“A没得A”的形式，如“红没红比较红”“甜没得甜比较甜”。部分双音节形容词“AB”可以重叠为“A没AB”和“A没得AB”，如“干没干净比较干净”“干没得干净比较干净”。形容词性的动宾结构“AB”也可以构成“A没AB”和“A没得AB”，如“用没用心比较认真”“用没得用心比较认真”。“A没A（A没AB）”式可以看作是从“A没得A（A没得AB）”简化而来，两者意思上没有区别，慢说则有“得”，快说则“得”被省略。如：

好：好莫好，好莫得好；大：大莫大，大莫得大；

香：香莫香，香莫得香；用心：用莫用心、用莫得用心。

①如果“A”“AB”是褒义的，“A没A（A没AB）”式和“A没得A（A没得AB）”是对“A”或者“AB”的肯定，但不加深。如“姣没姣”意思是并不丑，“干没干净”就是还算干净。又如：

——青菜干莫干净（这些）青菜干净吗？ tɕʰio^{22}tɕʰia^{55}kiẽ^{35}mə^{21}kiẽ^{35}tɕʰio^{21}？

——干没干净还算干净。kie^{35}mə^{55}kiẽ^{35}tɕ^{h}io^{21}.

这个对话中，问话人想了解菜是否干净，答话者的意思是比较干净。再如：

子煮起个青菜好没好食他炒的菜味道很好。tsə^{33}tɕie^{33}sɿ^{33}kə^{21}tɕ^{h}io^{22}tɕ^{h}ia^{55}xe^{33}mə^{55}xe^{33}ɿ^{21}.

那领衣姣没得姣洁那件衣服很漂亮。a^{55}lio^{33}a^{55}tɕiɔ^{55}mə^{55}tə^{11}tɕiɔ^{55}tɕie^{21}.

子莳起那田匀没得匀路他插的禾很均匀。tsə^{33}sɿ^{21}sɿ^{21}a^{55}t^{h}ã^{24}yã^{21}mə^{55}yã^{24}lɔ^{21}.

②“A”“AB”是贬义的或者说话人不期望的，构成的“A没A（A没AB）”式和“A没得A（A没得AB）”，一般会在结构后加“去了”，表示“A”或者“AB”程度加深。如：

子煮起个青菜难没难食去了他炒的菜很难吃。tsə^{33}tɕie^{33}sɿ^{33}kə^{21}tɕ^{h}io^{22}tɕ^{h}ia^{55}lie^{21}mə^{55}lie^{24}ɿ^{21}xɔ^{55}lie^{21}.

那□男子家矮没矮去了那个男人太矮了。a^{55}ta^{55}lɔ^{24}tə^{33}ko^{55}a^{33}mə^{55}a^{33}xɔ^{55}lie^{21}.

③中性的形容词“A”“AB”，构成的“A没A（A没AB）”和“A没得A（A没得AB）”，不带“去了”表示赞赏肯定，带“去了”则含贬义。如说饭“冷没冷”表示已经不热了，可以吃了。如说“冷没冷去了”则表示饭已经凉了，需要热一热才能吃。如：

那□冷没冷了，食得了饭已经不热了，可以吃了。a^{55}ma^{24}lo^{55}mə^{55}lo^{55}lie^{21}, ɿ^{21}tə^{33}lie^{21}.

那□冷没冷去了，哪□食饭已经很冷了，怎么吃啊？ a^{55}ma^{24}lo^{55}mə^{55}lo^{55}xɔ^{55}lie^{21}, lie^{21}tsɿ^{21}ɿ^{21} ?

6.“A□[mə^{35}]A（A□[mə^{35}]得A）”和“A□[mə^{35}]AB（A□[mə^{35}]得AB）”

这里的“A”“AB”同上节。“□[mə^{35}]”是个否定词，可以单独使用，用来拒绝对方，详见“否定句”的介绍。

①“A□[mə^{35}]A”和“A□[mə^{35}]AB”中，“A□[mə^{35}]得A”和“A□[mə^{35}]得AB”，表示“A”或者“AB”的程度加深，“A”或者“AB”是形容词，“得”可以省略，意义相同。如：

彼粒红薯硬□得硬，莫食了这个红薯太硬了，别吃了。pie^{21}lɛ^{33}xã^{24}ɕie^{21}ŋe^{21}mə^{35}tə^{33}ŋe^{21}, mə^{21}ɿ^{21}lie^{21}.

新□得新鲜，子就□呱去了还很新鲜，他就扔了。ɕiã^{35}mə^{35}ɕiã^{22}sã^{55}, tsə^{33}tɕ^{h}iəu^{21}k^{h}uei^{21}kua^{33} xɔ^{55}lie^{21}.

②如果“A”或者“AB”是贬义的，整个结构表示“A”或者“AB”的程度加深，有非常讨厌的意味。结构后常常加“去了”，如：

子煮起个青菜难□得难食去了他炒的菜很难吃。

tsə^{33}tɕie^{33}sɿ^{33}kə^{21}tɕ^{h}io^{22}tə^{h}ia^{55}lie^{21}mə^{35}tə^{33}lie^{24}ɿ^{21}xɔ^{55}lie^{21}.

那□男子家矮□得矮去了那个男人太矮了。a^{55}ta^{55}lɔ^{24}tə^{33}ko^{55}a^{33}mə^{35}tə^{33}a^{33}xɔ^{55}lie^{21}.

③如果“A”或者“AB”是褒义或者中性的，整个结构表示“A”或者“AB”的程度加深，并带有明显的夸张意味。如“那青菜冷□[mə^{35}]冷了”是说菜已经上来很久了，很凉了。

“A没A（A没 得A）”和“A没AB（A没 得AB）”，“A□[mə^{35}]A（A□[mə^{35}]得A）”和“A□[mə^{35}]AB（A□[mə^{35}]得AB）”，都不受程度副词和否定副词修饰。

（三）程度

程度副词较少，主要有“最、蛮、好、特太、太、有□[kuei^{55}]”等。

1. 表示程度低

一般用“□[kuei^{55}]”“有□[kuei^{55}]”表示程度低。“□[kuei^{55}]”是“一点”的意思，“有□[kuei^{55}]”就是“有一点”。

“有□[kuei^{55}]”一般在形容词或者动词前，如“有□[kuei^{55}]辣”“有□[kuei^{55}]悚”。“有□[kuei^{55}]”一般不能修饰褒义词。如不能说“有□[kuei^{55}]好”“有□[kuei^{55}]干净”。如果一对形容词是中性，“有□[kuei^{55}]”优先选择提问用的那一个。如“深浅”，可以说“有□[kuei^{55}]深”，不能说“有□[kuei^{55}]浅”。

“□[kuei^{55}]”用在形容词后，做补语。它与形容词中间一般还用“了”，才能表示性状，如“贵了□[kuei^{55}]”。可以说“深了□[kuei^{55}]”，也可以说“浅了□[kuei^{55}]”。“□[kuei^{55}]”做补语时，有轻微的嫌弃意义，表示动作行为或者性质状态与自己期待的有一定的差距。如“浅了□[kuei^{55}]”潜在的意思是“如果深一点就好了”。如果中间没有“了”，“形容词＋□[kuei^{55}]”，则表动态，意思是“再＋形容词＋一点”。如“便宜□[kuei^{55}]”是“价格再降一点”的意思。

褒义形容词，还可以采用否定形式来表示程度低。如：

那粒莫甜的雪瓜予我食那个不甜的西瓜给我吃。a^{55}lɛ^{33}mə^{21}tʰã^{24}kə^{33}suei^{213}ko^{55}ie^{35}io^{55}ɿ^{21}.

“莫甜”指甜味不重，并不是没有甜味。

2. 表示程度稍有加深

“有那□[tsɿ^{21}]”表示程度稍有加深。“有那□[tsɿ^{21}]”不带感情色彩，是对其修饰的中心语肯定判断，并表示其具有一定的量。如“有那□[tsɿ^{21}]好”“有那□[tsɿ^{21}]丑脾气或人品不好”“有那□[tsɿ^{21}]明夫很清晰”。“有那□[tsɿ^{21}]”的“□[tsɿ^{21}]”常常被省略，意思不变。如“有那深”“有那丑”。

3. 表示程度进一步加深

“好”“蛮”表示程度进一步加深。“好”表示程度加深时，相当于普通话的“很”，是程度稍有加深，如“好贵”的商品，比“贵”的商品，价格更高。“蛮”则在“好”的基础上继续加深。更深有时还将“蛮”重叠成“蛮蛮”。

4. “最”

“最”是某个范围内的极点。但如果没有给定明确的比较对象，“最”只是表示到了很高程度。如“子他最好了”就是说他人很好，并没有“子他比你我更好”的意思。

5. 表示程度过高

“太”“特太”超过了合理或者一般理解的程度，有不满的意味。如“太红了”是红得过分，不合适。“太爱”表示溺爱。“特太”比“太”程度更深。特殊地，如果“太”“特太”的前文对人或者事物的性质已经进行了判断，“太”“特太”只是用来重复强调，这时，就只表示程度高，没有不满的色彩。如：

彼头猫崽好在行，太在行了这只猫很乖，太乖了。pie^{213}t^{h}əu^{33}mɔ^{33}tsɛ^{55}xe^{33}tɕ^{h}ia^{55}xiẽ^{24}, t^{h}ia^{55}tɕ^{h}ia^{55} xiẽ^{24}lie^{33}.

为了表达充分，平话也采用加补语的方式来表示程度。如“贵起离谱（贵得离谱，不能接受），贵得死”；或者用重叠来表示程度加深，如形容词的重叠式。除了前文已经介绍过的之外，带程度副词的形容词短语也可以重叠，表示程度增加。如“蛮好蛮好”表示非常好。

五　介引与关联

（一）介引

平话表示介引的主要有下面一些词语：

表时间、处所、方位：于 ie^{35}、走 tsəu^{33}、向 ɕiẽ^{55}、到 tie^{55}、顺到 suã^{21}tie^{33}、向到 ɕiẽ^{55}tie^{33}、跟到 kã^{35}tie^{33}

表施事、受事：兜倒 təu^{35}tie^{33}、予 ie^{35}、逮倒 tɛ^{55}tie^{33}、驮倒 tə^{33}tie^{33}

表关涉对象：跟 kã^{35}、为 vɛ^{24}、替 t^{h}i^{55}、对 to^{55}、予 ie^{35}、除 suɛ^{213}、除了 suɛ^{213}lie^{33}、比 pɛ^{33}

表工具、方式：予 ie^{35}、用 iã^{21}、靠 k^{h}e^{55}

表原因、目的：为 vɛ^{21}、为了 vɛ^{21}lie^{33}

下面介绍比较常用的介引词语。

1. 时间、处所、方位

引出时间、处所、方位，可以用“走”“向”“到”等介词。一般来说，“走”“向”引出起点，“到”引出终点。下面分别介绍。

①“走”的用法

“走”引出起始地点，相当于普通话的“从”。如：

我即工才走长沙归来我今天才从长沙回来。io^{55}tɕia^{11}kã^{55}ts^{h}ɛ^{21}tsəu^{33}ts^{h}ẽ^{21}so^{55}kuɛ^{22}la^{55}.

我才走岭高头下来我才从岭上下来。io^{55}ts^{h}ɛ^{21}tsəu^{33}lio^{55}ke^{55}t^{h}əu^{55}xo^{55}la^{33}.

“走”也可以引出来自和去往的方向，如：

我走南边牯来个我从南边来。io^{55}tsəu^{33}lo^{21}piẽ^{55}kə^{33}la^{24}kə^{33}.

你走左手面去，我走右手面去你往左边走，我往右边走。ŋ^{55}tsəu^{33}tsə^{55}səu^{33}mã^{21}xɔ^{55}, io^{55}tsəu^{33} iəu^{21}səu^{33}mã^{21}xɔ^{55}.

“走”可以引出途经的地点。如：

到县里去□走我屋门际过去县城要从我家门口经过。tie^{55}fã^{21}la^{33}xɔ^{55}iã^{21}tsəu^{33}io^{55}ɔ^{11}miã^{33}tsɿ^{21}ku^{55}.

“走”还可以引出目的地。如：

我□工□走长沙去我明天要去长沙。io^{55}tʰɛ^{22}kã^{55}ia^{21}tsəu^{33}tsʰẽ^{21}so^{55}xɔ^{55}.

②“到”的用法

引出时间的终点，时间词后用“打止”时，也可以省略“到”。如：

到彼个月末公打止，你就□交完那伙钱到这个月底为止，你需要交完所有的钱。tie^{55}pie^{11}ku^{55}vei^{33}ma^{55}kã^{55}ta^{33}tsɿ^{33}, ŋ^{55}tɕʰiəu^{21}iã^{21}tɕiəu^{35}vã^{24}a^{55}fu^{55}tsʰã^{24}.

引出目的地。如：

我□工□到长沙去我明天要去长沙。io^{55}tʰɛ^{22}kã^{55}ia^{21}tie^{55}tsʰẽ^{21}so^{55}xɔ^{55}.

爹爹到田腹做事去了父亲去田里干活了。tia^{33}tia^{33}tie^{55}tʰã^{24}pu^{33}tsə^{55}sɿ^{21}xɔ^{55}lie^{21}.

③“向”“向到”的用法

“向”“向到”引出目标方向，相当于普通话的“朝”“朝着”，如：

清明节，□路莫到了，就向到岭高头烧了一把纸清明期间（扫墓），找不到路了，就朝着岭烧了一把纸钱。tɕʰio^{22}mi^{55}tsɿ^{33}, tʰi^{21}lɔ^{21}mə^{21}tie^{33}lie^{33}, tɕʰiəu^{21}ɕiẽ^{55}tie^{33}lio^{55}ke^{55}tʰəu^{55}sɿ^{35}lie^{33}ɿ^{33}po^{33}tsɿ^{33}.

本例中的“向到”也可以替换为“向”，意义不变。

④“顺倒”和“跟倒”的用法

“顺倒”和“跟倒”引出动作行为的方向、途径，相当于普通话的“沿着”。如：

顺倒河走沿着河走。suã^{21}tie^{33}xa^{35}tsəu^{33}.

跟倒彼条路去沿着这条路去。kã^{35}tie^{33}pie^{11}tʰi^{33}lɔ^{21}xɔ^{55}.

⑤“于”的用法

“于”用来引出目前所在位置，相当于普通话的“在”。如：

爹爹于田腹做事父亲在田里干活。tia^{33}tia^{33}ie^{35}tʰã^{24}pu^{33}tsə^{55}sɿ^{21}.

特殊地，通过加“去了”，表示趋向，不确定是否到达目的地，如：

爹爹于田腹做事去了父亲去田里干活了。tia^{33}tia^{33}ie^{35}tʰã^{24}pu^{33}tsə^{55}sɿ^{21}xɔ^{55}lie^{21}.

此外，也使用官话的介词“从”引出时间起点（终点用“到”引出。平话人认为“从”是官话的词），如[①]：

从□哩起搞算起，三工就□做完从现在算起，三天就可以做完。tsʰoŋ^{21}kə^{55}lə^{33}sɿ^{33}ke^{33}ɕyẽ^{55}sɿ^{21}, so^{22}kã^{55}tɕʰiəu^{21}iã^{21}tsə^{55}vã^{24}.

从前晡工到□哩，我三工莫得睏了从前天到现在，我三天没有睡觉了。tsʰoŋ^{21}tsʰã^{21}pu^{55}kã^{55}tie^{55}kə^{55}lə^{33}, io^{55}so^{22}kã^{55}mə^{21}tə^{33}fã^{55}lie^{21}.

---

① 本书的同音字汇不收录“从”。

从三□钟到五□钟，你来守三点到五点，你来守。tsʰoŋ21so22kuei55tsã35tie55ŋ55kuei55tsã35, ŋ55 la24səu33.

其实，更多的时候，时间、地点的起点不需要介引，如：

□哩起搞，包三工就□得了从现在开始，敷（药）三天就行了。kə55lə33sɿ33ke33, piəu35so22kã55 tɕʰiəu21iã21tə33lie21.

昨天早□就起搞了，痒呱三工了从昨天早晨开始，皮肤瘙痒已经持续三天了。tsʰo21kã55tɕie33ma33tɕʰiəu21 sɿ33ke33lie33, iẽ55kua33so22kã55lie21.

我昨天开张写个我昨天开始写的。io55tsʰo21kã55xə35tsẽ35ɕio33kə33.

旧年就于个讲了，讲到□哩还没得做从去年就开始讲了，讲到现在还没有做。tɕʰiəu21lã55tɕʰiəu21ie35 kə33tɕiã33lie33, tɕiã33tie33kə55lə33xɛ24mə21tə33tsə55.

我哩围楼到彰佳山有三里路我们村距离彰佳山有三里。io55lə33vɛ21ləu55tie55tsẽ22ko55ɕie21xəu55 so22lɛ55lɔ21.

2. 对象和范围

平话引出对象，用“兜倒”“予”逮倒”“驮倒”“跟”“为”“替”“对”等，引出范围，可以用“于”。

①“兜倒”“予”逮倒”“驮倒”

宁远平话用“兜倒”“予”逮倒”“驮倒”分别引出施事和受事，这里简单的介绍，详见第二节“句法”的相关内容。“兜倒”表被动，引出施事，相当于普通话中的“被”，如：

凳板兜倒你撞倒呱了凳子被你撞翻了。tiã55pie33təu35tie33ŋ55tsʰẽ21kɔ11kua33lie21.

杯子腹那水兜倒你倒干净呱了杯子中的水被你倒干净了。pə35lə33pu33a55suɛ33təu35tie33ŋ55tie33kiẽ35 tɕʰio21kua33lie21.

“逮倒”和“驮倒”表示主动，引出受事，相当于普通话中的“把”，如：

你逮倒凳板撞倒呱了你把凳子撞翻了。ŋ55tɛ55tie33tiã55pie33tsʰẽ21kɔ11kua33lie21.

你逮倒杯子腹那水倒干净呱了你把杯子中的倒干净了。ŋ55tɛ55tie33pə35lə33pu33a55suɛ33tie33kiẽ35 tɕʰio21kua33lie21.

逮倒”和“驮倒”意义上没有区别，“逮倒”更常见。

以上的“逮倒”“驮倒”“兜倒”均可以用“予”替代，意义上没有区别。

②“跟”

宁远平话的“跟”做介词时有[ke213][kã35][kẽ35]三个读音，自由变读。“跟”引出动作服务对象，相当于普通话的“给”“为”，如：

你跟我开车。ŋ55kẽ22io55xə55tsʰo35.

子跟子爹爹拎起那青菜，子爹爹就走得快得多了他给他父亲提着菜后，他父亲走得快多了。

tsə^{33}kẽ^{35}tsə^{33}tia^{33}tia^{33}liã^{35}sɿ^{33}a^{55}tɕ^{h}io^{22}tɕ^{h}ia^{55}, tsə^{33}tia^{33}tia^{33}tɕ^{h}iəu^{21}tsəu^{33}tə^{33}k^{h}ya^{55}tə^{33}tə^{35}lie^{33}.

引出动作关涉的对象，相当于普通话的“向”，如：

你莫□跟我讲，你去跟子讲你不要向我说，你去向他说。ŋ^{55}mə^{21}iã^{21}kẽ^{22}io^{55}tɕiã^{33}, ŋ^{55}xɔ^{55}kẽ^{22}tsə^{33}tɕiã^{33}.

此外，“跟”也做动词，“跟着”的意思；做连词，意义同“和”。如：

你跟我走。ŋ^{55}kã^{22}io^{55}tsəu^{33}.

你跟我都去你和我都去。ŋ^{55}kẽ^{22}io^{55}tu^{33}xɔ^{55}.

③“为”“替”“对”

宁远平话的“为”“替”“对”，分别与普通话的介词“为”“替”“对”用法意义相同。如：

你也是为我好。ŋ^{55}ie^{55}sɿ^{55}vɛ^{24}io^{55}xe^{33}.

你替我逮倒那本书驮倒来你帮我把那本书拿过来。ŋ^{55}t^{h}i^{55}io^{55}tɛ^{55}tie^{33}a^{55}piã^{33}ɕie^{35}tə^{33}tie^{33}la^{24}.

对你，我没得哪东看法我对你没有意见。to^{55}ŋ^{55}, io^{55}mə^{55}tə^{21}lə^{21}tiã^{55}tio^{11}fiəu^{33}.

④“于”

“于”可以与“腹”“腹□[tɕiã^{33}]”搭配，指定动作行为发生或者涉及的范围。如：

我于围楼腹□洋呱了，莫得盯到子整个村子我都找遍了，没有看到他。io^{55}ie^{35}vɛ^{21}ləu^{55}pu^{33}t^{h}i^{21}iẽ^{24}kua^{33}lie^{21}, mə^{21}tə^{33}tio^{213}tie^{33}tsə^{33}.

彼伙书，你就于同学腹□卖这些书，你就在同学范围内卖吧。pie^{11}fu^{55}ɕie^{35}, ŋ^{55}tɕ^{h}iəu^{21}ie^{35}t^{h}ẽ^{24}ɕiəu^{21}pu^{11}tɕiã^{33}mia^{21}.

3. 依据、手段、目的

①用“予”“驮”“靠”引出依据或手段。“予”“驮”用于引出依据或者手段时，意义相当于普通话的“拿”。“靠”意义和用法同普通话的“靠”。如：

你予哪东来跟我换你用什么来跟我换？ ŋ^{55}ie^{35}lə^{21}tiã^{33}la^{24}kiẽ^{35}io^{55}yẽ^{21}？

你驮什么去买书？ ŋ^{55}tə^{33}lə^{21}tiã^{55}xɔ^{55}mia^{55}ɕie^{35}？

子靠子屋腹爹爹调到城里去了他依仗他爸爸的力量调到了城里。tsə^{33}k^{h}e^{55}tsə^{33}ɔ^{21}pu^{33}tia^{33}tia^{33}ti^{55}tie^{33}so^{24}pu^{33}xɔ^{55}lie^{21}.

我靠本事食□我靠本事吃饭。io^{55}ke^{55}piã^{33}sɿ^{21}ɿ^{21}ma^{24}.

②用“为了”“为”引出目的。宁远平话的“为了”“为”用法和意义与普通话相同，如：

为了徕头个出处，我搬到城里去住为了小孩的前途，我搬到城里住。vɛ^{24}lie^{33}lia^{55}t^{h}əu^{21}kə^{21}suɛ^{213}tɕ^{h}ie^{33}, io^{55}pie^{35}tie^{33}so^{24}pu^{33}xɔ^{55}ts^{h}ɔ^{21}.

（二）关联

平话的常用关联词语有“又”“也”“就”“还”“还讲”“莫讲”“□[iã^{21}]是”“莫管”“还莫如”“莫是……就是”“□[iã^{21}]莫……□[iã^{21}]莫”“是……还是”“就是……才”等。年轻一代也常常使用如“因为……所以”“由于”等的关联词，但老一辈并不认可它们是平话关联词语。

1.“又”

“又”表示并列。“又”可以连接并列的两个名词或名词性短语，也可以连接两个动词或者动词性短语，以及两个并列的分句。一般来说，“又”要成对出现，相当于普通话的“既……又”。如：

子煮起个青菜，又好盯，又好食他炒的菜，既好看，又好吃。tsə^{33}tɕie^{33}sɿ^{33}kə^{21}tɕ^{h}io^{22}tɕ^{h}ia^{55}, iəu^{21}xe^{33}tio^{213}, iəu^{21}xe^{33}ɿ^{21}.

2.“也”

“也”可以表示条件、并列、转折关系。如：

你去，我也去；你莫去，我也去你去，我也去；你不去，我也要去。ŋ^{55}xɔ^{55}, io^{55}ie^{55}xɔ^{55}。ŋ^{55}mə^{21}xɔ^{55}, io^{55}ie^{55}xɔ^{55}.

去也□得，莫去也□得去也行，不去也行。xɔ^{55}ie^{55}iã^{21}iã^{21}tə^{33}, mə^{21}xɔ^{55}ie^{55}iã^{21}tə^{33}.

害了人家，也害了自家害了别人也害了自己。xə^{21}lie^{21}ŋ^{21}ko^{55}, ie^{55}xə^{21}lie^{21}ts^{h}ɿ^{21}ko^{55}.

高是莫高，也没得你讲起那□矮虽然不高，但没有你说的那么矮。ke^{35}sɿ^{55}mə^{21}ke^{35}, ie^{55}mə^{55}tə^{21}ŋ^{55}tɕiã^{33}sɿ^{33}a^{55}tsɿ^{21}a^{33}.

3.“就”

“就”表“条件—结果”关系，可以与“□[iã^{21}]是”配合使用，也可以单独使用。如：

你想去就去。ŋ^{55}ɕiẽ^{33}xɔ^{55}tɕ^{h}iəu^{21}xɔ^{55}.

□是落雨，就莫去了要是下雨，就别去了。iã^{21}sɿ^{55}lə^{21}vu^{55}, tɕ^{h}iəu^{21}mə^{21}xɔ^{55}lie^{21}.

你去，就我莫去了如果你去，我就不去了。ŋ^{55}xɔ^{55}, tɕ^{h}iəu^{21}io^{55}mə^{21}xɔ^{55}lie^{21}.

你去，我就莫去了如果你去，我就不去了。ŋ^{55}xɔ^{55}, io^{55}tɕ^{h}iəu^{21}mə^{21}xɔ^{55}lie^{21}.

“就”也可以用来连接表示推断的两个分句，前一个分句描述已然的事实，后一个分句加以推论，或做出决定。如：

落起雨来了，那豆子就等□工把子才晒算了下雨了，豆子过一两天再晒。lə^{21}sɿ^{21}vu^{55}la^{24}lie^{33}, a^{55}t^{h}əu^{21}lə^{21}tɕ^{h}iəu^{21}tiã^{33}p^{h}iẽ^{55}kã^{22}pɔ^{55}tə^{21}ts^{h}ɛ^{21}sa^{55}ɕyẽ^{55}liə^{21}.

“就”也可以表假设条件，可以看成是“就是”的省略。如：

就莫去，也□跟子讲清□就是不去，也应该跟他说清楚。tɕ^{h}iəu^{21}mə^{21}xɔ^{55}, ie^{55}iã^{21}kẽ^{35}tsə^{33}tɕiã^{33}tɕ^{h}io^{35}sẽ^{33}.

“就”还可以用在转折复句中，相当于普通话的“却”，如：

我□你去买姜，你就去买把葱归来我让你买姜，你却买回来一把葱。io^{55}iã^{21}ŋ^{55}xɔ^{55}mia^{55}tɕiẽ^{35}, ŋ^{55}

tɕʰiəu^{21}xɔ^{55}mia^{55}po^{33}tɕʰiã^{35}kuɛ^{22}la^{55}.

4.“还”“还讲”“莫讲”

“还、还讲、莫讲”表递进关系。

“还”常常用于连接递进关系的分句。如果沿着某个基点的推进，一般单独将“还”放在递进项分句中；如果是从一种情况向另一种情况推进，一般用“莫单是……还”来连接两个分句。如：

你毒，子还毒□你毒，他更毒。ŋ^{55}tʰɔ^{21}, tsə^{33}xɛ^{24}tʰɔ^{21}tɛ^{55}.

子煮起个青菜，莫单是好食，还蛮好盯他炒的菜，不仅好吃，还很好看。tsə^{33}tɕie^{33}sɿ^{33}kə^{21}tɕʰio^{22} tɕʰia^{55}, mə^{21}tia^{35}sɿ^{33}xe^{33}ɿ^{21}, xɛ^{24}mie^{24}xe^{33}tio^{213}.

“还讲”“莫讲”相当于普通话的“更不用说”“何况”。“莫讲”用在起点项的分句中，“还讲”用在递进项的分句中，两者都可以与“都”配合使用，如：

莫讲你去了，我都受莫起别说是你，我都受不了。mə^{21}tɕiã^{33}ŋ^{55}xɔ^{55}lie^{21}, io^{55}tu^{33}səu^{55}mə^{21}sɿ^{33}.

我都受莫起，还讲你去了我都受不了，更何况你。io^{55}tu^{33}səu^{55}mə^{21}sɿ^{33}, xɛ^{24}tɕiã^{33}ŋ^{55}xɔ^{55}lie^{21}.

5.“□[iã^{21}]是”

“□[iã^{21}]是”用来连接假设关系的分句，可以放在句首，也可以放在谓语动词前面，如：

□是你去，子肯定欢喜如果你去，他肯定高兴。iã^{21}sɿ^{55}ŋ^{55}xɔ^{55}, tsə^{33}kʰẽ^{55}tiẽ^{33}fiẽ^{35}sɿ^{33}.

你□是去，子肯定欢喜你如果去，他肯定高兴。ŋ^{55}iã^{21}sɿ^{55}xɔ^{55}, tsə^{33}kʰẽ^{55}tiẽ^{33}fiẽ^{35}sɿ^{33}.

你□是不想去，就于屋腹敨□气算了如果你不想去，就在家里休息一下吧。ŋ^{55}iã^{21}sɿ^{33}mə^{21}ɕiẽ^{33}xɔ^{55}, tɕʰiəu^{21}ie^{35}ɔ^{11}pu^{33}tʰəu^{33}tia^{33}tsʰɿ^{55}ɕyẽ^{55}lie^{21}.

□是像样时，我打都□打死子如果是平常，我要打死他。iã^{21}sɿ^{55}tɕʰiã^{21}iẽ^{21}sɿ^{21}, io^{55}ta^{33}tu^{33} iã^{21}ta^{33}sɛ^{33}tsə^{33}.

6.“莫管”

“莫管”表无条件，相当于普通话的“无论”，如：

莫管落莫落雨，我都去不论是否下雨，我都去。mə^{21}kyẽ^{55}lə^{21}mə^{21}lə^{21}vu^{55}, io^{55}tu^{33}xɔ^{55}.

莫管你哪□想，子讲走就走不管你怎么想，他说走就走。mə^{21}kyẽ^{55}ŋ^{55}lie^{21}tsɿ^{21}ɕiẽ^{33}, tsə^{33}tɕiã^{33}tsəu^{33} tɕʰiəu^{21}tsəu^{33}.

7.“还莫如”

表有所取舍的选择，相当于普通话的“与其……不如”，如：

你去，还莫如我去与其你去，不如我去。ŋ^{55}xɔ^{55}, xɛ^{24}mə^{21}y^{21}io^{55}xɔ^{55}.

于屋腹带人，还莫如走门下去打工在家带小孩，还不如到外面打工。ie^{35}ɔ^{11}pu^{33}tia^{55}ŋ^{24}, xɛ^{24}mə^{21} y^{21}tsəu^{33}miã^{21}xo^{55}xɔ^{55}ta^{33}kã^{35}.

8.“莫是……就是”“□[iã^{21}]莫……□[iã^{21}]莫”

“莫是……就是”表示二者选一，与普通话的“不是……就是”意义和用法一样。如：

就是两□人，莫是你，就是子只有两个人，不是你，就是他。tɕ^{h}iəu^{21}sɿ^{55}liẽ^{55}ta^{55}ŋ^{33}, mə^{21}sɿ^{55}ŋ^{55}, tɕ^{h}iəu^{21}sɿ^{55}tsə^{33}.

你总□莫是打，就是斥你一直以来，不是打就是骂。ŋ^{55}tsẽ^{33}ta^{55}mə^{21}sɿ^{55}ta^{33}, tɕ^{h}iəu^{21}sɿ^{55}ts^{h}o^{35}.

“□[iã^{21}]莫……□[iã^{21}]莫”也表示二选一，相当于普通话的“要么……要么”，如：

就是两□人，□莫是你，□莫是子只有两个人，要么是你，要么是他。tɕ^{h}iəu^{21}sɿ^{55}liẽ^{55}ta^{55}ŋ^{33}, iã^{21}mə^{21}sɿ^{55}ŋ^{55}, iã^{21}mə^{21}sɿ^{55}tsə^{33}.

你总□□莫是打，□莫是斥你总是要么打，要么骂。ŋ^{55}tsẽ^{33}ta^{55}mə^{21}iã^{21}sɿ^{55}ta^{33}, iã^{21}mə^{21}sɿ^{55}ts^{h}o^{35}.

9.“是……还是”

“是……还是”表疑问式选择，一般情况下，可以省略前面的“是”，只用“还是”来连接两个分句。如：

是你去，还是我去？ sɿ^{55}ŋ^{55}xɔ^{55}, xɛ^{24}sɿ^{55}io^{55}xɔ^{55}？

你是□黄个，还是□白个你是要黄的还是要白的？ ŋ^{55}sɿ^{55}iã^{21}xiẽ^{24}kə^{33}, xɛ^{24}sɿ^{55}iã^{21}p^{h}o^{21}kə^{21}？

10.“就是……才”

“就是……才”表示因果关系，相当于普通话的“因为……所以”，原因分句用“就是”，结果分句用“才”。也可以省略其中的一个。如：

就是哪东都没得盯到，我才恨心因为什么都没有看到，所以我才生气。tɕ^{h}iəu^{21}sɿ^{55}lə^{21}tiã^{55}tu^{33}mə^{21}tə^{213}tio^{213}tie^{33}, io^{55}ts^{h}ɛ^{21}xiẽ^{33}ɕiã^{35}.

就是你于彼领挡手□足，我才割到手个就是因为你在这里碍事，我才划破了手指。tɕ^{h}iəu^{21}sɿ^{55}ŋ^{55}ie^{35}pie^{213}lio^{33}tẽ^{33}səu^{33}pə^{21}tɕie^{213}, io^{55}ts^{h}ɛ^{21}kə^{213}tie^{33}səu^{33}kə^{33}.

六　体貌系统

宁远平话的体貌表达比较复杂。一个体貌词可以表达不同的体貌范畴，同一个范畴的体貌，可以使用不同的体貌词表达。单独使用助词不足以明确地表达某种特定的体貌，还需要一定的语境来帮助。平话的体貌词和所表示的体貌关系如下：

呱：经历、完成｜了$_{1}$：完成、经历｜倒：进行、持续｜起：进行、持续｜□[p^{h}iẽ^{55}]：重复｜□[tia^{33}]下：短时

（一）呱

“呱[kua^{33}]”是平话中使用频率非常高的一个词，除了表示希望的“愿”等少数心理动词外，多数动词后面都可以用“呱”。“呱”功能大致相当于普通话的“了$_{1}$”，但用法更复杂。可

以表经历，也可以表完成。

1. 表示经历

①“呱”可以在动词或者形容词后表示经历。如：

我肚子也饿呱，血也出呱我也饿过肚子，出过血。io^{55}t^{h}ɔ^{55}lə^{21}ie^{55}ŋə^{21}kua^{33}, fie^{213}ie^{55}suɛ^{21}kua^{33}.

子红也红呱，苦也食呱他也走红过，也吃过苦。tsə^{33}xã^{24}ie^{55}xã^{24}kua^{33}, k^{h}ɔ^{33}ie^{55}ʅ^{21}kua^{33}.

“呱”表经历时，可以与表示过去时间或者地点的词共现，如：

我五岁那刻食呱菌子我五岁的时候吃过菌子。io^{55}ŋ^{55}suei^{55}a^{55}k^{h}e^{33}ʅ^{21}kua^{33}tɕ^{h}iã^{55}lə^{21}.

子旧年子去呱县哩他去年去过县里。tsə^{33}tɕ^{h}iəu^{21}lã^{55}tə^{33}xɔ^{55}kua^{33}fã^{21}la^{33}.

样桩个物什我于长沙食呱我在长沙吃过这种东西。iẽ^{21}tsẽ^{55}kə^{33}va^{21}sʅ^{33}io^{55}ie^{35}ts^{h}ẽ^{21}so^{55}ʅ^{21}kua^{33}.

我走广州去呱我去过广州。io^{55}tsəu^{33}kiẽ^{33}tsəu^{35}xɔ^{55}kua^{33}.

“呱”表示的经历，有疑问式，却没有否定式。用“过”表达对经历的否定。如：

你到广东去呱啊你去过广东吗？ ŋ^{55}tie^{55}kiẽ^{33}tiã^{35}xɔ^{55}kua^{33}a^{21}？

我莫得到广东去过我没去过广东。io^{55}mə^{21}tə^{21}tie^{55}kiẽ^{33}tiã^{35}xɔ^{55}ku^{55}.

2. 表示完成

“呱”可以表示实现或者完成。如：

等呱子三粒钟等了他三个小时。tiã^{33}kua^{33}tsə^{33}so^{35}lɛ^{33}tsã^{35}.

食呱彼□□吃了这碗饭。ʅ^{21}kua^{33}pie^{11}ləu^{33}ma^{24}.

食呱莫得吃完了吗？ ʅ^{21}kua^{33}mə^{21}tə^{33}？

“食呱莫得”也可以说“食完莫得”，“食呱了”也可以说“食完呱了”。但不能说“食呱呱了”。

3.“呱”在不同环境中的语义侧重

“呱”既可以表示经历，也可以表示完成。“呱”表示的经历可以是已经完成的，也可以正经历着。所以，经历包含完成。“呱”表示的是经历和完成，但在不同的环境中，侧重点不同。同样是“悚呱害怕过”，“我那刻过去悚呱害怕过”，侧重于表示曾经害怕过；“我悚呱子我怕了他”，侧重于表示现在还在害怕着。一般来说，带有表示过去时间、非现场的地点的词，“呱”侧重于经历。如“我食呱菌子我吃过菌子”“做呱官做过官”“子去呱县哩他去过县里”都是侧重于经历。满足以下条件，“呱”侧重于表示完成。

①与“了$_{1}$”同现。“呱了”表示完成。如“我食呱”表示“我”曾经吃过，“我食呱了”表示我已经吃完了。

②与表示未来时间的词共现，如：

你□工到呱屋就打电话予我你明天到了家就给我打电话。ŋ^{55}t^{h}ɛ^{22}kã^{55}tie^{55}kua^{33}ɔ^{213}tɕ^{h}iəu^{21}ta^{33}tiẽ^{24}fa^{24}ie^{35}io^{55}。

③动词是否定形式，或者是反复问句，或者肯定形式的句末有表示已然的“了”。如：

——即工那□食呱莫得今天的饭吃完了吗？ tɕia^{21}kã^{55}a^{55}ma^{24}ʅ^{21}kua^{33}mə^{21}te^{33}？

——莫得食呱没有吃完。mə^{21}te^{33}ʅ^{21}kua^{33}. / 食呱了吃完了。ʅ^{21}kua^{33}lie^{21}.

——走苦呱莫得走累了吗？ tsəu^{33}k^{h}ɔ^{33}kua^{33}mə^{21}tə^{33}？

——莫得走苦没有走累。mə^{21}tə^{213}tsəu^{33}k^{h}ɔ^{33}. / 走苦呱了走累了。tsəu^{33}k^{h}ɔ^{33}kua^{33}lie^{21}.

“食呱”与“莫得”同现构成疑问，问的是完成与否，“呱”表达完成义。肯定回答中有“了”，否定回答中有“莫得”，两个答句的“呱”表示的都是完成。一般疑问，没有出现“莫得”，则是对经历的提问。回答时，用动词加“过”来表示经历。

④有后续的动词短语。“动词＋呱”后面还有动词短语，则“呱”侧重于表示动作行为的完成。如“打呱就走打了就走”就是完成了前一动作“打”，就实施下一个动作“走”。“呱”意味前面动词表示的动作的完成。不能说“打呱就走呱打了就走”，但可以说“打呱就走呱了打了就走”，两种情况的“呱”都表示“打”“走”的完成。两个动作的衔接不一定很紧凑，如“你做呱作业再讲你做完作业再说”，做完作业并不一定马上“再说”。甚至后面的动词可以省略，如“你做呱作业才你先做完作业”。“才”一般用来连接两个有连动关系的动词短语，这里，显然省略了后续动词或者动词短语。

前后两个动词，有动作和动作方式的关系，则可以在其中一个动词后面加“呱”，但不能两个动词后面都加“呱”。如

子开呱车子去他开了车去。tsə^{33}xə^{35}kua^{33}ts^{h}o^{35}tə^{33}xɔ^{55}.

子开起车子去呱他开着车去过。tsə^{33}xə^{35}sʅ^{33}ts^{h}o^{35}tə^{33}xɔ^{55}kua^{33}.

*子开呱车子去呱他开着车去过”。

（二）了1

“了[lie^{21}]”本字可能是“耳”。“耳”，音[lie^{55}]。与普通话一样，平话中有两个“了”，我们分别记为“了1”“了2”。“了1”主要表示完成或者经历；“了2”表达语气（见后文）。本节主要讨论“了1”，为了简洁，本节的“了1”都记为“了”。同“呱”一样，要区分“了1”表经历还是表完成，需要借助一定的语境。

1. 表示完成

既可以单独使用，也可以与“呱”配合使用，如：

子剃了粒光头剃了一个光头。tsə^{33}t^{h}i^{35}lie^{33}lɛ^{33}kuã^{33}t^{h}əu^{21}. 光头：官话词

我才洗了个澡刚洗了澡。io^{35}ts^{h}ɛ^{21}sʅ^{33}lie^{33}ta^{33}tɕie^{55}.

知得了就好知道了就好。tɛ^{35}tə^{33}lie^{21}tɕ^{h}əu^{21}xe^{33}.

连续的两个动作，要表示前一个动作的完成，可以用“了”表示。如：

洗干净了就走了洗干净了就走吧。sʅ^{33}kiẽ^{35}tɕ^{h}io^{21}lie^{21}tɕ^{h}iəu^{21}tsəu^{33}lie^{33}.

才讲了一句就讲莫下去了刚说了一句就说不下去了。tsʰɛ^{21}tɕiã^{33}lie^{33}ɿ^{33}tɕie^{55}tɕʰiəu^{21}tɕiã^{33}mə^{21}xo^{55} xɔ^{21}lie^{21}.

2. 表经历

“了”也可以表达经历。对于是否有过某种经历的反复问句，动词后面用“了”来表示。但是“了”不能独自承担经历的意义，需要借助其他的手段。如：

你食了兔子莫得你吃过兔子吗？ ŋ^{55}ɿ^{21}lie^{21}tʰɔ^{55}tə^{21}mə^{21}tə^{33}？

子走广东去了莫得他去过广东吗？ tsə^{33}tsəu^{33}kiẽ^{33}tiã^{35}xɔ^{55}lie^{21}mə^{21}tə^{33}？

前例，重读“食”，表示经历，即“你过去是否吃过兔子肉”，肯定回答是“食呱”“食呱的”，否定回答是“莫得食”“莫得食于的”。重读“兔子”表示完成，表示“这些兔子肉你是否尝了”，肯定的回答是“食呱个”，否定回答是“莫得食于个”。后例，重读“广东”表经历，即“是否去过广东”；重读“去”，表完成，即是否已经离开这里，去往广东了。

“了”表经历体，一般是为了对某些问题进行解释。“你食了糖”这句话是在为某种现象（如牙痛）寻找原因，“了”在这里表达的是经历过某事。“我是昨工食了糖个了我是昨天吃的糖”则表示说话人认为吃糖这个经历对现在影响不大，仍然是对问题的回应。

“了”可以用在形容词后，表示经历过某种状态。如：

子就是红了两年他也就是红了两年。tsə^{33}tɕʰiəu^{21}sɿ^{55}xã^{24}lie^{33}liẽ^{55}lã^{55}.

秧青了□又黄呱了秧苗青了一阵又变黄了。iẽ^{35}tɕʰio^{35}lie^{33}tia^{213}iəu^{21}xiẽ^{24}kua^{33}lie^{21}.

3.“呱”和“了$_1$”比较

“呱”和“了$_1$”都可以表示经历，也都可以表示完成。如果要问是否到过我们这里，可以说：

来了我彼领莫得来过我这里吗？ la^{24}lie^{33}io^{55}pie^{213}lio^{33}mə^{21}tə^{33}？

来呱我彼领啊来过我这里吗？ la^{24}kua^{33}io^{55}pie^{213}lio^{33}a^{21}？

如果要问，是否已经到达我们这里，可以说：

来了莫得来了吗？ la^{24}lie^{33}mə^{21}tə^{33}？ /到了莫得到了吗?tie^{55}lie^{21}mə^{21}tə^{33}？

来呱了啊来了吗？ la^{24}kua^{33}lie^{21}a^{21}？ /到呱了啊到了吗?tie^{55}kua^{33}lie^{21}a^{21}？

要表达没有看完这本书，可以说：

彼本书我还莫得盯呱这本书我还没有读完。pie^{21}pia^{33}ɕie^{35}io^{55}xɛ^{24}mə^{21}tə^{33}tio^{213}kua^{33}.

但不能说“我莫得盯呱彼本书”。

要表达没有看过这本书，一般用“过”表示，下列句子都表示曾经看过，但是重点是说明现在已经不看了，另有没有看完的意思。试比较：

彼本书我莫得盯这本书我没读过。pie^{11}piã^{33}ɕie^{35}io^{55}mə^{21}tə^{33}tio^{11}.

彼本书我莫得盯了这本书我没有继续读下去了。pie^{11}piã^{33}çie^{35}io^{55}mə^{21}tə^{33}tio^{213}lie^{33}.

我莫得盯彼本书了这本书我没有继续读下去了。io^{55}mə^{21}tə^{33}tio^{213}pie^{11}piã^{33}çie^{35}lie^{33}.

平话要提出"做完作业再去(才能去)"的条件，可以说"做呱作业才去""做起作业才去""做呱作业了再去"。但不能说"做了作业才去"。根据平话人的语感，不论是表达经历还是完成的语法意义，使用"呱"显得更加地道，而使用"了"则似乎比较文雅。"了"可能是个较晚出现的外来成分。

可以笼统地说，"呱"主要职能是表经历，"了"主要职能是表完成。"呱"表完成体，有一定的条件限制，"了"表经历往往显得比较文，有时显得生硬。同一主体，发出连续的两个动作，均已经完成，一般在后一个动词的后面加"呱了"，如"洗干净就走呱了"。

从语义上来说，还有以下不同：

①"呱"表完成时仍然强调其经历，强调过程。"了"则更强调完成。如"冷呱了就盛出来凉了就盛出来 lio^{55}kua^{33}lie^{21}tɕ^{h}iəu^{21}so^{24}suɛ^{11}la^{33}"，如果删除"了"，只保留"呱"，强调的是只要一凉就盛出来。隐约有现在还没有凉，要等待其冷却的意思。如果删除"呱"，只保留"了"，则是这时候已经凉了，有"赶快盛出来"的意思。

②"呱"有表示足够的意思，"了"则没有。如"食呱三个"表示已经吃得够多了，"三个"后面可以加"了$_2$"；"食了三个"则表示只吃了三个，"食"的前面可以添加"才仅仅"。又如：

我□呱子三□我找过他三次。io^{55}t^{h}i^{21}kua^{33}tsə^{33}so^{22}yã^{55}.

我□了子三□我找过他三次。io^{55}t^{h}i^{21}kua^{33}tsə^{33}so^{22}yã^{55}.

这两个句子中，"呱"和"了"表示的都是经历，"呱"句表示的是自己很努力了，"了"句则没有这个意思。又如：

等呱两粒钟都莫得等到等了两个小时都没有等到。tiã^{33}kua^{33}liẽ^{55}lɛ^{33}tsã^{35}tu^{33}mə^{21}tə^{33}tiã^{33}tie^{33}.

等了两粒钟就于那领嫌了等了两个小时就开始有意见了。tiã^{33}kua^{33}liẽ^{55}lɛ^{33}tsã^{35}tɕ^{h}iəu^{21}ie^{35}a^{55}lio^{33}çiẽ^{24}lie^{21}.

你才□了子三□你才找了他三次。ŋ^{55}ts^{h}ɛ^{21}t^{h}i^{21}lie^{21}tsə^{33}so^{22}yã^{55}.

(三)"倒"和"起"

"倒[tie^{33}]"和"起[sɿ^{33}]"附在动词或者形容词后面，表示正在进行并持续着。

①"倒"附在动词后，表示动作行为正在进行，并持续着，相当于普通话的"着"。如"写倒字个正在写字""门下落倒雨个屋外下着雨"。动词前面可以加"正"，如"正写倒字个正在写字"，"倒"也可以附在形容词后，表示这种性质或者状态正持续着，没有消退。形容词前可以加"正"，也常常与"个"配合使用。如："桂花正香倒个桂花正香着""子正红倒个他正红着"。

可以将“动词＋倒”重叠，表示动作正在进行时出现了别的动作行为。如：

写倒写倒就没得水了写着写着就没有墨水了。ɕio^{33}tie^{33}ɕio^{33}tie^{33}tɕʰiəu^{21}mə^{55}tə^{21}suɛ^{33}lie^{21}.

讲倒讲倒就睏着呱了说着说着就睡着了。tɕiã^{33}tie^{33}tɕiã^{33}tie^{33}tɕʰiəu^{21}fã^{55}tsʰə^{21}kua^{33}lie^{21}.

②“起”也表示动作或者动作产生状态的持续。如：

炆铛腹那水滚起个锅子里的水一直在沸腾。vã^{21}tɕʰie^{55}pu^{33}a^{55}suɛ^{33}kuã^{33}sɿ^{33}kə^{21}.

子着起一领白个他穿着一件白的（衣服）。tsə^{33}tsə^{24}sɿ^{33}ɿ^{33}lio^{33}pʰo^{21}kə^{21}.

子驮起一本书他拿着一本书。tsə^{33}tə^{33}sɿ^{33}ɿ^{33}piã^{33}ɕie^{35}.

特殊地，一般意义上的存现句，也可以看成是某种状态的持续，如：

墙公高头挂起一张图墙上挂着一幅图。tɕʰiẽ^{21}kã^{55}ke^{22}tʰəu^{55}kya^{55}sɿ^{21}ɿ^{33}tsẽ^{55}tʰɔ^{24}.

平话也通过词汇手段表达动作行为的持续。如：

那徕头直个于个哭那个小孩一直在哭。a^{55}lia^{55}tʰəu^{21}tsɿ^{21}ko^{33}ie^{35}kə^{33}xɔ^{213}.

并不是所有动作的持续都可以用动词带“起”表示。如“鱼活的”不能说“鱼活起”。也不能说“鱼死起个”。

③“起”有“起来”的意思，“倒”隐含“下”“静”的意思，可以说“驮起走”，却不能说“驮倒走”。“起”更侧重状态的持续，“倒”更注重动作的持续。如：坐倒食坐着吃①tsʰə^{55}tie^{33}ɿ^{21}｜徛起食站着吃tsɿ^{55}sɿ^{21}ɿ^{21}｜你留倒食你留着吃ŋ^{55}liəu^{24}tie^{33}ɿ^{21}｜你驮起食你拿着吃ŋ^{55}tə^{33}sɿ^{33}ɿ^{21}｜驮倒莫移拿着别动tə^{33}tie^{33}mə^{21}ɿ^{24}｜带起子出去耍领着他出去玩tia^{55}sɿ^{21}tsə^{33}suɛ^{11}xɔ^{55}-sua^{33}｜开起车走开着车去xə^{35}sɿ^{33}tsʰo^{35}tsəu^{33}｜勾倒脑牯才讲低着头说kəu^{35}tie^{33}lie^{33}kɔ^{33}tsʰɛ^{21}tɕiã^{33}｜红起面讲红着脸说xã^{24}sɿ^{33}mã^{21}tɕiã^{33}

如果要说门开着，侧重于状态，可以说“门开起个”，不能说“门开倒个”。“门开倒个”表示开设或者安装门的施工行为的持续。手中拿着一本书，可以说“驮起一本书”，是描写状态。“驮倒书个”强调的是，腾不出手来做别的事，强调动作的持续。

（四）□[pʰiẽ^{55}]

“□[pʰiẽ^{55}]”表示补偿、重复，是以往发生过的动作行为的重复，意义相当于普通话的“再”，如：

我食□一碗□我再吃一碗饭。io^{55}ɿ^{21}pʰiẽ^{55}ɿ^{33}yẽ^{33}ma^{24}.

寒□两工就开桩□了（天气）再冷两天就转热了。xẽ^{24}pʰiẽ^{55}liẽ^{55}kã^{55}tɕʰiəu^{21}xə^{35}tsẽ^{35}vu^{21}lie^{33}.

你徛□归去你站回去。ŋ^{55}tsɿ^{55}pʰiẽ^{55}kuɛ^{35}xɔ^{55}.

你想□一□你再想想。ŋ^{55}ɕiẽ^{33}pʰiẽ^{55}tia^{33}.

过□一年就长大呱了再过一年就长大了。ku^{55}pʰiẽ^{55}ɿ^{33}lã^{35}tɕʰiəu^{21}tsẽ^{33}tʰo^{21}kua^{33}lie^{21}.

---

①“坐倒食饭”，在祈使句中表示“坐下吃饭”；在陈述句，则表示“坐着吃饭”。

等□一工就老呱了再等一天就老了。tiã^{33}p^{h}iẽ^{55}ɿ^{33}kã^{35}tɕ^{h}iəu^{21}lie^{55}kua^{33}lie^{21}.

斥□子百□都改莫过来再骂他百次都改不过来。ts^{h}o^{22}p^{h}iẽ^{55}tsə^{33}po^{11}yã^{55}tu^{33}kə^{33}mə^{21}ku^{55}la^{33}.

"□[p^{h}iẽ^{55}]"在双音节动词后面少见，不说"开头□[p^{h}iẽ^{55}]""跪□[p^{h}iẽ^{55}]倒""跪倒□[p^{h}iẽ^{55}]""起搞□[p^{h}iẽ^{55}]""哭□[p^{h}iẽ^{55}]赖""哭赖□[p^{h}iẽ^{55}]""打算□[p^{h}iẽ^{55}]一次""知得知道□[p^{h}iẽ^{55}]一次"。能愿动词后面不能接"□[p^{h}iẽ^{55}]"，如"应该□[p^{h}iẽ^{55}]"。不能与"了"连用，不能说"洗了□[p^{h}iẽ^{55}]百次"。不能带补语，如不能说"徛直□[p^{h}iẽ^{55}]""徛□[p^{h}iẽ^{55}]直"。除了"再、还"等之外，动词前面不能加其他状语修饰，"讲□[p^{h}iẽ^{55}]一句乱话"改为"乱讲□[p^{h}iẽ^{55}]一句"就比较别扭。除非是疑问句，否则不能否定，可以说"你莫食□[p^{h}iẽ^{55}]一碗□[ma^{24}]了你不再吃一碗饭？"，但不说"我莫食□[p^{h}iẽ^{55}]一碗饭了"。

（五）□[tia^{213}]

"□[tia^{33}]"表尝试。"□[tia^{213}]"也可以做动量词，相当于普通话的"一下"，有时读轻声，调值为[33]。"打一□[tia^{213}]"就是打一下，也可以说"打三□[tia^{33}]"。"一□[tia^{213}]"常常放在动词后，并省略了其中的数词"一"。"动词＋□[tia^{33}]"中，"□[tia^{33}]"表短时或者尝试。如"盯□[tia^{33}]"就是"看看"，可以说"是□[t^{h}ɔ^{24}]牯盯□[tia^{33}]到处看看"，也可以说"到广东去盯□[tia^{33}]到广东去看看"。"有两时又盯□[tia^{33}]书有时也看看书"中的"□[tia^{33}]"表示短时，"捏□[tia^{33}]，盯有莫有用处捏捏看是否有作用"，其中"□[tia^{33}]"表尝试。在没有其他辅助的情况下，一般理解为短时，如果和"试""盯"配合，一般表示尝试。如"你打□[tia^{33}]子试[tia^{33}]"，表尝试，意思是"你打他试试看"。

"动词＋□[tia^{33}]"结合并不紧密，它们中间可以插入别的助词，如"动词＋呱＋□[tia^{213}]""动词＋了＋□[tia^{213}]""动词＋□[p^{h}iẽ^{55}]＋□[tia^{213}]"。

（六）"于个""直个"

除了体貌助词外，平话也使用副词等来表示动作的体貌。平话中有两个比较特殊的副词："于个[ie^{35}kə^{33}]"和"直个[tsɿ^{21}ko^{33}]"。

"于个"既可以做副词也可以做语气词，做语气词的用法和意义见"语气词"一节。"于个"放在动词前，是副词，意义相当于"正在"。"于个"前面还可以加"正"。如：

我十八岁那年正于个当兵我十八岁那年正在当兵。io^{55}sɿ^{21}pia^{213}suei^{55}a^{55}lã^{55}tso^{55}ie^{35}kə^{33}tẽ^{35}pio^{35}.

我于个读书我正在读书。io^{55}ie^{35}kə^{33}t^{h}ɔ^{11}ɕie^{35}.

你先去，我于个煲潲，还用蛮□你先去，我在熬猪潲，还要很长时间。ŋ^{55}sã^{35}xɔ^{55}, io^{55}ie^{35}kə^{33}pie^{35}sə^{55}, xɛ^{24}iã^{21}mie^{24}la^{21}.

形容词前面不能加"于个"。如表达"花正红着"，就不能说"花于个红"，而只能说"花红倒个"。前面用了"于个"，动词后还可以出现表示正在进行的"倒"。要表达"正在睡觉"，可以说"于个睏觉"，也可以说"睏倒觉个"，还可以说"于个睏倒觉个"。

“直个[ko^{33}]”表持续。“直个”用在动词前面，做状语，表动作的连续或者间歇性持续，常常与“去了”搭配使用（“去了”的用法和意义见“语气词”一节）。如“直个盯起去了”是“一直看，没有停”，有劝说停止的意思。“直个”也可以用于否定句和疑问句，表示时间长，如：

哪□直个莫来个喔怎么一直不来？ lie^{21}tsʅ^{21}tsʅ^{21}ko^{33}mə^{21}la^{24}kə^{33}ɔ^{21}？

你直个莫来，子就走呱了你一直不来，他就走了。ŋ^{55}tsʅ^{21}ko^{33}mə^{21}la^{24}, tsə^{33}tɕ^{h}iəu^{21}tsəu^{33}kua^{33}lie^{21}.

表示动作的持续，也可以使用动词的重叠形式来表达，如“盯到盯到就莫见得了”表示看着看着就不见了。持续可以是连续性的，也可以是间歇性，如“跌倒跌倒下来”表示不断地掉下来。这些重叠的动词短语，常常省略第一个动词后的成分，如“跌倒跌到下来”常常省略为“跌跌倒下来”。

七 语气词

平话有较多的语气词。平话的语气既可以通过语气词来表达，也可以通过句调来表达，更多地通过句调来表达，所以，语气词只是为了缓和或者加强某种语气。同一个语气词可以表达多种不同的语气，同一种语气，也可以用不同的语气词来表达。平话的语气词都有自己的声调，由于一般用在句末，又成为句调的承载者，在不同的句子中往往有不同的音高变化，这种音高变化到底是语调还是句调，不容易确定。以下只做简单介绍，以提供语言事实为主，不做深入讨论，语气词的用字，选用了同音字，没有考证本字。

（一）了2

“了2”，音[lie^{21}]。“了2”可以用来表达多种语气。

1. 用于祈使句中，表达命令、请求或者劝说，如：

莫食了不吃了。mə^{21}ʅ^{21}lie^{21}.

走了走吧。tsəu^{33}lie^{33}.

如果句调短促有力，表达的是命令；如果句调延长，表示不耐烦。

2. 表埋怨或者懊悔，如：

泥起一身都□呱了被雨淋得一身湿透了。ts^{h}ua^{55}sʅ^{21}ʅ^{33}sã^{35}tu^{33}xa^{55}kua^{33}lie^{21}.

3. 表示惊讶，如：

一□都记莫得了了竟然一点都不记得了啊。ʅ^{33}kuei^{35}tu^{33}tsʅ^{55}mə^{33}tie^{33}lie^{213}.①

语气词“了”可以放在句中。如：

① 这句话中有两个“了”，前一个“了”读[21]，后一个读[33]，都后一个“了”的声母和韵母都被省略，只通过前一个“了”声调的延长和变化来表示。两个“了”读成[lie^{213}]。

食呱了就走了吃完了就走吧。ʅ^{21}kua^{33}lie^{21}tɕ^{h}iəu^{21}tsəu^{33}lie^{33}.

（二）去了

宁远平话的“去了”有多种意义和用法，这里说的“去了”是一个表语气的凝固结构。“去了”一般表示否定的语气，在句子本身有否定意义时，“去了”加深了否定的意义。如：

你聪明去了你过于聪明。ŋ^{55}ts^{h}ẽ^{22}mio^{55}xɔ^{55}lie^{21}.

我烦死去了我烦死了。io^{55}fie^{24}sɛ^{33}xɔ^{55}lie^{21}.

子对子爹爹都是那样子，你还是满满去了他对他爸爸都是那样的态度，还别说你是叔叔了。tsə^{33}to^{55}tsə^{33}tia^{33}tia^{33}tu^{33}sʅ^{55}la^{55}iẽ^{21}lə^{33}, ŋ^{55}xɛ^{24}sʅ^{55}mã^{55}mã^{55}xɔ^{55}lie^{21}.

在这些句子中，“去了”没有什么实际意义，完全虚化，仅仅表示一种语气。第一例表示讽刺、不满，意思是“你这样做只能说明你很愚蠢”。第二例中“烦死”已经表达了厌烦，“去了”在这里只表示一种加强或夸张的语气。第三例的“去了”表示退步语气。前两例中的“去了”之前谓词性词语和“去了”之间还可以加上“了”，意思不变。“去了”也可以去掉，意思不变，但很生硬。

“去了”也可以放在句中：

臭瘟了去了个物什子也食臭了的东西他也吃。ts^{h}əu^{55}vã^{35}lie^{33}xɔ^{55}lie^{21}kə^{21}va^{21}sʅ^{33}tsə^{33}ie^{55}ʅ^{21}.

你考得起大学，不讲手机去了，电脑我都跟你买你能考上大学，别说手机，电脑我都给你买。ŋ^{55}k^{h}e^{33}tə^{33}sʅ^{33}ta^{24}ɕio^{21}, mə^{21}tɕiã^{33}səu^{33}tsʅ^{33}xɔ^{55}lie^{21}, tiẽ^{24}lɔ^{55}io^{55}tu^{33}kẽ^{35}ŋ^{55}mia^{55}. ①

莫讲你去了，我都是那桩个别说你，我都是那样的。mə^{21}tɕiã^{33}ŋ^{55}xɔ^{55}lie^{21}, io^{55}tu^{33}sʅ^{55}a^{55}tsẽ^{55}kə^{33}.

无论在句中还是在句末，“去了”之间不能再插入别的词语，也不能拆开。

子太贪吃去了他太贪吃了。tsə^{33}t^{h}ia^{55}t^{h}ie^{35}ʅ^{21}lie^{21}xɔ^{55}lie^{21}.

彼条河臭瘟了去了这条河很臭。pie^{11}t^{h}i^{33}xa^{35}ts^{h}əu^{55}vã^{35}lie^{33}xɔ^{55}lie^{21}.

予子教起蠢死了去了被他教蠢了。ie^{35}tsə^{33}tɕiəu^{35}sʅ^{33}ts^{h}uã^{33}sɛ^{33}lie^{33}xɔ^{55}lie^{21}.

子走起快没得快去了，我追不到他走得太快，我赶不上。tsə^{33}tsəu^{33}sʅ^{33}k^{h}ya^{55}mə^{35}tə^{33}k^{h}ya^{55}xɔ^{55}lie^{21}, io^{55}tsuɛ^{35}mə^{21}tie^{33}.

“去了”前面的形容词可以受程度副词修饰，但是“稍微、略微”等表轻微或减轻程度的副词不能修饰带“去了”的形容词。动词或者形容词也可以带上补语。但“去了”前的形容词或形容词短语不能使用否定形式，而且，“去了”前面的形容词不能是单音节的。这些句子不成立：

这条河有点臭瘟了去了 / 你莫蠢去了 / 那个瓜甜去了。

---

① 句中的“大学”“手机”“电脑”均为官话音。

（三）哏

“哏”可以读为[liã^{21}][liã^{33}][liã^{55}]。我们分别称“哏$_1$”“哏$_2$”“哏$_3$”。

1.“哏$_1$”用在陈述句和祈使句中，主要用来缓和语气。如：

□子快□来驮哏$_1$要他快点过来拿。iã^{21}tsə^{33}kya^{55}kuei^{55}la^{24}tə^{33}liã^{21}.

去请先生哏$_1$去请医生吧。xɔ^{55}tɕ^{h}io^{33}sã^{22}ɕie^{55}liã^{21}.

子坐死盯呱彼本书哏$_1$他肯定看过这本书。tsə^{33}ts^{h}ə^{55}sɛ^{33}tio^{213}kua^{33}pie^{21}piã^{33}ɕie^{35}liã^{21}.

也用在因果复句的第一个分句末，表示警告。这时，一般会在后一个分句中复制前一个分句。如：

你去哏$_1$，你去你就□作死了个你敢去，你就是找死！ŋ^{55}xɔ^{55}liã^{21}, ŋ^{55}xɔ^{55}ŋ^{55}tɕ^{h}iəu^{21}iã^{21}tsə^{21}sɛ^{33}lie^{33}kə^{21}！

2.“哏$_2$”用在主语或者话题后，表示句中的停顿、规劝或者惋惜，如：

你哏$_2$，总□讲莫听你啊，总是听而不闻。ŋ^{55}liã^{33}, tsẽ^{33}ta^{55}mə^{21}t^{h}io^{55}.

你哏$_2$，也帮我做□点事哏$_1$你也帮我做点事啊。ŋ^{55}liã^{33}, ie^{55}pẽ^{22}io^{55}tsə^{55}kuei^{55}sɿ^{21}liã^{21}.

子哏$_2$，尽你讲都没得用处他这个人啊，怎么说都没有用。tsə^{33}liã^{33}, tɕiã^{33}ŋ^{55}tɕiã^{33}tu^{33}mə^{55}tə^{21}iã^{21}tɕ^{h}ie^{33}.

3.“哏$_3$”用在疑问句末，表示反问，或者表示催促，如：

你去莫去哏$_3$你到底去还是不去？ŋ^{55}xɔ^{55}mə^{21}xɔ^{55}liã^{55}？

你哏$_3$，你去搞哪东去了你呢，去干什么了？ŋ^{55}liã^{55}, ŋ^{55}xɔ^{55}kɔ^{55}lə^{21}tiã^{55}xɔ^{55}lie^{21}？

（四）咪

“咪”，音[lɛ^{33}]，表示提醒，如：

快□来咪，等□子就没得了个咪快点来啊，待会（别人抢去）就没有了。k^{h}ya^{55}kuei^{55}la^{24}lɛ^{33}, tiã^{33}tia^{11}tə^{33}tɕ^{h}iəu^{21}mə^{55}tə^{21}lie^{21}kə^{21}lɛ^{33}.

子去莫去咪（要弄清楚）他去不去啊？tsə^{33}xɔ^{55}mə^{21}xɔ^{55}lɛ^{33}.

你有那犟得个咪原来你这么犟！ŋ^{55}xəu^{55}a^{55}tɕ^{h}iẽ^{55}tə^{33}kə^{21}lɛ^{33}.

（五）喔

“喔”，音[ɔ^{21}][ɔ^{213}][ɔ^{35}]，分别称为“喔$_1$”“喔$_2$”“喔$_3$”。

1.“喔$_1$”

“喔$_1$”用在特指、正反和选择问句中，表达征询；用在反问句中，缓和语气，如：

大个好□还是小个好□喔$_1$大的好还是小的好啊？tɛ^{24}kə^{33}xe^{33}tɛ^{55}xɛ^{24}sɿ^{55}sɿ^{55}kə^{33}xe^{33}tɛ^{55}ɔ^{21}？

敢去，有哪东莫敢个喔$_1$敢去，有什么不敢？kiẽ^{33}xɔ^{55}, xəu^{21}lə^{21}tiã^{55}mə^{21}kiẽ^{33}xɔ^{55}kə^{21}ɔ^{21}？

记得，哪□记莫得喔$_1$这（件事我）记得，怎么会不记得？tsɿ^{55}tə^{33}，lie^{21}tsɿ^{21}tsɿ^{55}mə^{21}tə^{33}ɔ^{21}？

我就莫去，你逮倒我哪□喔$_1$我就不去，你把我怎么样！io^{55}tɕ^{h}iəu^{21}mə^{21}xɔ^{55}, ŋ^{55}tɛ^{55}tie^{33}io^{55}liə^{21}tsɿ^{21}ɔ^{21}！

没得了，哪人啸你莫早□来个喔$_1$没有了，谁叫你不早点来的！mə^{55}tə^{21}lie^{21}, lie^{21}ŋ^{33}ɕiəu^{11}

ŋ^{55}mə^{21}tɕie^{33}kuei^{55}la^{24}kə^{33}ɔ^{21}.

“咪”“喔$_{1}$”都可以表达疑问，二者稍有不同。“喔$_{1}$”表示一般的询问，是首次发问；“咪”则常常是再次的追问。如，“还有好远喔$_{1}$”是一般的询问，“还有好远咪”是没有把握，担心还有很远。

“哏$_{1}$”也用来缓和语气，但其缓和程度不如“喔$_{1}$”。如“敢去，莫可能莫敢去”，句末的语气词就不能用“喔$_{1}$”，只能用“哏$_{1}$”。

2.“喔$_{2}$”

“喔$_{2}$”也可以表达善意的叮咛。如：

记得个喔$_{2}$记住啊。tsɿ^{55}tə^{33}kə^{21}ɔ^{213}.

哪人予你食你都莫食个喔$_{2}$谁给你也不要吃。lie^{21}ŋ^{33}ie^{35}ŋ^{55}ɿ^{21}ŋ^{55}tu^{33}mə^{21}ɿ^{21}kə^{21}ɔ^{213}.

“咪”表示提醒，“喔$_{2}$”表示叮咛，二者明显不同。“咪”表示的提醒，态度比较强硬，可以用于再次的强调，有轻微的警告意义；“喔$_{2}$”常用于长辈对晚辈关爱性的叮嘱。

3.“喔$_{3}$”

“喔$_{3}$”常常表达回应和支持，有“请放心”的意思。如：

记得喔$_{3}$。tsɿ^{55}tə^{33}ɔ^{35}.

子莫能食喔$_{3}$他不会吃的。tsə^{33}mə^{21}lẽ^{24}ɿ^{21}ɔ^{35}.

你莫作盯，我莫能多驮你个喔$_{3}$你不用看，我是不会多拿你的（东西）的。ŋ^{55}mə^{21}tsʰə^{21}tio^{213}, io^{55}mə^{21}lẽ^{24}tə^{35}tə^{33}ŋ^{55}kə^{21}ɔ^{35}.

（六）唠

唠，音[lie^{55}]，用在疑问句中，表达疑问语气，相当于普通话的“呢”。如：

我来不来唠我来不来呢？ io^{55}la^{24}mə^{21}la^{24}lie^{55}？

也可以表示强调事实，并表示不满，如：

我还没得食□唠我还没吃饭呢！ io^{55}xɛ^{24}mə^{21}tə^{213}ɿ^{21}ma^{24}lie^{55}！

你□食呱□了唠你倒是吃过饭了。ŋ^{55}ta^{55}ɿ^{21}kua^{33}ma^{24}lie^{33}lie^{55}.

（七）呃

“呃”，音[ə^{21}]或[ə^{33}]，主要表示醒悟，如：

你莫得去了呃$_{1}$原来你不去了。ŋ^{55}mə^{21}xɔ^{55}lie^{21}.

你知莫得呃$_{1}$原来你不知道。ŋ^{55}tɛ^{35}mə^{21}tə^{33}ə^{21}.

你也来呱个呃$_{1}$原来你也来了。ŋ^{55}ie^{55}la^{24}kua^{33}kə^{21}ə^{21}.

以上句中都可以在句首添加“原来”。

“呃”的语音延长，表示劝说或者抱怨，如：

你莫去了呃$_{2}$你还是不要去吧。ŋ^{55}mə^{21}xɔ^{55}lie^{21}ə^{33}.

你没得用处呃2你真没出息啊！ ŋ^{55}mə^{55}tə^{21}iã^{21}tɕ^{h}ie^{33}ə^{33}.

我□讲呱你个呃，你莫信我倒是劝说过你的，你不信我的。io^{55}ta^{55}tɕiã^{33}kua^{33}ŋ^{55}kə^{21}ə^{33}, ŋ^{55}mə^{21}ɕiã^{55}。

（八）啦

啦，音[la^{55}]，表示尝试，或者随意。如：

我来买张报纸盯□啦买张报纸来看看。io^{55}la^{24}mia^{55}tsẽ^{55}pɔ^{24}tsɿ^{55}tio^{213}tia^{33}la^{55}.

去试□啦去试一试吧。xɔ^{55}sɿ^{55}tia^{33}la^{55}.

盯哪人跑到快啦看看谁跑得快啊。tio^{213}lie^{21}ŋ^{33}t^{h}ɛ^{55}tə^{33}k^{h}ya^{55}tɛ^{55}la^{55}.

（九）啰

"啰"音[lə^{33}]，表达警示语气，常与奉劝的话一起使用。如：

你不信我个话啰，就□输呱不信我的话，待会就会输。ŋ^{55}mə^{21}ɕiã^{55}io^{55}kə^{21}xo^{21}lə^{33}, tɕ^{h}iəu^{21}iã^{21}ɕie^{55}kua^{33}.

敨□砸一跌就好盯了啰（不听话）待会摔一跤就有好看的了。t^{h}əu^{33}tia^{33}tɕia^{11}ɿ^{33}t^{h}ie^{21}tɕ^{h}iəu^{21}xe^{33}tio^{213}lie^{33}lə^{33}.

也可以表示无奈的语气，如：

苦呱了，上课就啄□□睏了啰累了，上课时就只能打瞌睡了。k^{h}ɔ^{33}kua^{33}lie^{21}, sẽ^{55}k^{h}o^{24}tɕ^{h}iəu^{21}tsua^{213}k^{h}iẽ^{21}liẽ^{33}fã^{55}lə^{33}.

你实在莫去，就我去啰你坚决不去，就只能我去了。ŋ^{55}sɿ^{21}tsɛ^{24}mə^{21}xɔ^{55}, tɕ^{h}iəu^{21}io^{55}xɔ^{55}lə^{33}.

没得事做，就于屋腹耍啰没有事情可做，就在家里玩耍啊。mə^{55}tə^{21}sɿ^{21}tsə^{55}, tɕ^{h}iəu^{21}ie^{35}ɔ^{21}pu^{33}sua^{33}lə^{33}.

（十）啊

啊，音[a^{21}]，也读[a^{33}]，一般表示怀疑语气，有时也表示追问，一般用在疑问句中，如：

你□人敢去啊1你个人敢去啊？ ŋ^{55}ta^{55}ŋ^{33}kẽ^{33}xɔ^{55}a^{21}？

你有那重啊你有那么重吗？ ŋ^{55}xəu^{55}a^{55}ts^{h}ã^{55}a^{21}？

用你管啊？你是我老客啊1要你管啊？你是我老婆吗？ iã^{21}ŋ^{55}kyẽ^{33}a^{21}？ ŋ^{55}sɿ^{55}io^{55}lie^{55}k^{h}o^{33}a^{21}？"

也可以用在陈述句中，表示确认。如：

去啊，我早就讲呱□去个啊去啊，我早就说过要去的啊。xɔ^{55}a^{33}, io^{55}tɕie^{33}tɕ^{h}iəu^{21}tɕiã^{33}kua^{33}iã^{21}xɔ^{55}kə^{21}a^{33}.

我莫得讲是子啊我没有说是他啊。io^{55}mə^{21}tə^{213}tɕiã^{33}sɿ^{55}tsə^{33}a^{33}.

（十一）才

才，音[ts^{h}ɛ^{21}]，表示等待、尝试，如：

先盯□才，□哩莫好讲于个先看看吧，现在还说不准。sã^{35}tio^{11}tia^{33}ts^{h}ɛ^{21}, kə^{55}lə^{33}mə^{21}xe^{33}tɕiã^{33}ie^{35}kə^{33}.

等□才，莫着急才等一等，别着急。tiã^{33}tia^{33}ts^{h}ɛ^{21}, mə^{21}ts^{h}ə^{21}tsɿ^{213}ts^{h}ɛ^{21}.

可以与"唠"连用，"才"仍表达暂时不行动的意义，如：

莫着急，坐□才唠别急，先坐一坐吧。mə^{21}ts^{h}ə^{21}tsɿ^{213}, ts^{h}ə^{55}tia^{33}ts^{h}ɛ^{21}lie^{33}.

（十二）吁

“吁”音[e^{33}]和[e^{21}]。读[e^{33}]是表示强调语气，用来引起注意，一般用在主语或者话题后，如：

儿子吁，你就到□公那里食早□算了喔儿子啊，你就去外公家吃早餐吧。lɔ^{24}tə^{33}e^{33}, ŋ^{55}tɕ^{h}iəu^{21}tie^{55}tə^{22}kã^{55}a^{55}lio^{33}ɿ^{21}tɕie^{33}ma^{33}ɕyẽ^{55}lie^{21}ɔ^{21}.

你跟子讲，子就是不听吁你给他说，他就是不听。ŋ^{55}kẽ^{35}tsə^{33}tɕiã^{33}, tsə^{33}tɕ^{h}iəu^{21}sɿ^{55}mə^{21}t^{h}io^{55}e^{33}.

莫去好□，去就挨斥吁不去为好，去了会挨骂的。mə^{21}xɔ^{55}xe^{33}tɛ^{55}, xɔ^{55}tɕ^{h}iəu^{21}a^{21}ts^{h}o^{35}e^{33}.

读[e^{21}]表示不满、否定的语气，如：

我讲子，子就跟我来起吁我批评他，他就对着来。io^{55}tɕiã^{33}tsə^{33}, tsə^{33}tɕ^{h}iəu^{21}kẽ^{22}io^{55}la^{24}sɿ^{33}e^{21}.

那都去得？去就挨斥吁怎么能去？去就会挨骂。a^{55}tu^{33}xɔ^{55}tə^{33}？ xɔ^{55}tɕ^{h}iəu^{21}a^{21}ts^{h}o^{35}e^{21}.

两个“挨斥”的例子，前例隐含的情境是，别人意欲去某地，说话人判断“去了就会挨骂”，强调不能去，“吁[e^{33}]”表达强调的语气。后例隐含的情境是，别人不知就里，劝说话人去某地，说话人对此有清醒的认识，“吁[e^{21}]”表达的是不满和否定的语气。

（十三）个

“个”做语气词时，读[kə^{21}]或者[kə^{33}]，表示确认或者用来增强肯定语气。如：

我□管个我会管的。io^{55}iã^{21}kyẽ^{33}kə^{33}.

子也到舅舅屋腹去个他也要去舅舅家的。tsə^{33}ie^{55}tie^{55}tɕ^{h}iəu^{55}tɕ^{h}iəu^{21}ɔ^{11}pu^{33}xɔ^{55}kə^{21}.

哪人讲我不食个谁说我不吃的？ lie^{21}ŋ^{33}tɕiã^{33}io^{55}mə^{21}ɿ^{21}kə^{21}？

也可以和别的语气词联合使用。如：

我去呱了个我去过了的。io^{55}xɔ^{55}kua^{33}lie^{21}kə^{21}.

你□讨打了个你要讨打啊。ŋ^{55}iã^{21}t^{h}ie^{33}ta^{33}lie^{33}kə^{21}.

（十四）于个

“于个”做语气词时，用在否定句末，强调暂时别做某事的决定，或者强调暂时没有达到预期的状态。它常常与“莫曾”搭配使用，如：

你做你个事，还莫曾食□于个你先做你的事，现在还没有开饭。ŋ^{55}tsə^{55}ŋ^{55}kə^{21}sɿ^{21}, xɛ^{24}mə^{21}tɕ^{h}iã^{24}ɿ^{21}ma^{24}ie^{35}kə^{33}.

谷子还打莫得于个稻谷还没成熟，暂时不能收割。kɔ^{11}lə^{33}xɛ^{21}ta^{33}mə^{21}tə^{33}ie^{35}kə^{33}.

晒倒坪子高头那被莫曾收于个晒在坪上的被子暂时别收。sa^{55}tie^{33}p^{h}io^{24}lə^{33}kə^{22}t^{h}əu^{55}a^{55}p^{h}a^{55}mə^{21}tɕ^{h}iã^{24}səu^{35}ie^{35}kə^{33}.

第二节

句 法

为了更容易看清句子的结构，本章中方言的普通话释义，在读者大致能读懂的情况下，迁就方言句子的结构，采用直译。

一　处置句与被动句

宁远平话常用“逮倒”“驮倒”“予”引出受事，用“兜倒”“予”引出施事。

（一）处置句

宁远平话的处置句用“逮倒”“驮倒”“予”引出处置对象，其基本结构是“施事 + 逮倒（或者“驮倒”或者“予”）+ 受事 + 动词 + 其他成分”。

1.“逮到”“驮倒”引出受事构成的处置句

“逮到”做动词是“捉住”“拿住”的意思。“逮到”也可以引出受事，其意义没有完全虚化，相当于“拿着”，作用同普通话介词“把”，使用范围很广，如：

你逮到那杯酒啜完你把那杯酒喝完。ŋ^{55}tɛ^{55}tie^{33}a^{55}pə^{55}tɕiəu^{33}suei^{213}vã^{24}.

你逮倒那杯酒空呱去算了你把那杯酒全倒掉吧。ŋ^{55}tɛ^{55}tie^{33}a^{55}pə^{55}tɕiəu^{33}xã^{35}kua^{33}xɔ^{55}ɕyẽ^{55}lie^{21}.

自家做莫好，逮倒我来讲哪东自己做不好，说我干什么（拿我来说什么）？ tsʰɿ^{21}ko^{55}tsə^{55}mə^{21}xe^{33}，tɛ^{55}tie^{33}io^{55}la^{24}tɕiã^{33}lə^{21}tiã^{35}？

与普通话“把”字句一样，进入“逮倒”句式，有一些限制条件。

一是非动作性动词不能用“逮倒”句式。如不能说“我逮倒花闻呱了”。

二是“逮倒”字句中“逮倒”的宾语应该是指定的。如不能说“逮倒一本书予（给）我。”只能说：

逮倒那本书予我把那本书给我。tɛ^{55}tie^{33}a^{55}piã^{33}ɕie^{35}ie^{35}io^{55}.

三是“逮倒”句的动词一般不能是光杆动词，如不能说“子想莫通，直□[ko³³]逮倒那酒啜”，但可以说：

子想莫通，直个逮倒那酒来啜他想不通，就一直把酒喝。tsə³³ɕiẽ³³mə²¹tʰẽ³⁵, tsɿ²¹³ko³³tɛ⁵⁵tie³³a⁵⁵tɕiəu³³la²⁴suei²¹³.

逮倒那草烧呱把那草烧了。tɛ⁵⁵tie³³a⁵⁵tɕʰie³³sɿ³⁵kua³³.

逮倒那头□坐瘪把枕头坐瘪。tɛ⁵⁵tie³³a⁵⁵tʰəu²⁴kʰuã²¹tsʰə⁵⁵pɛ²¹³.

“驮倒”也可以引出处置对象，构成处置句。“驮倒”和“逮倒”没有意义上的区别，因人习惯不同而选用。上文的“逮倒”均可以用“驮倒”替换。

2.“予”引出受事构成的处置句

上述的例句中，除了“自家做莫好，逮倒我来讲哪东”外，“逮倒/驮倒”均可以换成“予”。替换后，句子语义上没有变化，仍然是处置句。再如：

予那本书予我把那本书给我。ie³⁵a⁵⁵piã³³ɕie³⁵ie³⁵io⁵⁵.

予那衣着起把衣服穿上。ie³⁵a⁵⁵a³⁵tsə¹¹sɿ³³.

前例，前一个“予”做介词，引出受事宾语“书”。后一个“予”做动词，是给的意思。后例，介词“予”引出的“衣”做动词“着”的受事。两例的第一个“予”可以换成“逮倒”。

（二）被动句

宁远平话的被动句，一般用“兜倒”“予”引出动作的施事，其基本结构是“受事＋兜倒（或者“予”）＋施事＋动词＋补语”。

1.“兜倒”引出施事构成的被动句

你总□□兜倒子打死你迟早会被他打死。ŋ⁵⁵tsẽ³³ta⁵⁵iã²¹təu³⁵tie³³tsə³³ta³³sɛ³³.

那锁锁兜倒你驮走呱了钥匙被你带走了。a⁵⁵sə³³sə³³təu³⁵tie³³ŋ⁵⁵tə³³tsəu³³kua³³lie²¹.

补语可以不出现，如：

我即工兜倒子哄□呱了我今天被他骗了。io⁵⁵tɕia¹¹kã⁵⁵təu³⁵tie³³tsə³³xiẽ³³tie³³kua³³lie²¹.

你去兜倒子斥啊你去找骂吗？ ŋ⁵⁵xɔ⁵⁵təu³⁵tie³³tsə³³tsʰo³⁵a³³？

特殊情况下，施事也可以不出现。如：

那蔸树子兜倒吹倒呱了那棵树被刮倒了。a⁵⁵təu⁵⁵ɕie²¹lə²¹təu³⁵tie³³tsʰuɛ³⁵kɔ²¹³kua³³lie²¹.

先生那包兜倒抢呱去了先生的包被抢走了。sã²²ɕie⁵⁵a⁵⁵piəu³⁵təu³⁵tie³³tɕʰiẽ³³kua³³xɔ⁵⁵lie²¹.

一出去就□兜倒搭起一出去就被抓了。ɿ³³suɛ¹¹xɔ⁵⁵tɕʰiəu²¹iã²¹təu³⁵tie³³xa³⁵sɿ³³.

“兜倒”有遭受的意义。所以，一般来说，被动句表达的都是主观不愿意发生的事情。“兜倒”也可以简略为“兜”，句中表达的意思没有明显的变化，语气显得较为急促。如：

去就兜打去就被打。xɔ⁵⁵tɕʰiəu²¹təu³⁵ta³³.

2.“予”引出施事构成的被动句

平话中的“予”可以引出施事，构成被动句。“予”有时有“给予”义，如“菜予狗食呱了肉被狗吃了”，“予”就隐约有“给予”的意义。但“予那书烧呱将那本书烧了”中，“予”引出的书，是“烧”的对象，“予”没有给予的意义。

那单车予子砸毁呱了那辆自行车被他摔坏了。a^{55}tie^{22}ts^{h}o^{55}ie^{35}tsə^{33}tɕia^{11}fɛ^{33}kua^{33}lie^{21}.

子屋腹那猪还予洪水冲走他家的猪被洪水冲走了。tsə^{33}ɔ^{11}pu^{33}a^{55}tɕie^{35}xɛ^{24}ie^{35}xiẽ^{24}suɛ^{33}ts^{h}ẽ^{35}tsəu^{33}.

我予子斥死了我被他骂得要死。io^{55}ie^{35}tsə^{33}ts^{h}o^{35}sɛ^{33}lie^{33}.

例句中的“予”表被动，“予”后面的宾语，一般都是能发出某种动作或者是活动的人和物。一些本来具有静止属性的事物，如果由于外来作用运动起来或者相对运动，也可以成为“予”的宾语，出现在被动句中。如：

莫□予石磙打到不要被石头砸中。mə^{21}iã^{21}ie^{35}so^{21}kuã^{33}ta^{33}tie^{33}.

我予䓲挂倒呱了我被刺挂住了。io^{55}ie^{35}lə^{21}kya^{55}tie^{33}kua^{33}lie^{21}.

“予”引出的施事既可以有定，也可以是无定的。如：

谷子予鸟崽食呱了谷子被鸟吃了。kɔ^{21}lə^{33}ie^{35}liɔ^{55}tsɛ^{55}ɿ^{21}kua^{33}lie^{21}.

衣予贼佬偷呱去了衣服被贼偷走了。a^{35}ie^{35}ts^{h}ə^{21}lɔ^{55}t^{h}əu^{35}kua^{33}xɔ^{55}lie^{21}.

铛腹那□予妹崽空呱去了锅里的饭被妹妹倒掉了。tɕ^{h}ie^{35}pu^{33}a^{55}ma^{24}ie^{35}mə^{21}tsɛ^{55}xã^{35}kua^{33}xɔ^{55}lie^{21}.

与“兜倒”不同的是，被动句中的“予”不能省略后面的施事。

二　双宾句

（一）给予类双宾语句

“给”，宁远平话用“予”表示。宁远平话给予类的双宾语句的两个宾语，指物的宾语在前，指人的宾语在后。如：

予本书我给我一本书。ie^{35}piã^{33}ɕie^{35}io^{55}.

不过，当地人的语感理解，这个句子是“予本书予我”快读导致的。“我”前面应该有一个“予”，因为快读而脱落了，是可以补上的。而且，这种双宾语句用在祈使句较为常见，以间接宾语在前为常。

要表达“给我十块钱”，用宁远平话来说，通常是“予十文花钱予我”。不同语境下有多种说法，请看：

予十文花钱予我给我十块钱。ie^{35}sɿ^{21}miã^{35}xo^{35}ts^{h}ã^{24}ie^{35}io^{55}.

子予了十文花钱予我他给了我十块钱。tsə^{33}ie^{35}lie^{33}sɿ^{21}miã^{35}xo^{35}ts^{h}ã^{24}ie^{35}io^{55}.

予十文花钱我给我十块钱。ie^{35}sɿ^{21}miã^{35}xo^{35}ts^{h}ã^{24}io^{55}.

哪东啊，你就是予我十文花钱啊什么啊，你才给我十块钱啊？ lə^{21}tiã^{35}a^{33}，ŋ^{55}tɕ^{h}iəu^{21}sɿ^{55}ie^{35}io^{55}sɿ^{21}

miã^{35}xo^{35}ts^{h}ã^{24}a^{21}.

子好好，帮子带了一年个人，过年归来，就是予了我十文花钱他好得很，我给他带人带了一年，过年回来的时候，才给了我十块钱！ tsə^{33}xe^{33}xe^{33}, pẽ^{35}tsə^{33}tia^{55}lie^{21}ɿ^{33}lã^{35}kə^{21}ŋ^{24}, ku^{55}lã^{24}kuɛ^{22}la^{55}, tɕ^{h}iəu^{21}sɿ^{33}ie^{35}lie^{33}io^{55}sɿ^{21}miã^{55}xo^{35}ts^{h}ã^{24}.

子予了十文花钱我，我找了子三文花钱他给我十块钱，我找回他三块。tsə^{33}ie^{35}lie^{33}sɿ^{21}miã^{35}xo^{35}ts^{h}ã^{24}io^{55}, io^{55}tsə^{33}lie^{33}tsə^{33}so^{35}miã^{35}xo^{35}ts^{h}ã^{24}.

你予我十文花钱，我找你三文花钱，莫是就对呱了你给我十块钱，我找回你三块钱，不就对了？ ŋ^{55}ie^{35}io^{55}sɿ^{21}miã^{35}xo^{35}ts^{h}ã^{24}, io^{55}tsə^{33}ŋ^{55}so^{35}miã^{35}xo^{35}ts^{h}ã^{24}, mə^{21}sɿ^{55}tɕ^{h}iəu^{21}to^{55}kua^{33}lie^{21}？

一般来说，在复句中，指人宾语在指物宾语之前，如：

你予得子一杯酒，就□子滚起走只要你给他一杯酒，就会（喝醉）滚着走。ŋ^{55}ie^{35}tə^{33}tsə^{33}ɿ^{33}pə^{35}tɕiəu^{33}, tɕ^{h}iəu^{21}iã^{21}tsə^{33}k^{h}ã^{21}sɿ^{21}tsəu^{33}.

你予我一本书，我就予你一□笔你给我一本书，我就给你一支笔。ŋ^{55}ie^{35}io^{55}ɿ^{33}piã^{33}ɕie^{35}, io^{55}tɕ^{h}iəu^{21}ie^{35}ŋ^{55}ɿ^{33}mẽ^{33}pɛ^{213}.

（二）取得类双宾语句

取得类的双宾语句，一般是对已经完成的事情的陈述。如“我买了子一斤白菜我买了他一斤白菜”。与给予类的双宾句一样，很少单独说“我买子一斤白菜”，除非在复句后，如后面再来一句“子送我一粒栗子”。又如：

我食了子一顿□不□紧，兜倒子唱了十年我吃了他一餐饭不要紧，被他说了十年。io^{55}ɿ^{21}lie^{21}tsə^{33}ɿ^{33}tuã^{55}ma^{24}mə^{21}ia^{21}tɕiã^{33}, təu^{35}tie^{33}tsə^{33}ts^{h}ẽ^{55}lie^{21}sɿ^{21}lã^{55}.

（三）“问”类和“欠”类双宾语句

“问”类和“欠”类，这两类句子在宁远平话中都很常见。如：

我问你一粒题我问你一道题。io^{55}miã^{21}ŋ^{55}ɿ^{33}lɛ^{213}t^{h}i^{21}.

我问子哪□讲我问他怎么说。io^{55}miã^{21}tsə^{33}lie^{21}tsɿ^{21}tɕiã^{33}.

老张还欠我两文花钱老张还欠我两块钱。lie^{55}tsẽ^{35}xɛ^{24}tɕ^{h}iẽ^{55}io^{55}liẽ^{55}miã^{35}xo^{35}ts^{h}ã^{24}.

（四）表称类双宾语句

表称类双宾语句，表达的意义是将A称为B。一般A在前，B在后。如：

斥子鸡婆族族骂她为鸡婆窝（头发很乱）。ts^{h}o^{35}tsə^{33}tsɿ^{35}pu^{55}təu^{55}təu^{55}.

这类双宾语句，范围很窄，一般是骂人的话。又如：

啸子软骨头管他叫软骨头。ɕiəu^{213}tsə^{33}luã^{35}ku^{11}t^{h}əu^{33}.

这类句子都可以复原为连动句，如上两例可以说“斥子是鸡婆族族”“啸子啸软骨头”。

正常的称谓或者不带贬义的述说，一般不用双宾句表达，如“啸他啸舅舅”“啸他爸爸啸名字（直呼他爸爸的名字）”“评老李当优秀”等，都不能改为双宾语的形式。

（五）结果类双宾语句

结果类双宾语，在宁远平话中更像结果补语。

滚水爃了子好几粒泡开水烫他好几个泡。kuã^{33}suɛ^{33}lɔ^{213}lie^{33}tsə^{33}xe^{33}tsɿ^{33}lɛ^{213}piəu^{55}.

问起我莫清楚我被问得不清楚。miã^{21}sɿ^{21}io^{55}mə^{21}tɕ^{h}io^{35}sẽ^{33}.

镰刀割了毛毛两粒口子镰刀划开弟弟两道口子。lã^{24}tie^{35}kə^{213}lie^{33}mie^{24}mie^{55}liẽ^{55}lɛ^{33}xəu^{33}lə^{33}.

打了子□半死打他个半死。ta^{33}lie^{33}tsə^{33}ta^{55}piẽ^{55}sɛ^{33}.

（六）使动类双宾语句

使动类双宾语句中，使动宾语可以提到动词前做主语，“急了我一身汗”，即“使我急了一身汗”。这类双宾语句，宁远平话中很多，如；

急了我一身汗。tsɿ^{213}lie^{33}io^{55}ɿ^{33}sã^{35}xiẽ^{21}.

节约我两文花钱节约了我两块钱。tɕie^{21}io^{21}io^{55}liẽ^{55}miã^{35}xo^{35}ts^{h}ã^{24}.

出了我一□丑出了我一回丑。suɛ^{213}lie^{33}io^{55}ɿ^{33}yã^{35}ts^{h}əu^{33}.

（七）度量类双宾语句

“度量宾语表示差量、移动距离或程度量”。（马庆株，1983）宁远平话中很多度量类的双宾语句。度量可以是名量，如：

子哩抬了那帮人好几里路他们抬了那些人好几里路。tsə^{33}lə^{33}tia^{24}lie^{33}a^{55}p^{h}ã^{55}ŋ^{33}xe^{33}tsɿ^{33}lɛ^{55}lɔ^{21}.

爹爹陪了我一路。tia^{33}tia^{33}p^{h}ə^{24}lie^{33}io^{55}ɿ^{33}lɔ^{21}.

让子三分让他三分。liẽ^{21}tsə^{33}so^{22}fiã^{55}.

打平伙，算我一□凑份子吃饭，我也来一个。ta^{33}p^{h}io^{24}fu^{21}, ɕyẽ^{55}io^{55}ɿ^{33}ta^{55}.

打烂我屋腹一只杯子打碎我家里一只杯子。ta^{33}lie^{21}io^{55}ɔ^{11}pu^{33}ɿ^{33}tso^{213}pə^{35}lə^{33}.

度量也可以是动量，表示动作的数量。宁远平话中有很多动量类双宾语句，且两个宾语的位置与普通话相同。如：

抢呱小王两□抢了小王两次。tɕ^{h}iẽ^{33}kua^{33}ɕiɔ^{55}vã^{21}liẽ^{55}yã^{55}.

寻呱老李三□找了老李三回，t^{h}i^{33}kua^{33}lie^{55}lɛ^{55}so^{35}yã^{55}.

寻呱三□老李找了三回老李。t^{h}i^{33}kua^{33}so^{35}yã^{55}lie^{55}lɛ^{55}.

度量也可以是时量，这类双宾语句在宁远平话中也很常见：等一□下我 tiã^{33}ɿ^{33}tia^{213} io^{55} ｜等我一□下 tiã^{33}io^{55}ɿ^{33}tia^{213} ｜盯小王一□下 tio^{11}ɕiɔ^{55}vã^{21}ɿ^{33}tia^{213} ｜盯一□下小王 tio^{11}ɿ^{33} tia^{213}ɕiɔ^{55}vã^{21}。

（八）包含虚指宾语的双宾语句

指人宾语不是确定的人，可以删除，这类结构在宁远平话中有较多的用例。

耍子十工半个月玩十天半个月。sua^{33}tsə^{33}sɿ^{21}kã^{55}piẽ^{55}ku^{55}vei^{33}.

耍子两三工再讲玩两三天再说。sua^{33}tsə^{33}liẽ^{55}so^{35}kã^{55}tɕia^{55}tɕiã^{33}.

盯子两场电影看两场电影。tio¹¹tsə³³liẽ⁵⁵tsʰã²¹tiẽ²¹iẽ⁵⁵.

以上句子，“子”不是实指，数量词也不是实指。与普通话相同，非自主动词一般不能进入这种格式，如“*死子两头鸡死他两只鸡”。这种格式的动词一般不能表示完成的动作。“盯呱子两三□电影看了他两三回电影”表达的是接受他三两次请看电影，其中的“子”是实指，不是包含虚指宾语的双宾语句。

三　比较句

比较句可以分为平比、差比、极比三类，其中的差比又可以分成胜过和不及两种。

（一）平比句

平比句表示两个比较项在比较点方面没有高下之分。平话用“跟”“比”做比较词，用“一样”“差不多”“样了”“A不去”等表示比较的结果，“A”是形容词或者形容词性的短语。

1. 差莫多（一样）+A

有两种基本格式：

①甲+跟+乙+差莫多（一样）+A。如：

我跟你一样高。io⁵⁵kiẽ²²ŋ⁵⁵ʅ³³iẽ²¹ke³⁵.

我跟你差莫多高我和你差不多高。io⁵⁵kiẽ²²ŋ⁵⁵tsʰo³⁵mə²¹tə³⁵ke³⁵.

“差莫多”是模糊估计。“差莫多”可以说成“差莫多子”，口气更加缓和，意义没有改变。可以根据语境省略比较项中的某些成分，如：

打工赚个钱跟于屋腹做差莫多多打工赚的钱跟在家里做赚的钱差不多。ta³³kã³⁵tɕʰye⁵⁵kə²¹tsʰã²⁴kiẽ³⁵ ie³⁵ɔ¹¹pu³³tsə⁵⁵tsʰo³⁵mə²¹tə³⁵tə³³.

养男子跟女子一样个好生儿子和生女儿是一样的好。iẽ⁵⁵lɔ²⁴tə³³kiẽ³⁵pʰɛ⁵⁵tə²¹ʅ³³iẽ²¹kə²¹xe³³.

②“两比较项+差莫多（一样）+A”

这种结构由上面的结构转变而来，两个比较项不再分开，而是合在一起来说。如：

我两人差莫多高。io⁵⁵liẽ⁵⁵ŋ³³tsʰo³⁵mə²¹tə³⁵ke³⁵.

那两铺床差莫多贵。a⁵⁵lie⁵⁵pʰu⁵⁵tsʰẽ²⁴tsʰo³⁵mə²¹tə³⁵kuɛ⁵⁵.

讲高矮，我两人差莫多子。tɕiã³³ke³⁵a³³, io⁵⁵liẽ⁵⁵ŋ³³tsʰo³⁵mə²¹tə³⁵tə³³.

这两种格式都有否定表达，虽然“差莫多”本身是否定形式。如果“一样”和“差莫多”后面没有接A，则直接用“莫一样”替代“一样”，用“差得多”或者“差得远”替代“差莫多”，就成了对原有句式意义的否定。后面接A，“一样A”可以用“莫一样A”替代（平话没有“差得多A”的说法）。“差莫多A”的否定表达，需要将A前移，用“差得远”等表达比较结果，如：

讲高矮，我两人差得远去了。tɕiã³³ke³⁵a³³, io⁵⁵liẽ⁵⁵ŋ³³tsʰo³⁵tə³³vã⁵⁵xɔ⁵⁵lie²¹.

2.“样了”

最基本的格式是“甲 + 跟 + 乙 + 样了”，但重点不在比较，而是在描述甲，如：

子那叶子跟蒜叶子样了它的叶子与蒜叶子一样。tsə^{33}a^{55}ʅ^{21}lə^{21}kiẽ^{35}ɕyẽ^{55}ʅ^{21}lə^{21}iẽ^{21}lie^{21}.

彼粒柑子跟那□子样了这个柑子和柚子一样。pie^{11}lɛ^{233}kiẽ^{35}tsʅ^{33}kiẽ^{22}a^{55}kuɛ^{213}lə^{33}iẽ^{21}lie^{21}.

子那声音，跟西鸭公样了他的嗓音，就像洋鸭一样（嘶哑）。tsə^{33}a^{55}so^{22}iã^{55}, kiẽ^{35}sʅ^{35}o^{33}kã^{55}iẽ^{21}lie^{21}.

由于重在描述，就可以将比较点的特点独立出来，放在两个比较项之间，或者句末。如：

子个叶子，柳长柳长，跟蒜叶子样了它的叶子是细长的，与蒜叶子一样。tsə^{33}a^{55}ʅ^{21}lə^{21}, liəu^{55}tsʰẽ^{24}liəu^{55}tsʰẽ^{24}, kiẽ^{35}a^{55}ɕyẽ^{55}ʅ^{21}lə^{21}iẽ^{21}lie^{21}.

彼粒是柑子啊，跟那□子样了，好大唠这个是柑子吗，和柚子一样，个很大的。pie^{11}lɛ^{33}sʅ^{55}kiẽ^{35}tsʅ^{33}a^{21}, kiẽ^{22}a^{55}kuɛ^{213}lə^{33}iẽ^{21}lie^{21}, xe^{33}tɛ^{24}lie^{21}.

子那嗓音，跟西鸭公样了，好难听他的嗓音，就像洋鸭一样，很难听。tsə^{33}a^{55}so^{22}iã^{55}, kiẽ^{35}sʅ^{35}o^{33}kã^{55}iẽ^{21}lie^{21}, xe^{33}lie^{24}tio^{55}.

如果要进行否定，就用“莫同”或者“莫一样”替代“样了”。如：

子个叶子，柳长柳长，跟石菜叶子莫同它的叶子是细长的，与石菜的叶子不一样。tsə^{33}a^{55}ʅ^{21}lə^{21}, liəu^{55}tsʰẽ^{24}liəu^{55}tsʰẽ^{24}, kiẽ^{35}so^{21}tɕʰia^{55}ʅ^{21}lə^{21}mə^{21}tʰẽ^{24}.

3.“A莫去”

最基本的格式是“甲 + 比较点 + 比 + 乙 + A莫去”。这种格式表示两者相近或者相等，在比较点方面，甲有可能稍微超过乙，也可能相等，但不可能后者超过前者。比较点也可以被省略。如：

我比你高莫去我并不比你高。io^{55}pɛ^{33}ŋ^{55}ke^{35}mə^{21}xɔ^{55}.

我跳起比你快莫去我跑得并不比你快。io^{55}tʰɛ^{55}sʅ^{21}pɛ^{33}ŋ^{55}kʰya^{55}mə^{21}xɔ^{55}.

我起床比你早莫去我起床并不比你早。io^{55}sʅ^{33}tsʰẽ^{24}pɛ^{33}ŋ^{55}tɕie^{33}mə^{21}xɔ^{55}.

如果乙可能超过甲，则不能使用这种格式。

（二）“有……那（□[tsʅ^{21}]）A”

最基本的格式是“甲 + 有 + 乙 + 那（□[tsʅ^{21}]）那么A”。这种格式也侧重对甲的描述。乙是用来作为比较标准的，所以一般为听话人所熟知。在这种格式里，“那□[tsʅ^{21}]”可以紧缩为“那”，但不能省略。如：

子长起有子娜娜那□姣她长得有她母亲那么美丽。tsə^{33}tsẽ^{33}sʅ^{33}xəu^{55}tsə^{33}ie^{33}ie^{33}a^{55}tsʅ^{21}tɕiɔ^{55}.

子有子爹爹那两□他有他爸爸的水平。tsə^{33}xəu^{55}tsə^{33}tia^{33}tia^{33}a^{55}liẽ^{55}tia^{33}.

这种格式的否定式，直接将“没得”替代“有”即可。

宁远平话也常常用夸张的手法来使用平比句，如：“有天那重！”这句话用在对别人的回应，意思是没有对方想象中的那么重，即不会有天那么重。再如：

事情有天那□大有天大的事！ sɿ^{21}tɕʰiẽ^{21}xəu^{55}tʰã^{22}a^{55}tsɿ^{21}tɛ^{24}.

此外，宁远平话还用“抵得相当于”来表示比较，如：

我彼杯酒抵得你三杯我这杯酒相当于你的三杯。io^{55}pie^{213}pə^{35}tɕiəu^{33}ti^{33}tə^{33}ŋ^{55}so^{33}pə^{55}.

（三）差比句

差比句分成两种：胜过和不及。

1. 胜过句

胜过类比较句表达的是甲在比较点方面超过乙。如“我比你高”“子他比你矮”。胜过类的比较句，在语义上分成三种：一是普通比较，客观指出甲胜过乙，如“我比你大”；二是具体比较，具体指出甲胜过乙多少，如“我比你大三岁”；三是强调比较，强调甲胜过乙很多，如“我比你大得多”。从句式上看，胜过句可以分成两类：一类的比较结果A出现在乙之前；一类比较结果A出现在乙之后。

①“A”后式

“A”后式是宁远平话中最基本的一类胜过类比较句。这类比较句，A在乙之后，基本格式是“甲＋比较点＋比＋乙＋A”，在此基础上，可以产生很多变式，如可以将“比＋乙”提到句首，也可以省略“比＋乙”或者比较点。如：

我堆起比你快□我堆得比你快一些。io^{55}to^{35}sɿ^{33}pɛ^{33}ŋ^{55}kya^{55}tɛ^{55}.

我比你堆起快□我堆得比你快一些。io^{55}pɛ^{33}ŋ^{55}to^{35}sɿ^{33}kya^{55}tɛ^{55}.

走彼条路近得多。tsəu^{33}pie^{11}tʰi^{33}lɔ^{21}tɕʰiã^{55}tə^{33}tə^{35}.

我比你多走了三里路。io^{55}pɛ^{33}ŋ^{55}tə^{35}tsəu^{33}lie^{33}so^{22}lɛ^{55}lɔ^{21}.

姐姐比妹崽大了七八岁。tɕie^{55}tɕie^{55}pɛ^{33}mə^{21}tsɛ^{55}tʰo^{21}lie^{21}tsʰɛ^{11}pia^{213}suei^{55}.

跟你比起来，我高得□一些。kiẽ^{22}ŋ^{55}pɛ^{33}sɿ^{33}la^{24}, io^{55}ke^{35}tə^{33}kuei^{55}.

这些句子都可以在“A”前加“还”，表示意外、反驳或者劝说。如“我堆起比你还快”，当重音在“快”上时，蕴含了“你不要得意”或者“不要小看我”之类的意义。当重音在“你”上，意思是“你”堆得已经够快了，“我”还超过“你”的速度。姐姐一定比妹妹大，所以，“姐姐比妹崽大了七八岁”中的“大”前面就不能再加“还”了。又如：

妹崽比爹爹还高□了妹妹比爸爸还高了一些。mə^{21}tsɛ^{55}pɛ^{33}tia^{33}tia^{33}xɛ^{24}ke^{35}tɛ^{55}lie^{21}.

比较结果是个约数，可以通过“A（出）□个＋数量＋个样子”来表示，如：

我比子高出□两三分个样子我大约比他高两三公分。io^{55}pɛ^{33}tsə^{33}ke^{35}suɛ^{33}ta^{55}liẽ^{55}so^{22}fiã^{55}kə^{21}iẽ^{21}lə^{21}.

这个句子中的“个样子”可以去掉，去掉后，推测和估计的意义也还通过“两三分”这种约数的形式表达了，只是语气变得更肯定些。

“A得多”还可以拓展为“莫知得不知道□[iã^{21}]A好多”，表示相差程度更大，大得不知道该用什么数表达。如：

彼领衣比那领莫知得□姣好多去了这件衣服比那件衣服不知道要漂亮多少。pie^{11}lio^{33}a^{55}pɛ^{33}a^{55}lio^{33}mə^{21}tɛ^{35}tə^{33}iã^{21}tɕiɔ^{55}xe^{33}tə^{55}xɔ^{55}lie^{21}.

宁远平话的“A”前式还有一种情形，几个比较项一个一个逐级进行比较，逐级胜过，有的把这种比较句称为“逐比句”（何洪峰,2001），有的称“级比句”（汪国胜,2000）。如：

子屋腹个徕头，一□比一□强他家的孩子一个比一个强。tsə^{33}ɔ^{11}pu^{33}kə^{21}lia^{55}tʰəu^{21}, ɿ^{33}ta^{55}pɛ^{33}ɿ^{33}ta^{55}tɕʰiẽ^{24}.

②“A”前式

“A”在乙前的胜过类比较句比较少见。这类胜过类比较句有几个特点：一是不用比较词；二是“A”一般是单音节词；三是必须有补充说明相别程度的词。基本格式是“甲 +A 呱 + 乙 + 差数”。如：

我大呱我毛毛三岁我比我弟弟大三岁。io^{55}tɛ^{24}kua^{33}io^{55}mie^{21}mie^{55}so^{35}suei^{55}.

我大呱我毛毛好几岁我比我弟弟大了几岁。io^{55}tɛ^{24}kua^{33}io^{55}mie^{21}mie^{55}xe^{33}tsɿ^{33}suei^{55}.

我高呱子□七八分个样子我比他高七八公分。io^{55}ke^{35}kua^{33}tsə^{33}ta^{55}tsʰɛ^{11}pia^{213}fiã^{55}kə^{21}iẽ^{21}lə^{21}.

其中的“呱”一般不能省略，但可以用“了”替代。宁远平话中没有类似普通话的“A过（于）”的差比句格式。①

3. 不及句

不及句是甲在比较点上不及乙的比较句。与胜过句相似，不及是句子形式上表现的不及，并不是从客观上比较的不及。宁远平话一般用“没得”“比莫得”“比莫到”等表达不及。如：

我没得你高□我不如你高。io^{55}mə^{55}tə^{21}ŋ^{55}ke^{35}tɛ^{55}.

我连老李那□高都没得我还没有老李高。io^{55}lã^{24}lie^{55}lɛ^{55}a^{55}tsɿ^{21}ke^{35}tu^{33}mə^{55}tə^{21}.

啸子来带人，没得请□人来带还好□我叫他来带人（孩子），还不如请（雇）一个人来带。ɕiəu^{213}tsə^{33}la^{24}tia^{55}ŋ^{24}, mə^{55}tə^{21}tɕʰio^{33}ta^{55}ŋ^{33}la^{21}tia^{55}xɛ^{24}xe^{33}tɛ^{55}.

于那刻，人个命连狗都比莫得那时候，人的命连狗都不如。ie^{22}a^{55}kʰe^{33}, ŋ^{24}kə^{33}mio^{21}luã^{24}kəu^{33}tu^{33}pɛ^{33}mə^{21}tə^{33}.

“没得”一般放在两个比较项之间，相当于普通话的“不如”，后面要“A”同现。“比莫得”“比莫到”相当于普通话的“比不上”，后面不需要“A”同现。“比莫得”“比莫到”可以在后面接乙，也可以将乙放在“比”和“莫得”“莫倒”中间。“比你莫得”“比莫得你”“比你莫到”“比莫到你”在平话中都是合法的。

---

① 随着普通话影响的深入，宁远的青年人也开始使用“我高你一寸”的说法。但没有“高过”“高于”的说法。

宁远平话中没有“我没得你高三寸”的说法。如果要量化地说明相差的程度，一般将“一半”或者分数词紧接在乙的后面。如：

我没得你一半还多□我没有你的一半。io^{55}mə^{55}tə^{21}ŋ^{55}ɿ^{33}piẽ^{55}xε^{24}tə^{35}tε^{55}.

“抵得”的否定式是“抵莫得”，前文的“抵得”比较句的否定式，也可以算作不及类的比较句。如：“我□[pie^{213}]三杯酒抵莫得你那一杯我这三杯酒还比不上你的那一杯”。同样地，级比句的否定式，也就成了不及类的级比句，如：

人老呱了，一年比莫得一年了人老了，一年不如一年。ŋ^{24}lie^{55}kua^{33}lie^{21}, ɿ^{33}lã^{35}pε^{33}mə^{21}tə^{33}ɿ^{33}lã^{35}lie^{33}.

这大个人了，比□徕头都比莫得这么大的人了，连一个小孩都不如。tsə^{55}tε^{24}kə^{33}ŋ^{24}lie^{33}, pε^{33}ta^{55}lia^{55}tʰəu^{21}tu^{33}pε^{33}mə^{33}tə^{33}.

3. 极比句

极比是差比的特殊形式。进行比较的不止两项，而是三项或者更多，被比较对象（比较主体）胜过或者不及所有比较对象（比较客体），就是极比。宁远平话的极比句，可以分成两类：一类在结构上一般使用表示程度最高的“最”“特别”等副词（“最[tsuei^{24}]”“特别[tʰə^{21}pie^{21}]”在现在的宁远平话中的读音，是借用官话的读音）；一类不用“最”“特别”等表程度最高的副词，而是用表任指的词语来做比较对象。

①使用程度副词的极比句

这种极比句，首先给出比较范围，或者所有的比较对象，如：

三姊妹腹□，子读书读得最多三姊妹中，他上的学时间最长。so^{35}tsa^{33}mə^{21}pu^{11}tɕiã^{33}, tsə^{33}tʰɔ^{21}ɕie^{35}tʰɔ^{21}tə^{33}tsuei^{24}tə^{35}.

围楼腹，子对人最好这个村子里的人，他对人最好。vε^{24}ləu^{55}pu^{33}, tsə^{33}to^{55}ŋ^{33}tsuei^{24}xe^{33}.

这两个句子中，比较对象是除了她之外的两姐妹和除他以外村子里的所有人。又如：

彼顿□，我食得最多。pie^{11}tuã^{55}ma^{24}, io^{55}ɿ^{21}tə^{33}tsuei^{24}tə^{35}.

拖缸酒最醉人了。tʰə^{22}kiẽ^{55}tɕiəu^{33}tsuei^{21}tsua^{55}ŋ^{24}lie^{33}.

我哩那领个馅豆腐最紧扎我们那里的馅豆腐馅最多。io^{55}lə^{33}a^{55}lio^{33}kə^{21}liã^{24}tʰəu^{21}fu^{21}tsuei^{24}tɕiã^{33}tsa^{11}.

在上述例子中，说话人有比较明确的比较范围，且认为不需要说明。

也有的比较对象很模糊，说话人并没有范围意识，表达的是一种夸张意义，如：

那□女人心事最毒。a^{55}ta^{55}lie^{55}ŋ^{33}ɕiã^{35}sɿ^{21}tsuei^{24}tʰɔ^{21}.

这句话，更多的是表达一种情绪，说话人并没有比较的意识。

②不用程度副词的极比句

这种极比句，表达的是没有什么超过被比较对象，或者被比较对象胜过同类的任何事物，如：

没得哪人比子还发财□没有谁比他更发财。mə^{55}tə^{21}lie^{21}ŋ^{33}pɛ^{33}tsə^{33}xɛ^{24}ɦia^{11}tɕ^{h}ia^{24}tɛ^{55}.

没得哪人有子那发财。mə^{55}tə^{21}lie^{21}ŋ^{33}xəu^{55}tsə^{33}a^{55}ɦia^{11}tɕ^{h}ia^{24}.

哪东都没得啜水好什么也没有喝水好。lə^{21}tiã^{55}tu^{33}mə^{55}tə^{21}suei^{11}suɛ^{33}xe^{33}.

平话还可以通过“算”等词来表达极比，“算”有“数”的意思。如：

三姊妹，算子读书读得多三姐妹中，她学历最高。so^{35}tsa^{33}mə^{21}, ɕyẽ^{55}tsə^{33}t^{h}ɔ^{21}ɕie^{35}t^{h}ɔ^{21}tə^{33}tə^{35}.

学生腹□，算了道州人多学生中，道县的最多。ɕiəu^{21}ɕie^{55}pu^{11}tɕiã^{33}, ɕyẽ^{55}lie^{21}t^{h}ie^{55}tsəu^{55}ŋ^{33}tə^{35}.

宁远平话的极比句，在发起说话时，没有否定格式和疑问式。但对话中进行修正或者反驳时，可以使用否定式或者疑问式，句式比较自由。在肯定句前加上“也莫是”，就转变为否定句；前面加“是莫是”，就变为疑问句；在肯定句句末加上“啊”，并读降调，就变成反问句。如对三姐妹中，谁的学历最高的讨论，可以说：

三姊妹，也莫是子读书读得最多三姐妹中，也不是她学历最高。so^{35}tsa^{33}mə^{21}, ie^{55}mə^{21}sɿ^{55}tsə^{33}t^{h}ɔ^{21}ɕie^{35}t^{h}ɔ^{21}tə^{33}tsuei^{24}tə^{35}.

三姊妹，也莫是算子读书读得多。so^{35}tsa^{33}mə^{21}, ie^{55}mə^{21}sɿ^{55}ɕyẽ^{55}tsə^{33}t^{h}ɔ^{21}ɕie^{35}t^{h}ɔ^{21}tə^{33}tsuei^{24}tə^{35}.

也莫是三姊妹，算子读书读得多。ie^{55}mə^{21}sɿ^{55}so^{35}tsa^{33}mə^{21}, ɕyẽ^{55}tsə^{33}t^{h}ɔ^{21}ɕie^{35}t^{h}ɔ^{21}tə^{33}tsuei^{24}tə^{35}.

三姊妹，是莫是子读书读得最多啊？ so^{35}tsa^{33}mə^{21}, sɿ^{55}mə^{21}sɿ^{55}tsə^{33}t^{h}ɔ^{21}ɕie^{35}t^{h}ɔ^{21}tə^{33}tsuei^{24}tə^{35}a^{21}？

三姊妹，算子读书读得多啊？ so^{35}tsa^{33}mə^{21}, ɕyẽ^{55}tsə^{33}t^{h}ɔ^{21}ɕie^{35}t^{h}ɔ^{21}tə^{33}tə^{35}a^{21}？

三姊妹，是莫是算子读书读得多？ so^{35}tsa^{33}mə^{21}, sɿ^{55}mə^{21}sɿ^{55}ɕyẽ^{55}tsə^{33}t^{h}ɔ^{21}ɕie^{35}t^{h}ɔ^{21}tə^{33}tə^{35}？

是莫是三姊妹，算子读书读得多？ sɿ^{55}mə^{21}sɿ^{55}so^{35}tsa^{33}mə^{21}, ɕyẽ^{55}tsə^{33}t^{h}ɔ^{21}ɕie^{35}t^{h}ɔ^{21}tə^{33}tə^{35}？

是莫是三姊妹，子读书读得最多？ sɿ^{55}mə^{21}sɿ^{55}so^{35}tsa^{33}mə^{21}, tsə^{33}t^{h}ɔ^{21}ɕie^{35}t^{h}ɔ^{21}tə^{33}tsuei^{24}tə^{35}？

四　疑问句

（一）是非问

平话是非问句的结构与陈述句基本相同，只是在句末带上表疑问的语气词“啊”或者疑问语调。句末不用“啊”，整个句子用升调，构成疑问。句末用“啊”，整个句子用降调，也可构成疑问。如：

你□卖呱那头牛去啊你要把那头牛卖了？ ŋ^{55}iã^{21}mia^{21}kua^{33}a^{55}t^{h}əu^{33}ŋəu^{24}xɔ^{55}a^{21}？

即工屋腹有客今天家里有客人？ tɕia^{11}kã^{55}ɔ^{11}pu^{33}xəu^{55}k^{h}o^{213}？

你比我大三岁啊？ ŋ^{55}pɛ^{33}io^{55}t^{h}o^{21}so^{35}suei^{55}a^{21}？

句末用“啊”表示的是一般的疑问，不用“啊”表示对要问的事情怀疑，感到意外，需要求证。如：

你走四坊去啊你要去四坊？ ŋ^{55}tsəu^{33}sɛ^{55}fiẽ^{33}xɔ^{55}a^{21} ？

这句话，表达的意义与普通话一样，语气比较平淡。如果去掉“啊”，改为升调，表示对“你去四坊”这件事感到意外，或者认为不应该去，或者是听说“你”要去，证实一下。

（二）特指问

特指问句用疑问代词或者疑问副词来提问，希望对方就疑问点做出回答。平话的疑问词有“哪人谁”“哪伙人哪些人”“哪东什么”“哪□怎么”“好多多少”“哪刻什么时候”“哪领哪里”等（详见“指代”部分介绍）。语气词可以用“喔、呢”等，语调为平调，如：

哪人予那粒口子挖开个谁把那个口子挖开的？ lie^{21}ŋ^{33}ie^{35}a^{55}lɛ^{33}xəu^{33}lə^{33}ya^{11}xə^{55}kə^{21} ？

哪东物什那重喔什么东西那么重？ lə^{21}tiã^{55}va^{21}sʅ^{33}a^{55}tsʅ^{21}ts^{h}ã^{55}ɔ^{21} ？

还有好远咪到底还有多远？ xɛ^{21}xəu^{55}xe^{33}vã^{55}lɛ^{33} ？

（三）选择问

选择问句提供两个或者两个以上并列的选项，询问对方选取哪一项。选择问句一般用“还是”连接选项，句末可以综合考虑各种语气，使用不同的语气词，以及不同的语调。如：

那丘田个谷子，予洪桶打，还是予打谷机打唠那丘田的稻谷，用洪桶打，还是用打谷机打呢？ a^{55} tɕ^{h}iəu^{55}t^{h}ã^{24}kə^{33}kɔ^{11}lə^{33}, ie^{35}xiẽ^{24}t^{h}iã^{33}ta^{33}, xɛ^{24}sʅ^{33}ie^{35}ta^{55}ku^{21}tsʅ^{33}ta^{33}lie^{55} ？

十五到舅舅屋腹去，还是十六才去啊十五去舅舅家，还是十六才去？ sʅ^{21}ŋ^{55}tie^{55}tɕ^{h}iəu^{55}tɕ^{h}iəu^{21}ɔ^{11} pu^{33}xɔ^{55}, xɛ^{24}sʅ^{55}sʅ^{21}liəu^{21}ts^{h}ɛ^{21}xɔ^{55}a^{33} ？

杀鸭还是杀鸡？ sa^{11}o^{213}xɛ^{24}sʅ^{33}sa^{11}tsʅ^{35} ？

第三个例子，如果是普通的询问，句末用“唠”，句调上扬；如果表示自己选择有些为难，迫切想听对方的意见，则句末用“喔”，句调先扬后抑；如果是自言自语的思考，同时也征询听话人的意见，则在第一选项后用“唠”，句末用“啊”，“唠”前上升调，紧接“唠”的分句用降调。

（四）正反问

正反问就一件事情的正反两面，要求对方的回答要么是正面，要么是反面。正反问句，一般有正面和反面的词连在一起构成，如：

跟样□做，好莫好这样做，好不好？ kã^{35}iẽ^{21}tsʅ^{21}tsə^{55}, xe^{33}mə^{21}xe^{33} ？

你食呱□了，对莫对你吃过饭了，对不对？ ŋ^{55}ʅ^{21}kua^{33}ma^{24}lie^{21}, to^{55}mə^{21}to^{55} ？

如果是双音节的动词或者形容词ΛB，通过“A莫AB”“A莫A得B”构成正反，来进行提问，否定回答是“莫AB”，如：

——我下晡工才来，耽莫耽误你个工啊我后天才来，耽误你的事吗？ io^{55}xo^{55}pu^{33}kã^{55}tsɛ^{21}la^{24}, tẽ^{35}

mə^{21}tẽ^{35}vu^{33}ŋ^{55}kə^{21}kã^{35}a^{33}？

——莫耽误。mə^{21}tẽ^{35}vu^{33}.

——你即工来，方莫方便你是否方便今天过来？ ŋ^{55}tɕia^{11}kã^{55}la^{24}, fẽ^{35}mə^{21}fẽ^{35}pʰã^{21}？

——莫方便。mə^{21}fẽ^{35}pʰã^{21}.

如果对可能、能够等语义进行正反提问，则用“V＋莫＋V得（＋补语）”来构成正反问句，如：

□朵花摘莫摘得这朵花摘得摘不得？ e^{213}tə^{33}xo^{35}tso^{11}mə^{21}tso^{11}tə^{33}？

老五这□小，那座岭□莫□得过咪老五还这么小，那座山能不能爬过去？ lie^{55}ŋ^{55}tsə^{55}tsɿ^{21}sɿ^{55}, a^{55}tsʰə^{55}lio^{55}ya^{35}mə^{21}ya^{35}tə^{33}ku^{55}lɛ^{33}？

如果对动作行为是否马上发生进行提问，则用“V＋莫曾”构成，如：

十二□钟了，你睏莫曾十二点，你现在是睡觉还是不睡觉？ sɿ^{21}li^{21}kuei^{55}tsã^{35}lie^{33}, ŋ^{55}fã^{55}mə^{21}tɕʰiã^{24}？

以下对动词“食吃”的不同方面的提问都是正反问：食莫食吃不吃｜食莫食得能不能吃，吃了对身体有害没害｜能莫能食是否允许吃｜食莫曾现在吃还是等会吃｜食了莫得吃过还是没吃过；吃了还是没吃｜食呱莫得吃过了还是没吃｜食完莫得吃完还是没吃完。

需要说明的是，“莫”直接插在动词或者形容词之间，动词或者形容词和“莫”中间没有别的成分时，即“V莫V”格式中，“莫”常常被省略，构成动词重叠的问句形式，如“去莫去”很容易被说成“去去”，“摘莫摘得”容易说成“摘摘得”。如果是双音节的词，则只重叠第一个音节，如“方莫方便”容易说成“方方便”。但动词后面带有其他成分的时候，“莫”不能被省略，如上述的“食完莫得”中的“莫”就不能被省略。

（五）“也是”问句

平话用“也是”来表示疑问。“也是”放在句末，表示征求意见，整个问句可以理解为一般疑问句。如：

你先去也是你先去，可以吗？ ŋ^{55}sã^{35}xɔ^{55}ie^{55}sɿ^{33}？

我哩晚下才去算了也是我们下午才去，好吗？ io^{55}lə^{33}mie^{55}xo^{33}tsʰɛ^{21}xɔ^{55}ɕyẽ^{55}lie^{21}ie^{55}sɿ^{33}？

你还于个惹个也是你还继续惹事，是不是？ ŋ^{55}xɛ^{24}ie^{35}kə^{33}ie^{55}kə^{21}ie^{55}sɿ^{33}？

第一个例句，“也是”问句可能是选择问句简化而来，可以还原为“你先去，也是我哩一起去你先去，还是我们一块走”或者“你先去，也是我先去”，等等。第二个选择项目不确定，表示征询意见。“也是”也可以理解为“可以吗”。第二个例句与第一个例句相似，说话人提出建议，但不能做出决定，需要征询听话人意见。潜在意义表示有很多不确定的选择项。第三例句是反问句，是对调皮捣蛋者的警告，意思是，你继续惹事的话看我怎么收拾你。“也是”相当于普通话中的“是不是”。

“也是”不仅对计划进行的事进行征询，也可以对已经过去的事进行询问，这时，整个问句是一个反问句。如：

子走呱了也是他已经走了吗/难道他走了吗？ tsə^{33}tsəu^{33}kua^{33}lie^{21}ie^{55}sɿ^{33} ？

你哭哪东，子打呱你也是你哭什么，难道他打了你？ ŋ^{55}xɔ^{213}lə^{21}tiã^{33}, tsə^{33}ta^{33}kua^{33}ŋ^{55}ie^{55}sɿ^{33} ？

五　否定句

平话有两个否定义的语素，分别读为“没[mə^{55}]”“莫[mə^{21}]”。“莫”，读[mə^{21}]，符合宁远平话的语音规律。“莫”是宕摄开口一等铎韵明母入声字，铎韵在平话读[ə]，如“薄、托、落、索”，这些字都是平话的常用字。古入声字清化后，一部分保留入声调，一部分读为阳去[21]。“莫”用法上相当于普通话的“不”，从《诗经》以来，文献中有很多“莫”表示否定的用例。“没”是不是[mə^{55}]的本字，还不清楚。平话的“没[mə^{55}]”用法与普通话的“没”相似。宁远平话读阴去[55]的字，一般来自古清声母去声字和次浊声母上声字。文献记载的“没”有古蟹摄合口一等明母去声、古臻摄合口一等明母入声、古止摄开口三等明母去声三种读音（覃远雄，2003）。古蟹摄合口一等明母字，宁远平话读[mə]，如“煤妹”等。但是古明母去声字在宁远平话中一般读阳去[21]，如“妹、买”。其他汉语方言中常用的否定语素“莫无弗否”，按照平话的语音规律，均与[mə^{55}]不符。本书暂记为“没”。

平话用“没得”表示“没有”“无”，重音在“没”；用“莫得”表示“未完成”，重音在“得”。

（一）“莫”字句

这里说的“莫”字句，特指带“莫”的否定句。其实包括两种情况：一是单独用“莫”来表示否定；第二种是“莫”和“得”“能”“是”等判断动词或者能愿动词等组合成否定，进而对句子或者句中成分进行否定。

1.“莫”独立使用

平话中的“莫”，语义和功能相当于普通话中的“不”“别”。“莫”可以放在动词或者形容词前面。放在形容词前，表示性状的程度不够高，如：

那条河莫深那条河的水不深。a^{55}t^{h}i^{33}xa^{35}mə^{21}sã^{35}.

彼朵花莫红这朵花不红。pie^{11}tə^{33}xo^{35}mə^{21}xã^{24}.

□煮少了，这多人食，莫够饭煮少了，这么多人吃，不够。ma^{24}tɕie^{33}sɿ^{33}lie^{33}, tsə^{55}tə^{55}ŋ^{33}ɿ^{21}, mə^{21}kəu^{55}.

“莫”放在动词的前面，对其表示的动作行为进行否定，如“莫去”就是不去。又如：

就是那□多，我莫□算了只有这么多，还是我不要吧。tɕ^{h}iəu^{21}sɿ^{33}a^{55}tsɿ^{21}tə^{35}, io^{55}mə^{21}iã^{21}ɕyẽ^{55}lie^{21}.

彼本书，你莫盯好□这本书，你还是不看为好。pie^{11}piã^{33}ɕie^{35}, ŋ^{55}mə^{21}tio^{213}xe^{33}tɛ^{55}.

我啸子去，子自家莫去我喊过他，是他自己不去的。io^{55}ɕiəu^{11}tsə^{33}xɔ^{55}, tsə^{33}ts^{h}ɿ^{21}ko^{55}mə^{21}xɔ^{55}.

“莫”后面的动词，可以带宾语，而且其前面还可以加副词，后面也可以接补语。如：

莫接那桩个烂生意了不要接那种烂生意了。mə^{21}tsɿ^{213}a^{55}tsẽ^{55}kə^{33}lie^{21}ɕie^{22}ɿ^{55}lie^{21}.

你莫好好写字，跳倒出来做什么咪你不好好写字，跑出来干什么！ ŋ^{55}mə^{21}xe^{33}xe^{33}ɕio^{33}tsʰɿ^{21}, tʰɛ^{55}tie^{33}suɛ^{11}la^{33}tsə^{55}lə^{21}tiã^{55}lɛ^{33}！

莫食完，就莫准出去要不吃完就不能出去玩。mə^{21}ɿ^{21}vã^{24}, tɕʰiəu^{21}mə^{21}tsuã^{33}suɛ^{11}xɔ^{55}sua^{33}.

“莫”也可以插在动补结构的中间，对动补结构进行否定。如：

一□你食莫完一碗饭你吃不完。ɿ^{33}ləu^{213}ŋ^{55}ɿ^{21}mə^{21}vã^{24}.

书高头那伙字抹莫去了书上的那些字擦不掉了。ɕie^{22}ke^{55}tʰəu^{55}a^{55}fu^{55}tsʰɿ^{21}mo^{24}mə^{21}xɔ^{55}lie^{21}.

你拐起那飞机哪□飞莫起个喔你折的飞机怎么飞不起来？ ŋ^{55}vɛ^{11}sɿ^{33}a^{55}fei^{33}tsɿ^{33}lie^{21}tsɿ^{21}pa^{35}mə^{21}sɿ^{33}kə^{33}ɔ^{21}？

对双音节的动词或者形容词的否定，常常将“莫”插在词的中间。如“知得”的否定式为“知莫得”，详见动补句。

2.“莫”与动词组合

“莫”常常放在判断动词、能愿动词前，对这些动词进行否定，进而对句子或者句子中的其他成分进行否定。最常见的是“莫曾”“莫是”“莫能”“莫得”。

“莫曾”表示“暂时不”，一般放在动词前面，对其进行否定。“莫曾”用法比较特殊，详见第三部分“莫曾”单独的介绍。

“莫是”相当于普通话的“不是”。如：

那本书莫是我个那本书不是我的。a^{55}piã^{33}ɕie^{35}mə^{21}sɿ^{55}io^{55}kə^{21}.

莫是于拱头买起个不是在拱头买的。mə^{21}sɿ^{55}ie^{35}kiẽ^{33}tʰəu^{33}mia^{55}sɿ^{21}kə^{21}.

“莫能”与普通话的“不能”“不会”大体相当，如：

□样物什莫能食这种东西不能吃。a^{213}iẽ^{21}va^{21}sɿ^{33}mə^{21}lẽ^{24}ɿ^{21}.

你放心，我莫能打子你放心，我不会打他。ŋ^{55}fẽ^{55}ɕiã^{35}, io^{55}mə^{21}lẽ^{24}ta^{33}tsə^{33}.

“莫得”可以放在动词或者动词性短语前面，也可以放在后面，分别表达“没有”“不能”两种意思。“莫得”在动词或者动词性短语前面，做状语，否定后面的动词或者动词性短语。如：

莫得写完没有写完。mə^{21}tə^{33}ɕio^{33}vã^{24}.

我莫得到北京去过我没去过北京。io^{55}mə^{21}tə^{213}tie^{55}pə^{21}tɕiẽ^{33}xɔ^{55}ku^{55}.

“莫得”可以放在肯定句的句末，将肯定句转换为疑问句，对事情完成与否进行提问，如：

老三屋腹那屋起起莫得老三家里那房屋建成了吗？ lie^{55}so^{35}ɔ^{11}pu^{33}a^{55}ɔ^{213}sɿ^{33}sɿ^{33}mə^{21}tə^{33}？

你个信写完莫得你的信写完了吗？ ŋ^{55}kə^{21}ɕiã^{55}ɕio^{33}vã^{24}mə^{21}tə^{33}？

“莫得”用在动词或者动词性短语后面，做补语。“莫得”在动词后的情形，这里只作简单的介绍，详见后文“可能句”一节。“V莫得”是对“V得”的否定，是“不能”的意思。“食莫得”就是对“食得”的否定，是不能吃的意思。还可以与单音节的动词构成“V莫V得”，对动词进行提问，意思相当于普通话的“V得V不得”。如“去莫去个”就是“能不能去”的意思。“莫”可以与单音节的动词构成“V莫V得”，对“V得”进行提问，意思相当于普通话的“V得V不得”，其否定回答是“V莫得”。如：

我讲你讲莫讲得我能不能说你？ io⁵⁵tɕiã³³ŋ⁵⁵tɕiã³³mə²¹tɕiã³³tə³³？

子那病，食莫食得□子腹个青菜他这种病，能不能吃坛子里的菜（腌菜）？ tsə³³a⁵⁵pʰio²¹, ʅ²¹mə²¹tə³³ kʰə¹¹ə³³pu³³kə²¹tɕʰio²²tɕʰia⁵⁵？

这种结构还可以带宾语。如：

子那样子，读莫读得书完他的状态，能不能完成学业？ tsə³³a⁵⁵iẽ²¹lə²¹, tʰɔ²¹mə²¹tʰɔ²¹tə³³ ɕie³⁵vã²⁴？

这□狭，放莫放得炮仗这么窄的地方，能不能放鞭炮？ tsə⁵⁵tsʅ²¹xa²¹, pẽ⁵⁵mə²¹pẽ⁵⁵tie³³pʰiəu⁵⁵tsʰẽ³³？

（二）“没得”句

这里说的“没得”句特指带“没得”的否定句。“没得”常常被简化为“没”，功能和意义同“没得”。

平话的“没得”是“没有”的意思。“莫得”也是“没有”的意思，但“莫得”是副词，后接动词或者动词性短语，否定的是动作行为等。“没得”是动词，接名词或者名词性短语，表示对这种事物的存在的否定，如“没得书”“没得单衣”；也可以接动词，“没得V”意思是“没有可以V的事物”。如“莫得盯看”和“没得盯看”，前者是对看这个动作行为的否定，回答的是“你看了吗”的问题；后者是说没有可以看的东西或者没有看的资格等，回答的是“可以看了吗”“有（如电影）看吗”的问题。

1.“没得＋NP”

“没得”接名词或者名词性短语，对这个事物的存在或者对这个事物的领有进行否定。如：

屋腹没得姜了，去买□归来家里没有姜，去买一些回来。ɔ¹¹pu³³mə⁵⁵tə¹¹tɕiẽ³⁵lie³³, xɔ⁵⁵mia⁵⁵ tɛ⁵⁵kuɛ²²la⁵⁵.

子没得钱了他没有钱了。tsə³³mə⁵⁵tə¹¹tsʰã²⁴lie³³.

彼□物什，没得你个份这个东西没有你的份。pie¹¹ta⁵⁵va²¹sʅ³³, mə⁵⁵tə¹¹ŋ⁵⁵kə²¹pʰiã²¹.

子胃口好，没得哪东物什莫食个他胃口好，没有什么他不吃的东西。tsə³³vɛ²¹xəu³³xe³³, mə⁵⁵ tə¹¹lə²¹tiã³³va²¹sʅ³³mə²¹ʅ²¹kə²¹.

2.“没得＋NP＋VP”

“没得”后面的名词还可以带动词，构成“没得＋NP＋VP”的格式。如：

太生疏了，没得话讲。tʰia^{55}ɕie^{22}sɔ^{55}lie^{21}, mə^{55}tə^{21}xo^{21}tɕiã^{33}.

啸你哩来食□，又没得哪东菜食请你来吃饭，可以没有什么好菜。ɕiəu^{213}ŋ^{55}lə^{33}la^{24}ɿ^{21}ma^{24}, iəu^{21}mə^{55}tə^{21}lə^{21}tiã^{33}tɕʰia^{55}ɿ^{21}.

即工没得作业做今天没有作业。tɕia^{11}kã^{55}mə^{55}tə^{11}tso^{21}lie^{21}tsə^{55}.

这种结构还可以转换为“NP＋都＋没得VP”，强调NP。如：

即工作业都没得做今天连作业都没有。tɕia^{11}kã^{55}tso^{21}lie^{21}tu^{33}mə^{55}tə^{11}tsə^{55}.

3.“没得＋形容词”

在一定条件下，“没得”可以对形容词短语或者其中的成分进行否定。

一是可以用在形容词性短语前面，对事物形状的程度进行否定，如：

那棍子没得好长，用莫起那棍子不够长，用不上。a^{55}kuã^{33}lə^{33}mə^{55}tə^{11}xe^{33}tsʰẽ^{24}, iã^{21}mə^{21}sɿ^{33}.

没得一米五高，莫作买票没有一米五高，不需要买票。mə^{55}tə^{11}ɿ^{33}mi^{55}ŋ^{55}ke^{35}, mə^{21}tsʰə^{11}mia^{55}pʰiəu^{55}.

从表层结构上看，“莫”是对形容词短语的否定，从深层语义上看，“莫”否定的，不是形容词本身，而是形容词前面的成分。前一句否定的是“很”，后一句否定的是“一米五”。“莫得好长”也可以说“莫得那长”“莫得那□[tsɿ^{21}]那样长”。这种“没得那（那□[tsɿ^{21}]）A”的格式，运用非常广，几乎所有的形容词都可以套用。如以下对话：

——你儿子读书好很上学成绩好。ŋ^{55}lɔ^{24}tə^{33}tʰɔ^{21}ɕie^{35}xe^{33}xiẽ^{33}.

——没那很没那么好。mə^{55}a^{55}xe^{33}.

以上“没”和“那”可以分别用“没得”“那□”替换，意思不变。

二是可以和两个相对的形容词连用，表示“分不清”“不知道”的意思，如：

讲起个话，没得轻，没得重说起话来，不知轻重。tɕiã^{33}sɿ^{33}kə^{21}xo^{21}, mə^{55}tə^{11}tɕʰio^{35}, mə^{55}tə^{11}tsʰã^{55}.

做起个事，没得大，没得小做起事来，不知大小。tsə^{55}sɿ^{21}kə^{21}sɿ^{21}, mə^{55}tə^{11}ta^{24}, mə^{55}tə^{11}sɿ^{55}.

上述两例，可以分别减缩为“没得轻重”“没得大小”，句子意思不变。

（三）“莫曾”句

“莫曾”可以归为“莫”字句，但是“莫曾”用法比较特殊。

1.“莫曾”的词汇意义

普通话中的“莫曾”，表示否定，是对过去发生的动作行为的否定。“莫曾”涉及的时间指向过去，表示“从来没有”。宁远平话的“莫曾”，也表示否定，但是，是对动作发生时间的否定，指向现在，表示“暂时不”“先别”，并暗示“将来会”。

我莫曾去我暂时不去。io^{55}mə^{21}tɕʰiã^{24}xɔ^{55}.

我莫曾买车我暂时不买车。io^{55}mə^{21}tɕʰiã^{24}mia^{55}tsʰo^{35}.

还莫曾养于个还没到预产期。xɛ^{24}mə^{21}tɕʰiã^{24}iẽ^{55}ie^{35}kə^{33}.

“莫曾”表示暂时不发生，但可以预见将来要发生，将来也不发生的动作行为，不用“莫曾”进行否定。

□头鸡还莫曾生□□于个这只鸡暂时还不会下蛋。pie^{11}tʰəu^{33}tsɿ^{35}xɛ^{24}mə^{21}tɕʰiã^{24}ɕie^{35}kʰa^{21}kʰa^{21}ie^{35}kə^{33}.

——你还莫曾吃你现在还不吃？ ŋ^{55}xɛ^{24}mə^{21}tɕʰiã^{24}ɿ^{21}？——我莫吃！ io^{55}mə^{21}ɿ^{21}！

第二个例句，问话人预设对方要吃，所以用“莫曾”提问。答话人知道将来也不吃，所以用“莫吃”，而不用“莫曾吃”进行回答。

2.“莫曾”用法

①“莫曾”一般放在实义动词前，表示动作行为当时不发生。如：

莫曾吃待会再吃。mə^{21}tɕʰiã^{24}ɿ^{21}。

莫曾盛，还莫得熟先别盛，还没有熟。mə^{21}tɕʰiã^{24}so^{24}, xɛ^{24}mə^{21}tə^{33}səu^{21}.

你莫着急，我还莫曾去你别急，我暂时还不走。ŋ^{55}mə^{21}tsʰə^{21}tsɿ^{213}, io^{55}xɛ^{24}mə^{21}tɕʰiã^{24}xɔ^{55}.

才五岁，莫曾读书才五岁，暂时还不上学。tsʰɛ^{21}ŋ^{55}suei^{55}, mə^{21}tɕʰiã^{24}tʰɔ^{21}ɕie^{35}.

②“莫曾”也可以放在趋向动词前。如：

莫曾上先别上。mə^{21}tɕʰiã^{24}sẽ^{55}。

莫曾出去个话，我就睏□□才如果暂时不走，我就再睡一会。mə^{21}tɕʰiã^{24}suɛ^{213}xɔ^{55}kə^{33}xo^{21}, io^{55}tɕʰiəu^{21}fã^{55}pʰiẽ^{55}tia^{213}tsʰɛ^{21}.

③在有前文的情况下，“莫曾”后面的动词可以省略。如：

谷子收莫曾谷子现在收还是不收？ kɔ^{213}lə^{33}səu^{35}mə^{21}tɕʰiã^{24}？

收谷子莫曾谷子现在收还是不收？ səu^{35}kɔ^{213}lə^{33}mə^{21}tɕʰiã^{24}？

——去莫曾现在走吗？ xɔ^{55}mə^{21}tɕʰiã^{24}.

——莫曾才现在不走（待会再走）。mə^{21}tɕʰiã^{24}tsʰɛ^{33}.

④“莫曾”后的动词，可以带宾语，如果宾语是双音节的，一般要前置。如：

莫曾吃□于个暂时还没有饭吃。mə^{21}tɕʰiã^{24}ɿ^{21}ma^{24}ie^{35}kə^{33}.

毛毛莫曾剃才暂时不理发。mie^{33}mie^{33}mə^{21}tɕʰiã^{24}tʰi^{35}tsʰɛ^{21}.

谷子莫曾打才稻子暂时不打。kɔ^{213}lə^{33}mə^{21}tɕʰiã^{24}ta^{33}tsʰɛ^{21}.

⑤“莫曾”可以放在动词或者动宾短语后面，构成疑问句，相当于“V否”。如：

睏觉莫曾现在睡觉吗？ fã^{55}tɕiəu^{213}mə^{21}tɕʰiã^{24}？

烧滚水莫曾现在烧开水吗？ sɿ^{35}kuã^{33}suɛ^{33}mə^{21}tɕʰiã^{24}？

“睏觉莫曾”不能转化成“*睏觉莫曾睏觉”，“烧滚水莫曾”也不能转化为“*烧滚水莫曾烧开水”。这里，“莫曾”很像一个语气词。

疑问句中，“莫曾”前面的动词如果带双音节宾语。同样地，双音节宾语一般要前置。

收谷子莫曾谷子现在收还是不收？ səu^{35}kɔ^{213}lə^{33}mə^{21}tɕʰiã^{24}？

谷子收莫曾谷子现在收还是不收？ kɔ^{213}lə^{33}səu^{35}mə^{21}tɕ^{h}iã^{24}？

⑥“莫曾”可以放在形容词前。如：

天还莫曾黑于个，还去得及天一时半会还不会黑，去还能来得及。t^{h}ã^{35}xɛ^{24}mə^{21}tɕ^{h}iã^{24}xə^{213}ie^{35}kə^{33}, xɛ^{24}xɔ^{55}tə^{33}ts^{h}ɿ^{213}.

还莫曾亮于个，睏□□还要一会才天亮，再睡一会。xɛ^{24}mə^{21}tɕ^{h}iã^{24}liẽ^{21}ie^{35}kə^{33}, fã^{55}p^{h}iẽ^{55}tia^{33}.

红薯还莫曾熟于个红薯还没有熟。xã^{24}ɕie^{21}xɛ^{24}mə^{21}tɕ^{h}iã^{24}səu^{21}ie^{35}kə^{33}.

⑦表示心理活动的动词、判断动词、能愿动词，一般不受“莫曾”修饰。以下这些不成立：莫曾敢；莫曾喜欢；莫曾了解；莫曾是。

⑧“莫曾”后面的动词不能带结果补语。如：

*我莫曾打赢他｜*对联莫曾撕去才｜*莫曾晒干才｜*我莫曾□[fã^{55}]着睡着｜*莫曾吃完。

3.“莫曾”与语气词“才”“于个”搭配

①“莫曾”常常与语气词“才”和“于个”搭配。

莫曾写才待会再写。mə^{21}tɕ^{h}iã^{24}ɕio^{33}ts^{h}ɛ^{21}。

莫曾盛才，还莫得熟先别盛，还没有熟。mə^{21}tɕ^{h}iã^{24}so^{24}ts^{h}ɛ^{21}, xɛ^{24}mə^{21}tə^{33}səu^{21}.

电影还莫曾放于个电影还没有开始。tiẽ^{24}iẽ^{55}xɛ^{24}mə^{21}tɕ^{h}iã^{24}pẽ^{55}ie^{35}kə^{33}.

②“莫曾”句中，“才”可以与动词互换位置。

晒倒坪子高头那床被莫曾才收晒在坪上的被子暂时别收。sa^{55}tie^{33}p^{h}io^{24}lə^{33}kie^{22}t^{h}əu^{55}a^{55}ts^{h}ẽ^{33}p^{h}a^{55}mə^{21}tɕ^{h}iã^{24}ts^{h}ɛ^{21}səu^{35}.

晒倒坪子高头那床被莫曾收才晒在坪上的被子暂时别收。sa^{55}tie^{33}p^{h}io^{24}lə^{33}kie^{22}t^{h}əu^{55}a^{55}ts^{h}ẽ^{33}p^{h}a^{55}mə^{21}tɕ^{h}iã^{24}səu^{35}ts^{h}ɛ^{21}.

莫曾杀鸡才，等鸭煮熟才杀。mə^{21}tɕ^{h}iã^{24}sa^{213}tsɿ^{35}ts^{h}ɛ^{21}, tiã^{33}o^{213}tɕie^{33}səu^{21}ts^{h}ɛ^{21}sa^{213}.

莫曾才杀鸡，等鸭煮熟才杀。mə^{21}tɕ^{h}iã^{24}ts^{h}ɛ^{21}sa^{213}tsɿ^{35}, tiã^{33}o^{213}tɕie^{33}səu^{21}ts^{h}ɛ^{21}sa^{213}.

“莫曾”后面可直接接“才”，但是，“莫”后面不能直接接“才”。上述例子中，如果将“莫曾”改为“莫”，“才”就必须放在动宾短语后面。“莫曾才杀鸡”“莫杀鸡才”都说得通。

（四）“□[mə^{35}]”

平话的“□[mə^{35}]”相当于普通话单独回答问题的“不”。如：

——你到楼子高头去睏你到楼上去睡。ŋ^{55}tie^{55}ləu^{24}lə^{33}ke^{22}t^{h}əu^{55}xɔ^{55}fã^{55}.

——□！我莫去。mə^{35}！ io^{55}mə^{21}xɔ^{55}.

除了单独成句外，“□[mə^{35}]”还可以放在动词前面，表示动作行为本来要发生，或者计划要进行的，但是现在对计划进行否定。如：

那是昨天的菜了，□食得了那是昨天的菜，别吃了。a^{55}sɿ^{55}ts^{h}o^{21}kã^{55}kə^{21}tɕ^{h}ia^{55}lie^{21}, mə^{35}ɿ^{21}tə^{33}lie^{21}.

我□去得了我不去了。io^{55}mə^{35}xɔ^{55}tə^{33}lie^{21}.

前一个例子，既可以是劝别人不要吃了，也可以是自言自语，说明自己决定不吃了。后例有个潜在的意义，即计划是要去的，现在决定不去了。

"□[mə^{35}]"一般不用来对疑问句的提问进行回答，"你去莫去"的问题，可以用"莫去"来进行否定回答，"你去了吗"的问题，可以用"没得去"来进行否定回答，这里"莫去""没得去"均不能替换为"□[mə^{35}]"。

六　可能句

平话的"V得＋补语""V莫＋补语""V得""V莫得"结构分别表达可能和不可能。"V得"相当于普通话的"能V"，"V莫得"相当于普通话的"不能V"。如：

老李还年轻，上得老李还年轻，能上（提拔）。lie^{55}lɛ^{55}xɛ^{24}lã^{24}tɕ^{h}io^{35}, sẽ^{55}tə^{33}.

老李年纪大呱了，上莫得了老李年纪大了，不可能上了。lie^{55}lɛ^{55}lã^{24}tsɿ^{33}tɛ^{24}kua^{33}lie^{21}, sẽ^{55}mə^{21}tə^{33}lie^{21}.

彼桥蛮扎实，走得这座桥很结实，能过（走人或者车）。pie^{11}ts^{h}ɿ^{24}mie^{24}tsa^{213}sɿ^{21}, tsəu^{33}tə^{33}.

彼桥朽呱了，走莫得了这座桥朽坏了，上面不能走人了。pie^{11}ts^{h}ɿ^{24}ɕiəu^{33}kua^{33}lie^{21}, tsəu^{33}mə^{21}tə^{33}lie^{21}.

样种个杯子，尽倒砸得这种杯子摔不破。iẽ^{21}tsẽ^{55}kə^{33}pə^{35}lə^{33}, tɕiã^{33}tie^{33}tɕia^{213}tə^{33}.

样种个杯子，砸莫得个咪这种杯子不能摔喔。iẽ^{21}tsẽ^{55}kə^{33}pə^{35}lə^{33}, tɕia^{213}mə^{21}tə^{33}kə^{33}lɛ^{33}.

"V得""V莫"，后面都可以带宾语（O）和补语（C）。"V得O（C）"句表达肯定的可能，意思是"能够VO（C）"；"V莫得O""V莫C"句表示否定的可能，意思是"不能够VO（C）"。如：

伊蔸树子种得活这棵树能种活。a^{11}təu^{55}ɕie^{21}lə^{21}tsã^{55}tə^{33}fə^{213}.

伊蔸树子种莫活这棵树种不活。a^{11}təu^{55}ɕie^{21}lə^{21}tsã^{55}mə^{21}fə^{213}.

子那脚好呱了，走得路了他的脚好了，能走路了。tsə^{33}a^{55}tɕie^{213}xe^{33}kua^{33}lie^{21}, tsəu^{33}tə^{33}lə^{21}lie^{21}.

子那脚莫得好于个，走莫得路他的脚还没有痊愈，不能走路。tsə^{33}a^{55}tɕie^{213}mə^{21}tə^{33}xe^{33}ie^{35}kə^{33}, tsəu^{33}mə^{21}tə^{33}lə^{21}.

同时带宾语和补语时，宾语在补语前面，且"莫"后不能带"得"。如：

我打得子过我打得赢他。io^{55}ta^{33}tə^{33}tsə^{33}ku^{55}.

我打子莫过我打不赢他。io^{55}ta^{33}tsə^{33}mə^{21}ku^{55}.

我食得三□□完我能吃完三碗饭。io^{55}ɿ^{21}tə^{33}so^{35}ləu^{33}ma^{33}vã^{24}.

我食三□□莫完我吃不完三碗饭。io^{55}ɿ^{21}so^{35}ləu^{33}ma^{24}mə^{21}vã^{24}.

宾语也可以提到句首，如上句可以说"子，我打得过""三□□三碗饭，我食得完"。

普通话的“V得了”“V不了”，宁远平话用“V得A（V）”“V莫A（V）”来表达。如：

这重个箱子，你搬莫移这么重的箱子，你搬不动。tsə^{55}ts^{h}ã^{55}kə^{21}ɕiẽ^{35}tə^{33}, ŋ^{55}pie^{35}mə^{21}ɿ^{24}.

这重，我搬得移这样的重量，我能搬动。tsə^{55}ts^{h}ã^{55}, io^{55}pie^{35}tə^{33}ɿ^{24}.

即工落雨，□□屋腹去莫成了今天下雨，外婆家去不了了。tɕia^{11}kã^{55}lə^{21}vu^{55}, tə^{22}tə^{55}ɔ^{11}pu^{33}xɔ^{55}mə^{33}so^{24}lie^{33}.

除了用上述结构来表达，平话还有其他表达可能的形式。“□[iã^{21}]落雨了”表达的是可能有雨；“有雨落”，是会有雨的意思；“算莫到落雨”，意思是说不准会下雨。“子算莫到来”，意思是他说不定会来；“子□[iã^{21}]来个”，意思是他会来的。

七　动补句

动补句在平话中用例很多。动补句的补语由动词或形容词充当。补语从语义上，可以指向主语、动词和宾语，也可以同时指向主语和宾语。这些都与普通话相同。平话的补语位置与普通话不同，补语放在宾语后面更为常见，如：打子莫过打不赢他｜打得子过打得赢他｜对子莫住对不起他｜对得子住对得起他｜奈子莫何奈何不了他｜奈得子何奈何得了他，能奈何他。

下面只介绍一些比较有特色的现象。

（一）趋向补语

普通话的“出来、上来、出去”等均可以插入动词宾语，如“拿一瓶酒出来”，也可以说成“拿出一瓶酒来”。相应的意思，宁远平话分别表达为“驮一瓶酒出来”和“驮出一瓶酒来”。宾语一般放在趋向动词前面。又如：

你予那柴搬到伙炉腹去你把柴搬进厨房。ŋ^{55}ie^{35}a^{55}ts^{h}ɿ^{24}pie^{35}tie^{33}fu^{33}lɔ^{55}pu^{33}xɔ^{55}.

走到河坪子高头来你来河岸。tsəu^{33}tie^{33}xa^{35}p^{h}io^{24}lə^{33}ke^{22}t^{h}əu^{55}la^{24}.

睏到那铺床高头去。fã^{55}tie^{33}a^{55}p^{h}u^{55}ts^{h}ẽ^{24}ke^{55}t^{h}əu^{55}xɔ^{55}.

（二）可能补语

平话的补语一般放在宾语后面。可以参见可能句一节。下面再举一些例子：

于屋腹□做事食得□饱在家里做事能吃饱饭。ie^{35}ɔ^{11}pu^{33}tɕiã^{33}tsə^{55}sɿ^{21}ɿ^{21}tə^{33}ma^{24}piəu^{33}.

尽你哪□都打子莫过任你怎么也打不赢他。tɕiã^{33}ŋ^{55}lie^{21}tsɿ^{21}tu^{33}ta^{33}tsə^{33}mə^{21}ku^{55}.

你哄我莫倒你骗不了我。ŋ^{55}xiẽ^{33}io^{55}mə^{21}tie^{33}.

值得注意的是，这种语序只限于可能补语，像“打死他”“吃完他”，其中的补语就不能移到宾语后面。

（三）句式转换

动补结构带宾语，受事宾语可以放在动补结构后面。如：

我打死一头老鼠。io^{55}ta^{33}sɛ^{33}ɿ^{33}t^{h}əu^{24}lie^{55}ɕie^{21}.

上头洗完一足盆衣上午洗完一盆衣服。sẽ^{21}tʰəu^{21}sɿ^{33}vã^{24}ɿ^{33}tɕie^{11}pʰiã^{33}a^{35}.

有的动补结构的受事，不能直接放在补语的后面，必须将受事提到句首，或者转换为“兜倒”“逮到”“予”等引导的被动句或者处置句。如

那衣妹崽吹干呱了衣服，妹妹吹干了。a^{55}a^{35}mə^{21}tsɛ^{55}tsʰuɛ^{35}kiẽ^{35}kua^{33}lie^{21}.

鞋子底牯都着穿呱了鞋底都磨破了。xa^{24}lə^{33}ti^{33}kɔ^{33}tu^{33}tsə^{213}tsʰuã^{35}kua^{33}lie^{21}.

被兜倒风吹倒地下去了被子被风吹落在地上了。pʰa^{55}təu^{35}tie^{33}fiã^{35}tsʰuɛ^{35}tie^{33}tʰɛ^{21}ti^{33}xo^{21}xɔ^{55}lie^{21}.

夜地逮到那丘田个水放干呱了夜晚把那丘田的水放干了。lio^{21}tʰɛ^{21}tɛ^{55}tie^{33}a^{55}tɕʰiəu^{55}tʰã^{24}kə^{33}suɛ^{33}pẽ^{55}kiẽ^{35}kua^{33}lie^{21}.

你予那地扫干净。ŋ^{55}ie^{22}a^{55}tʰɛ^{21}ɕie^{55}kiẽ^{35}tɕio^{21}.

这些句子，如果受事放在补语之前，就显得很别扭。如普通话“妹妹吹干了衣服”，平话就不能说“*妹崽吹干呱衣了”。“你扫干净了地板”也不能说“*你扫干净那地”。但是，如果动补宾结构后面还有其他成分，构成复句或者紧缩复句，则可以成立，如：

妹崽吹干呱衣才去砍柴个妹妹吹干衣服才去砍柴的。mə^{21}tsɛ^{55}tsʰuɛ^{35}kiẽ^{55}kua^{33}a^{35}tsʰɛ^{21}xɔ^{55}kiẽ^{33}tsʰɿ^{24}kə^{33}.

你扫干净地再讲。ŋ^{55}ɕie^{55}kie^{35}tɕʰio^{21}tʰɛ^{21}tɕia^{55}tɕiã^{33}.

（四）动补结构的提问

对结果补语的提问，一般在句末加否定词“莫得没有”。对可能补语的提问，一般是将动词的肯定和否定重叠，形成“V莫V得”句式。前文已经介绍，下面再举几个例子。

一是对结果补语的提问，如：

吃饱莫得吃饱了吗？ ɿ^{21}piəu^{33}mə^{21}tə^{33}？

打赢子莫得打赢他了吗？ ta^{33}lio^{24}tsə^{33}mə^{21}tə^{33}？

二是可能补语的提问，如：

打莫打得子过打得赢他吗？ ta^{33}mə^{21}ta^{33}tə^{33}tsə^{33}ku^{55}？

第七章　语法例句

第一节

《中国语言资源调查手册·汉语方言》

01　**小张昨天钓了一条大鱼，我没有钓到鱼。**

sɿ^{55}tsẽ^{35}tsʰo^{21}kã^{55}ti^{55}tie^{33}tʰəu^{33}tɛ^{24}ŋɔ^{33}, io^{55}mə^{21}tə^{213}ti^{55}tie^{33}ŋɔ^{24}.

小 张 昨　工 钓 到 条　大 鱼, 我 没　得 钓 到　鱼。

02　**a．你平时抽烟吗？b．不，我不抽烟。**

a. ŋ^{55}tɕʰiã^{21}iẽ^{21}sɿ^{33}ʅ^{21}mə^{21}ʅ^{21}liẽ^{35}? b. io^{55}mə^{21}ʅ^{21}liẽ^{35}.

你 像　样 时 食 莫　食 烟?　我 莫　食 烟。

03　**a．你告诉他这件事了吗？b．是，我告诉他了。**

a. ŋ^{55}kɔ^{55}sẽ^{21}tsə^{33}pie^{213}tsẽ^{55}sɿ^{21}mə^{21}te^{213}? b. io^{55}kɔ^{55}sẽ^{21}kua^{33}tsə^{33}lie^{21}.

你 告 □ 子 彼　桩 事 没　得?　我 告 □ 呱　子　了。

04　**你吃米饭还是吃馒头?**

ŋ^{55}ʅ^{21}ma^{24}xɛ^{24}sɿ^{33}ʅ^{21}mã^{24}tʰəu^{21} ?

你食□　还　是 食 馒　头?

05　**你到底答应不答应他?**

ŋ^{55}to^{213}mə^{21}to^{213}iã^{55}tsə^{33}liã^{55} ?

你答　莫　答　应　子　哏?

06　**a．叫小强一起去电影院看《刘三姐》。b．这部电影他看过了。／他这部电影看过了。／他看过这部电影了。**

a. ɕiəu^{213}ɕiɔ^{55}tɕʰiã^{21}ʅ^{33}tsʰʅ^{33}tie^{55}tiã^{24}iã^{55}yẽ^{24}xɔ^{55}tio^{213}liəu^{21}sã^{33}tɕie^{55}.

啸　小 强　一起　到 电 影 院 去 盯《刘　三 姐》。

tsə^{33}tio^{213}kua^{33}pie^{11}pu^{55}tiã^{24}iã^{55}lie^{21}. / pie^{11}pu^{55}tiã^{24}iã^{55}tsə^{33}tio^{213}kua^{33}lie^{21}.

子 盯 呱 彼 部 电 影了。/ 彼 部 电 影子 盯 呱 了。

07 **你把碗洗一下。**

ŋ^{55}ie^{35}a^{55}yẽ^{33}sɿ^{33}tia^{33}.

你予 那 碗 洗 □。□tia^{33}：下

08 **他把橘子剥了皮，但是没吃。**

tsə^{33}ie^{35}a^{55}kẽ^{35}tsɿ^{33}p^{h}a^{24}lə^{33}piəu^{213}kua^{33}lie^{21}, xɛ^{24}mə^{21}tə^{213}ɿ^{21}ie^{35}kə^{33}.

子 予那 柑 子 皮 子 剥 呱 了，还 莫 得 食予 个。

09 **他们把教室都装上了空调。**

tsə^{33}lə^{33}ie^{35}a^{55}tɕiɔ^{24}sɿ^{21}pu^{33}tu^{33}tsẽ^{35}kua^{33}kɔŋ^{33}t^{h}iɔ^{21}lie^{21}.

子 哩 于 那 教 室 腹 都 装 呱 空 调 了。

10 **帽子被风吹走了。**

mie^{21}lə^{21}təu^{35}tie^{33}a^{55}fiã^{35}ts^{h}uɛ^{35}kua^{33}xɔ^{55}lie^{21}.

帽 子 兜 到 那 风 吹 呱 去 了。

11 **张明被坏人抢走了一个包，人也差点儿被打伤。**

tsã^{33}miẽ^{21}a^{24}piəu^{35}təu^{35}tie^{33}ya^{21}ŋ^{33}tɕ^{h}iẽ^{33}kua^{33}xɔ^{55}lie^{21}, ŋ^{24}xɛ^{24}ts^{h}o^{35}mə^{21}tə^{33}təu^{35}tie^{33}ta^{33}

张 明 那包 兜 到 坏 人 抢 呱 去 了，人还 差 莫 得 兜 倒 打

tie^{33}kua^{33}lie^{21}.

倒 呱 了。

12 **快要下雨了，你们别出去了。**

k^{h}ya^{55}iã^{21}lə^{21}vu^{55}lie^{21}, ŋ^{55}lə^{33}mə^{21}suɛ^{213}xɔ^{55}lie^{21}.

快 □落 雨 了，你 哩 莫 出 去 了.

13 **这毛巾很脏了，扔了它吧。**

pie^{213}tsẽ^{55}sɿ^{33}mã^{21}p^{h}o^{55}xe^{33}ma^{33}fu^{21}lie^{21}, k^{h}uei^{21}kua^{33}tsə^{33}xɔ^{55}ɕyẽ^{55}lie^{21}.

彼 张 洗 面 帕 好 马 虎 了，□ 呱 子 去 算 了。□k^{h}uei^{21}：丢

14 **我们是在车站买的车票。**

io^{55}lə^{33}sɿ^{55}ie^{35}ts^{h}ɿ^{55}ts^{h}o^{55}tsẽ^{55}mia^{55}sɿ^{21}kə^{21}p^{h}iəu^{55}.

我 哩 是 于 汽 车 站 买 起 个 票。

15 **墙上贴着一张地图。**

tɕ^{h}iẽ^{24}kã^{55}ke^{22}t^{h}əu^{55}lio^{213}sɿ^{33}ɿ^{33}tsẽ^{35}t^{h}ɔ^{24}.

墙 公 高 头 □ 起 一张 图。

16 **床上躺着一个老人。**

a^{55}tsʰẽ^{24}ke^{35}tʰəu^{55}fã^{55}sɿ^{21}ta^{55}lie^{55}ŋ^{33}ko^{55}.

那床 高头 睏起□老 人家。

17 **河里游着好多小鱼。**

xa^{35}pu^{33}xe^{33}tə^{55}ŋɔ^{24}ie^{35}a^{24}lio^{33}iəu^{24}. / xa^{35}pu^{33}iəu^{24}sɿ^{33}xe^{33}tə^{55}ŋɔ^{24}.

河腹好多鱼于那领游。 河腹游起好多鱼。

18 **前面走来了一个胖胖的小男孩。**

tɕʰã^{21}tʰəu^{55}la^{24}lie^{33}ɿ^{33}ta^{55}xe^{33}la^{21}kə^{33}lɔ^{24}tə^{33}ko^{55}tsə^{33}tsə^{33}.

前 头 来 了 一□ 好 □ 个 儿子家 崽 崽。

19 **他家一下子死了三头猪。**

tsə^{33}ɔ^{11}pu^{33}tia^{21}tə^{33}kã^{35}fu^{33}sɛ^{33}lie^{33}so^{35}tʰəu^{33}tɕie^{35}.

子屋腹 □ 子 功夫 死 了 三 头 猪。

20 **这辆汽车要开到广州去。/这辆汽车要开去广州。**

pie^{11}liẽ^{33}tsʰɿ^{55}tsʰo^{55}iã^{21}xə^{35}tie^{33}kiẽ^{33}tiã^{35}xɔ^{55}.

彼 辆 汽 车 □开 到 广 东 去。

21 **学生们坐汽车坐了两整天了。**

pie^{11}fu^{55}ɕiəu^{21}ɕie^{55}tsʰə^{55}tsʰɿ^{55}tsʰo^{55}tsʰə^{55}kua^{33}liẽ^{55}kã^{55}tsa^{213}sɿ^{21}kə^{21}lie^{21}.

彼 伙 学 生 坐 汽 车 坐 呱 两 工 扎 实 个 了。

pie^{11}fu^{55}ɕiəu^{21}ɕie^{55}tsʰə^{55}kua^{33}liẽ^{55}kã^{55}tsa^{213}sɿ^{21}kə^{21}tsʰɿ^{55}tsʰo^{55}lie^{21}.

彼 伙 学 生 坐 呱 两 工 扎 实 个 汽 车 了。

22 **你尝尝他做的点心再走吧。**

ŋ^{55}sẽ^{24}tia^{33}tsə^{33}tsə^{55}kə^{21}va^{21}sɿ^{33}tɕia^{55}tsəu^{33}.

你尝 □ 子 做 个 物 什 再 走。

23 **a．你在唱什么？b．我没在唱，我放着录音呢。**

a. ŋ^{55}ie^{35}kə^{33}tsʰẽ^{55}lə^{21}tiã^{55}ɔ^{21} ? b. io^{55}mə^{21}kə^{213}tsʰẽ^{55}lə^{21}tiã^{55}, io^{55}pẽ^{55}sɿ^{21}lu^{21}iẽ^{33}tsɿ^{33}kə^{21}.

你于个 唱 哪东喔? 我 莫 得 唱 哪东，我 放 起 录 音 机 个。

24 **a．我吃过兔子肉，你吃过没有？b．没有，我没吃过。**

a. io^{55}ɿ^{21}kua^{33}tʰɔ^{55}tə^{21}vu^{33}, ŋ^{55}ɿ^{21}lie^{21}mə^{21}tə^{21}ɔ^{21} ? b. mə^{21}tə^{213}, io^{55}mə^{21}tə^{213}ɿ^{21}.

我食呱 兔 子 肉，你食了 莫 得 喔? 莫 得，我 莫 得 食。

25 **我洗过澡了，今天不打篮球了。**

io^{55}sɿ^{33}kua^{33}tɕie^{55}lie^{21}, tɕia^{213}kã^{33}mə^{21}ta^{33}lã^{21}tɕʰiəu^{21}lie^{21}.

我 洗 呱 澡 了，即 工 莫 打 篮 球 了。

26 **我算得太快算错了，让我重新算一遍。**

io^{55}çyẽ^{55}tə^{33}t^{h}ia^{55}kya^{55}lie^{21}, çyẽ^{55}ts^{h}ə^{21}kua^{33}lie^{21}, io^{55}çyẽ^{55}p^{h}iẽ^{55}ʅ^{33}tie^{55}.

我 算 得 太 快 了，算 错 呱 了，我 算 □ 一道。

27 **他一高兴就唱起歌来了。**

tsə^{33}ʅ^{33}ɦiẽ^{35}sʅ^{33}, tç^{h}iəu^{21}ts^{h}ẽ^{55}sʅ^{21}ku^{35}la^{24}lie^{33}.

子 一欢 喜，就 唱 起 歌 来 了。

28 **谁刚才议论我老师来着？**

lie^{21}ŋ^{33}sʅ^{33}ke^{33}ie^{35}kə^{33}tçiã^{33}io^{55}lə^{33}kə^{21}lɔ^{55}sʅ^{33}liã^{55}?

哪 人 起 搞 于 个 讲 我 哩 个 老 师 哏？

sʅ^{33}ke^{33}lie^{21}ŋ^{33}ie^{35}kə^{33}tçiã^{33}io^{55}lə^{33}kə^{21}lɔ^{55}sʅ^{33}liã^{55}?

起 搞 哪 人 于 个 讲 我 哩 个 老 师 哏？

29 **只写了一半，还得写下去。**

ts^{h}ɛ^{21}çio^{33}lie^{33}ʅ^{33}piẽ^{55}, xɛ^{24}iã^{21}çio^{33}.

才 写 了 一半，还 □ 写。

30 **你才吃了一碗米饭，再吃一碗吧。**

ŋ^{55}ts^{h}ɛ^{21}ʅ^{21}lie^{21}ʅ^{33}ləu^{213}ma^{24}, xɛ^{24}ʅ^{21}p^{h}iẽ^{55}ləu^{33}ə^{33}.

你 才 食 了 一□ □，还 食□ □ 呃。

31 **让孩子们先走，你再把展览仔仔细细地看一遍。**

tiã^{33}lia^{55}t^{h}əu^{21}sã^{35}tsəu^{33}, ŋ^{55}tçia^{55}ie^{35}a^{55}tsã^{55}lã^{55}iã^{21}çiã^{35}iã^{21}ʅ^{55}kə^{21}tio^{213}p^{h}iẽ^{55}ʅ^{33}tie^{55}.

等 俫 头 先 走，你 再 予那 展 览 用 心 用意 个 盯 □ 一道。

32 **他在电视机前看着看着睡着了。**

tsə^{33}ie^{35}a^{55}tiã^{24}sʅ^{33}tsʅ^{33}ts^{h}ã^{24}t^{h}əu^{55}tio^{213}tie^{33}tio^{213}tie^{33}tç^{h}iəu^{21}fã^{55}ts^{h}ə^{21}kua^{33}lie^{21}.

子 于 那 电 视 机 前 头 盯 倒 盯 倒 就 睏 着 呱 了。

33 **你算算看，这点钱够不够花？**

ŋ^{55}çyẽ^{55}tia^{33}la^{55}, tio^{213}pie^{213}kuei^{35}ts^{h}ã^{24}kəu^{55}mə^{21}kəu^{55}iã^{21}la^{33}.

你 算 □ 啦，盯 彼 □ 钱 够 莫 够 用 啦。

34 **老师给了你一本很厚的书吧？**

sã^{35}çie^{55}ie^{35}lie^{33}ʅ^{33}piã^{33}mie^{24}tsã^{33}kə^{33}çie^{35}ie^{35}ŋ^{55}a^{21}?

先 生 予 了 一本 蛮 □ 个 书 予 你 啊？

sã^{22}çie^{55}ie^{35}lie^{33}ŋ^{55}ʅ^{33}piã^{33}mie^{24}tsã^{33}kə^{33}çie^{35}a^{21}?

先 生 予 了 你 一 本 蛮 □ 个 书 啊？

35 **那个卖药的骗了他一千块钱呢。**

a^{55}ta^{55}mia^{21}ie^{21}kə^{21}p^{h}ã^{55}lie^{21}tsə^{33}ɿ^{33}ts^{h}ã^{35}miã^{55}xo^{35}tsã^{33}xɔ^{55}.

那□ 卖 药 个 骗 了 子 一千 文 花 钱 去。

36 **a. 我上个月借了他三百块钱。**借入

a. io^{55}t^{h}əu^{24}ku^{33}vei^{21}tɕio^{55}lie^{21}tsə^{33}so^{35}po^{33}miã^{35}xo^{55}ts^{h}ã^{33}.

我 头 个 月 借 了 子 三 百 文 花 钱。

b. 我上个月借了他三百块钱。借出

b. io^{55}t^{h}əu^{24}ku^{33}vei^{33}tɕio^{55}lie^{21}so^{35}po^{33}miã^{55}xo^{35}ts^{h}ã^{33}ie^{35}tsə^{33}.

我 头 个 月 借 了 三 百 文 花 钱 予 子。

37 **a. 王先生的刀开得很好。**王先生是医生 **b. 王先生的刀开得很好。**王先生是病人

a. vã^{21}sã^{22}ɕie^{55}a^{55}tie^{35}xə^{35}tə^{33}mie^{24}xe^{33}. b. vã^{21}sã^{22}ɕie^{55}a^{55}tie^{35}xə^{35}tə^{33}mie^{24}xe^{33}.

王 先 生 那刀 开 得 蛮 好。 王 先 生 那刀 开 得 蛮 好。

38 **我不能怪人家，只能怪自己。**

io^{55}mə^{21}lẽ^{24}kya^{55}ŋ^{24}ko^{55}, xɛ^{24}sɿ^{33}kya^{55}ts^{h}ɿ^{21}ko^{55}.

我 莫 能 怪 人家，还 是 怪 自 家。

39 **a. 明天王经理会来公司吗？b. 我看他不会来。**

a. t^{h}ɛ^{35}kã^{55}vã^{21}tɕiẽ^{33}li^{55}ŋ^{55}tɛ^{35}tə^{33}la^{24}mə^{21}la^{24}tɕ^{h}ie^{33}pu^{33}liã^{33}？b. io^{55}ts^{h}a^{35}tie^{33}sɿ^{55}mə^{21}lẽ^{24}la^{24}.

□ 工 王 经 理你知得来莫 来厂 腹 哏？ 我猜 到 是莫 能来。

40 **我们用什么车从永州往这里运家具呢？**

io^{55}lə^{33}ie^{35}lə^{21}tiã^{33}ts^{h}o^{35}tsəu^{33}lio^{55}tsəu^{55}t^{h}ə^{35}va^{21}sɿ^{33}tie^{55}pie^{213}lio^{33}la^{24}.

我 哩予哪东 车 走 永 州 拖 物 什到 彼 领 来？

41 **他像个病人似的靠在沙发上。**

tsə^{33}p^{h}iã^{21}tie^{33}a^{55}sa^{33}fa^{21}ke^{35}t^{h}əu^{55}, kiẽ^{35}a^{55}p^{h}io^{21}ŋ^{33}iẽ^{21}lie^{21}.

子 □ 倒 那 沙 发 高 头， 跟 那病 人 样 了。

tsə^{33}kiẽ^{35}a^{55}p^{h}io^{21}ŋ^{33}iẽ^{21}lie^{21}p^{h}iã^{21}tie^{33}a^{55}sa^{33}fa^{21}ke^{35}təu^{55}.

子 跟 那病 人 样 了 □ 倒 那 沙 发 高 头。

42 **这么干活连小伙子都会累坏的。**

tsə^{55}tsə^{55}tsɿ^{21}tsə^{55}sɿ^{21}，luã^{24}xəu^{55}ɕie^{55}ko^{55}tu^{33}iã^{21}k^{h}ɔ^{33}sɛ^{33}.

做 这 □ 做 事，□ 后 生 家 都 □ 苦 死。

43 **他跳上末班车走了。我迟到一步，只能自己慢慢走回学校了。**

tsə^{33}ya^{35}tie^{33}tsuei^{55}sa^{11}ke^{213}a^{55}ko^{55}ts^{h}o^{35}tə^{33}ke^{35}t^{h}əu^{55}tsəu^{33}kua^{33}lie^{21}. io^{55}ts^{h}ɿ^{24}lie^{33}ɿ^{33}p^{h}u^{21},

子 □ 到 最 煞 角 那架 车 子 高 头 走 呱 了，我 迟 了 一步，

tsɿ^{55}xəu^{55}ts^{h}ɿ^{21}ko^{55}ta^{55}ŋ^{33}mie^{21}mie^{21}tɛ^{55}tsəu^{33}lɔ^{21}kuɛ^{35}ɕio^{21}t^{h}ã^{21}pu^{33}xɔ^{55}lie^{21}.

只 有 自 家 □人 慢 慢 □ 走 路 归 学 堂 腹 去 了。

44 **这是谁写的诗？谁猜出来我就奖励谁十块钱。**

pie^{213}sɿ^{55}lie^{21}ŋ^{33}ɕio^{33}kə^{33}sɿ^{35}lə^{33}, lie^{21}ŋ^{33}ts^{h}a^{35}tie^{33}suɛ^{213}la^{33}lie^{21}, io^{55}tɕ^{h}iəu^{21}ie^{35}lie^{21}ŋ^{33}sɿ^{21}

彼 是 哪 人 写 个 诗 嘞，哪 人 猜 到 出 来 了，我 就 予 哪 人 十

miã^{33}xo^{35}ts^{h}ã^{33}.

文 花 钱。

45 **我给你的书是我教中学的舅舅写的。**

io^{55}ie^{35}sɿ^{33}ŋ^{55}a^{55}piã^{33}ɕie^{35}, sɿ^{55}io^{55}tɕiəu^{35}tsoŋ^{33}ɕio^{21}a^{55}ta^{55}tɕ^{h}iəu^{55}tɕ^{h}iəu^{21}ɕio^{33}kə^{33}.

我 予 起 你 那 本 书，是 我 教 中 学 那 □ 舅 舅 写 个。

46 **你比我高，他比你还要高。**

ŋ^{55}pɛ^{33}io^{55}ke^{35}, tsə^{33}pɛ^{33}ŋ^{55}xɛ^{24}ke^{35}tɛ^{55}.

你 比 我 高，子 比 你 还 高 □。

47 **老王跟老张一样高。**

lie^{55}vã^{21}kiẽ^{35}lie^{55}tsẽ^{35}ɿ^{21}iẽ^{21}ke^{35}.

老 王 跟 老 张 一样 高。

48 **我走了，你们俩再多坐一会儿。**

io^{55}tsəu^{33}lie^{33}, ŋ^{55}liẽ^{55}ŋ^{33}tə^{35}ts^{h}ə^{55}tia^{33}. / io^{55}tsəu^{33}lie^{33}, ŋ^{55}liẽ^{55}ŋ^{33}ts^{h}ə^{55}p^{h}iẽ^{55}tia^{33}ts^{h}ɛ^{21}.

我 走 了，你 两 人 多 坐 □。/ 我 走 了，你 两 人 坐 □ □ 才。

49 **我说不过他，谁都说不过这个家伙。**

io^{55}tɕiã^{33}tsə^{33}mə^{21}ku^{55}，lie^{21}ŋ^{33}tu^{33}tɕiã^{33}pie^{213}ta^{55}va^{21}sɿ^{33}mə^{21}ku^{55}.

我 讲 子 莫 过，哪 人 都 讲 彼 □ 物 什 莫 过。

io^{55}tɕiã^{33}mə^{21}ku^{55}tsə^{33}，lie^{21}ŋ^{33}tu^{33}tɕiã^{33}mə^{21}ku^{55}pie^{213}ta^{55}va^{21}sɿ^{33}.

我 讲 莫 过 子，哪 人 都 讲 莫 过 彼 □ 物 什。

50 **上次只买了一本书，今天要多买几本。**

t^{h}əu^{21}yã^{55}t^{h}ie^{33}tə^{33}mia^{55}lie^{21}ɿ^{33}piã^{33}ɕie^{35}, pie^{11}yã^{55}iã^{21}tə^{35}mia^{55}tsɿ^{33}piã^{33}.

头 □ 讨 得 买 了 一本 书，彼 □ □ 多 买 几 本。

第二节

《汉语方言语法调查例句》

001 **这句话用宁远平话怎么说?**

pie^{213}tɕie^{55}xo^{21}ie^{35}lio^{24}vã^{55}pʰio^{24}xo^{21}lie^{21}tsɿ^{21}tɕiã^{33}ɔ^{21} ?

彼 句 话 予 宁 远 平 话 哪 □ 讲 喔?

002 **你还会说别的地方的话吗?**

ŋ^{55}xɛ^{24}tɛ^{35}mə^{21}tɛ^{35}tə^{33}tɕiã^{33}a^{55}fu^{55}tʰɔ^{21}kɔ^{33}kə^{21}xo^{21} ?

你 还 知 莫 知 得 讲 那 伙 □ 牯 个 话?

003 **不会了,我从小就没出过门,只会说宁远话。**

tɛ^{35}mə^{21}tə^{33}lie^{21}, io^{55}sɿ^{55}kə^{33}tə^{21}tɕʰiəu^{21}mə^{21}tə^{33}suɛ^{213}ku^{55}miã^{24}, tɕʰiəu^{21}tɛ^{35}tə^{33}tɕiã^{33}lio^{24}vã^{55}xo^{21}.

知 莫 得 了,我 小 个 子 就 没 得 出 过 门, 就 知 得 讲 宁 远 话。

004 **会,还会说道州话、新田话,不过说得不怎么好。**

tɛ^{35}tə^{33}, xɛ^{24}tɛ^{33}tə^{33}tɕiã^{33}tʰie^{55}tsəu^{55}xo^{21}, ɕiã^{33}tʰã^{55}xo^{21}, tɕʰiəu^{21}sɿ^{55}tɕiã^{33}tə^{33}mə^{21}lie^{21}tsɿ^{21}xe^{33}.

知 得,还 知 得 讲 道 州 话,新 田 话,就 是 讲 得 莫 哪 □ 好。

005 **会说普通话吗?**

tɛ^{35}mə^{21}tɛ^{35}tə^{33}tɕiã^{33}pʰu^{55}tʰoŋ^{33}xo^{21} ?

知 莫 知 得 讲 普 通 话?

006 **不会说,没有学过。**

tɛ^{35}mə^{21}tə^{33}tɕiã^{33}, mə^{21}tə^{213}ɕiəu^{21}ku^{55}.

知 莫 得 讲, 莫 得 学 过。

007 **会说一点儿，不标准就是了。**

tɛ^{35}tə^{33}tɕiã^{33}kuei^{35}lə^{33}lə^{33}, tɕiã^{33}tə^{33}mə^{21}tsuã^{33}.

知 得 讲 □ 子 子，讲 得 莫 准。

008 **在什么地方学的普通话？**

ie^{35}lie^{21}tiã^{35}tʰɔ^{21}kɔ^{33}ɕiəu^{213}kə^{21}pʰu^{55}tʰoŋ^{33}xo^{21}ɔ^{21} ?

于 哪 东 □ 牯 学 个 普 通 话 喔？

009 **上小学中学都学普通话。**

tʰɔ^{21}ɕiɔ^{55}ɕio^{21}tsoŋ^{33}ɕio^{21}tu^{33}iã^{21}ɕiəu^{213}pʰu^{55}tʰoŋ^{33}xo^{21}.

读 小 学 中 学 都 □ 学 普 通 话。

010 **谁呀？我是老王。**

ŋ^{55}sɿ^{55}lie^{21}ŋ^{33}a^{33}, io^{55}sɿ^{55}lie^{55}vã^{21}.

你 是 哪 人 啊？我 是 老 王。

011 **您贵姓？我姓王，您呢？**

ŋ^{55}ɕio^{55}lie^{21}tiã^{55}? io^{55}ɕio^{55}vã^{21}. ŋ^{55}lie^{33} ?

您 姓 哪 东？ 我 姓 王。您 呢？

012 **我也姓王，咱俩都姓王。**

io^{55}ie^{55}ɕio^{55}vã^{21}, io^{55}lə^{33}liẽ^{55}ta^{55}ŋ^{24}tu^{33}ɕio^{55}vã^{21}.

我 也 姓 王，我 哩 两 □ 人 都 姓 王。

013 **巧了，他也姓王，本来是一家嘛。**

tsʰẽ^{21}tə^{33}xe^{33}, tsə^{33}ie^{55}ɕio^{55}vã^{21}, vã^{24}la^{33}kɔ^{33}sɿ^{33}ɿ^{33}ko^{35}ŋ^{33}.

撞 得 好，子 也 姓 王，原 来 牯 是 一 家 人。

014 **老张来了吗？说好他也来的！**

lie^{55}tsẽ^{35}la^{24}lie^{33}mə^{21}tə^{33} ? tɕiã^{33}xe^{33}tsə^{33}ie^{55}la^{24}kə^{33} !

老 张 来 了 没 得？ 讲 好 子 也 来 个！

015 **他没来，还没到吧。**

tsə^{33}xɛ^{24}mə^{21}tə^{33}la^{24}ie^{35}kə^{33}.

子 还 没 得 来 于 个。

016 **他上哪儿了？还在家里呢。**

tsə^{33}tie^{55}lie^{21}lio^{33}xɔ^{55}lie^{21} ? xɛ^{24}ie^{35}ɔ^{11}pu^{33}.

子 到 哪 领 去 了？ 还 于 屋 腹。

017 **在家做什么？在家吃饭呢。**

ie^{35}ɔ^{11}pu^{33}tsə^{55}lə^{21}tiã^{55} ? ie^{35}ɔ^{11}pu^{33}ɿ^{21}ma^{24}lie^{55}.

于 屋 腹 做 哪 东？ 于 屋 腹 食 □ 唠。

018　**都几点了，怎么还没吃完？**

tu^{33}tsɿ^{33}kuei^{35}tsã^{35}lie^{33}，lie^{21}tsɿ^{21}xɛ^{24}mə^{21}tə^{33}ɿ^{21}vã^{24}a^{21}？

都 几 □　钟 了， 哪 □ 还 没 得食完 啊？

019　**还没有呢，再有一会儿就吃完了。**

xɛ^{24}mə^{21}tə^{213}ie^{35}kə^{33}, xɛ^{24}tiã^{33}p^{h}iẽ^{55}tia^{213}tə^{33}tɕ^{h}iəu^{21}ɿ^{21}vã^{24}kua^{33}lie^{21}.

还 没 得 于 个, 还 等 □　□ 子 就　食完 呱　了。

020　**他在哪儿吃的饭？**

tsə^{33}ie^{35}lie^{21}lio^{33}ɿ^{21}ma^{24}kə^{33}？

子 于 哪 领 食□　个？

021　**他是在我家吃的饭。**

tsə^{33}sɿ^{55}ie^{35}io^{55}ɔ^{11}pu^{33}ɿ^{21}ma^{24}kə^{33}.

子 是 于 我 屋 腹 食□　个。

022　**真的吗？真的，他是在我家吃的饭。**

tẽ^{55}tsã^{35}kə^{33}a^{21}？sɿ^{55}lie^{21}tsã^{35}kə^{33}, tsə^{33}sɿ^{55}lie^{21}ie^{35}io^{55}ɔ^{11}pu^{33}ɿ^{21}ma^{24}kə^{33}.

当 真　个 啊？是 了　真　的， 子 是 了　于 我 屋 腹 食□　个。

023　**先喝一杯茶再说吧！**

sã^{35}suei^{213}ɿ^{33}pə^{35}ts^{h}o^{24}ts^{h}ɛ^{21}tɕiã^{33}lie^{55}！

先 啜　一杯 茶　才　讲　唠！

024　**说好了就走的，怎么半天了还不走？**

tɕiã^{33}xe^{33}tsə^{33}tiã^{33}tia^{213}tə^{33}tɕ^{h}iəu^{21}tsəu^{33}kə^{33}lɛ^{33}，lie^{21}tsɿ^{21}piẽ^{55}kã^{35}lie^{33}xɛ^{24}mə^{21}tə^{33}tsəu^{33}kə^{21}ɔ^{21}？

讲　好 子 等 □　子 就　走　个 咪， 哪 □ 半　工 了 还 莫　得 走　个 喔？

025　**他磨磨蹭蹭的，做什么呢？**

tsə^{33}tsɿ^{213}ko^{33}ie^{35}a^{55}lio^{33}a^{24}, a^{24}lə^{21}tiã^{55}ɔ^{21}？

子　直　个 于 那 领 呆, 呆 哪 东 喔？

026　**他正在那儿跟一个朋友说话呢。**

tsə^{33}tso^{55}ie^{35}kə^{33}kẽ^{35}ɿ^{33}ta^{55}p^{h}iã^{24}iəu^{55}tɕiã^{33}tie^{33}xo^{21}kə^{21}.

子　正　于个　跟　一□ 朋　友　讲　倒 话　个。

027　**还没说完啊？催他快点儿！**

xɛ^{24}mə^{21}tə^{33}tɕiã^{33}vã^{24}a^{21}？ɕiəu^{213}tsə^{33}k^{h}ya^{55}kuei^{55}lie^{21}!

还 莫 得 讲　完 啊？ 啸　子 快　□　了！

028　**好，好，他就来了。**

xe^{33}, xe^{33}, tsə^{33}tɕ^{h}iəu^{21}la^{24}lie^{33}.

好， 好， 子 就　来 了。

029 **你上哪儿去？我上街去。**

ŋ^{55}tie^{55}lie^{21}lio^{33}xɔ^{55}ɔ^{21}？io^{55}tie^{55}ka^{35}tʰəu^{55}xɔ^{55}.

你 到 哪 领 去 喔？我 到 街 头 去。

030 **你多会儿去？我马上就去。**

ŋ^{55}lie^{21}kʰe^{33}xɔ^{55}ɔ^{21}, io^{55}lɛ^{21}sɿ^{33}tɕʰiəu^{21}xɔ^{55}.

你 哪 刻 去 喔？我 立 起 就 去。

031 **做什么去呀？家里来客人了，买点儿菜去。**

xɔ^{55}tsə^{55}lie^{21}tiã^{35}ɔ^{21}？ɔ^{11}pu^{33}la^{24}kʰo^{213}lie^{33}, mia^{55}kuei^{55}tɕʰio^{35}tɕʰia^{55}kuɛ^{22}la^{55}.

去 做 哪 东 喔？屋 腹 来 客 了，买 □ 青 菜 归 来。

032 **你先去吧，我们一会儿再去。**

ŋ^{55}sã^{35}xɔ^{55}tia^{33}, io^{55}lə^{33}tiã^{33}tia^{33}tsʰɛ^{21}xɔ^{55}.

你 先 去 下，我 哩 等 下 才 去。

033 **好好儿走，别跑！小心摔跤了。**

xe^{33}tɛ^{55}tsəu^{33}, mə^{21}tʰɛ^{55}！tʰəu^{33}tia^{213}tɕia^{213}tie^{33}.

好 □ 走！ 莫 跳！ 敨 □ 砸 倒。

034 **小心点儿，不然的话摔下去爬都爬不起来！**

xɛ^{33}sɿ^{33}tɛ^{55}, mə^{21}iẽ^{21}kə^{21}xo^{21}tʰie^{21}tie^{33}xo^{55}xɔ^{21}kʰo^{24}tu^{33}kʰo^{24}mə^{21}sɿ^{33}！

好 起□，莫 样 个 话 跌 倒 下 去 □ 都 □ 莫 起！

035 **不早了，快去吧！**

mə^{21}tɕie^{33}lie^{33}, kʰua^{55}kuei^{55}xo^{55}lie^{21}！

莫 早 了，快 □ 去 了！

036 **这会儿还早呢，过一会儿再去吧。**

kə^{55}lə^{33}xɛ^{24}xe^{33}tɕie^{33}, tiã^{33}pʰiẽ^{55}tia^{33}tsʰɛ^{21}xɔ^{55}.

□ 哩 还 好 早。 等 □ 下 才 去。

037 **吃了饭再去好不好？**

ɿ^{21}kua^{33}ma^{24}tɕia^{55}xɔ^{55}, iã^{21}mə^{21}iã^{21}tə^{33}？

食呱 □ 再 去，□ 莫 □ 得？

038 **不行，那可就来不及了。**

iã^{21}mə^{21}tə^{33}, a^{55}tɕʰiəu^{21}la^{24}mə^{21}tsʰɿ^{213}lie^{33}.

□ 莫 得，那 就 来 莫 及 了。

039 **不管你去不去，反正我是要去的。**

mə^{21}kyẽ^{55}ŋ^{55}xɔ^{55}mə^{21}xɔ^{55}, fã^{55}tsẽ^{33}io^{55}sɿ^{55}iã^{21}xɔ^{55}kə^{21}.

莫 管 你 去 莫 去，反 正 我 是 □ 去 个。

040 **你爱去不去。你爱去就去，不爱去就不去。**

ŋ^{55}ɕiẽ^{33}xɔ^{55}tɕ^{h}iəu^{21}xɔ^{55}, mə^{21}ɕiẽ^{33}xɔ^{55}tɕ^{h}iəu^{21}mə^{21}xɔ^{55}.

你想 去 就 去，莫 想 去 就 莫 去。

041 **那我非去不可！**

io^{55}lie^{21}tsɿ^{21}tu^{33}iã^{21}xɔ^{55}kə^{21} !

我 哪 □ 都 □ 去 个。

042 **那个东西不在那儿，也不在这儿。**

a^{55}kuei^{35}va^{21}sɿ^{33}mə^{21}ie^{35}a^{55}lio^{33}, ie^{55}mə^{21}ie^{35}pie^{11}lio^{33}.

那□ 物 什 莫 于 那 领，也 莫 于 □ 领。

043 **那到底在哪儿？**

a^{55}tɔ^{24}ti^{55}ie^{35}lie^{21}lio^{33}ɔ^{21} ?

那 到 底 于 哪 领 喔？

044 **我也说不清楚，你问他去！**

io^{55}ie^{55}tɕiã^{33}mə^{21}tɕ^{h}io^{35}sẽ^{33}, ŋ^{55}xɔ^{55}miã^{21}tsə^{33} !

我 也 讲 莫 清 楚。你 去 问 子。

045 **怎么办呢？不是那么办，要这么办才对。**

lie^{21}tsɿ^{21}p^{h}ã^{21}lie^{55} ? mə^{21}sɿ^{55}a^{55}tsɿ^{21}tsə^{55}, sɿ^{55}iã^{21}pie^{213}tsɿ^{21}tsə^{55}ts^{h}ɛ^{21}to^{55}.

哪 □ 办 了？ 莫 是 那□ 做，是 □ 彼 □ 做 才 对。

046 **要多少才够呢？**

iã^{21}xe^{33}tə^{35}ts^{h}ɛ^{21}kəu^{55}ɔ^{21} ?

□ 好 多 才 够 喔？

047 **太多了，要不了那么多，只要这么多就够了。**

t^{h}ə^{21}t^{h}ia^{55}tə^{35}lie^{33}, iã^{21}mə^{21}tə^{33}a^{55}tə^{55}, tɕ^{h}iəu^{21}iã^{21}tsə^{55}tə^{55}tɕ^{h}iəu^{21}iã^{21}tə^{33}lie^{21}.

特 太 多 了，用 莫 得 那 多，就 □ 这 多 就 □ 得 了。

048 **不管怎么忙，也得好好儿学习。**

mə^{21}kyẽ^{33}sɿ^{21}tɕiẽ^{21}xəu^{55}xe^{33}tə^{35}, ie^{55}iã^{21}xe^{33}xe^{33}ɕiəu^{21}.

莫 管 事 情 有 好 多，也 □ 好 好 学。

049 **你闻闻这朵花香不香？**

ŋ^{55}miã^{55}tia^{33}pie^{213}tə^{33}xo^{35}ɕiẽ^{35}mə^{21}ɕiẽ^{35} ?

你 闻 下 彼 朵 花 香 莫 香？

050 **好香呀，是不是？**

xe^{33}ɕiẽ^{35}, sɿ^{55}mə^{21}sɿ^{55}ɔ^{21} ?

好 香，是 莫 是 喔?

051 **你是抽烟呢，还是喝茶？**

ŋ^{55}sɿ^{55}ɿ^{21}liẽ^{35}lie^{55}, xɛ^{24}sɿ^{55}ɿ^{21}ts^{h}o^{24} ?

你 是 食 烟 唠，还 是 食 茶?

052 **烟也好，茶也好，我都不会。**

liẽ^{35}ie^{55}xe^{33}, ts^{h}o^{24}ie^{55}xe^{33}, io^{55}tu^{33}mə^{21}iã^{21}.

烟 也 好，茶 也 好，我 都 莫 □。

053 **医生叫你多睡一睡，抽烟喝茶都不行。**

sã^{22}ɕie^{55}ɕiəu^{213}ŋ^{55}tə^{35}fã^{55}tia^{33}. ɿ^{21}liẽ^{35}ke^{213}suei^{213}ts^{h}o^{24}tu^{33}mə^{21}ɕiẽ^{21}.

先 生 啸 你 多 睏 □。食烟 跟 啜 茶 都 莫 行。

054 **咱们一边走一边说。**

io^{55}lə^{33}ɿ^{33}piẽ^{35}tsəu^{33}, ɿ^{33}piẽ^{35}tɕiã^{33}.

我 哩 一边 走，一边 讲。

055 **这个东西好是好，就是太贵了。**

pie^{11}ta^{55}ua^{21}sɿ^{33}xe^{33}sɿ^{55}xe^{33}, tɕ^{h}iəu^{21}sɿ^{55}t^{h}ia^{55}kuɛ^{55}lie^{21}.

彼 □ 物 什 好 是 好，就 是 太 贵 了。

056 **这个东西虽说贵了点儿，不过挺结实的。**

pie^{11}ta^{55}va^{21}sɿ^{33}kuɛ^{55}sɿ^{55}kuɛ^{55}lie^{21}kuei^{35}, xɛ^{24}sɿ^{55}mie^{24}tsa^{213}sɿ^{21}kə^{21}.

彼 □ 物 什 贵 是 贵 了 □，还 是 蛮 扎 实 个。

057 **他今年多大了?**

tsə^{33}tsɿ^{35}lã^{55}xe^{33}tɛ^{24}lã^{24}tsɿ^{33}lie^{21} ? / tsə^{33}tsɿ^{35}lã^{55}xəu^{55}xe^{33}tə^{35}suei^{55}sɔ^{21}lie^{21} ?

子 □ 年 好 大 年 纪 了? / 子 □ 年 有 好 多 岁 数 了?

058 **也就是三十来岁吧。**

ie^{55}tɕ^{h}iəu^{21}sɿ^{55}so^{35}sɿ^{21}suei^{55}kə^{21}iẽ^{21}lə^{21}.

也 就 是 三 十 岁 个 样 子。

059 **看上去不过三十多岁的样子。**

tio^{213}tie^{33}xɔ^{55}tɕ^{h}iəu^{21}sɿ^{55}so^{35}sɿ^{21}suei^{55}kə^{21}iẽ^{21}lə^{21}.

盯 倒 去 就 是 三 十 岁 个 样 子。

060 **这个东西有多重呢?**

pie^{11}ta^{55}va^{21}sɿ^{33}xəu^{55}xe^{33}ts^{h}ã^{55}ɔ^{21} ?

彼 □ 物 什 有 多 重 喔?

061 **怕有五十多斤吧。**

xəu^{55}ŋ^{55}sɿ^{21}tɕiã^{35}xɔ^{55}lie^{21}.

有 五十斤 去了。

062 **我五点半就起来了，你怎么七点了还不起来？**

io^{55}ŋ^{55}kuei^{55}piẽ^{55}tɕʰiəu^{21}sɿ^{33}kua^{33}la^{24}lie^{33}, ŋ^{55}lie^{21}tsɿ^{33}tsʰɛ^{213}kuei^{35}tsã^{35}lie^{33}xɛ^{24}mə^{21}sɿ^{33}ɔ^{21}?

我五□ 半 就 起呱 来了，你哪 □ 七 □ 钟 了 还 莫 起喔？

063 **三四个人盖一床被。一床被盖三四个人。**

so^{35}sɛ^{55}ta^{55}ŋ^{33}kə^{55}ɿ^{33}tsʰẽ^{24}pa^{55}. ɿ^{33}tsʰẽ^{24}pa^{55}kə^{55}so^{35}sɛ^{55}ta^{55}ŋ^{33}.

三 四 □人盖 一床 被。一床 被 盖 三 四 □ 人。

064 **一个大饼夹一根油条。一根油条外加一个大饼。**

ɿ^{33}lɛ^{213}pio^{33}ka^{213}ɿ^{33}mẽ^{33}iəu^{21}tʰiɔ^{21}. ɿ^{33}mẽ^{33}iəu^{21}tʰiɔ^{21}ko^{35}ɿ^{33}lɛ^{213}pio^{33}.

一粒 饼 夹 一□ 油 条。一□ 油 条 加 一粒 饼。

065 **两个人坐一张凳子。一张凳子坐了两个人。**

liẽ^{55}ta^{55}ŋ^{33}tsʰə^{55}ɿ^{33}tsẽ^{35}tiã^{55}pie^{33}. ɿ^{33}tsẽ^{35}tiã^{55}pie^{33}tsʰə^{55}liẽ^{55}ta^{55}ŋ^{33}.

两 □人坐 一张 凳 板。一张 凳 板 坐 两 □ 人。

066 **一辆车装三千斤麦子。三千斤麦子刚好够装一辆车。**

ɿ^{33}liẽ^{33}tsʰo^{35}tə^{33}tɕia^{55}so^{35}tsʰã^{55}tɕiã^{55}mo^{21}tə^{21}. so^{35}tsʰã^{55}tɕiã^{55}mo^{21}tə^{21}tso^{55}xe^{33}tɕia^{55}

一辆 车 子载 三 千 斤 麦 子。三 千 斤 麦 子正 好 载

miẽ^{55}ɿ^{33}liẽ^{33}tsʰo^{35}tə^{33}.

满 一辆 车 子。

067 **十个人吃一锅饭。一锅饭够吃十个人。**

sɿ^{21}ta^{55}ŋ^{33}ɿ^{21}ɿ^{33}vã^{21}tɕʰie^{55}ma^{24}. ɿ^{33}vã^{21}tɕʰie^{55}ma^{24}kəu^{55}sɿ^{21}ta^{55}ŋ^{33}ɿ^{21}.

十 □人食一炆 铛 □。一炆 铛 □ 够 十 □ 人 食。

068 **十个人吃不了这锅饭。这锅饭吃不了十个人。**

sɿ^{21}ta^{55}ŋ^{33}ɿ^{21}mə^{21}vã^{24}ɿ^{33}vã^{21}tɕʰie^{55}ma^{24}. ɿ^{33}vã^{21}tɕʰie^{55}ma^{24}sɿ^{21}ta^{55}ŋ^{33}ɿ^{21}mə^{21}kəu^{55}.

十 □人食莫 完 一炆 铛 □。一炆 铛 □ 十 □ 人食莫 够 。

069 **这个屋子住不下十个人。**

pie^{213}ta^{55}ɔ^{213}tsʰɔ^{21}sɿ^{21}ta^{55}ŋ^{24}mə^{21}xo^{55}.

彼 □屋住 十□人莫 下 。

070 **小屋堆东西，大屋住人。**

sɿ^{55}ke^{55}lə^{21}to^{35}va^{21}sɿ^{33}, tʰo^{21}ke^{55}lə^{21}tsʰɔ^{21}ŋ^{24}.

小 间 子 堆 物 什，大 间 子 住 人。

071 **他们几个人正说着话呢。**

tsə^{33}lə^{33}tsɿ^{33}ta^{55}ŋ^{24}tɕiã^{33}tie^{33}xo^{21}kə^{21}.

子 哩 几 □人 讲 倒 话 个。

072 **桌上放着一碗水，小心别碰倒了。**

tʰia^{24}lə^{33}ke^{22}tʰəu^{55}pə^{213}sɿ^{33}ɿ^{33}yẽ^{33}suɛ^{33}, sɿ^{55}ɕiẽ^{55}kuei^{55}, mə^{21}pʰə^{213}kua^{33}xɔ^{55}.

枱 子高 头 □ 起 一碗 水， 小 心 点， 莫 泼 呱 去。

073 **门口站着一帮人，在说着什么。**

miã^{24}tsɿ^{21}tsɿ^{55}sɿ^{21}ɿ^{33}pʰã^{55}ŋ^{24}, ie^{35}kə^{33}tɕiã^{33}lə^{21}tiã^{55}.

门 际 徛 起 一 帮 人，于 个 讲 哪 东。

074 **坐着吃好，还是站着吃好？**

tsʰə^{55}tie^{33}ɿ^{21}xe^{33}tɛ^{55}, xɛ^{24}sɿ^{33}tsɿ^{55}sɿ^{21}ɿ^{21}xe^{33}tɛ^{55} ?

坐 倒 食 好 □，还 是 徛 起 食 好 □？

075 **想着说，不要抢着说。**

ɕiẽ^{33}sɿ^{33}tɕiã^{33}, mə^{21}iã^{21}tɕʰiẽ^{33}sɿ^{33}tɕiã^{33}.

想 起 讲， 莫 □ 抢 起 讲。

076 **说着说着就笑起来了。**

tɕiã^{33}tie^{33}tɕiã^{33}tie^{33}tɕʰiəu^{21}sɿ^{55}sɿ^{21}la^{24}lie^{33}.

讲 倒 讲 倒 就 笑 起 来 了。

077 **别怕！你大着胆子说吧。**

mə^{21}ɕiã^{33} ! ŋ^{55}tʰo^{21}sɿ^{21}tẽ^{33}tsɿ^{33}tɕiã^{33}tɕʰiəu^{21}sɿ^{55}lie^{21}.

莫 悚！ 你 大 起 胆 子 讲 就 是 了。

078 **这个东西重着呢，足有一百来斤。**

pie^{11}kuei^{55}va^{21}sɿ^{33}mie^{24}tsʰã^{55}kə^{21}lɛ^{33}, xəu^{55}ɿ^{33}po^{213}tɕiã^{35}xɔ^{55}lie^{21}.

彼 □ 物 什 蛮 重 个 咪，有 一百 斤 去 了。

079 **他对人可好着呢。**

tsə^{33}to^{55}ŋ^{24}xe^{33}xe^{33}liã^{33}.

子 对 人 好 好 哴。

080 **这小伙子可有劲着呢。**

pie^{213}ta^{55}xəu^{55}ɕie^{55}xe^{33}xəu^{55}tɕiã^{55}liã^{33}.

彼 □ 后 生 好 有 劲 哴。

081 **别跑，你给我站着！**

mə^{21}tʰɛ^{55}, kẽ^{35}io^{55}tsɿ^{55}tie^{33}a^{55}lio^{33}mə^{21}ɿ^{24} !

莫 跳，跟 我 徛 倒 那 里 莫 移！

082 **下雨了，路上小心着！**

lə^{21}vu^{55}lie^{21}，lɔ^{21}sẽ^{21}lie^{55}k^{h}e^{55}kuei^{55}.

落 雨 了， 路 上 老 靠 □。

083 **点着火了。着凉了。**

tã^{33}sɿ^{33}kua^{33}fu^{33}lie^{33}. xiẽ^{24}tie^{33}kua^{33}lie^{21}.

点 起 呱 火 了。寒 倒 呱 了。

084 **甭着急，慢慢儿来。**

mə^{21}ts^{h}ə^{21}tsɿ^{213}, mie^{21}mie^{21}kuei^{35}la^{24}.

莫 着 急， 慢 慢 □ 来。

085 **我正在这儿找着你，还没找着。**

io^{55}tso^{55}ie^{35}kə^{33}t^{h}i^{21}ŋ^{55}, xɛ^{24}mə^{21}tə^{213}t^{h}i^{21}tie^{33}.

我 正 于个 □ 你，还 没 得 □ 倒。

086 **她呀，可厉害着呢！**

tsə^{33}a^{21}, xe^{33}lɛ^{21}xə^{21}kə^{21} !

子 啊，好 厉 害 个！

087 **这本书好看着呢。**

pie^{11}piã^{33}çie^{35}a^{55}tç^{h}iəu^{21}xe^{33}tio^{213}kə^{33}lɛ^{33}.

彼 本 书 那就 好 盯 个 咪。

088 **饭好了，快来吃吧。**

ma^{24}tçie^{33}xe^{33}kua^{33}lie^{21}, k^{h}ya^{55}kuei^{35}la^{24}ɿ^{21}lie^{21}.

□ 煮 好 呱 了，快 □ 来 食 了。

089 **锅里还有饭没有？你去看一看。**

vã^{21}tç^{h}ie^{35}pu^{33}xəu^{55}mə^{21}xəu^{55}ma^{24}lie^{33}, ŋ^{55}xɔ^{55}tio^{213}ɿ^{33}tia^{213}.

炆 锴 腹 有 没 有 □ 了？你 去 盯 一□。

090 **我去看了，没有饭了。**

io^{55}xɔ^{55}tio^{213}kua^{33}lie^{21}, mə^{55}tə^{21}ma^{24}lie^{33}.

我 去 盯 呱 了，没 得 □ 了。

091 **就剩一点儿了，吃了得了。**

tç^{h}iəu^{21}sã^{21}fɛ^{21}kuei^{35}lə^{33}lə^{33}lie^{21}, ɿ^{21}kua^{33}çyẽ^{55}lie^{21}.

就 剩 □ □ 子 子 了，食 呱 算 了。

092 **吃了饭要慢慢儿地走，别跑，小心肚子疼。**

tsʰε^{21}ʅ^{21}kua^{33}ma^{24}iã^{21}mie^{21}mie^{21}kuei^{35}tsəu^{33}, mə^{21}tʰε^{55}, tʰəu^{33}tia^{33}tʰɔ^{55}lə^{21}tsʰa^{21}kə^{21}lε^{33}.

才 食呱 □ □ 慢 慢 □ 走， 莫 跳， 敌 下 肚 子□ 个 咪。

093 **他吃了饭了，你吃了饭没有呢？**

tsə^{33}ʅ^{21}kua^{33}ma^{24}lie^{33}, ŋ^{55}ʅ^{21}lie^{21}mə^{21}tə^{33} ?

子 食呱 □ 了，你食了 莫 得？

094 **我喝了茶还是渴。**

io^{55}suei^{213}kua^{33}tsʰo^{24}xε^{24}sʅ^{55}xəu^{33}kiẽ^{35}. / io^{55}suei^{213}kua^{33}tsʰo^{24}lie^{33}xε^{24}xəu^{33}kiẽ^{35}.

我 啜 呱 茶 还 是 口 干。/ 我 啜 呱 茶 了 还 口 干。

095 **我吃了晚饭，出去溜达了一会儿，回来就睡下了，还做了个梦。**

io^{55}ʅ^{21}kua^{33}lio^{21}tʰε^{21}, suε^{213}xɔ^{55}tsəu^{33}lie^{33}tia^{213}, kuε^{22}la^{55}tɕʰiəu^{21}fã^{55}kua^{33}lie^{21}, xε^{24}tə^{213}lie^{33}ta^{55}miã^{21}.

我 食呱 夜 地， 出 去 走 了 □， 归 来 就 睏 呱 了， 还 得 了 □ 梦。

096 **吃了这碗饭再说。**

ʅ^{21}kua^{33}pie^{213}ləu^{33}ma^{24}tɕia^{55}tɕiã^{33}.

食呱 彼 □ □ 再 说。

097 **我昨天照了相了。**

io^{55}tsʰo^{21}kã^{35}tsʅ^{55}kua^{33}ɕiẽ^{55}lie^{21}.

我 昨 工 照 呱 像 了。

098 **有了人，什么事都好办。**

xəu^{55}lie^{21}ŋ^{24}, lə^{21}tiã^{35}sʅ^{21}tu^{33}xe^{33}pʰã^{21}.

有 了 人， 哪 东 事 都 好 办。

099 **不要把茶杯打碎了。**

mə^{21}iã^{21}tε^{55}tie^{33}pə^{35}lə^{33}ta^{33}lie^{21}.

莫 □ 逮 倒 杯 子 打 烂。

100 **你快把这碗饭吃了，饭都凉了。**

ŋ^{55}kʰya^{55}kuei^{55}ie^{35}pie^{213}ləu^{33}ma^{24}ʅ^{21}kua^{33}, ma^{24}tu^{33}lo^{55}kua^{33}lie^{21}.

你快 □ 予 彼 □ 食 吃呱， □ 都 冷 呱 了。

101 **下雨了。雨不下了，天晴开了。**

lə^{21}vu^{55}lie^{21}. mə^{21}tə^{213}lə^{21}lie^{21}, tʰã^{35}tɕʰio^{24}lie^{33}.

落 雨 了。莫 得 落 了，天 晴 了。

102 **打了一下。去了一趟。**

ta^{33}lie^{33}ʅ^{33}tia^{213}. xo^{55}lie^{21}ʅ^{33}tʰã^{55}.

打 了 一□。 去 了 一趟。

103　**晚了就不好了，咱们快点儿走吧！**

tsʰɿ^{24}lie^{33}tɕʰiəu^{21}mə^{21}xe^{33}lie^{33}, io^{55}lə^{33}kʰya^{55}kuei^{55}tsəu^{33}lie^{33} !

迟 了 就 莫 好 了，我 哩 快 □ 走 了！

104　**给你三天时间做得了做不了？**

ie^{35}ŋ^{55}so^{35}ta^{55}kã^{35}, tsə^{55}tə^{33}xo^{55}xɛ^{24}sɿ^{55}tsə^{55}mə^{21}tə^{33}xo^{55} ?

予 你 三 □ 工，做 得 下 还 是 做 莫 得 下？

105　**你做得了，我做不了。**

ŋ^{55}tsə^{55}tə^{33}xo^{55}, io^{55}tsə^{55}mə^{21}xo^{55}.

你 做 得 下，我 做 莫 下。

106　**你骗不了我。**

ŋ^{55}xiẽ^{33}io^{55}mə^{21}tie^{33}. / ŋ^{55}xiẽ^{33}mə^{21}tie^{33}io^{55}.

你 哄 我 莫 倒。/ 你 哄 莫 倒 我。

107　**了了这桩事情再说。**

liɔ^{55}kua^{33}pie^{213}tsẽ^{35}sɿ^{21}tɕia^{55}tɕiã^{33}.

了 呱 □ 桩 事 再 说。

108　**这间房没住过人。**

pie^{213}ke^{55}ɔ^{213}mə^{21}tə^{213}tsʰɔ^{21}ku^{55}ŋ^{24}.

彼 间 房 没 得 住 过 人。

109　**这牛拉过车，没骑过人。**

pie^{213}tʰəu^{33}ŋəu^{24}tʰə^{35}kua^{33}tsʰo^{35}, mə^{21}tə^{213}tsʰə^{55}ku^{55}ŋ^{24}.

彼 头 牛 拖 呱 车，没 得 坐 过 人。

110　**这小马没骑过人，你小心点儿。**

pie^{213}tʰəu^{33}mo^{55}tsə^{33}tsə^{33}xɛ^{24}mə^{21}tə^{213}tsʰə^{55}ku^{55}ŋ^{24}, ŋ^{55}xe^{33}sɿ^{33}kuei^{55}.

彼 头 马 崽 崽 还 没 得 坐 过 人，你 好 起 □。

111　**以前我坐过船，可从来没骑过马。**

io^{55}ɿ^{55}tsʰã^{24}tsʰə^{55}kua^{33}suã^{24}, mə^{21}tə^{213}tsʰə^{55}ku^{55}mo^{55}.

我 以前 坐 呱 船，没 得 坐 过 马。

112　**丢在街上了。搁在桌上了。**

kʰuei^{213}tie^{33}ka^{22}ke^{55}tʰəu^{55}lie^{21}. pə^{213}tie^{33}tʰia^{24}lə^{33}ke^{35}tʰəu^{55}lie^{21}.

□ 倒 街 高 头 了。□ 倒 枱 子 高 头 了。□kʰuei^{213}：丢

113　**掉到地上了，怎么都没找着。**

t^{h}ie^{21}tie^{33}t^{h}ɛ^{21}ti^{33}xo^{21}lie^{21}，lie^{21}tsɿ^{21}t^{h}i^{21}tu^{33}t^{h}i^{21}mə^{21}tie^{33}.

跌 到 地 底 下 了， 哪 □ □ 都 □ 莫 到。

114 **今晚别走了，就在我家住下吧！**

tɕia^{213}kã^{55}lio^{21}t^{h}ɛ^{21}tɕ^{h}iəu^{21}mə^{21}tsəu^{33}lie^{33}, tɕ^{h}iəu^{21}ie^{35}io^{55}ɔ^{11}pu^{33}ɕiəu^{213}lie^{33}！

即 工 夜 地 就 莫 走 了，就 于 我 屋 腹 宿 了！

115 **这些果子吃得吃不得？**

pie^{213}fu^{55}ku^{33}tsɿ^{33}ɿ^{21}mə^{21}ɿ^{21}tə^{33}？

彼 伙 果 子 食 莫 食 得？

116 **这是熟的，吃得。那是生的，吃不得。**

pie^{213}ta^{55}sɿ^{55}səu^{21}kə^{21}, ɿ^{21}tə^{33}. a^{55}sɿ^{55}ɕie^{35}kə^{33}, ɿ^{21}mə^{21}tə^{33}.

彼 □ 是 熟 个，食 得。那是 生 个，食莫 得。

117 **你们来得了来不了？**

ŋ^{55}lə^{33}la^{24}mə^{21}la^{24}kə^{33}？

你 哩 来 莫 来 个？

118 **我没事，来得了，他太忙，来不了。**

io^{55}mə^{55}tə^{33}sɿ^{21}，la^{24}tə^{33}; tsə^{33}xe^{33}tə^{55}kə^{21}sɿ^{21}，la^{24}mə^{21}tə^{33}.

我 没 得 事，来 得；子 好 多 个 事，来 莫 得。

119 **这个东西很重，拿得动拿不动？**

pie^{213}ta^{55}va^{21}sɿ^{33}mie^{24}ts^{h}ã^{55}, tə^{33}mə^{21}tə^{33}tə^{33}ɿ^{24}a^{21}？

彼 □ 物 什 蛮 重， 驮 莫 驮 得 移 啊？

120 **我拿得动，他拿不动。**

io^{55}tə^{33}tə^{33}sɿ^{33}, tsə^{33}tə^{33}mə^{21}sɿ^{33}.

我 驮 得 起，子 驮 莫 起。

121 **真不轻，重得连我都拿不动了。**

mə^{21}tɕ^{h}io^{35}lie^{55}, ts^{h}ã^{55}sɿ^{21}luã^{24}io^{55}tu^{33}tə^{33}mə^{21}ɿ^{24}lie^{55}.

莫 轻 唠，重 起 □ 我 都 驮 莫 移 了。

122 **他手巧，画得很好看。**

tsə^{33}a^{55}səu^{33}fə^{21}t^{h}ie^{55}, xo^{21}sɿ^{21}mie^{24}xe^{33}tio^{213}.

子 那 手 活 套， 画 起 蛮 好 盯。

tsə^{33}a^{55}səu^{33}fə^{21}t^{h}ie^{55}, xo^{21}tə^{33}mie^{24}xe^{33}tio^{213}.

子 那 手 活 套， 画 得 蛮 好 盯。

123 **他忙得很，忙得连吃过饭没有都忘了。**

tsə^{33}xe^{33}tə^{35}sɿ^{21}, sɿ^{21}tɕ^{h}iẽ^{21}tə^{35}sɿ^{33}la^{24}lie^{33}luã^{24}ɿ^{21}lie^{21}ma^{24}mə^{21}tie^{33}tu^{33}tsɿ^{55}mə^{21}tə^{33}lie^{21}.

他 好 多 事，事 情 多 起 来 了 □ 食 了 □ 没 得 都 记 莫 得 了。

124 **你看他急得，急得脸都红了。**

ŋ^{55}tio^{213}tsə^{33}tsɿ^{213}sɿ^{33}, tsɿ^{213}sɿ^{33}miã^{21}tu^{33}xã^{24}kua^{33}lie^{21}.

你盯 子 急 起，急 起 面 都 红 呱 了。

125 **你说得很好，你还会说些什么呢？**

ŋ^{55}tɕiã^{33}tə^{33}mie^{24}xe^{33}, ŋ^{55}xɛ^{24}tɛ^{35}tə^{33}tɕiã^{33}tɛ^{55}lə^{21}tiã^{35}ɔ^{21} ?

你讲 得 蛮 好，你 还 知 得 讲 □哪 东 喔？

126 **说得到，做得了，真棒！**

tɕiã^{33}tə^{33}tie^{55}, tsə^{55}tə^{33}tie^{55}, mie^{24}xe^{33} !

讲 得 到，做 得 到， 蛮 好！

127 **这个事情说得说不得呀？**

pie^{213}ta^{55}sɿ^{21}tɕ^{h}iẽ^{21}tɕiã^{33}mə^{21}tɕiã^{33}tə^{33}a^{33} ?

彼 □事 情 讲 莫 讲 得 啊？

128 **他说得快不快？听清楚了吗？**

tsə^{33}tɕiã^{33}sɿ^{33}kua^{55}mə^{21}kua^{55} ? t^{h}io^{55}tɕ^{h}io^{35}sẽ^{33}mə^{21}tə^{33} ?

子 讲 起 快 莫 快？ 听 清 □ 没 得？

129 **他说得快不快？只有五分钟时间了。**

tsə^{33}tɕiã^{33}sɿ^{33}kua^{55}mə^{21}kua^{55} ? tsɿ^{55}xəu^{55}ŋ^{55}fiã^{55}tsã^{35}lie^{33}.

子 讲 起 快 莫 快？ 只 有 五 分 钟 了。

130 **这是他的书。**

pie^{213}sɿ^{55}tsə^{33}kə^{33}ɕie^{35}.

彼 是 子 个 书。

131 **那本书是他哥哥的。**

a^{55}piã^{33}ɕie^{35}sɿ^{55}tsə^{33}ɔ^{11}pu^{33}ko^{33}ko^{33}kə^{21}.

那本 书 是 子 屋 腹 哥 哥 个。

132 **桌子上的书是谁的？是老王的。**

t^{h}ia^{24}lə^{33}ke^{35}t^{h}əu^{55}a^{55}piã^{33}ɕie^{35}sɿ^{55}lie^{21}ŋ^{33}kə^{21} ? sɿ^{33}lie^{55}vã^{21}kə^{21}.

枱 子 高 头 那 本 书 是 哪 人 个？ 是 老 王 个。

133 **屋子里坐着很多人，看书的看书，看报的看报，写字的写字。**

ɔ^{11}pu^{33}ts^{h}ə^{55}sɿ^{21}xe^{33}tə^{55}ŋ^{24}, tio^{213}ɕie^{35}kə^{33}tio^{213}ɕie^{35}, tio^{213}pɔ^{24}tsɿ^{55}kə^{21}tio^{213}pɔ^{24}tsɿ^{55},

屋 腹 坐 起 好 多 人，盯 书 个 盯 书， 盯 报 纸 个 盯 报 纸，

ɕio^{33}tsʰɿ^{21}kə^{21}ɕio^{33}tsʰɿ^{21}.

写 字 个 写 字。

134 **要说他的好话，不要说他的坏话。**

iã^{21}tɕiã^{33}tsə^{33}kə^{21}xe^{33}xo^{21}, mə^{21}iã^{21}tɕiã^{33}tsə^{33}kə^{21}tsʰəu^{33}xo^{21}.

□ 讲 子 个 好 话，莫 □ 讲 子 个 丑 话。

135 **上次是谁请的客？是我请的。**

sẽ^{55}yã^{55}tə^{33}sɿ^{55}lie^{21}ŋ^{33}tɕʰio^{33}kə^{33}kʰo^{213} ? sɿ^{55}io^{55}tɕʰio^{33}kə^{33}.

上 □ 子 是 哪 人 请 个 客？ 是 我 请 个。

136 **你是哪年来的？**

ŋ^{55}sɿ^{55}lie^{21}lã^{35}la^{24}kə^{33} ?

你是 哪 年 来 个？

137 **我是前年到的北京。**

io^{55}sɿ^{55}tɕʰã^{22}lã^{55}tie^{55}pə^{21}tɕiẽ^{33}kə^{21}.

我 是 前 年 到 北 京 个。

138 **你说的是谁？**

ŋ^{55}tɕiã^{55}kə^{33}sɿ^{55}lie^{21}ŋ^{33}ɔ^{21} ?

你 讲 个 是 哪 人 喔？

139 **我反正不是说的你。**

io^{55}fẽ^{21}tɕiẽ^{33}mə^{21}sɿ^{55}tɕiã^{33}ŋ^{55}.

我 横 经 莫 是 讲 你。

140 **他那天是见的老张，不是见的老王。**

tsə^{33}a^{55}kã^{55}sɿ^{55}tɕiẽ^{55}kə^{21}lie^{55}tsẽ^{35}, mə^{21}sɿ^{55}tɕiẽ^{55}kə^{21}lie^{55}vã^{21}.

子 那工 是 见 个 老 张，莫 是 见 个 老 王。

141 **只要他肯来，我就没的说了。**

tsɿ^{55}iã^{21}tsə^{33}xã^{33}la^{24}, io^{55}tɕʰiəu^{21}mə^{55}tə^{33}tɕiã^{33}kə^{33}lie^{21}.

只 □ 子 肯 来，我 就 没 得 讲 个 了。

iã^{21}sɿ^{55}tsə^{33}xã^{33}la^{24}, io^{55}tɕʰiəu^{21}mə^{55}tə^{33}tɕiã^{33}kə^{33}lie^{21}.

□是 子 肯 来，我 就 没 得 讲 个 了。

142 **以前是有的做，没的吃。**

la^{55}kʰe^{33}sɿ^{55}xəu^{55}tsə^{55}kə^{21}, mə^{55}ɿ^{21}kə^{21}. / la^{55}kʰe^{33}sɿ^{55}xəu^{55}kə^{21}tsə^{55}, mə^{5}kə^{215}ɿ^{21}.

那 刻 是 有 做 个，没 食 个。/ 那 刻 是 有 个 做，没 个 食。

143 **现在是有的做，也有的吃。**

kə^{55}lə^{33}sɿ^{55}xəu^{55}tsə^{55}kə^{21}, ie^{55}xəu^{55}ɿ^{21}kə^{21}. / kə^{55}lə^{33}sɿ^{55}xəu^{55}kə^{21}tsə^{55}, ie^{55}xəu^{55}kə^{21}ɿ^{21}.

□ 哩 是 有 做 个，也 有 食个。/□ 哩 是 有 个 做，也 有 个 食。

144 **上街买个蒜啊葱的，也方便。**

sẽ^{55}ka^{35}mia^{55}kuei^{55}tɕʰiã^{35}ɕyẽ^{55}, ie^{55}fẽ^{35}pã^{21}.

上 街 买 □ 葱 蒜，也 方 便。

145 **柴米油盐什么的，都有的是。**

tsʰɿ^{24}a^{33}mi^{55}a^{33}iəu^{24}a^{33}liẽ^{24}a^{33}, xəu^{55}kə^{21}sɿ^{55}.

柴 啊米 啊油 啊盐 啊，有 个 是。

146 **写字算账什么的，他都能行。**

ɕio^{33}tsʰɿ^{21}ɕyẽ^{55}tsẽ^{55}a^{55}fu^{55}sɿ^{21}, tsə^{33}tia^{213}tɛ^{35}tə^{33}.

写 字 算 账 那伙 事，子 □ 知 得。

147 **把那个东西递给我。**

ie^{35}a^{55}ta^{55}va^{21}sɿ^{33}ie^{35}sɿ^{33}io^{55}.

予 那 □ 物 什 予 起 我。

148 **是他把那个杯子打碎了。**

sɿ^{55}tsə^{33}tɛ^{55}tie^{33}a^{55}tso^{213}pə^{35}lə^{33}ta^{33}lie^{21}kua^{33}lie^{21}.

是 子 逮 倒 那只 杯 子 打烂 呱 了。

149 **把人家脑袋都打出血了，你还笑！**

ie^{35}ŋ^{24}ko^{55}a^{55}lie^{33}kɔ^{33}tu^{33}ta^{33}suɛ^{213}fei^{213}la^{24}lie^{33}, ŋ^{55}xɛ^{24}sɿ^{55}!

予 人 家 那 脑 牯 都 打 出 血 来 了，你 还 笑！

150 **快去把书还给他。**

kʰya^{55}kuəi^{55}xɔ^{55}ie^{35}a^{55}piã^{33}ɕie^{35}pə^{24}sɿ^{33}ie^{35}tsə^{33}.

快 □ 去 予 那 本 书 赔 起 予 子。

151 **我真后悔当时没把他留住。**

io^{55}xe^{33}fə^{55}a^{55}tia^{33}mə^{21}tə^{213}tɛ^{55}tie^{33}tsə^{33}liəu^{24}tie^{33}.

我 好 悔 那□ 没 得 逮 倒 子 留 倒。

152 **你怎么能不把人当人呢？**

ŋ^{55}lie^{21}tsɿ^{21}mə^{21}tɛ^{55}tie^{33}ŋ^{24}mə^{21}tẽ^{35}ŋ^{24}tio^{213}lie^{55}?

你 哪 □ 莫 逮 倒 人 莫 当 人 盯 唠？

153 **有的地方管太阳叫日头。**

xəu^{55}fu^{55}tʰɔ^{21}kɔ^{33}ɕiəu^{213}tʰɛ^{24}iã^{21}ɕiəu^{213}li^{21}tʰəu^{33}.

有 伙 □ 牯 啸 太 阳 啸 日 头。

154 什么？她管你叫爸爸！

lə^{21}tiã^{55}a^{33}? tsə^{33}ɕiəu^{213}ŋ^{55}ɕiəu^{213}tia^{33}tia^{33} !

哪 东 啊? 子 啸 你 啸 爹 爹!

155 你拿什么都当真的，我看没必要。

ŋ^{55}tɛ^{55}tie^{33}lə^{21}tiã^{35}tu^{33}tẽ^{55}tsã^{35}kə^{33}, io^{55}tio^{213}iã^{21}mə^{21}tə^{33}.

你逮 倒 哪 东 都 当 真 个，我 盯 □莫 得。

156 真拿他没办法，烦死我了。

tsã^{35}kə^{33}xa^{35}tie^{33}tsə^{33}mə^{55}fiəu^{213}, fie^{24}sɛ^{33}kua^{33}io^{55}lie^{21}.

真 个 搭 倒 子 没 法， 烦 死 呱 我 了。

157 看你现在拿什么还人家。

tio^{213}ŋ^{55}kə^{55}lə^{33}ta^{33}lə^{21}tiã^{35}pʰə^{24}sʅ^{33}ie^{35}ŋ^{24}ko^{55}.

盯 你□ 哩 驮 哪 东 赔 起 予 人 家。

158 他被妈妈说哭了。

tsə^{33}təu^{35}tie^{33}tsə^{33}ɔ^{11}pu^{33}ie^{33}ie^{33}tɕiã^{33}sʅ^{33}xə^{213}kua^{33}lie^{21}.

子 兜 倒 子 屋腹 娜娜 讲 起 哭 呱 了。

159 所有的书信都被火烧了，一点儿剩的都没有。

a^{55}ɕiã^{55}tia^{213}təu^{35}tie^{33}fu^{33}sʅ^{35}kua^{33}lie^{21}, ʅ^{33}kuei^{35}sã^{21}kə^{21}tu^{33}mə^{55}tə^{21}.

那 信 □ 兜 倒 火 烧 呱 了，一□ 剩 个 都 没 得。

160 被他缠了一下午，什么都没做成。

təu^{35}tie^{33}tsə^{33}kʰã^{24}lie^{33}ʅ^{33}pu^{35}mie^{55}xo^{33}，lə^{21}tiã^{35}tu^{33}mə^{21}tə^{213}tsə^{55}tsʰẽ^{21}.

兜 倒 子 缠 了 一晡 晚 下， 哪 东 都 没 得 做 成。

161 让人给打懵了，一下子没明白过来。

təu^{35}tie^{33}ŋ^{24}ko^{55}ta^{33}mẽ^{21}kua^{33}lie^{21}, ʅ^{33}tia^{213}tə^{33}mə^{21}tə^{213}tɕʰio^{35}sẽ^{33}ku^{55}la^{33}.

兜 倒 人家 打 闷 呱 了，一□ 子 没 得 清 □ 过 来。

162 给雨淋了个浑身湿透。

təu^{35}tie^{33}tsʰua^{55}sʅ^{21}ʅ^{33}sã^{35}tu^{33}tʰəu^{55}kua^{33}lie^{21}.

兜 倒 浞 起 一身 都 透 呱 了。

163 给我一本书。给他三本书。

ie^{35}ʅ^{33}piã^{33}ɕie^{35}ie^{35}io^{55}. ie^{35}so^{35}piã^{33}ɕie^{35}ie^{35}tsə^{33}.

予 一本 书 予 我，予 三 本 书 予 子。

ie^{35}ʅ^{33}piã^{33}ɕie^{35}o^{55}. ie^{35}so^{35}piã^{33}ɕie^{35}tsə^{33}.

予 一本 书 我，予 三 本 书 子。

ie^{35}o^{55}ɿ^{33}piã^{33}ɕie^{35}. ie^{35}tsə^{33}so^{35}piã^{33}ɕie^{35}.

予 我 一 本 书， 予 子 三 本 书。

164 **这里没有书，书在那里。**

pie^{213}lio^{33}mə^{55}tə^{21}ɕie^{35}, ɕie^{35}ie^{35}a^{55}lio^{33}.

彼 领 没 得 书， 书 于 那 领。

165 **叫他快来找我。**

ɕiəu^{213}tsə^{33}kya^{55}kuei^{55}la^{24}tʰi^{21}io^{55}.

啸 子 快 □ 来 □ 我。

166 **赶快把他请来。**

kiẽ^{33}tie^{33}tɛ^{55}tie^{33}tsə^{33}tɕʰio^{33}tie^{33}la^{24}.

赶 倒 逮 倒 子 请 倒 来。

167 **我写了条子请病假。**

io^{55}ɕio^{33}lie^{33}tsẽ^{35}tʰi^{24}lə^{33}tɕʰio^{33}pʰio^{21}tɕia^{55}.

我 写 了 张 条 子 请 病 假。

168 **我上街买了份报纸看。**

io^{55}sẽ^{55}ka^{35}mia^{55}lie^{21}tsẽ^{35}pɔ^{24}tsɿ^{55}tio^{213}.

我 上 街 买 了 张 报 纸 盯。

169 **我笑着躲开了他。**

io^{55}sɿ^{55}sɿ^{21}pʰɛ^{21}xə^{55}tsə^{33}lie^{21}。

我 笑 起 避 开 子 了。

170 **我抬起头笑了一下。**

io^{55}tʰia^{24}sɿ^{33}lie^{33}kɔ^{33}sɿ^{55}lie^{21}ɿ^{33}tia^{213}.

我 抬 起 脑 牯 笑 了 一□。

171 **我就是坐着不动，看你能把我怎么着。**

io^{55}tɕʰiəu^{21}sɿ^{33}tsʰə^{55}tie^{33}mə^{21}ɿ^{24}, tio^{213}ŋ^{55}tə^{33}tie^{33}io^{55}lie^{21}tsɿ^{21}iẽ^{21}.

我 就 是 坐 倒 莫 移，盯 你 駄 倒 我 哪 □ 样。

172 **她照顾病人很细心。**

tsə^{33}tɕʰie^{35}ɕiã^{35}pʰio^{21}ŋ^{33}mie^{24}sɿ^{55}ɕiã^{35}.

子 操 心 病 人 蛮 细 心。

173 **他接过苹果就咬了一口。**

tsə^{33}tsɿ^{213}tie^{33}pʰiẽ^{21}ko^{55}ku^{55}la^{33}tɕʰiəu^{21}liəu^{55}lie^{21}ɿ^{33}xəu^{33}.

子 接 倒 苹 果 过 来 就 咬 了 一 口。

174 **他的一番话使在场的所有人都流了眼泪。**

tsə^{33}a^{55}ɿ^{33}tʰẽ^{35}xo^{21}, iã^{21}ie^{35}a^{55}lio^{33}kə^{33}ŋ^{24}tsə^{21}tia^{213}liəu^{33}kua^{33}lie^{55}lɛ^{21}suɛ^{33}.

子 那 一 通 话，□ 于 那 领 个 人 作 □ 流 呱 眼 泪 水。

175 **我们请他唱了一首歌。**

io^{55}lə^{33}tɕʰio^{33}tsə^{33}tsʰẽ^{55}lie^{21}ɿ^{33}tʰi^{24}ku^{35}.

我 哩 请 子 唱 了 一 条 歌。

176 **我有几个亲戚在外地做工。**

io^{55}xəu^{55}tsɿ^{33}ta^{55}tɕʰiã^{35}tsʰɿ^{21}ie^{35}miã^{24}xo^{55}tsə^{55}kã^{35}.

我 有 几 □ 亲 戚 在 门 下 做 工。

177 **他整天都陪着我说话。**

tsə^{33}ɿ^{33}kã^{35}tu^{33}ie^{35}kə^{33}pʰə^{24}tie^{33}io^{55}tɕiã^{33}xo^{21}.

子 一 工 都 于 个 陪 倒 我 讲 话。

178 **我骂他是个大笨蛋，他居然不恼火。**

io^{55}tsʰo^{35}tsə^{33}sɿ^{55}ta^{55}tsʰuã^{33}tsɿ^{33}, tsə^{33}ie^{55}mə^{21}tɕiã^{35}.

我 斥 子 是 □ 蠢 子，子 也 莫 □。

179 **他把钱一扔，二话不说，转身就走。**

tsə^{33}tɛ^{55}tie^{33}tsʰã^{24}ɿ^{33}kuei^{21}, lə^{21}tiã^{55}xo^{21}tu^{33}mə^{21}tɕiã^{33}, liã^{35}sɿ^{33}a^{55}tɕie^{213}mẽ^{55}lə^{21}tɕʰiəu^{21}

子 逮 倒 钱 一 扔，哪 东 话 都 莫 讲，拎 起 那 足 □ 子 就

tsəu^{33}kua^{33}lie^{21}.

走 呱 了。

180 **我该不该来呢？**

io^{55}kə^{35}mə^{21}kə^{35}la^{24}lie^{33} ?

我 该 莫 该 来 呢？

181 **你来也行，不来也行。**

ŋ^{55}la^{24}ie^{55}iã^{21}tə^{33}, mə^{21}la^{24}ie^{55}iã^{21}tə^{33}.

你 来 也 □ 得，莫 来 也 □ 得。

182 **要我说，你就不应该来。**

ie^{35}io^{55}la^{24}tɕiã^{33}, ŋ^{55}tɕʰiəu^{21}mə^{21}kə^{35}la^{24}.

予 我 来 说，你 就 莫 该 来。

183 **你能不能来？**

ŋ⁵⁵lẽ²⁴mə²¹lẽ²⁴la²⁴ ?

你能莫 能来?

184 **看看吧，现在说不准。**

tio²¹³tia³³tsʰɛ²¹, kə⁵⁵lə³³tɕiã³³mə²¹tsuã³³.

盯 下 才，□ 哩 讲 莫 准。

185 **能来就来，不能来就不来。**

la²⁴tə³³tɕʰiəu²¹la²⁴, la²⁴mə²¹tə³³tɕʰiəu²¹mə²¹la²⁴.

来 得 就 来，来 莫 得 就 莫 来。

186 **你打算不打算去?**

ŋ⁵⁵ta³³mə²¹ta³³ɕyẽ⁵⁵xɔ⁵⁵ ?

你 打 莫 打 算 去?

187 **去呀! 谁说我不打算去?**

xɔ⁵⁵a³³! lie²¹ŋ³³tɕiã³³io⁵⁵mə²¹ta³³ɕyẽ⁵⁵xɔ⁵⁵ ?

去 啊! 哪 人 讲 我 莫 打 算 去?

188 **他一个人敢去吗?**

tsə³³ɿ³³ta⁵⁵ŋ³³kiẽ⁵⁵xɔ⁵⁵a²¹ ?

子 一□ 人 敢 去 啊?

189 **敢! 那有什么不敢的?**

kiẽ³³! a⁵⁵xəu⁵⁵lə²¹tiã³⁵mə²¹kiẽ³³kə³³ ?

敢! 那 有 哪 东 莫 敢 个?

190 **他到底愿不愿意说?**

tsə³³tɔ²⁴ti⁵⁵vã²¹mə²¹vã²¹tɕiã ?

他 到 底 愿 莫 愿 讲?

191 **谁知道他愿意不愿意说?**

lie²¹ŋ³³tɛ³⁵tə³³tsə³³vã²¹mə²¹vã²¹tɕiã³³ ?

哪 人 知 得 子 愿 莫 愿 讲?

192 **愿意说得说，不愿意说也得说。**

vã²¹tɕiã³³ie⁵⁵iã²¹tɕiã³³, mə²¹vã²¹tɕiã³³ie⁵⁵iã²¹tɕiã.

愿 讲 也 □ 讲，莫 愿 讲 也 □ 讲。

193 **反正我得让他说，不说不行。**

fã⁵⁵tsẽ³³io⁵⁵iã²¹iã²¹tsə³³tɕiã³³, mə²¹tɕiã³³mə²¹ɕiẽ²¹.

反 正 我 □ □ 子 讲，莫 讲 莫 行。

194 **还有没有饭吃？**

xε^{24}xəu^{55}mə^{21}xəu^{55}ma^{24}ʅ^{21}a^{33} ?

还 有 没 有 □ 食啊？

195 **有，刚吃呢。**

xəu^{55}, ts^{h}ε^{21}ʅ^{21}lie^{55}.

有， 才 食唠。

196 **没有了，谁叫你不早来！**

mə^{55}tə^{21}lie^{21}，lie^{21}ŋ^{33}ɕiəu^{213}ŋ^{55}mə^{21}tɕie^{33}kuei^{55}la^{24}kə^{21} !

没 得 了， 哪 人 啸 你 莫 早 □ 来 个！

197 **你去过北京吗？我没去过。**

tsə^{33}tie^{55}pə^{21}tɕiẽ^{33}xɔ^{55}kua^{33}, io^{55}mə^{21}tə^{213}xɔ^{55}ku^{55}.

子 到 北 京 去 呱， 我 没 得 去 过。

198 **我十几年前去过，可没怎么玩，都没印象了。**

io^{55}sʅ^{21}tsʅ^{33}lã^{35}ts^{h}ã^{24}xɔ^{55}kua^{55}, mə^{21}tə^{33}lie^{21}tsʅ^{21}sua^{33}, tsʅ^{55}mə^{21}tə^{33}lie^{21}.

我 十 几 年 前 去 呱， 没 得 哪 □ 耍， 记 莫 得 了。

199 **这件事他知道不知道？**

pie^{213}tsẽ^{35}sʅ^{21}tsə^{33}tε^{35}mə^{21}tε^{35}tə^{33} ?

彼 桩 事 子 知 莫 知 得？

200 **这件事他肯定知道。**

pie^{213}tsẽ^{35}sʅ^{21}tsə^{33}ts^{h}ə^{55}sε^{33}tε^{35}tə^{33}.

彼 桩 事 子 坐 死 知 得。

201 **据我了解，他好像不知道。**

ie^{35}io^{55}la^{24}tɕiã^{33}, tsə^{33}xe^{33}tɕ^{h}iã^{21}tε^{35}mə^{21}tε^{33}.

予 我 来 讲， 子 好 像 知 莫 得。

202 **这些字你认得不认得？**

pie^{213}fu^{55}ts^{h}ʅ^{21}ŋ^{55}sʅ^{21}mə^{21}sʅ^{21}tə^{33} ?

彼 伙 字 你 识 莫 识 得？

203 **我一个大字也不认得。**

io^{55}ʅ^{33}lε^{213}ts^{h}ʅ^{21}tu^{33}sʅ^{21}mə^{21}tə^{33}。.

我 一粒 字 都 识 莫 得。

204 **只有这个字我不认得，其他字都认得。**

tsɿ^{55}xəu^{55}pie^{11}lɛ^{33}ts^{h}ɿ^{21}io^{55}sɿ^{21}mə^{21}tə^{33}, a^{55}fu^{55}ts^{h}ɿ^{21}tu^{33}sɿ^{21}tə^{33}.

只 有 彼 粒 字 我 识 莫 得, 那 伙 字 都 识 得。

205 **你还记得不记得我了?**

ŋ^{55}xɛ^{24}tsɿ^{55}mə^{21}tsɿ^{55}tə^{33}io^{55}lie^{21} ?

你 还 记 莫 记 得 我 了?

206 **记得，怎么能不记得!**

tsɿ^{55}tə^{33}, lie^{21}tsɿ^{21}tsɿ^{55}mə^{21}tə^{33} !

记 得, 哪 □ 记 莫 得!

207 **我忘了，一点都不记得了。**

io^{55}tsɿ^{55}mə^{21}tə^{33}lie^{21}, ɿ^{33}kuei^{35}tu^{33}tsɿ^{55}mə^{21}tə^{33}lie^{21}.

我 记 莫 得 了, 一□ 都 记 莫 得 了。

208 **你在前边走，我在后边走。**

ŋ^{55}tsəu^{33}ts^{h}ã^{24}t^{h}əu^{55}, io^{55}tsəu^{33}pə^{55}ti^{33}.

你 走 前 头, 我 走 背 底。

209 **我告诉他了，你不用再说了。**

io^{55}kɔ^{55}sẽ^{21}kua^{33}tsə^{33}lie^{21}, ŋ^{55}mə^{21}ts^{h}ə^{21}tɕiã^{33}lie.

我 告 □ 呱 子 了, 你 莫 作 讲 了。

210 **这个大，那个小，你看哪个好?**

pie^{213}ta^{55}tɛ^{24}, a^{55}ta^{21}sɿ^{55}, ŋ^{55}tio^{213}lie^{21}ta^{55}xe^{33} ?

彼 □ 大, 那 □ 小, 你 盯 哪 □ 好?

211 **这个比那个好。**

pie^{213}ta^{55}pɛ^{33}a^{55}ta^{55}xe^{33}tɛ^{55}.

彼 □ 比 那 □ 好 □。

212 **那个没有这个好，差多了。**

a^{55}ta^{21}mə^{55}tə^{21}pie^{213}ta^{55}xe^{33}, ts^{h}o^{35}tə^{33}tə^{35}.

那 □ 没 有 彼 □ 好, 差 得 多。

213 **要我说这两个都好。**

ie^{35}io^{55}tɕiã^{33}pie^{213}liẽ^{55}ta^{55}tu^{33}xe^{33}.

予 我 讲 彼 两 □ 都 好。

214 **其实这个比那个好多了。**

ts^{h}ɿ^{21}sɿ^{21}pie^{213}ta^{55}pɛ^{33}a^{55}ta^{55}xe^{33}tə^{33}tə^{35}.

其 实 彼 □ 比 那 □ 好 得 多。

215 **今天的天气没有昨天好。**

tɕia^{213}kã^{35}kə^{21}tʰã^{35}tsɿ^{55}mə^{55}tə^{21}tsʰo^{21}kã^{55}xe^{33}.

即 工 个 天 气 没 得 昨 工 好。

216 **昨天的天气比今天好多了。**

tsʰo^{21}kã^{35}kə^{21}tʰã^{35}tsɿ^{55}pɛ^{33}tɕia^{213}kã^{55}xe^{33}tə^{33}tə^{35}.

昨 工 个 天 气 比 即 工 好 得 多。

217 **明天的天气肯定比今天好。**

tʰɛ^{22}kã^{55}kə^{21}tʰã^{35}tsɿ^{55}kʰiẽ^{55}tiẽ^{33}pɛ^{33}tɕia^{213}kã^{35}xe^{33}.

□ 工 个 天 气 肯 定 比 即 工 好。

218 **那个房子没有这个房子好。**

a^{55}tsʰə^{55}ɔ^{213}mə^{55}tə^{33}pie^{213}tsʰə^{55}ɔ^{213}xe^{33}.

那 座 屋 没 得 彼 座 屋 好。

219 **这些房子不如那些房子好。**

pie^{213}fu^{55}ɔ^{213}pɛ^{33}mə^{21}tə^{33}a^{55}fu^{55}ɔ^{213}. / pie^{213}fu^{55}ɔ^{213}mə^{55}tə^{21}a^{55}fu^{55}ɔ^{213}xe^{33}tɛ^{55}.

彼 伙 屋 比 莫 得 那 伙 屋。/ □ 伙 屋 没 得 那 伙 屋 好 □。

220 **这个有那个大没有？**

pie^{213}ta^{55}xəu^{55}mə^{21}xəu^{55}a^{55}ta^{21}a^{55}tsɿ^{21}tɛ^{24} ?

彼 □ 有 莫 有 那 □ 那 □ 大？

221 **这个跟那个一般大。**

pie^{213}ta^{55}ke^{213}a^{55}ta^{21}ɿ^{33}iẽ^{21}tɛ^{24}.

彼 □ 跟 那 □ 一 样 大。

222 **这个比那个小了一点点，不怎么看得出来。**

pie^{213}ta^{55}pɛ^{33}a^{55}ta^{55}sɿ^{55}lie^{21}kuei^{35}lə^{33}lə^{33}, mə^{21}lie^{21}tsɿ^{21}tio^{213}tə^{33}suɛ^{213}.

彼 □ 比 那 □ 小 了 □ 子 子，莫 哪 □ 盯 得 出。

223 **这个大，那个小，两个不一般大。**

pie^{213}ta^{55}tɛ^{24}, a^{55}ta^{21}sɿ^{55}, lie^{55}ta^{55}mə^{21}ɿ^{33}iẽ^{21}tɛ^{24}.

彼 □ 大，那 □ 小， 两 □ 莫 一 样 大。

224 **这个跟那个大小一样，分不出来。**

pie^{213}ta^{55}ke^{213}a^{55}ta^{55}tɛ^{24}sɿ^{55}ɿ^{33}iẽ^{21}, piã^{35}mə^{21}suɛ^{213}.

彼 □ 跟 那 □ 大 小 一 样，分 莫 出。

225 **这个人比那个人高。**

pie^{213}ta^{55}ŋ^{33}pɛ^{33}a^{55}ta^{55}ŋ^{33}ke^{35}.

彼 □人比 那□人高。

226 **是高一点儿，可是没有那个人胖。**

ke^{35}sɿ^{55}ke^{35}lie^{33}kuei^{55}, mə^{55}tə^{21}a^{55}ta^{55}ŋ^{33}la^{213}.

高 是 高 了 □， 没 得那□ 人□。

227 **他们一般高，我看不出谁高谁矮。**

tsə^{33}lə^{33}ɿ^{33}iẽ^{21}ke^{35}, io^{55}tio^{213}mə^{21}suɛ^{213}lie^{21}ŋ^{33}ke^{35}lie^{21}ŋ^{33}a^{33}.

子 哩 一样 高，我 盯 莫 出 哪 人高 哪 人矮。

228 **胖的好还是瘦的好？**

la^{24}kə^{33}xe^{33}tɛ^{55}xɛ^{24}sɿ^{55}xɔ^{35}kə^{33}xe^{33}tɛ^{55} ?

□ 个 好 □ 还 是 枯 个 好 □？

229 **瘦的比胖的好。**

xɔ^{35}kə^{33}pɛ^{33}la^{24}kə^{33}xe^{33}tɛ^{55}.

枯 个 比 □ 个 好 □。

230 **瘦的胖的都不好，不瘦不胖最好。**

la^{24}kə^{33}xɔ^{35}kə^{33}tu^{33}mə^{21}xe^{33}, mə^{21}la^{24}mə^{21}xɔ^{35}tsuei^{24}xe^{33}.

□ 个 枯 个 都 莫 好，莫 □ 莫 枯 最 好。

231 **这个东西没有那个东西好用。**

pie^{213}ta^{55}va^{21}sɿ^{33}mə^{55}tə^{21}a^{55}ta^{55}va^{21}sɿ^{33}xe^{33}iã^{21}.

彼 □ 物 什 没 得那□ 物 什 好 用。

232 **这两种颜色一样吗？**

pie^{213}liẽ^{55}iẽ^{21}sə^{213}p^{h}ã^{55}sɿ^{55}mə^{21}sɿ^{55}ɿ^{33}iẽ^{21}kə^{21} ?

彼 两 样 色 品 是 莫 是 一样 个？

233 **不一样，一种色淡，一种色浓。**

mə^{21}ɿ^{33}iẽ^{21}, ɿ^{33}iẽ^{21}sə^{213}p^{h}ã^{55}ts^{h}ã^{33}tɛ^{55}, ɿ^{33}iẽ^{21}sə^{213}p^{h}ã^{55}sã^{35}tɛ^{55}.

莫 一样，一样 色 品 浅 □，一样 色 品 深 □。

234 **这种颜色比那种颜色淡多了，你都看不出来？**

pie^{213}iẽ^{21}sə^{213}p^{h}ã^{55}pɛ^{33}a^{55}iẽ^{21}sə^{213}p^{h}ã^{55}ts^{h}ã^{33}tə^{33}tə^{35}, ŋ^{55}tu^{33}tio^{213}mə^{21}suɛ^{213} ?

彼 样色 品 比 那样 色 品 浅 得 多，你都 盯 莫 出？

235 **你看看现在，现在的日子比过去强多了。**

ŋ^{55}tio^{213}tia^{33}kə^{55}lə^{33}, kə^{55}lə^{33}kə^{21}ŋ^{21}tsɿ^{33}pɛ^{33}a^{55}k^{h}e^{33}tɕ^{h}iẽ^{24}tə^{33}tə^{35}lie^{33}.

你盯 □ □ 哩，□ 哩 个 日 子 比 那刻 强 得 多 了。

236 以后的日子比现在更好。

ɿ^{55}xəu^{55}kə^{21}ŋ^{21}tsɿ^{33}pɛ^{33}kə^{55}lə^{33}xɛ^{24}xə^{33}tɛ^{55}.

以后 个 日 子 比 □ 哩 还 好 □。

237 好好干吧，这日子一天比一天好。

xe^{33}xɛ^{33}sɿ^{55}tsə^{55}, ŋ^{21}tsɿ^{33}ɿ^{33}kã^{35}pɛ^{33}ɿ^{33}kã^{35}xe^{33}.

好 好 起 做，日 子 一工 比 一工 好。

238 这些年的生活一年比一年好，越来越好。

pie^{213}tsɿ^{33}lã^{55}kə^{21}ŋ^{21}tsɿ^{33}ɿ^{33}lã^{35}pɛ^{33}ɿ^{33}lã^{35}xe^{33}, vei^{213}la^{24}vei^{21}xɛ^{33}.

彼 几 年 个 日 子 一年 比 一年 好，越 来 越 好。

239 咱兄弟俩比一比谁跑得快。

io^{55}liẽ^{55}tia^{21}ku^{55}tə^{33}pɛ^{33}tia^{33}lie^{21}ŋ^{33}tʰɛ^{55}tə^{33}kʰya^{55}.

我 两 □ □ 子 比 下 哪 人 跳 得 快。

240 我比不上你，你跑得比我快。

io^{55}pɛ^{33}mə^{21}tə^{33}ŋ^{55}, ŋ^{55}pɛ^{33}io^{55}tʰɛ^{55}tə^{33}kʰya^{55}.

我 比 莫 得 你，你比 我 跳 个 快。

241 他跑得比我还快，一个比一个跑得快。

tsə^{33}tʰɛ^{55}sɿ^{21}pɛ^{33}io^{55}xɛ^{24}kʰya^{55}, ɿ^{33}ta^{55}pɛ^{33}ɿ^{33}ta^{55}tʰɛ^{55}tə^{33}kʰya^{55}.

子 跳 起 比 我 还 快， 一□ 比 一□ 跳 得 快。

242 他比我吃得多，干得也多。

tsə^{33}pɛ^{33}io^{55}ɿ^{21}tə^{33}tə^{35}, tsə^{55}tə^{33}ie^{55}tə^{35}.

子 比 我 吃得 多，做 得 也 多。

243 他干起活来，比谁都快。

tsə^{33}tsə^{55}sɿ^{21}sɿ^{21}la^{24}, pɛ^{33}lie^{21}ŋ^{33}tu^{33}kʰya^{55}.

子 做 起 事 来，比 哪 人 都 快。

244 说了一遍，又说一遍，不知说了多少遍。

tɕiã^{33}kua^{33}ɿ^{33}tie^{55}, iəu^{21}tɕiã^{33}ɿ^{33}tie^{55}, tɛ^{35}mə^{21}tə^{33}tɕiã^{33}lie^{33}xe^{33}tə^{35}tie^{55}.

讲 呱 一道，又 讲 一道，知 莫 得 讲 了 好 多 道。

245 我嘴笨，怎么也说不过他。

io^{55}tɕie^{55}ka^{33}tʰuã^{21}, lie^{21}tsɿ^{21}tɕiã^{33}ie^{55}tɕiã^{33}tsə^{33}mə^{21}ku^{55}.

我 □ 夹 □， 哪 □ 讲 也 讲 子 莫 过。

246 他走得越来越快，我都跟不上了。

tsə^{33}tsəu^{33}tə^{33}vei^{21}la^{24}vei^{21}k^{h}ya^{55}, io^{55}tu^{33}kã^{35}mə^{21}sẽ^{55}lie.

子 走 得越 来越 快， 我都 跟莫 上 了。

247 **越走越快，越说越多。**

vei^{21}tsəu^{33}vei^{21}k^{h}ya^{55}, vei^{21}tɕiã^{33}vei^{21}tə^{35}.

越 走 越 快， 越 讲 越 多。

248 **慢慢说，一句一句地说。**

mie^{21}mie^{21}kuei^{55}tɕiã^{33}, tɕie^{55}sɔ^{21}tɕie^{55}tɕiã^{33}.

慢 慢 □ 讲， 句 数 句 讲。

第八章 话语材料

第一节

俗语

01 li^{24}fɛ^{33}t^{h}ɛ^{21}, ya^{213}fɛ^{33}t^{h}ã^{24}.

犁毁地，挖毁田。犁地就地坏，挖田就田坏。

02 so^{35}vei^{21}so^{35}, ma^{55}iẽ^{21}tsə^{33}tsə^{33}kuɛ^{35}və^{21}ko^{55}.

三月三，蚂蚁崽崽归外家。

03 xa^{35}pã^{55}tsɿ^{21}kə^{21}lia^{55}ka^{33}t^{h}əu^{21}mə^{21}ɕiã^{33}suɛ^{33}, lio^{55}pã^{55}tsɿ^{21}kə^{21}lia^{55}ka^{33}t^{h}əu^{21}mə^{21}ɕiã^{33}kuɛ^{33}.

河边际个俫夹头莫悚水，岭边际个俫夹头莫悚鬼。

04 p^{h}o^{21}lã^{33}ɿ^{21}ɕiẽ^{21}sɿ^{33}.

白鲢食现屎。本意是指白鲢以草鱼的屎为食物，借以比喻不劳而获。

05 k^{h}o^{21}ŋ^{33}sɿ^{35}fu^{33}k^{h}o^{21}ŋ^{33}fiəu^{213}.

各人师傅各人法。

06 t^{h}iã^{24}kɔ^{33}p^{h}ə^{55}tã^{33}tã^{33}.

铜鼓配当当。本意指铜鼓与当当搭配，比喻各得其所。

07 ɿ^{33}t^{h}ia^{21}tɕ^{h}iã^{35}, liẽ^{55}t^{h}ia^{21}piɔ^{55}, so^{35}t^{h}ia^{21}sɛ^{55}t^{h}ia^{21}liɔ^{55}.

一代亲，两代表，三代四代了。

08 lo^{55}ma^{33}lie^{24}ɿ^{21}，lo^{55}ts^{h}ɿ^{55}lie^{24}ŋəu^{55}.

冷□难食，冷气难怄。□[ma^{33}]：饭

09 xəu^{55}tɕio^{55}xəu^{55}fə^{24}, tsɿ^{55}tɕio^{55}mə^{21}lie^{24}.

有借有还，再借莫难。

10 tɕ^{h}io^{21}ku^{55}miã^{24}tɕ^{h}ie^{55}tɕ^{h}iəu^{21}sɿ^{55}k^{h}o^{213}.

牛过门槛就是客。

11　t^{h}o^{21}mio^{24}kua^{33}ʅ^{21}sʅ^{55}mio^{24}kua^{33}, sʅ^{55}mio^{24}kua^{33}ʅ^{21}xo^{22}kã^{55}.

大□□食小□□，小□□食虾公。□□[mio^{24}kua^{33}]：青蛙。比喻弱肉强食。

12　mə^{21}ɕiəu^{213}kə^{33}kəu^{33}liəu^{55}ŋ^{24}, ɦie^{35}ləu^{24}kə^{21}tɕie^{35}mə^{21}tsẽ^{33}.

莫啸个狗咬人，翻楼个猪莫长。

13　tɕiəu^{35}tsʅ^{33}mə^{21}suɛ^{213}kyẽ^{35}.

教子莫出官。

14　k^{h}e^{35}yẽ^{33}k^{h}e^{35}tɕ^{h}ɔ^{21}, t^{h}ie^{33}ʅ^{21}mə^{55}lɔ^{21}.

敲碗敲箸，讨食没路。

15　tə^{35}ta^{55}p^{h}iã^{21}iəu^{55}tə^{35}t^{h}i^{33}lɔ^{21}.

多□朋友多条路。□[ta^{55}]：个

16　səu^{33}ɕiã^{35}səu^{33}pə^{55}tu^{33}sʅ^{55}vu^{33}.

手心手背都是肉。

17　tsə^{55}xe^{33}sʅ^{21}, təu^{35}lə^{21}kã^{55}ta^{33}.

做好事，兜雷公打。

18　və^{21}ɕie^{55}və^{21}ɕie^{55}, vei^{21}iẽ^{55}vei^{21}ɕie^{35}.

外甥外甥，越养越生。

19　xɔ^{213}kua^{33}piẽ^{55}kã^{55}lie^{21}, sɛ^{33}lie^{33}lie^{21}ŋ^{24}xɛ^{24}tɛ^{35}mə^{21}tə^{33}.

哭呱半工了，死了哪人还知莫得。

20　tso^{33}tə^{33}p^{h}io^{21}, tso^{33}mə^{21}tə^{33}mio^{21}.

诊得病，诊莫得命。

21　ɕie^{21}lə^{21}tɛ^{24}lie^{33}piã^{35}ts^{h}o^{35}, ŋ^{24}tə^{35}lie^{33}piã^{35}ko^{35}.

树子大了分权，人多了分家。

22　liẽ^{35}tɕiəu^{33}mə^{21}piã^{35}ko^{35}.

烟酒莫分家。

23　tɕ^{h}io^{213}ta^{55}miã^{21}tɕ^{h}ie^{55}ʅ^{21}so^{35}ləu^{33}.

牛□门槛食三□。□ləu^{33}：碗。跨个门槛吃三碗。意思是年轻人消化快，即使刚吃过，也可以再吃点。是主人劝客人吃东西的用语。

24　vu^{33}lie^{21}sʅ^{21}ie^{35}tɕ^{h}ie^{35}pu^{33}.

肉烂起于铛腹。本意是肉煮烂了仍在锅里，比喻肥水没外流。

25　ʅ^{21}kəu^{33}mə^{21}ʅ^{21}liẽ^{24}, tẽ^{55}y^{21}mə^{21}tə^{213}sẽ^{24}.

食狗莫食□，等于莫得尝。□lie^{24}：肠

26　xe^{33}sʅ^{33}lio^{55}sã^{33}kɔ^{33}.

好起□□股。□□lio^{55}sã^{33}股：舔屁股

27 kʰiẽ^{33}tʰə^{33}lie^{33}kɔ^{33}tẽ^{35}tiã^{55}tsʰə^{55}.

砍 脱 脑 牯 当 凳 坐。

28 tsə^{213}ʅ^{33}tʰi^{24}kuã^{35}.

着 一条 裤。形容关系极好，可以穿同一条裤子，也比喻观点相同。

29 tɕʰio^{33}kʰo^{213}mə^{55}tə^{21}ko^{33}ʅ^{55}.

请 客 没 得 假 意。

30 pʰə^{24}lie^{55}piã^{33}.

赔 老 本。

31 tɕie^{21}sʅ^{33}ŋ^{55}a^{55}tʰie^{35}lə^{33}.

捡 起 你 那 摊 子。示威的话，本意是收了对方的货摊，用来指要人的性命。

32 tio^{213}tie^{33}kəu^{33}xa^{35}lie^{55}ɕie^{21}lie^{21}tu^{33}mə^{21}ʅ^{24}ʅ^{33}tia^{213}.

盯 到 狗 搭 老 鼠 了 都 莫 移 一□。□[tia^{213}]：下。本意指猫看到狗在捉老鼠了，自己还一动不动，比喻不负责任。现在也指自私，见死不救。

33 tɕie^{35}tie^{33}sʅ^{33}kʰe^{55}mə^{21}vu^{35}sʅ^{33}.

争 倒 屎坑 莫 屙 屎。

34 ɕiẽ^{33}tie^{33}tə^{35}pu^{55}ɕie^{35}ŋ^{33}.

想 倒 □ 婆 生 日。□[tə^{35}]婆：外婆。本意指盼望着外婆生日，有吃有玩，比喻幻想着意外收获。

35 po^{35}sʅ^{33}so^{21}kuã^{33}ta^{33}tʰã^{35}.

背 起 石 磙 打 天。比喻毫无办法。

36 suã^{21}xəu^{33}ta^{33}va^{33}va^{33}.

顺 口 打 哇 哇。

37 vu^{35}li^{21}tsuɛ^{213}səu^{33}tsə^{33}tsə^{33}.

屙 尿 啜 手 崽 崽。本意是拉尿后，吸吮手指，比喻吝啬。

38 tʰie^{21}ʅ^{33}tʰie^{21}sʅ^{33}la^{33}ya^{21}po^{33}tɕʰie^{33}.

跌 一跌 起 来 扯 把 草。本意是摔倒爬起来时不忘扯一把草，比喻精明。

39 lie^{55}ɕie^{21}mə^{21}liəu^{24}ku^{55}io^{21}mi^{55}.

老 鼠 莫 留 过 夜 米。

40 tɕiã^{33}lyẽ^{21}xo^{21}tʰə^{213}xo^{55}tɕie^{55}pʰa^{33}.

讲 乱 话 脱 下 □ 皮。下□[tɕie^{55}]皮：下巴。骂人话，诅咒乱说话的人掉下巴。

41 a^{35}ma^{55}kã^{55}pʰiã^{55}sɛ^{33}ŋ^{24}.

衣尾 公 □ 死 人。□[pʰiã^{55}]：甩。指得意的人，走起路来，衣襟都可以将人甩死，比喻得意忘形。

42 so^{35}sʅ^{21}pu^{33}lio^{21}tʰɛ^{21}kə^{21}tsã^{35}pie^{33}——mə^{55}tə^{21}xã^{35}.

三 十 晡 夜 地 个 砧 板—— 没 得 空。

43 suɛ^{33}kiẽ^{35}ti^{33}xo^{21}kə^{21}mio^{24}kua^{33}——suɛ^{21}mə^{21}tə^{33}tsẽ^{55}.

水 缸 底下 个 □ □—— 出 莫 得 众。

44 ʅ^{33}lɛ^{33}so^{21}kuã^{33}liəu^{22}liəu^{55}ya^{21}, miẽ^{35}tia^{33}tɕ^{h}iəu^{21}xɔ^{213}lia^{21}——lə^{55}.

一粒 石 磙 溜 溜 滑，□ □ 就 哭 赖 —— 锣。谜语。□□[miẽ^{35}tia^{33}]：摸一下。

45 kiẽ^{33}tiã^{35}kiẽ^{33}sʅ^{35}la^{24}t^{h}əu^{33}mo^{55}, ləu^{21}tie^{33}ma^{55}kã^{55}ts^{h}ẽ^{55}ʅ^{33}so^{55}——tə^{55}.

广 东 广 西 来 头 马，□ 倒 尾 公 唱 一声 —— 碓。谜语。□[ləu^{21}]：踩。

第二节

歌谣

1. 蚂蚁歌（一）

mã^{55}iẽ^{21}tsə^{33}tsə^{33}, p^{h}ie^{21}ta^{55} iã^{24}iã^{21}. p^{h}ie^{21}tə^{21}tsɿ^{33}iã^{21}mie^{33}mie^{33}tɕiɔ^{24}tɕiɔ^{24}, tɕiɔ^{24}li^{55}la^{24}la^{21}.

蚂 蚁崽 崽，揢 □①蟥 蟥。揢 得子羊咩 咩 叫 叫，叫 你来来。

li^{55}pu^{33}la^{24}la^{21}, p^{h}oŋ^{21}ta^{21}p^{h}oŋ^{21}, tɕ^{h}ie^{35}ta^{21}tɕ^{h}ie^{35}, tɕ^{h}ie^{35}tie^{33}iẽ^{24}mo^{21}ɕie^{35}. iẽ^{24}mo^{21}ɕie^{35},

你不来来，蓬 哒蓬，车 哒车，车 到杨梅 山。杨梅 山，

sa^{21}t^{h}əu^{33}tɕie^{35}. sã^{35}la^{24}kə^{33}, ɿ^{21}vu^{33}kə^{33}; sa^{21}ke^{213}la^{24}kə^{33}, kã^{33}kua^{213}t^{h}əu^{33}.

杀头 猪。先来个，食肉个；煞角 来个，□骨 头。□kã^{33}：啃

kua^{213}t^{h}əu^{33}kua^{213}lie^{55}k^{h}uei^{21}kua^{33}xɔ^{55}, iã^{24}liəu^{21}lɛ^{55}tsɛ^{55}tɕiẽ^{55}tɔ^{55}ts^{h}ɿ^{21}kua^{21}liɔ^{55}.

骨 头 骨 佬□ 呱 去，让牛 徕崽 捡 到吃 呱 了。□k^{h}uei^{21}：丢

（吟唱人：欧阳顺生，2014.9.14）

2. 蚂蚁歌（二）

ma^{55}iẽ^{21}ta^{55}ma^{55}iẽ^{21}ta^{55}tsə^{33}tsə^{33}, p^{h}ie^{21}ta^{55}ta^{55}p^{h}ie^{21}ta^{55}ta^{55}iã^{24}iã^{21}.

蚂 蚁□蚂 蚁□崽 崽，揢 □□揢 □□蟥 蟥。

tsua^{21}ko^{21}tɕy^{33}ia^{21}mie^{33}mie^{33}tɕiɔ^{24}tɕiɔ^{24}, tɕiɔ^{24}ŋ^{55}mə^{21}lɛ^{24}lɛ^{21}.

抓 个猪 呀咩 咩 叫 叫，叫 你莫 来 来。

---

① □[ta^{55}]：衬音词

ŋ[55]mə[21]la[55]lɛ[24]lɛ[21], sã[35]la[24]kə[33], kã[33]kia[55]vu[33]; sa[21]ke[213]la[24]kə[33], kã[33]kua[11]tʰəu[33].
你莫 那来来，先 来 个，□ 块 肉；煞角 来 个，□ 骨 头。□kã[33]：啃
kua[11]tʰəu[33]kua[11]lie[55]kʰuei[21]kua[33]xɔ[55]. iẽ[55]ŋəu[24]kə[33]lia[55]təu[33]tɕie[213]tie[33]ʅ[21].
骨 头 骨 佬□ 呱 去。养牛 个 徕 头 捡 到 食。□kʰuei[21]：丢
o[33]vei[55]liẽ[24]ɕio[55].
哦喂 凉 爽。

（吟唱人：欧阳喜赐，2015.8.9）

3．缺牙齿

kʰuei[213]ŋo[33]tsʅ[21], kya[21]kəu[33]sʅ[33], kya[21]tie[33]tə[35]pu[55]ɔ[11]pu[33]tsə[55]ku[33]tsʅ[33].
缺 牙 齿，刮 狗 屎，刮 到 □ 婆 屋 腹 做 果 子。
tə[35]pu[55]sẽ[24]ʅ[33]xəu[33], vã[24]la[33]kə[33]sʅ[55]tsʰəu[55]kəu[33]sʅ[33].
□ 婆 尝 一口， 原 来 牯 是 臭 狗 屎。

（吟唱人：欧阳顺生，2014.9.14）

4．筛锯□[ya[21]][①]锯

sa[35]tɕie[55]ya[21]tɕie[55], ə[55]ʅ[21]tɕio[22]tɕie[55], fɛ[24]kə[33]mə[21]ʅ[21], liəu[24]tie[33]la[55]lio[33]lã[21]iəu[24]tɕʰie[55].
筛 锯 □ 锯，爱食 精 □[②]，肥 个 莫 食，留 倒 那 领 练 油 铛。
liã[21]lie[21]so[35]tia[33]ka[213]ŋ[21]tɕie[55], kʰo[213]kʰo[33]tio[213]tie[33]suɛ[213]tsʰəu[33]tɕʰie[55].
炼 了 三 □ 夹 入□， 客 客 盯 倒 出 丑 处。□tia[33]：下。□tɕie[55]：嘴
tɕʰie[55]kə[21]tɕʰie[55].
处 个 处。

（吟唱人：欧阳喜赐，2015.12.8）

5．月亮公公

vẽ[21]liẽ[33]vẽ[21]liẽ[33]kã[22]kã[55], vẽ[21]liẽ[33]vẽ[21]liẽ[33]tɕʰiəu[213]tɕʰiəu[21].
月 亮 月 亮 公 公，月 亮 月 亮 舅 舅。

① □ [ya[21]]：扯。

② 精□ [tɕie[55]]：瘦肉。后一音节具体意义不明。

suɛ^{33}ŋəu^{33}ku^{55}xa^{35}, ləu^{21}tie^{33}li^{24}tɕ^{h}iəu^{55}.

水牛过河，□到泥鳅。□ləu^{21}：踩

li^{24}tɕ^{h}iəu^{55}ke^{55}ts^{h}ẽ^{21}, ke^{55}tie^{33}vu^{24}sẽ^{21}. vu^{24}sẽ^{21}sɔ^{55}suɛ^{33}, sɔ^{55}tie^{33}xə^{33}kuɛ^{33}.

泥鳅告状，告到禾神。禾神□水，□倒海鬼。□sɔ^{55}：戽

xə^{33}kuɛ^{33}ti^{55}ŋɔ^{24}, ti^{55}tie^{33}pi^{213}ŋɔ^{33}.

海鬼钓鱼，钓到鳖鱼。

pi^{213}ŋɔ^{33}ɕie^{35}tso^{33}k^{h}a^{21}k^{h}a^{21}, ie^{35}ŋ^{55}ɕiã^{55}lo^{55}ma^{33}ɿ^{21}.

鳖鱼生只□□，予你送冷□食。□□k^{h}a^{21}k^{h}a^{21}：蛋

（吟唱人：欧阳顺生，2014.9.14）

6．排排坐

p^{h}ia^{24}p^{h}ia^{55}ts^{h}ə^{55}, k^{h}o^{213}k^{h}o^{33}la^{24}.

排排坐，客客来。

mə^{55}tɕ^{h}ia^{55}ɿ^{21}, sa^{213}ka^{213}ka^{33}.

没菜食，杀嘎嘎。“嘎嘎”为儿语，鸭子的意思。

ka^{213}ka^{33}xɔ^{35}, tsɿ^{213}ma^{55}kɔ^{55}.

嘎嘎枯，接尾姑。

ma^{55}kɔ^{55}lɔ^{21}sẽ^{21}lo^{24}lie^{33}sɔ^{35}, lie^{21}ŋ^{33}tɕie^{213}tie^{33}ie^{35}p^{h}iẽ^{55}io^{55}.

尾姑路上□了梳，哪人捡到予□我。□lo^{24}：丢

io^{55}ku^{55}tɕiẽ^{33}ko^{55}tsɿ^{213}t^{h}o^{21}kɔ^{55}.

我过金家接大姑。

t^{h}o^{21}kɔ^{55}ya^{213}yẽ^{33}so^{21}tɕ^{h}ia^{55}tsɔ^{35}, ɕiəu^{213}io^{55}ɿ^{21}, io^{55}mə^{21}ɿ^{21}; ɕiəu^{213}io^{55}təu^{35}, io^{55}mə^{21}təu^{35}.

大姑挖碗石菜抓，啸我食，我莫食；啸我兜，我莫兜。

tɕ^{h}io^{21}suɛ^{213}miã^{24}tɕ^{h}ie^{55}tɕie^{213}liẽ^{55}piəu^{55}. ɿ^{33}piəu^{35}liã^{24}, ɿ^{33}piəu^{35}tɕiã^{35}.

牛出门槛捡两包。一包银，一包金。

ie^{35}io^{55}ko^{33}ko^{33}t^{h}ie^{33}lie^{55}tɕ^{h}iã^{35}.

予我哥哥讨女亲。

lie^{55}tɕ^{h}iã^{35}mə^{21}suɛ^{213}k^{h}o^{213}, xa^{35}tie^{33}ko^{33}ko^{33}ta^{33}so^{35}po^{213}.

女亲莫出客，□倒哥哥打三百。□[xa^{35}]：抓，拿

（吟唱人：欧阳顺生，2014.9.14）

第三节

故事

1. 牛郎织女

io^{55}kiẽ^{35}tʰo^{21}sɿ^{33}tɕiã^{33}ɿ^{33}tʰəu^{33}kɔ^{33}xo^{21}. kɔ^{33}xo^{21}kə^{21}mio^{24}tsʰɿ^{21}lie^{55}, tɕʰiəu^{21}ɕiəu^{21}liəu^{21}lã^{21}tsɿ^{21}ly^{55}.
我跟大齐讲一头古话。古话个名字唠，就啸牛郎织女。
mie^{24}la^{21}mie^{24}la^{21}kə^{21}sɿ^{21}xəu^{24}, xəu^{55}ta^{55}lia^{55}tʰəu^{21}, tsə^{33}kə^{21}mio^{24}tsʰɿ^{21}tɕʰiəu^{21}ɕiəu^{213}liəu^{21}lã^{21}. tsə^{33}
蛮□①蛮□个时候，有□②俫头，子个名字就啸牛郎。子
ɔ^{21}pu^{33}ie^{33}ie^{33}tia^{33}tia^{33}tu^{33}mə^{21}ie^{35}lie^{33}. tsə^{33}kã^{35}tie^{33}tsə^{33}ko^{33}ko^{33}ɕie^{33}ɕie^{33}ku^{55}ŋ^{21}tsɿ^{33}.
屋腹娜娜爹爹都莫于了。子跟倒子哥哥嫂嫂过日子。

tsə^{33}ɔ^{21}pu^{33}ɕie^{33}ɕie^{33}mie^{24}lɛ^{21}xə^{21}. tsə^{33}tɕʰiəu^{21}iã^{21}piã^{35}xə^{55}tsə^{33}. piã^{35}xə^{55}tsə^{33}kə^{21}sɿ^{21}xəu^{33}, tsə^{33}ɔ^{21}
子屋腹嫂嫂蛮厉害。她就□③分开他。分开子个时候，子屋
pu^{33}tɕiã^{33}tɕʰiəu^{21}sɿ^{55}ɿ^{33}ke^{55}ɔ^{213}. tsə^{33}la^{55}ɿ^{33}ke^{55}ɔ^{213}lie^{55}, tsə^{33}ko^{33}, tsə^{33}ɔ^{21}pu^{33}ɕie^{33}ɕie^{33}, tu^{33}tsã^{55}tie^{33}kua^{33}lie^{21}.
腹□就是一间屋。子那一间屋唠，子哥，子屋腹嫂嫂，都占倒呱了。

tɕʰiəu^{21}xəu^{55}tʰəu^{24}lie^{55}ŋəu^{24}, tɕʰiəu^{21}piã^{35}sɿ^{33}ie^{35}liəu^{21}lã^{21}. liəu^{21}lã^{21}, tsə^{33}tɕʰiəu^{21}sɿ^{55}, tɕʰiəu^{21}
就有头老牛，就分起予牛郎。牛郎，子就是，就
su^{21}kã^{35}su^{55}, tɕʰiəu^{21}tio^{213}ŋəu^{24}. a^{55}tʰəu^{33}ŋəu^{24}, tio^{24}tie^{33}liəu^{21}lã^{21}, pie^{213}ta^{55}lia^{55}tʰəu^{21}, mie^{24}kɔ^{33}
数工数，就盯牛。那头牛，盯倒牛郎，彼□俫头，蛮古

---

① □la^{21}：久。

② □ta^{55}：个。

③ □iã^{21}：要。

piã33. tsə33tɕʰiəu21ɕiẽ33pẽ35ɿ33pẽ55tsə33. xəu55kã55tə33, pie213tʰəu33ŋəu24tɕʰiəu21to55liəu21lã21tɕiã33, tsə33
本。子就　想帮一帮子。有工子，彼头牛就　对牛郎讲，子
tɕiã33, tʰɛ35kã55tə33, ie35lie21ta55xɔ24pu33tɕiã33, tɕʰiəu21xəu55ɿ33pʰẽ55lie55tə21ko55xo55la24sɿ33tɕie55. tsə33
讲，□工子①，在哪□湖腹□，就　有一帮女子家下来洗澡。子
tɕiã55ŋ55xɔ55kə21sɿ24xəu33, ŋ55tɕʰiəu21, ie35ɿ33lio33, xã24a55kə21sɿ24xəu33, ŋ55tɛ55tie33kuɛ35la55. tʰi21li21
讲你去个时候，你就　予一领，红衣个时候，你逮到归来。第二
kã55, liəu21lã21tsã35kə33tɕʰiəu21tʰɛ33tie33a55xɔ24pã55tsɿ21xɔ55. io21, tɕʰiəu21tio213tie33xəu55liəu21tɕʰɛ213ta55
工，牛郎真个就　跳到那湖边际去。哟，就　盯到有六七□
lie55tə21ko55ie35a55pu33sɿ33tɕie55. tsə33tɕʰiəu21, ie35ɿ33, ie35a55ɿ33lio33a35, tɕʰiəu21tɛ55kua33kuɛ35la55lie21.
女子家在那腹洗澡。子就，　予一，予那一领衣，就　驮呱归来了。

a55kã55lio21tʰɛ21, tɛ55, a55kã55lio21tʰɛ21, təu35tie33tɛ55a35la55ta21lie55tə21ko55kə21mio24tsʰɿ21tɕʰiəu21
那工夜地，逮，那工夜地，兜倒驮衣那个女子家个名字就
ɕiəu213tsɿ21ly55. tsə33tɕʰiəu21, mie21mie21kə21, tsəu33tie33tsə33a55miã24tsɿ21, tɕʰiəu21kʰe35tsə33a55miã24.
啸"织女"。子就，　慢慢个，走到子那门际，就　敲子那门。
liəu21lã21xə33xə55a55miã24a33, io21, tio213tie33sɿ55ta55tsə55tɕiɔ55kə21lie55tə21ko55. tsʰõ21tsʰɿ55, tsə33liẽ55ŋ33
牛郎开开那门啊，哟，盯到是□这姣个女子家。从此，子两人
tɕʰiəu21tsɿ21lie21fiã33.
就　结了婚。

tɛ35tu33tɛ35mə21tə33, so35lã55ku55kua33xɔ55lie21. tsə33tɕʰiəu21iẽ55lie21ɿ33ta55lɔ24tə33, ɿ33ta55pʰɛ55tə21.
知都知莫得，三年过呱去了。子就　养了一□儿子，一□女子。
ŋ21tsɿ33ie55xɛ24ku33tə33kʰo55ɿ55. tã24sɿ33a33, a213tsẽ55sɿ21tɕʰiẽ21a33, ie35tʰã35sẽ21kə21y24fã21ta24ti24tɛ35tə33
日子也还过得可以。但是啊，伊桩事情啊，予天上个玉皇大帝知得
lie21. tsə33tɕʰiəu21pʰia24sɿ33tʰiã33piẽ33tʰiã33tɕiã55xo55la33, tɕʰiəu21iã21tɕʰiẽ33tsɿ21ly55. a213tʰəu33ŋəu24, tsə33
了。子就　派起天兵天将下来，就　□抢织女。伊头牛，子
tɕʰiəu21kɔ55sẽ21liəu21lã21, tsə33tɕiã33, ŋ55ie35io55a55liẽ55tso33tɕiəu213tsʰua33, tə33tie33xo55la33. tɕʰiəu21pã55
就　告□②牛郎，子讲，你予我那两只角　歪，驮倒下来。就　变
liẽ55tso33vɛ35liã55. ie35io55a55pʰa24lə33, ko33tie33xo55la33, ŋ55po35sɿ33, tɕʰiəu21lẽ21kəu33sẽ55tʰã, pa35tə33
两只围篮。予我那皮　子，剐倒下来，你背起，就　能够　上天，飞得

① □tʰɛ35工子：明天。有时省略"子"，意思不变。

② 告□sẽ21：告诉。

sɿ33. xɔ35, liəu21lã21tsã35kə33e35tsə33la55liẽ55tso33tɕiəu213tsʰua33, e35tsə33, tɕʰy33tie33xo55la33, tɕʰiəu21pã55
起。呿，牛 郎 真 个 予 子 那 两 只 角 歪， 予子，取 倒 下 来，就 变
lie21liẽ55tso33vɛ35liã33. tsə33e35tsə33a55pʰa24lə33ko33tie33xo55la33, e35a55pʰa24lə33po35sɿ33kə33sɿ21xəu33, tɛ35
了 两 只 围 篮。子 予 子 那 皮 子 剐 倒 下 来，予 那 皮 子 背 起 个 时 候，知
xɛ21tɛ35mə21tə33, tɕʰiəu21pa35sɿ33tsəu33lie33. ɔ33sɿ33, pa35sɿ33tsəu33, kã33xɔ55tsuɛ35tie33tsɿ21ly55kə21sɿ21xəu33
还 知 莫 得，就 飞 起 走 了。□起，飞 起 走，刚 好 追 到 织 女 个 时 候
a33, la55ta55xẽ24fu33liẽ33liẽ33tə33sɿ33a55po33lo33tsã35, ʅ33xo21, tɕʰiəu21xo21sɿ21ʅ33tʰi24mie24tɛ24kə21xa35. xɔ35,
啊，那 □ 皇 妇 娘 娘 驮 起 那 波 罗 针，一划，就 划 起 一 条 蛮 大 个 河。呿，
tɕʰiəu21e35tsə33liẽ55ŋ33lie33, tɕʰiəu21ko213xə55kua33lie21. a213tia33, la55fu55sɿ55tɕʰio21tɛ35tə33kua33lie21, tu33
就 予子 两 人 唠，就 隔 开 呱 了。伊 下，那 伙 喜 鹊 知 得 呱 了，都
fei33tu33mie24tʰõ21tɕʰiẽ21pie213ta55liəu21lã21. tsə33lə33tɕʰiəu21tʰo21tsʰʅ33xo55, ʅ33tʰəu24ʅ33tʰəu24, tɕʰiəu21tʰɛ55
非 都 蛮 同 情 彼 □ 牛 郎。子 哩 就 大 齐 去，一 头 一 头，就 跳
tie33tʰã35sẽ21xo55, ko55tsʰʅ24.
到 天 上 去，架 桥。

mei55ʅ33lã35kə33tsʰɛ213vei21tsʰɛ213ɕiẽ35kə21sɿ21xəu33, tsə33lə, so55iəu55kə21sɿ55tɕʰio21tu33pa35tie33tʰã35sẽ21
每 一年 个 七 月 七 香 个 时 候，子 哩，所 有 个 喜 鹊 都 飞 到 天 上
xɔ55. ko55lie21ʅ33tʰi24mie24tsʰẽ24kə21tsʰʅ24. iã, liəu21lã21ke213tsɿ21ly55liẽ55ŋ33, ɕiã33fə21. io55kə21kɔ33xo21
去。架 了 一 条 蛮 长 个 桥。□，牛 郎 跟 织 女 两 人，相 会。我 个 古 话
tɕʰiəu21tɕiã33vã24lie21.
就 讲 完 了。

（讲述人：欧阳顺生，2015.11.28）

2．菜花蛇

tɕia55tɕiã33kuei35tʰo21sɿ33tʰio55tia33, tɕʰiəu21sɿ55tsʰɛ24fa33ɕie21. pie213kuei35kɔ33xo21, tɕʰiəu21sɿ33ʅ55tɕʰiẽ21
再 讲 □ 大 齐 听 □①，就 是《菜 花 蛇》。彼 □② 古 话，就 是 以前
ʅ55tɕʰiẽ21kə21kɔ33xo21, tsə33ɔ11pu33iẽ55sɿ21so35ta55pʰɛ55tə21. tɕia213tia33, tsə33la55ɕie21lə21ti33xo21lɛ33ɔ33tɕiəu21
以前 个 古 话，子 屋 腹 养 起 三 □ 女 子。即 □，子 那 树 子 底 下 咪 喔 就

① □ tia33：下。动量词，表示尝试或少量，如“听 tia33”就是“听一听”的意思。

② □ kuei35：量词，“点个”的意思，也表示“少量”。这里“彼□ kuei33”即“这个”。

tsẽ^{33}ta^{55}xəu^{55}piã^{35}lə^{33}, tɕ^{h}iəu^{21} “oŋ^{33}…” tsə^{33}ɔ^{11}pu^{33}ie^{33}tɕiã^{33}, ie^{35}, lie^{21}tsɿ^{21}kə^{21}, tsə^{33}tɕiã^{33}tsẽ^{33}ta^{55}xəu^{55}
总□有蜂子，就 “嗡…” 子屋腹娜讲，吁，哪□个，子讲总□有
p^{h}iã^{35}lə^{33}ie^{35}io^{55}ɔ^{11}pu^{33}kə^{21}ɕie^{21}lə^{21}ti^{33}xo^{21}la^{24} “oŋ^{33}oŋ^{33}”, oŋ^{33}lə^{21}tiã^{55}? xɔ^{35}, tsə^{33}tɕia^{213}, tsə^{33}tɕ^{h}iəu^{21}
蜂子于我屋腹个树子底下来“嗡嗡”，嗡哪东？呿，子即，子就
tɕiã^{33}lie^{33}lɛ^{33}. tsə^{33}tɕiã^{33}: “oŋ^{33}oŋ^{33}, ts^{h}ɛ^{24}fa^{33}tɕ^{h}iẽ^{55}ŋo^{55}tso^{24}mei^{21}koŋ^{33}, sã^{33}liã^{55}iẽ^{33}tsɿ^{33}sɿ^{24}liã^{55}fẽ^{55},
讲了咊。子讲：“嗡嗡，菜花请我做媒公，三两胭脂四两粉，
miã^{21}ŋ^{55}ɔ^{11}pu^{33}ta^{24}tɕie^{55}xã^{33}mə^{21}xã^{33}.” ta^{24}tɕie^{55}tɕ^{h}iəu^{21}mə^{21}to^{213}iã^{55}, tsə^{33}tɕiã^{33}: “mə^{21}xã^{33}.” tsə^{33}iəu^{21}:
问你屋腹大姐肯莫肯。” 大姐就没答应，子讲：“莫肯。” 子又：
oŋ^{33}oŋ^{33}, ts^{h}ɛ^{24}fa^{55}tɕ^{h}iẽ^{55}ŋo^{55}tso^{24}mei^{21}koŋ^{55}, sã^{33}liã^{55}iẽ^{33}tsɿ^{33}sɿ^{24}liã^{55}fẽ^{55}, miã^{21}li^{5}ɕiɔ^{55}tɕie^{55} tɕ^{h}iəu^{21}
“嗡嗡，菜花请我做媒公，三两胭脂四两粉，问你小姐就
kẽ^{55}pu^{24}kẽ^{55}.” ɕiɔ^{55}tɕie^{55}tɕiã^{33}, pu^{24}kẽ^{55}. kyẽ^{35}xo^{21}p^{h}io^{24}xo^{21}la^{24}ta^{33}ɔ^{33}. “oŋ^{33}oŋ^{33}, ts^{h}ɛ^{24}fa^{33}tɕ^{h}iẽ^{55}ŋo^{55}
肯不肯。” 小姐讲，不肯。官话平话来打喔。“嗡嗡，菜花请我
tso^{24}mei^{21}koŋ^{55}, sã^{33}liã^{55}iẽ^{33}tsɿ^{33}sɿ^{24}liã^{55}fẽ^{55}, miã^{21}ŋ^{55}ɔ^{11}pu^{33}sã^{33}tɕie^{55}xã^{33}mə^{21}xã^{33}.” sã^{33}tɕie^{55}tɕ^{h}iəu^{21}
做媒公，三两胭脂四两粉，问你屋腹三姐肯莫肯。” 三姐就
to^{213}ã^{55}lɛ^{33}ɔ^{55}, tsə^{33}tɕiã^{33}xã^{33}。
答应咊喔，子讲肯。

o^{21}, tsə^{33}tɕiã^{33}to^{213}iã^{55}kua^{33}lie^{21}lɛ^{33}, sa^{21}ke^{213}tɕ^{h}iəu^{21}t^{h}ɛ^{55}tie^{33}kuɛ^{35}xɔ^{55}, kɔ^{55}sẽ^{21}a^{55}ta^{21}, yẽ^{21}vɛ^{24}
哦，子讲答应呱了咊，煞角就跳倒归去，告□那□，员外
ɔ^{11}pu^{33}. tsə^{33}tɕiã^{33}io^{55}pie^{213}ta^{55}sɔ^{24}kɛ^{24}tsuã^{33}kua^{33}lie^{21}. tsə^{33}tɕiã^{33}, tsə^{33}ɔ^{11}pu^{33}so^{35}, la^{55}ta^{21}la^{55}ta^{21}lɔ^{55}sã^{33},
屋腹。子讲我彼□绍介准呱了。子讲，子屋腹三，那□，那□老三，
to^{213}iã^{55}kua^{33}lie^{21}. tsə^{33}tɕiã^{33}iã^{21}tə^{33}liã^{21}, tsə^{33}tɕiã^{33}t^{h}ɛ^{35}kã^{55}tɕ^{h}iəu^{21}xɔ^{55}tɕ^{h}iəu^{21}xɔ^{55}tɕ^{h}iəu^{21}xɔ^{55}t^{h}io^{21}tɕ^{h}iã^{35}
答应呱了。子讲□个哏，子讲□工就去就去就去定亲
lie^{33}liã^{21}ɔ^{55}. tɕia^{213}tsə^{33}la^{55}p^{h}ɛ^{55}tə^{21}tɕ^{h}iəu^{21}ko^{55}lie^{21}lɛ^{33}. ko^{55}lie^{21}, tɕia^{213}tsə^{33}ɔ^{11}pu^{33}la^{55}ta^{21}ie^{33}ie^{33}tɕ^{h}iəu^{21}
了哏喔。即子那女子就嫁了咊。嫁了，即子屋腹那□娜娜就
tɕiã^{33}, tsə^{33}tɕiã^{33}: “p^{h}ɛ^{55}tə^{21}e^{33}, ŋ^{55}ko^{55}lie^{21}ɔ^{35}, mə^{55}tə^{21}lə^{21}tiã^{33}to^{213}fu^{21}ŋ^{55}, tɕ^{h}iəu^{21}ie^{35}sã^{35}mo^{24}tə^{33}.”
讲，子讲：“女子吁，你嫁了喔，没得哪东搭复你，就予升麻子。”
la^{55}tɕ^{h}iəu^{21}ie^{35}la^{55}tsẽ^{35}kə^{33}sã^{35}tə^{33}, tɕ^{h}iəu^{21}ie^{35}ɿ^{33}sã^{35}, tɕ^{h}iəu^{21}liẽ^{24}sã^{35}mo^{24}tə^{33}, tɕ^{h}iəu^{21}ie^{35}sɿ^{33}tsə^{33}a^{55}
那就予那桩个升子，就予一升，就量升麻子，就予起子那
p^{h}ɛ^{55}tə^{21}, tɕ^{h}iəu^{21}ie^{35}tie^{33}a^{55}ts^{h}ɿ^{21}lə^{33}pu^{33}. tsə^{33}tɕiã^{33}: “p^{h}ɛ^{55}tə^{21}e^{33}, tɕiəu^{35}tia^{33}ŋ^{55}ɔ^{213}, ŋ^{55}, e^{213}sã^{55}mo^{24}
女子，就予到那轿子腹。子讲：“女子吁，教下你喔，你，伊升麻
tə^{33}ie^{35}sɿ^{33}ŋ^{55}, ŋ^{55}tɕ^{h}iəu^{21}suɛ^{213}lɔ^{21}lie^{21}liã^{55}, ɔ^{11}pu^{33}tu^{33}mə^{21}, mə^{21}, mə^{21}tã^{33}lə^{33}, tã^{33}sɿ^{33}mə^{55}mə^{55}.
子予起你，你就出路了哏，屋腹都莫，莫，莫点嘞，点起没没。

tsə33tɕʰiəu21ie35lɔ21sẽ21lie21. piẽ35tsəu33piẽ35tã33, piẽ35tsəu33piẽ35tã33. tɕʰiəu21tã33tie33lie21lio33lie55? ə21,
子就于路上了。边走边点，边走边点。就点到哪领唠？呃，
tie55lie21tɕʰiəu21mə21tã33lie33." tsə33tɕiã33. "ə21, a55kə21xo21." tsə33ɔ21pu33pʰɛ55tə21tɕʰiəu21tɕiã33iã21
到了就莫点了。"子讲。"呃，那个话。"子屋腹女子就讲□
tə33. tɕia213tɕʰiəu21tsẽ55tsã35kə33piẽ35tsəu33piẽ35tã33, piẽ35tsəu33piẽ35tã33a33, sa21ke213tã33tie33a55lio33tɕʰiəu21
得。即就当真个边走边点，边走边点啊，煞角点到那领就
mə21, tɕʰiəu21mə21tã33lie33. mə21tã33lie33lɛ33. sa21ke213so35kã55, a55mo24tə33tɕʰiəu21suɛ213, a55mo24tə33
莫，就莫点了。莫点了唻。煞角三工，那麻子就出，那麻子
tsẽ33tɕʰiã21sɿ55so22kã55liẽ55kã55lə33, tɕʰiəu21tə55suɛ213la33lie21.
总就是三工两工啰，就□①出来了。

tsə33ɔ11pu33tɕʰiəu21xɔ55tʰi21pʰɛ55tə21xɔ55lie21. tɕia213tsə33ɔ11pu33pʰɛ55tə21tʰi21tʰi21tʰi21, "ẽ35," tsə33tɕiã33,
子屋腹就去寻女子去了。即子屋腹女子□②□□，"嗯，"子讲，
"tɕʰiəu21sɿ55ie35pie213lio33." tsə33tɕiã33. a55mo24tə33mə55tə21lie21lie55, tɕʰiəu21ie35tie33pie213, ɕie35kã33kã33
"就是于彼里。"子讲。那麻子没得了唠，就予到彼，生，刚刚
tɕʰiəu21ɕie35tie33pie213ɿ33tsʰua21. tsə33tɕʰiəu21tsə33xɔ55, tsə33ɔ21pu33tɕia213tɕʰiəu21xɔ55, ie35kuei55a55ta21a55ta21
就生倒彼一处。子就子去，子屋腹即就去，予□那□那□
tɕʰiəu21xɔ55tsʰəu35xɔ55. io35ia21, a55tsʰəu35xɔ55a55ta21a33, pʰã55kẽ55pʰã55liẽ21a33, a55tsə33tɕiã33a55ta21ŋ33
就去挡开。哟呀，那挡开那□啊，片干片亮啊，那子讲那□人
ɔ11pu33xe33fia213tɕʰia24, yẽ21vɛ24ɔ11pu33lɛ33ɔ55. io35ie21tsə33tɕiã33. sa21ke213, tɕʰiəu21xɔ55tsɿ213, ku55lie21so35
屋腹好发财，员外屋腹唻喔。哟耶子讲。煞角，就去接，过了三
kã55, tsə33ɔ11pu33xɔ55tsɿ213pʰɛ55tə21kuɛ35lie21lɛ33ɔ55. tɕia21tsɿ21tie33kuɛ35la55, tsɿ21tie33kuɛ35la55ta24tɕie55
工，子屋腹去接女子归来唻喔。即接倒归来，接倒归来大姐
tio21tie33tɕʰiəu21lie55xã24lie21lɛ33. a55tʰɛ55tie33xɔ55, ɕiã35a55ɕiã35kuã55, sɿ55lə21tiã33kɔ55kɔ55kua33, a55tia55tia55
盯到就眼红了唻。那跳到去，新衣新裈，是哪东搞搞呱，那戴戴
kua33, kɔ55kɔ55kua33kuɛ22la55, xe33fia213tɕʰia24, xe33pʰã55kẽ55pʰã55liẽ21lɛ33ɔ55. a55ta24tɕie55tɕʰiəu21tio213tie33
呱，搞搞呱归来，好发财，好片干片亮唻喔。那大姐就盯到
tɕʰiəu21mə21fu21lie21. mə21fu21tɕʰiəu21tɕia213, tsə33tɕiã33: "mə21tsɛ55, io55liẽ55ŋ33sɿ33a35xɔ55ie55sɿ33ɔ21?"
就莫服了。莫服就即，子讲："妹崽，我两人洗衣去也是喔？"
tsə33tɕiã33: "ə213, iã21tə33liã21." sɿ33a35liã21. tsə33tɕʰiəu213tʰɛ55tie33a55tɕio33fa33pu33tɕiã33xɔ55sɿ33a35. tsə33tɕiã33:
子讲："呃，□得哏。"洗衣哏。子就跳到那井穴腹□去洗衣。子讲：

① □tə55：钻。

② □tʰi21：寻。

"mə21tsɛ55, ŋ55tio213tia33lie21." tsə33tɕiã33a55tɕio33fa33pu33xəu55ɕiẽ55, tsɿ55tə33ɕiẽ55suɛ213." ẽ21, tsə33tɕiã33
"妹崽，你盯□唠。"子讲那井穴腹有像，照得像出。"嗯，子讲
la55kə21xo21a21, tsɿ55tə33ɕiẽ55suɛ213. tsə33tɕiã33liã21ŋ55mə21ɕiã55liã21, tsə33tɕiã33io55liẽ55ta21 ŋ33, ŋ55tsəu35tie33
那个话啊，照得像出。子讲哏你莫信哏，子讲我两□人，你□①到
pie213lio33, io55tsəu35tie33pie213lio33, io55liẽ55ŋ33tsɿ55tia33, tio213tia33liã21ɔ55.
彼领，我□到彼领，我两人照□，盯□哏喔。

tsə33ɔ11pu33ta24tɕie55tɕhiəu21sɿ33kua33ɕiã35lie33, xə213ɕiẽ55lie21. tsə33ɔ11pu33mə21tsɛ55tɕhiəu21tɕiã33ə213,
子屋腹大姐就起呱心了，黑心了。子屋腹妹崽就讲呃，
io55lɛ24tio21tshɛ21. tsɿ55tie33a55tɕio33fa33pã35tsɿ55tɕhiəu21tsɿ55tia33, ie35, tsã35kə33xəu55ɕiẽ55. tsə33ɔ11pu33ta24
我来盯才。徛到那井穴边际就照□，吁，真个有像。子屋腹大
tɕie55tɕhiəu21sɿ55ɿ33səu33, tɕhiəu21tɛ55tie33tsə33ɔ11pu33mə21tsɛ55tɕhiəu21sẽ33tie33tɕio33fa33pu33xɔ55tshɛ21sɛ33
姐就是一手，就逮到子屋腹妹崽就□②到井穴腹去浸死
tsə33. tɕia213tshɛ21sɛ33kua33lie21, tɕia213tsə33a55lio33sɿ55lo24ko55tɕhiəu21, tɕhiəu21la24tsɿ213ɕiã35fu33liẽ33liẽ33
子。即浸死呱了，即子那领是男家就，就来接新妇娘娘
kə21lie21ɔ55. tɕia213tsɿ213ɕiã35fu33liẽ33a21, ie55tɕhiəu21tsɿ213tie33xɔ55lə33. tsə33ɔ11pu33ta24tɕie55, tsə33ɔ11pu33ta24
个了噢。即接新妇娘啊，也就接到去嘞。子屋腹大姐，子屋腹大
tɕie55a21, tɕhiəu21pã55tsuã33tsə33mə21tsɛ55, tɕhiəu21ɕiã55tie55, tɕhiəu21tɕhiəu21tɕhiəu21tsɿ213tie33xɔ55. tsɿ213tie33
姐啊，就扮装子妹崽，就送到，就就就接到去。接到
lo24ko55ɔ11pu33xɔ55a33, ie21ie24, a55ta21, ta24tɕie55tio213tie33, io21, phã55kẽ55phã55liẽ21xe33fia21tɕhia24ə21.
男家屋腹去啊，吁吁，那□，大姐盯到，哟，片干片亮好发财呃。
tsə33tɕiã33lie24kya55tə21, tsə33tɕiã33io55mə21tsɛ55to213iã55kə21, tsə33tɕiã33. tsə33tɕie33miã21io55la24mə21la24
子讲难怪得，子讲我妹崽答应个，子讲。子早问我来莫来
tsə33, io55mə21to213iã55ə33. io55tɛ35tə33xəu55iẽ21kə33xe33sɿ21, io55tɕie33tɕhiəu21to213iã55kua33lie21ə33. xɔ35,
子，我莫答应呃。我知得有样个好事，我早就答应呱了呃。呿，
tɕia213tia33, tsə33mə21tsɛ55, tsə33tɕhiəu21, tɕia213mə21tsɛ55ie35tsə33tshɛ21sɛ33kua33lie21lɛ33. tshɛ21sɛ33tɕhiəu21
即□，子妹崽，子就，即妹崽予子浸死呱了咪。浸死就
pã55thəu33, ə33, tɕhiəu21pã55thəu33liɔ55tsɛ55ɔ55. tɕhiəu21ie35, ie35tsə33ɔ11pu33tɕie55tɕie55lie55mɛ21tshɛ24,
变头，呃，就变头鸟崽喔。就于，于子屋腹姐姐眼眉□③，

① □tsəu35：蹲。

② □sẽ33：推。

③ □tshɛ24：近。"眼眉～"是"面前"的意思。

ə^{21}, tɕ^{h}iəu^{21}pã^{55}sɿ^{21}la^{55}ɕie^{21}lə^{21}. tsə^{33}ɔ^{11}pu^{33}ɕiɔ^{55}tɕie^{55}pã^{55}təu^{55}ɕie^{21}lə^{21}. ta^{24}tɕie^{55}xɔ^{55}iɔ^{21}tia^{33}, ə^{24}, ɕiɔ^{55}

呃，就 变起那树子。子屋腹小姐变苑树子。大姐去摇□，呃，小

tɕie^{55}, ɕiɔ^{55}tɕie^{55}xɔ^{55}iɔ^{21}tia^{33}, tɕiã^{35}liã^{33}pie^{33}pə^{55}t^{h}o^{21}tia^{213}kə^{33}k^{h}ã^{21}sɿ^{21}suɛ^{213}, lə^{21}sɿ^{21}xo^{55}. ɕiɔ^{55}tɕie^{55}kuɛ^{35}

姐，小姐去摇□，金银宝贝大□个滚起出，落起下。小姐归

la^{55}tɕiã^{33}sɿ^{33}ie^{35}tsə^{33}ɔ^{11}pu^{33}ta^{24}tɕie^{55}t^{h}io^{55}. "ẽ^{21}, xəu^{55}a^{55}kə^{21}sɿ^{21}," tsə^{33}tɕiã^{33}, "t^{h}ɛ^{35}kã^{22}io^{55}xɔ^{55}iɔ^{21}tia^{33}

来讲起予子屋腹大姐听。“嗯，有那个事，”子讲，“□工我去摇□

lə^{33}." ie^{35}tsə^{33}mə^{21}tsɛ^{55}tsɔ^{33}pa^{55}tsɿ^{21}lie^{33}, tsə^{33}tɕiã^{33}: "t^{h}ɛ^{22}kã^{55}io^{55}xɔ^{55}iɔ^{21}tia^{33}lə^{33}." xɔ^{55}iɔ^{21}tia^{33}a^{33},

啰。”于子妹崽祖边际唠，子讲：“□工我去摇□啰。”去摇□啊，

tsə^{33}tɕiəu^{21}a^{33}, liɔ^{55}tsɛ^{55}sɿ^{33}a^{33}, vu^{213}ts^{h}əu^{33}a^{33}, li^{24}pa^{33}pa^{33}, tsẽ^{33}tɕ^{h}iəu^{21}, t^{h}o^{21}tia^{213}kə^{33}, iɔ^{21}iɔ^{21}

子就啊，鸟崽屎啊，龌龊啊，泥巴巴，总就，大□个，摇摇

tɕ^{h}iəu^{21}, tɕ^{h}iəu^{21}tɕ^{h}iəu^{21}tie^{21}t^{h}ie^{21}tie^{33}tsə^{33}ta^{24}tɕie^{55}la^{55}sã^{35}sẽ. la^{55}liɔ^{55}tsɛ^{55}sɿ^{33}, vu^{35}vu^{35}sɿ^{33}. tsə^{33}tɕ^{h}iəu^{21},

就，就就跌跌到子大姐那身上。那鸟崽屎，屙屙起。子就，

sa^{21}ke^{213}a^{33}, t^{h}ɛ^{55}tie^{33}kuɛ^{35}la^{55}, tɕ^{h}iəu^{21}po^{35}po^{55}tie^{35}, tɕ^{h}iəu^{21}t^{h}ɛ^{55}tie^{33}tsə^{33}mə^{21}tsɛ^{55}la^{55}tsɔ^{33}ke^{35}t^{h}əu^{55}

煞角啊，跳到归来，就背把刀，就跳到子妹崽那祖高头

a^{21}, tɕ^{h}iəu^{21}xɔ^{55}k^{h}iẽ^{33}kua^{33}la^{55}təu^{55}ɕie^{21}lə^{21}. k^{h}iẽ^{33}kua^{33}a^{55}təu^{55}ɕie^{21}lə^{21}lie^{55}, tɕ^{h}iəu^{21}tsə^{55}, ɕiəu^{35}

啊，就去砍呱那苑树子。砍呱那苑树子唠，就做，削

ɕiəu^{35}sɿ^{33}, tɕ^{h}iəu^{21}tsə^{55}mẽ^{33}pã^{24}pã^{55}. tɕ^{h}iəu^{21}xɔ^{55}sɿ^{33}a^{35}. tə^{33}sɿ^{33}a^{55}lio^{33}a^{55}pã^{24}pã^{55}sɿ^{33}a^{35}lie^{55}, tsə^{33}tɕ^{h}iəu^{21}

削起，就做□棒棒。就去洗衣。驮起那领那棒棒洗衣唠，子就

tɕiã^{33}a^{33}, tsə^{33}a^{55}a^{35}ɕiã^{35}a^{55}ɕiã^{35}kuã^{55}, ts^{h}ua^{24}tia^{33}ts^{h}ua^{24}tia^{33}tɕ^{h}iəu^{21}lie^{21}mə^{35}mə^{35}. tsə^{33}a^{55}lo^{24}ŋ^{33}a^{55}ɕiã^{35}

讲啊，子那衣新衣新裤，捶□捶□就烂霉霉。子那男人那新

a^{55}, a^{35}kuã^{55}lie^{55}, sɿ^{33}sɿ^{33}tɕ^{h}iəu^{21}liẽ^{21}t^{h}iã^{35}tiã^{55}. tsə^{33}tɕiã^{33}iẽ^{21}kə^{33}sɛ^{33}pã^{24}pã^{55}, iẽ^{21}kə^{33}pã^{24}pã^{55}tu^{33}xəu^{55}

衣，衣裤唠，洗起就亮镗镗。子讲样个死棒棒，样个棒棒都有

a^{33}. t^{h}ɛ^{55}kuɛ^{35}xɔ^{55}tɕ^{h}iəu^{21}sɿ^{35}kua^{33}tsə^{33}. sɿ^{35}kua^{33}tɕ^{h}iəu^{21}pã^{55}t^{h}əu^{33}liɔ^{55}tsɛ^{55}, tsə^{33}mə^{21}tsɛ^{55}tɕ^{h}iəu^{21}pã^{55}t^{h}əu^{33}

啊。跳归去就烧呱子。烧呱就变头鸟崽，子妹崽就变头

liɔ^{55}tsɛ^{55}. pã^{55}t^{h}əu^{33}liɔ^{55}tsɛ^{55}, sa^{213}ke^{213}tɕ^{h}iəu^{21}e^{213}, tɕ^{h}iəu^{21}ɕiəu^{213}. tsə^{33}tɕiã^{33}ɔ^{11}pu^{33}tɕie^{55}tɕie^{55}liã^{55},

鸟崽。变头鸟崽，煞角就呃，就啸。子讲屋腹姐姐哏，

tɕiəu^{21}sɔ^{35}lie^{33}kɔ^{33}, ie^{55}sɿ^{33}iẽ^{21}, ẽ^{21}sɿ^{55}, tsə^{33}tɕiã^{33}: "la^{21}ts^{h}ɿ^{55}ŋo^{55}la^{24}su^{33}tsɿ^{55}su^{33}kəu^{55}t^{h}əu^{21}, la^{21}ts^{h}ɿ^{55}

就梳脑牯，也是样，嗯是，子讲：“拿起我那梳子梳狗头，拿起

ŋo^{55}la^{24}tɕiẽ^{24}tsɿ^{55}tɕiɔ^{24}kəu^{55}liẽ^{55}." tsə^{33}ɔ^{11}pu^{33}tɕie^{55}tɕie^{55}t^{h}io^{55}tie^{33}, tɕ^{h}iəu^{21}tɕiã^{35}tə^{33}xiẽ^{33}, tɕ^{h}iəu^{21}xɔ^{55}

我那镜子照狗脸。”子屋腹姐姐听到，就□[①]得很，就去

① □tɕiã^{35}：恼。

ta^{33}ə^{21}. xo^{55}ta^{33}, ta^{33}tsə^{33}tɕʰiəu^{21}pa^{35}sɿ^{33}tɕʰiəu^{21}tʰɛ^{55}kə^{21}lɛ^{33}ɔ^{21}. tʰɛ^{55}, sa^{21}ke^{213}ŋ^{24}ko^{55}tɕʰiəu^{21}tʰio^{55}tie^{33}ɿ^{33}
打 呃。去 打，打 子 就 飞 起就 跳 个 咪喔。跳，煞 角 人家 就 听 到一

ta^{55}ɕiɔ^{33}sɿ^{21}, tsə^{33}tɕiã^{33}. “xəu^{55}tʰəu^{33}liɔ^{55}tsɛ^{55}lie^{55},” tsə^{33}tɕiã^{33}lie^{55}, tsə^{33}tɕiã^{33}, ie^{35}tsə^{33}ɔ^{11}pu^{33}tɕie^{55}tɕie^{55}
□消 息，子 讲。“有 头 鸟 崽 唠，” 子 讲 唠，子 讲，于 子 屋 腹 姐 姐

a^{55}lio^{33}sɔ^{35}lie^{33}kɔ^{33}, tsə^{33}tɕʰiəu^{21}tɕiã: “la^{21}tsʰɿ^{55}ŋo^{55}la^{24}su^{33}tsɿ^{55}su^{33}kəu^{55}tʰəu^{21}, la^{21}tsʰɿ^{55}ŋo^{55}la^{24}tɕiẽ^{24}
那领 梳 脑 牯，子 就 讲：“拿 起 我 那 梳 子 梳 狗 头，拿 起 我 那 镜

tsɿ^{55}tiẽ^{24}kəu^{55}liẽ^{55}. tɕiɔ^{24}kəu^{55}liẽ^{55}.” tsə^{33}ɔ^{21}pu^{33}, sa^{11}ke^{213}, a^{55}ta^{21}lɔ^{24}tə^{33}ko^{55}, tsə^{33}la^{55}lo^{24}ŋ^{33}lie^{55},
子 镜 狗 脸。照 狗 脸。” 子 屋 腹，煞 角，那□儿子 家，子 那 男 人 唠，

tɕʰiəu^{21}tɕiã^{33}, tɕia^{213}suɛ^{213}la^{33}, la^{55}liɔ^{55}tsɛ^{55}tɕʰiəu^{21}ɕiəu^{213}. tsə^{33}tsə^{33}tɕʰiəu^{21}tɕiã^{33}, tsə^{33}lo^{24}ŋ^{33}tɕʰiəu^{21}
就 讲，即 出 来，那 鸟 崽 就 啸。 子，子 就 讲，子 男 人 就

tɕiã^{33}, ŋ^{55}tɕʰiəu^{21}iẽ^{21}tsɿ^{21}tɕʰio^{33}liã^{21}, tsə^{33}tɕiã^{33}liã^{21}. sa^{11}ke^{213}tsə^{33}lo^{24}ŋ^{33}tɕʰiəu^{21}iẽ^{21}tsɿ^{21}tɕʰio^{33}a^{33}tsə^{33}
讲，你 就 样 子 吟 哏，子 讲 哏。煞 角 子 男 人 就 样 子 吟 啊 子

tɕiã^{33}: “li^{55}sɿ^{33}o^{55}tsʰɿ^{33}tɕiẽ^{24}o^{55}ɿ^{33}, pu^{33}sɿ^{24}o^{55}tsʰɿ^{33}pu^{33}tɕiẽ^{24}ɿ^{33}.” tɕʰio^{33}lie^{33}liẽ^{55}so^{35}tie^{55}, la^{55}liɔ^{55}tsɛ^{55}
讲：“你是我妻 进 我衣，不 是我妻 不 进 衣。” 吟 了 两 三 道，那鸟 崽

pa^{35}tia^{33}tɕʰiəu^{21}pa^{35}tie^{33}tsə^{33}a^{55}lo^{24}ŋ^{33}ko^{55}a^{55}a^{35}tɕʰio^{21}pu^{33}xɔ^{55}. tɕʰiəu^{21}təu^{35}sɿ^{33}. təu^{35}sɿ^{33}sa^{11}ke^{213}tsə^{33}a^{55}
飞 □ 就 飞 到 子 那男人 家 那 衣袖 腹 去。就 兜 起。兜 起 煞 角 子 那

tɕʰiəu^{21}pã^{55}pʰiẽ^{55}tsə^{33}lie^{55}mɛ^{21}tsʰɛ^{24}xɔ^{55}, la^{55}ta^{24}tɕie^{55}tɕʰiəu^{21}tsʰɿ^{55}sɛ^{33}. sa^{21}ke^{213}xɛ^{24}sɿ^{33}tsə^{33}kə^{21}tɕʰiəu^{21}
就 变 □ 子 眼 眉 □ 去，那大 姐 就 气 死。煞 角 还 是 子 个 就

sɿ^{33}tsə^{33}kə^{21}. tɕʰiəu^{21}tɕiã^{33}vã^{24}kua^{33}lie^{21}. tɛ^{35}mə^{21}tə^{33}tɕiã^{33}.
是 子 个。就 讲 完 呱 了。知 莫 得 讲。

（讲述人：李志秀，2015.8.20）

注：发音人在讲述时，中途说错，随即意识到，就马上更改过来。如故事情节原本是，三姐首先变成一棵树，发音人说成变成了“鸟”，发现错了后，随即更改过来。为了保持语言原貌，转写时如实记录。

3．蠢子卖粑粑

a^{55}kʰe^{33}, xəu^{55}ta^{55}tsə^{55}pa^{33}pa^{33}kə^{21}ŋ^{24}. lã^{24}tsɿ^{33}mie^{24}tɛ^{24}lie^{33}, tsʰɛ^{21}iẽ^{55}lie^{21}ɿ^{33}ta^{55}lɔ^{24}tə^{33}. tsʰɛ^{21}iẽ^{55}
那刻，有 □ 做 粑 粑 个 人。年 纪 蛮 大 了，才 养 了 一□ 儿子。才 养

tie^{33}suɛ^{213}la^{33}kə^{21}sɿ^{21}xəu^{24}, ɿ^{33}ko^{35}ŋ^{33}tu^{33}mie^{24}fiẽ^{35}sɿ^{33}, tio^{213}sɿ^{33}kẽ^{35}pie^{33}iẽ^{21}lie^{21}. ku^{55}lie^{21}tsɿ^{33}lã^{55}a^{21},
倒 出 来 个 时 候，一家 人 都 蛮 欢 喜，盯 起 跟 宝 样 了。过 了 几 年 啊，

lɔ^{24}tə^{33}tsẽ^{33}tε^{24}kua^{33}lie^{21}, tsə^{33}lə^{33}tsʰε^{21}tε^{35}tə^{33}lɔ^{24}tə^{33}mə^{21}tsʰẽ^{22}mio^{55}. sə^{33}tɕʰiəu^{21}ɕiẽ^{33}iã^{21}lɔ^{24}tə^{33}suε^{21}

儿子长大呱了，子哩才知得儿子莫聪明。子就想□儿子出

xɔ^{55}tɕiẽ^{55}tia^{33}sʅ^{55}mã^{21}. tsə^{33}tɕia^{55}sʅ^{21}ʅ^{33}to^{55}pa^{33}pa^{33}, ɕiəu^{213}tie^{33}a^{55}tsʰuã^{33}tsʅ^{33}lɔ^{24}tə^{33}la^{24}, ke^{213}tsə^{33}tɕiã^{33}:

去见□世面。子载起一担粑粑，啸倒那蠢子儿子来，跟子讲：

“lɔ^{24}tə^{33}e^{33}, pie^{21}lio^{33}xəu^{55}to^{55}pa^{33}pa^{33}, ŋ^{55}ɔ^{33}sʅ^{33}suε^{21}xɔ^{33}mia^{21}ɔ^{33}, ŋ^{55}fiã^{55}tsʰã^{24}ʅ^{33}lε^{213}. tʰã^{55}iẽ^{21}sʅ^{33}

“儿子吁，彼领有担粑粑，你□①起出去卖喔，五分钱一粒。倘然是

tio^{21}tie^{33}lia^{55}tʰəu^{21}tsə^{33}tsə^{33}xɔ^{213}lia^{21}lie^{21}, tsʰẽ^{21}tie^{33}la^{55}fu^{55}tɕʰie^{55}li^{21}kə^{21}ŋ^{24}, tɕʰiəu^{21}ɕiã^{55}liẽ^{55}lε^{33}ŋ^{21}

盯倒徕头崽崽哭赖了，撞倒那伙造孽个人，就送两个人

ko^{55}ʅ^{21}ɔ^{33}.” tsʰuã^{33}tsʅ^{33}lɔ^{24}tə^{33}tɕʰiəu^{21}ɔ^{33}sʅ^{33}a^{55}to^{55}pa^{33}pa^{33}, ʅ^{33}lε^{55}lɔ^{21}tsəu^{33}, ʅ^{33}lε^{55}lɔ^{21}ɕiəu^{213}: “mia^{21}

家食喔。”蠢子儿子就□起那担粑粑，一里路走，一里路啸：“卖

pa^{33}pa^{33}ə^{33}, mia^{21}pa^{33}pa^{33}ə^{33}, ŋ^{55}fiã^{55}tsʰã^{24}ʅ^{33}lε^{213}ə^{33}.” tsəu^{33}lie^{33}ʅ^{33}tsʅ^{213}, tie^{55}lie^{21}ʅ^{33}kuei^{35}suε^{33}tso^{55}

粑粑呃，卖粑粑呃，五分钱一粒呃。”走了一截，到了一□水榨

pã^{22}tsʅ^{55}. a^{55}tsʰuã^{33}tsʅ^{33}lɔ^{24}tə^{33}ie^{55}tsəu^{33}kʰɔ^{33}kua^{33}lie^{21}, tɕʰiəu^{21}tsʰə^{55}tie^{33}ɕiẽ^{33}tʰəu^{33}ʅ^{33}pʰə^{33}tsʰʅ^{55}.

边际。那蠢子儿子也走苦呱了，就坐倒想敨一阵气。

“ʅ^{55}ia^{35}, ʅ^{55}ia^{35}。” tsə^{33}tʰio^{55}tie^{33}suε^{33}tso^{55}ɔ^{11}pu^{33}xəu^{55}ŋ^{33}ie^{35}kə^{33}xɔ^{213}e^{21}. mẽ^{33}sʅ^{33}tsə^{33}ɔ^{11}pu^{33}tia^{33}tia^{33}

“咿呀，咿呀。”子听到水榨屋腹有人于个哭吁。冥起子屋腹爹爹

tɕiã^{33}kua^{33}kə^{21}, tsʰẽ^{21}tie^{33}lia^{55}tʰəu^{21}tsə^{33}tsə^{33}xɔ^{213}lia^{21}, tɕʰiəu^{21}ɕiã^{55}lε^{33}pa^{33}pa^{33}ie^{35}ŋ^{21}ko^{55}ʅ^{21}. tsə^{33}tɕʰiəu^{21}

讲呱个，撞倒徕头崽崽哭赖，就送粒粑粑给人家食。子就

tə^{33}sʅ^{33}ʅ^{33}lε^{33}pa^{33}pa^{33}, kuei^{213}tie^{33}xo^{55}xɔ^{33}. “ʅ^{55}ia^{35}, ʅ^{55}ia^{35}。” xε^{24}ie^{35}kə^{33}xɔ^{213}, xε^{24}ŋə^{21}kə^{21}mə^{21}sʅ^{55}a^{21}?

驮起一粒粑粑，□倒下去。“咿呀，咿呀。”还于个哭，还饿个莫是啊？

tsʰuã^{33}tsʅ^{33}lɔ^{24}tə^{33}mẽ^{33}. tsə^{33}iəu^{21}kʰuei^{21}lie^{21}ʅ^{33}lε^{33}xo^{55}xɔ^{21}. “ʅ^{55}ia^{35}, ʅ^{55}ia^{35}.” tsuei^{55}xəu^{33}ʅ^{33}lε^{33}pa^{33}pa^{33}

蠢子儿子冥。子又□了一粒下去。“咿呀，咿呀。”最后一粒粑粑

tu^{33}ie^{35}tsə^{33}kʰuei^{21}kua^{33}xo^{55}xɔ^{21}lie^{21}. “ʅ^{55}ia^{35}, ʅ^{55}ia^{35}。” xε^{24}ie^{35}kə^{33}xɔ^{213}e^{21}. tsə^{33}tə^{33}sʅ^{33}a^{55}mẽ^{33}pã^{33}lə^{33}

都予子□呱下去了。“咿呀，咿呀。”还于个哭吁。子驮起那□扁子

ʅ^{33}tia^{213}tɕʰiəu^{21}kʰuei^{21}kua^{33}xo^{55}xɔ^{21}. pie^{21}tia^{33}sʅ^{33}mə^{55}tə^{21}so^{22}iã^{55}lie^{21}a^{33}.

一□就□呱下去。彼□是没得声音了啊。

“ŋ^{55}sʅ^{33}ʅ^{21}piəu^{33}kua^{33}lie^{21}a^{33}!” a^{55}tsʰuã^{33}tsʅ^{33}lɔ^{24}tə^{33}mẽ^{33}. tsʰuəi^{21}tə^{33}sʅ^{33}a^{55}liẽ^{55}tso^{33}xã^{35}vε^{22}liã^{55}

“你是食饱呱了啊！”那蠢子儿子冥。就驮起那两只空围篮

kuε^{35}kua^{33}xɔ^{55}lie^{21}. tsə^{33}ɔ^{11}pu^{33}tia^{33}tia^{33}tʰio^{55}tie^{33}tsə^{33}tɕiã^{33}vã^{24}a^{21}. “tsʰuã^{33}tsʅ^{33}e^{35}, ʅ^{55}ia^{35} sʅ^{55}a^{55}suε^{33}tsʰẽ^{35}

归呱去了。子屋腹爹爹听到子讲完啊。“蠢子吁，‘咿呀’是那水冲

① □ɔ^{33}：挑。

sɿ^{33}a^{55}ta^{21}suɛ^{33}tso^{55}ie^{35}kə^{33}ɕiẽ^{33}liã^{21}. ŋ^{55}ie^{35}la^{55}pã^{33}lə^{21}tu^{33}kuei^{21}kua^{33}xo^{55}xɔ^{21}lie^{21}, tẽ^{33}tie^{33}a^{55}suɛ^{33}tso^{55}
起那□水榨予个响哏。你予那扁子都□呱下去了，挡到那水榨
lie^{21}, suɛ^{33}tso^{55}tsʰuã^{21}xɛ^{24}mə^{21}tsʰuã^{21}lie^{21}, lie^{21}tsɿ^{21}xɔ^{55}ɕiẽ^{33}lə^{33}？"
了，水榨旋还莫旋了，哪□去响啰？"

（讲述人：李翠云，2015.8.20）

4. 辣椒姑婆①

ɿ^{55}tsʰã^{24}, xəu^{55}ta^{55}ŋ^{33}ɔ^{11}pu^{33}, tsə^{33}tsʰɔ^{21}tie^{33}a^{55}lio^{55}pã^{55}tsɿ^{21}. lio^{55}pã^{55}tsɿ^{21}sɿ^{55}mə^{21}sɿ^{55}mie^{24}xiẽ^{35}a^{21},
以前，有□人屋腹，子住到那岭边际。岭边际是莫是蛮荒啊，
tsʰiəu^{21}tsʰɔ^{21}tsə^{33}ta^{55}ŋ^{33}. tsə^{33}ɔ^{21}pu^{33}lie^{55}, tɕʰiəu^{21}iẽ^{55}lie^{21}so^{33}ta^{55}pʰɛ^{55}tə^{21}. tɕia^{213}, xəu^{55}ɿ^{33}kã^{35}, tsə^{33}ɔ^{11}
就住子□人。子屋腹唠，就养了三□女子。即，有一工，子屋
pu^{33}tə^{22}tə^{55}liã^{55}, tɕʰiəu^{21}xəu^{55}kuei^{55}mə^{21}ɕy^{33}fu^{21}lie^{21}. tsə^{33}ɔ^{11}pu^{33}ie^{33}lie^{55}, tɕʰiəu^{21}iã^{21}kuɛ^{22}xɔ^{55}tio^{213}tia^{33}
腹□□②哏，就有□莫舒服了。子屋腹娜唠，就□归去盯□
tsə^{33}ɔ^{11}pu^{33}tə^{22}tə^{55}. tsə^{33}tɕʰiəu^{21}kẽ^{35}tsə^{33}ɔ^{11}pu^{33}pʰɛ^{55}tə^{21}lie^{55}tɕʰiəu^{21}tɕiã^{33}xe^{33}tɕiã^{33}xe^{33}ɔ^{21}. "pʰɛ^{55}tə^{21}e^{33},
子屋腹□□。子就跟子屋腹女子唠就讲好讲好喔。"女子吁，
pie^{213}ta^{55}lie^{55}, io^{55}lə^{33}tsʰɔ^{21}tie^{33}pie^{21}kuei^{55}tʰɔ^{24}kə^{33}lie^{55}, miã^{21}xo^{55}xəu^{55}lia^{21}tsɿ^{55}kɔ^{22}pu^{55}kə^{21}ɔ^{21}. ẽ^{21},
彼□唠，我哩住到彼□□㮕唠，门下有辣椒姑婆个喔。嗯
io^{55}tɕia^{21}kã^{55}tə^{33}, io^{55}xəu^{55}sɿ^{21}, io^{55}iã^{21}tsəu^{33}tə^{22}tə^{55}ɔ^{11}pu^{33}xɔ^{55}, xɔ^{55}tio^{213}tia^{33}tə^{22}tə^{55}, tə^{22}tə^{55}mə^{21}ɕy^{33}fu^{21}
我即工子，我有事，我□走□□屋腹去，去盯□□□，□□莫舒服
ɔ^{21}. io^{55}y^{21}ko^{55}kuɛ^{35}tə^{33}tsʰɿ^{24}, ŋ^{55}lə^{33}mə^{21}xə^{35}miã^{24}kə^{33}ɔ^{213}. io^{55}ɕyẽ^{55}mə^{21}tie^{33}ie^{35}tə^{22}tə^{55}ɔ^{11}pu^{33}ɕiəu^{213}. xɔ^{55},
喔。我如果归得迟，你哩莫开门个喔。我算莫倒于□□屋腹宿。呿，
lie^{21}ŋ^{33}la^{24}, ŋ^{55}tu^{33}mə^{21}xə^{35}miã^{24}kə^{33}lɛ^{33}."
哪人来，你都莫开门个咪。"

xɔ^{35}, tie^{55}xə^{213}lie^{33}a^{21}, tsə^{33}ɔ^{11}pu^{33}ie^{33}xɛ^{24}mə^{21}tə^{33}kuɛ^{35}. xɛ^{24}mə^{21}tə^{33}kuɛ^{35}a^{55}, a^{55}lia^{21}tsɿ^{55}kɔ^{22}pu^{55}
呿，到黑了啊，子屋腹娜还莫得归。还莫得归啊，那辣椒姑婆
xə^{213}lie^{33}tɕʰiəu^{21}suɛ^{11}tʰẽ^{24}lie^{33}lɛ^{33}. tio^{21}tie^{33}tsə^{33}ɔ^{11}pu^{33}ie^{33}ie^{33}mə^{21}tə^{33}kuɛ^{35}lɛ^{33}, sɿ^{55}mə^{21}sɿ^{55}ɔ^{21}. tɕʰiəu^{21}
黑了就出堂了咪。盯倒子屋腹娜娜莫得归咪，是莫是喔。就

① 平话的"辣"与"掐"音近，辣椒姑婆，即掐人婆。

② □□ tə^{22}tə^{55}：外婆。

xɔ55tsẽ22tso55tsə33ɔ11pu33ie33e21. lia21tsɿ55kɔ22pu55tɕʰiəu21sɿ55ɕiẽ33ɿ21ŋ24kə33lɛ33. tsə33tsẽ22tso55tsə33ɔ11pu33
去装诈子屋腹娜吁。辣椒姑婆就 是想食人个咪。子装诈子屋腹

ie33, tsə33tɕiã33, tsə33tɕʰiəu21xɔ55kʰe35miã24. “pʰɛ55tə21e33, xə35miã24. io55kuɛ35kua33la24lie33.”
娜，子讲，子就 去敲门。“女子吁，开门。我归呱来了。”

tsə33tɕiã33: “ẽ21, ŋ55mə21sɿ55ə33, io55ɔ11pu33ie33ə33, io55tʰio55tie33a55so22iã55mə21lie55sɿ21tɕʰiã21.”
子讲：“嗯，你莫 是呃，我屋腹娜呃，我听 到那声音莫 老实像。”

tsə33tɕiã33: “sɿ55lie21.” “io55ɔ11pu33ie33tɕiã33kua33kə21, lie21ŋ33la24, tu33mə21xə35miã24.” tsə33tɕiã33,
子讲：“是了。”“我屋腹娜讲呱个，哪人来，都莫开门。” 子讲，

“io55ɔ11pu33ie33kuɛ35lie33tɕʰiəu21xə35miã24.” tsə33tɕiã33: “io55tɕʰiəu21sɿ55ŋ55ɔ11pu33ie33ɔ21, xə35liã21.”
“我屋腹娜归了就 开门。” 子讲：“我就 是你屋腹娜喔，开哏。”

tsə33tɕiã33: “io55ɔ11pu33ie33a55mie33mie33pʰo21kua33lie21kə21. ẽ55… io55tio213tia33sɿ55mə21sɿ55pʰo21
子讲：“我屋腹娜那毛毛白呱了个。嗯…… 我盯□是莫是白

mie33mie33tsʰɛ.” a55lia21tsɿ55kɔ22pu55lie55, tsə33ie55kuɛ24, tsə33tɕʰiəu21tɕiã33: “ŋ55mə21ɕiã55, ŋ55tɕʰiəu21
毛毛才。”那辣椒姑婆唠，子也怪，子就 讲：“你莫信，你就

ie35kə21tsɿ33pu33, tə55sɿ21tio213tia33ɔ33, io55a33lie33kɔ33tə55sɿ21ie35ŋ55tio213tia33. tio213tia33sɿ55mə21sɿ55pʰo21
于格子腹，□起盯□喔，我那脑牯□起予你盯□。盯□是莫是白

kə21.” a55lia21tsɿ55kɔ22pu55tsə33ɕiẽ33vẽ55tʰi55e21. tsə33tɕʰiəu21ie35miã24xo55xɔ55lia213pʰa33tsʰɔ55ɿ21lə21, kʰã55
个。”那辣椒姑婆子想问题吁。子就 于门下去□皮苎叶子，□①

tie33a55lie33kɔ33ke22tʰəu55. piẽ33tie33ku55la33kə21lɛ33, piẽ33tie33ku55la33, a55tsʰɔ55ɿ21lə21sɿ55mə21sɿ55pʰo21
到那脑牯高头。反倒过来个咪，反倒过来，那苎叶子是莫是白

kə21ɔ21, iəu21tʰi24so21tʰi24, xəu55kuei55tɕʰiã21mie33mie33. tsə33a55pʰɛ55tə21xɔ33, mə21lie55sɿ21sɿ21toŋ55, tio213
个喔，又条数条，有□像毛毛。子那女子呿，莫老实识懂，盯

tie33xəu55iəu21xəu55kuei55tɕʰiã21. a55lie21ŋ33suɛ213kua33xɔ55lie21mə21ɕiẽ33ie33ie33kuɛ35ə33. sa213, ẽ21, tie35sɿ33
到有又有□像。那哪人出呱去了莫想娜娜归呃。煞，嗯，单是

a55kuei55mie33mie33pʰo21kə21, xɛ24mə21lie55sɿ21ɕiã33ɕiẽ24. “io55ɔ11pu33ie33a55səu33lie55, tia55kua33kuei55…
那□毛毛白个，还莫老实相信。“我屋腹娜那手唠，戴呱□…

ŋ55a55səu33tsʰɿ55suɛ213la33, tsʰɿ55ŋ21la33io55tio213tia33. sɿ55mə21sɿ55io55ɔ11pu33ie33tia55sɿ21a55tsẽ35kə33va21sɿ33
你那手□②出来，□入来我盯□。是莫是我屋腹娜戴起那桩个物什

---

① □kʰã55：罩。

② □tsʰɿ55：伸。

tshε21." a55lia21tsɿ55kə22pu55tsə33tε35tə33pã55e21. "liã21ŋ55mə21ɕiã55, sɿ55lie21, a55səu33tshɿ55ŋ21xɔ55ŋ55tio213
才。" 那辣椒姑婆子知得变吁。"哏你莫信，是了，那手□入去你盯
tia33." a55miã24a21xə55kuei55lə35lə33, tshɿ55ŋ21xɔ55, tsə33tio213tia33. e21sɿ55lie21ɔ35, tio213tie33xəu55kuei55
□。" 那门丫开□子子，□入去，子盯□。吁是了喔，盯到有□
tɕhiã21, a55lia55thəu21mə21sɿ21toŋ55lie55, iəu21xə213lie33lie55, tio213mə21tsã35. tɕhiəu21xə35xə55kua33miã24lie33.
像，那徕头莫识懂了，又黑了了，盯莫真。就开开呱门了。
a55ɿ55liẽ55sɿ55lio21thε21, a55khe33iəu21mə55tə21tiẽ24fu33, tã33kuei55a55tsẽ55kə33iəu24tɕie55fu33, tio11tio213
那以领是夜地，那刻又没得电火，点□那桩个油盏火，盯盯
mə21tsã35. lia21tsɿ55kə22pu55xe33kuε24lε33, tsə33ɕiẽ33ɿ21tsə33, tsə33tɕhiəu21tɕiã33: "tɕia213kã55lie21ŋ33tɕhia55
莫真。辣椒姑婆好怪唻，子想食子，子就讲："即工哪人在
xiẽ24, io55tɕhiəu21tia55tsə33fã55ɔ213."
行，我就带子瞓喔。"

a55lie55so35phε55tə21liã55tɕhiəu21sɿ55ta55ɔ24ma21tsɿ33, a55tε24kə33kẽ35lie55li21liã33, tsə33tɕhiəu21mə21
那老三女子哏就是□拗麻子①，那大个跟老二哏，子就莫
sɿ21toŋ55, "xe55, io55tɕhia55xiẽ24, ma33ma33, io55tɕhia55xiẽ24." tsə33tɕiã33, "io55kã35ŋ55fã55ɔ213." tsə33
识懂，"嘿，我在行，妈妈，我在行。"子讲，"我跟你瞓喔。"子
tɕiã33: "ə24, ə24, iã21tə33, ŋ55kã35io55fã55tsuei24xe33." xɔ35, tɕhiəu21kã35tsə33fã55. tɕia213fã55fã55, piẽ55io21
讲："呃，呃，□得，你跟我瞓最好。"咗，就跟子瞓。即瞓瞓，半夜
lie21lε33. lia21tsɿ55kə22pu55tsə33tsəu33lie21lio33, la24tɕhia55lie21ə33. a55səu33ko55xe33tshẽ24, tə33sɿ21a55tε24phε55
了唻。辣椒姑婆子走哪领，来菜了呃。那手甲好长，驮起那大女
tə21, tɕhiəu21lia21sɿ33ɿ21kua33. xɔ35, ɿ21ɿ21ɿ21, ɿ21vã24a21, tɕhiəu21sã21fε21lε33lie33kə33xɔ55lie21. a55lie33kə33xe33
子，就□起食呱。咗，食食食，食完啊，就剩□粒脑牯去了。那脑牯好
ŋe21lε33, tɕhiəu21lia21mə21ɿ24lie21. tsə33tɕhiəu21tə33sɿ33khuei21tie33tshẽ24ti33xo21. lia21tsɿ55kə22pu55iəu21ŋə21,
硬唻，就□莫移了。子就驮起□到床底下。辣椒姑婆又饿，
ɿ21iəu21ɿ21tə33tə35. sa213a33, tsə33tɕhiəu21, tsə33tɕhiəu21a21, ɿ21kua33tsə33a21, tɕhiəu21iã21ɿ21lie55li21lie21, tsə33
食又食得多。煞啊，子就，子就啊，食呱子啊，就□食老二了。子
ɔ11pu33a55sɿ55kə21. tsə33tɕiã33: "phε55tə21, io55tia55ŋ55fã55lie21. tɕie55tɕie55mə21tɕhia55xiẽ24." ɕhiəu21tia55tsə33
屋腹那小个。子讲："女子，我带你瞓了。姐姐莫在行。"就带子
fã55lie21. fã55ku55la33a21, tɕhiəu21ɿ21kua33a55sɿ55kə21, iəu21lia21sɿ33ɿ21kua33. tɕhiəu21sã21fε21kuei55liẽ24
瞓了。瞓过来啊，就食呱那小个，又□起食呱。就剩□□□②

① "拗麻子"是官话词，指脾气很犟的人。

② □ liẽ24：肠。

tə^{33}tʰɔ^{55}lə^{21}. lie^{55}so^{35}tsə^{33}mə^{21}kã^{35}tsə^{33}fã^{55}kə^{21}lɛ^{33}, a^{55}lie^{55}so^{35}ya^{35}sɿ^{33}la^{33}ɕiẽ^{33}ka^{33}səu^{33}lie^{33}. ka^{33}səu^{33}
子肚子。老三子莫跟子睏个唻，那老三□起来想解手了，解手

lie^{33}, tsə^{33}lie^{21}tsɿ^{21}sɿ^{55}, tsə^{33}tsəu^{33}tsəu^{33}tsəu^{33}a^{21}, tsə^{33}ɔ^{11}pu^{33}tɕie^{55}tɕie^{55}a^{55}lie^{33}kɔ^{33}a^{33}tẽ^{33}tie^{33}kua^{33}tsə^{33}
了，子哪□是，子走走走啊，子屋腹姐姐那脑牯啊挡到呱子

a^{55}tɕie^{213}lie^{33}. tsə^{33}tɕiã^{33}: "ie^{33}, lie^{21}tsɿ^{21}kə^{21}, a^{21}, xəu^{55}lə^{21}tiã^{55}, xəu^{55}lə^{21}tiã^{55}ta^{35}kɔ^{33}? tẽ^{33}tie^{33}
那足了。子讲：“娜，哪□个，啊，有哪东，有哪东瘩牯？挡倒

io^{55}a^{55}tɕie^{213}lie^{33}." tsə^{33}tɕiã^{33}. "lie^{21}lio^{33}ɔ^{21}, tsoŋ^{55}sɿ^{33}ŋ^{55}ɔ^{21}pu^{33}a^{55}tɕie^{55}tɕie^{55}liã, tsə^{33}xɔ^{33}pʰẽ^{33}so^{33},
我那足了。”子讲。“哪领喔，总是你屋腹那姐姐哏，子去纺纱，

a^{55}so^{35}mə^{21}tə^{213}tɕie^{213}xe^{33}liã^{21}. kɔ^{33}tie^{33}kʰã^{21}tie^{33}a^{55}tʰɛ^{21}ti^{33}xo^{21}xɔ^{55}lie^{21}liã^{21}." "ŋ^{35}," tsə^{33}tɕiã^{33}, "iəu^{21}
那纱莫得捡好哏。估到滚到那地底下去了哏。”“嗯，”子讲，“又

xəu^{55}kuei^{55}kuei^{33}tɕie^{213}kə^{21}liã^{55}." "so^{35}tsə^{33}mə^{21}tə^{33}tsɿ^{11}sɿ^{33}liã^{55}, kuei^{33}tɕie^{213}kə^{33}a^{21}. tsə^{33}mə^{21}tə^{33}kʰã^{24}
有□□足个哏。”“纱子莫得接起哏。□足个啊。子莫得缠

kʰã^{21}sɿ^{33}lie^{55}. tsə^{33}ɕia^{213}sɿ^{33}ɕia^{213}sɿ^{33}kə^{21}lie^{55}, lie^{21}tsɿ^{21}mə^{21}kuei^{33}tɕie^{213}ɔ^{21}.
缠起唠。子撒起撒起个唠，哪□莫□足喔。”

tsə^{33}a^{55}lie^{55}so^{35}xɛ^{24}sɿ^{55}tɛ^{35}tə^{33}, mə^{21}to^{55}ti^{55}. mə^{21}ko^{33}sɿ^{55}lia^{21}tsɿ^{55}kɔ^{22}pu^{55}a^{21}, kə^{35}vɛ^{33}, tɛ^{55}tie^{33}io^{55}
子那老三还是知得，莫对调。莫个是辣椒姑婆啊，该歪，逮倒我

tɕie^{55}tɕie^{55}, liẽ^{55}ta^{55}tɕie^{55}tɕie^{55}ɿ^{21}kua^{33}lie^{21}a^{33}. tɕia^{21}lie^{21}tsɿ^{21}kɔ^{55}lɛ^{33}. lia^{21}tsɿ^{55}kɔ^{22}pu^{55}sɿ^{55}lə^{21}tiã^{55}lie^{55},
姐姐，两□姐姐食呱了啊。即哪□搞唻。辣椒姑婆是哪东唠，

tsuei^{55}ɕiã^{33}kə^{33}tɕʰiəu^{21}ɕiã^{33}lie^{33}lə^{21}kã^{55}ɕiəu^{213}. lə^{21}kã^{55}ɕiəu^{213}tsə^{33}tɕʰiəu^{21}sɛ^{33}kua^{33}fu^{33}lie^{33}lɛ^{33}. tsə^{33}mə^{55}
最悚个就悚了雷公啸。雷公啸子就死呱火了唻。子没

tə^{21}tʰɔ^{24}kɔ^{33} kɛ^{213}lɛ^{33}, sɿ^{55}mə^{21}sɿ^{55}ɔ^{21}. tsə^{33}ya^{35}tie^{33}a^{55}ləu^{24}lə^{33}ke^{22}tʰəu^{55}xɔ^{55}, tɕʰiəu^{21}tuã^{35}sɿ^{33}a^{55}ləu^{24}pie^{33},
得□牯□唻，是莫是喔。子□到那楼子高头去，就蹬起那楼板，

tɕʰiəu^{21}, xoŋ^{21}a^{21}xoŋ^{21}a^{21}, tuã^{35}sɿ^{33}a^{55}ləu^{24}pie^{33}tɕʰiəu^{21}mie^{24}ɕiẽ^{33}, sɿ^{55}mə^{21}sɿ^{55}ɔ^{21}. xɔ^{35}lia^{21}tsɿ^{55}kɔ^{22}pu^{55}
就，轰啊轰啊，蹬起那楼板就蛮响，是莫是喔。咕辣椒姑婆

mə^{55}tie^{33}sɿ^{55}lə^{21}kã^{55}ɕiəu^{213}, xo^{55}sɛ^{33}lie^{33}. tɕʰiəu^{21}tɕiã^{33}: "pʰɛ^{55}tə^{21}e^{35}, tɕia^{213}lə^{21}kã^{55}ɕiəu^{213}lie^{33}, lie^{21}tsɿ^{21}
默倒是雷公啸，吓死了。就讲：“女子吁，即雷公啸了，哪□

kɔ^{55}ɔ^{33}?" tsə^{33}tɕiã^{33}, "tsʰẽ^{24}tie^{33}lie^{21}lio^{33}xɔ^{55}ɔ^{21}?" tsə^{33}tɕiã^{33}. "mə^{21}fə^{21}tə^{33}, ie^{33}, a^{55}lio^{33}xəu^{55}tso^{33}
搞喔？”子讲，“藏到哪领去喔？”子讲。“莫□子，娜，那领有只

kʰã^{55}kʰuɛ^{21}," tsə^{33}tɕiã^{33}, "ŋ^{55}tɕʰiəu^{21}tsʰẽ^{24}tie^{33}kʰã^{55}kʰuɛ^{21}pu^{33}xɔ^{55}." tsə^{33}tɕiã^{33}: "tsʰẽ^{24}tie^{33}kʰã^{55}kʰuɛ^{21}
□柜。”子讲，“你就藏到□柜腹去。”子讲：“藏到□柜

pu^{33}a^{21}, ə^{213}." "tso^{33}xə^{55}, ŋ^{55}koŋ^{24}tie^{33}ŋ^{21}xɔ^{55}tɕʰiəu^{21}sɿ^{55}lie^{21}." tsə^{33}tɕiã^{33}. tɕʰiəu^{21}tsã^{35}kə^{33}ɕiã^{55}tsə^{33}kə^{21}
腹啊，呃。”“揭开，你拱到入去就是了。”子讲。就真个信子个

xo^{21}koŋ^{24}tie^{33}a^{55}pu^{33}xɔ^{55}. tɕia^{213}koŋ^{24}tie^{33}k^{h}ã^{55}kuɛ^{21}pu^{33}, iəu^{21}xo^{21}xoŋ^{24}, a^{55}la^{21}lie^{21}ŋəu^{55}sɿ^{21}tsə^{33}, tsə^{33}
话拱到那腹去。即拱到□柜腹，又合缝①，那□了沤起子，子
xe^{33}lɔ^{213}lɛ^{33}. lɔ^{11}sɿ^{33}la^{24}lie^{33}tɕ^{h}iəu^{21}tɕio^{33}kiẽ^{35}e^{33}, iã^{21}ɿ^{21}suɛ^{33}lie^{33}e^{35}. lɔ^{11}sɿ^{33}suɛ^{213}xẽ^{21}lie^{21}tsə^{33}mə^{21}ɿ^{21}
好懒咪。懒起来了就颈干吁，□食水了吁。懒起出汗了子莫食
suɛ^{33}a^{21}.
水啊。

sa^{213}a^{21}, tsə^{33}a^{55}p^{h}ɛ^{55}tə^{21}, mie^{21}kuei^{55}ts^{h}ɛ^{21}, tsə^{33}ɕiẽ^{33}tia^{33}pã^{24}fa^{21}ts^{h}ɛ^{21}. ŋ^{55}iã^{21}ɿ^{21}suɛ^{33}lie^{33}a^{21}. tə^{213} ti^{33}
煞啊，子那女子，慢□才，子想□办法才。你□食水了啊。得②底
ku^{33}ŋa^{24}, io^{55}iã^{21}sɿ^{33}kuei^{55}kuã^{33}suɛ^{33}ts^{h}ɛ^{21}, lɛ^{33}la^{55}. ə^{213}, tsə^{33}tɕ^{h}iəu^{21}sɿ^{35}sɿ^{33}a^{55}kuã^{33}suɛ^{33}. tsəu^{33}a^{21}ləu^{24}lə^{33}
牯捱，我□烧□滚水才，来啦。呃，子就烧起那滚水。走那楼子
ke^{22}t^{h}əu^{55}a^{55}p^{h}io^{24}lə^{33}tɕ^{h}iəu^{21}tɕia^{55}sɿ^{21}. tsə^{33}tɕiã^{33}: "ie^{33}, sɿ^{35}kua^{33}suɛ^{33}la^{24}lie^{33}. ŋ^{55}mə^{21}suɛ^{213}ɔ^{213}." tsə^{33}
高头那瓶子就载起。子讲："娜，烧呱水来了。你莫出喔。"子
tɕiã^{33}: "io^{55}tɕ^{h}iəu^{21}ie^{35}a^{55}ta^{21}k^{h}ã^{55}k^{h}uɛ^{21}a^{55}pie^{33}lie^{33}kã^{35}iẽ^{21}tsɿ^{21}ts^{h}əu^{35}sɿ^{33}tɕ^{h}iəu^{21}sɿ^{55}lie^{21}. ŋ^{55}ts^{h}əu^{35}sɿ^{33},
讲："我就予那□□柜那板子跟样□挡起就是了。你挡起，
ŋ^{55}a^{55}lie^{33}kɔ^{33}kã^{35}iẽ^{21}tsɿ^{21}tə^{55}sɿ^{21}ɔ^{213}. ŋa^{24}xə^{55}tɕie^{55}ka^{33}, io^{55}tɕ^{h}iəu^{21}kiẽ^{35}ŋ^{55}ts^{h}ã^{21}kuei^{55}suɛ^{33}ŋ^{21}xɔ^{55}. ts^{h}ã^{21}
你那脑牯跟样□□起喔。丫开□夹，我就跟你斟□水入去。斟
kuei^{55}suɛ^{33}ŋ^{55}ɿ^{21}ɔ^{55}." "ə^{213}." xɔ^{35}, lia^{21}tsɿ^{55}kɔ^{22}pu^{55}tɕia^{21}sɛ^{33}lie^{33}kə^{21}. tsə^{33}tɕ^{h}iəu^{21}, tɕ^{h}iəu^{21}ie^{35}tsə^{33}a^{55}
□水你食喔。""呃。"呿，辣椒姑婆即死了个。子就，就予子那
p^{h}ɛ^{55}tə^{21}, ie^{35}lie^{55}so^{35}p^{h}ɛ^{55}tə^{21}xiẽ^{33}tie^{33}kua^{33}lie^{21}. ŋ^{55}lia^{213}sɿ^{21}tsə^{33}ɔ^{11}pu^{33}tɕie^{55}tɕie^{55}ɿ^{21}, tsə^{33}tɕ^{h}iəu^{21}iã^{21}
女子，予老三女子哄到呱了。你□起子屋腹姐姐食，子就□
ŋ^{55}kə^{21}mio^{21}lie^{21}lɛ^{33}. xɔ^{35}, tɕia^{21}lie^{55}so^{35}sɿ^{35}sɿ^{33}a^{55}kuã^{33}suɛ^{33}, lɔ^{213}sɿ^{33}tsə^{33}a^{55}, pã^{55}lie^{21}xo^{55}t^{h}ã^{21}kəu^{55}.
你个命了咪。呿，即老三烧起那滚水，懒起子啊，变了火焱狗。
a^{55}liẽ^{55}lɛ^{33}ŋo^{24}ts^{h}ɿ^{21}sɿ^{35}sɿ^{33}, tɕ^{h}iəu^{21}lɔ^{21}sɛ^{33}kua^{33}lie^{21}.
那两粒牙齿呲起，就懒死呱了。

lia^{21}tsɿ^{55}kɔ^{22}pu^{55}tɕia^{21}lɔ^{21}sɛ^{33}kua^{33}lie^{21}lɛ^{33}, a^{55}miã^{24}a^{55}, tɕ^{h}iəu^{21}ta^{33}xə^{55}kua^{33}lie^{21}. tɕia^{21}xəu^{55}liẽ^{55}ta^{55}
辣椒姑婆即懒死呱了咪，那门啊，就打开呱了。即有两□
ts^{h}ə^{21}lɔ^{55}kã^{35}a^{55}lio^{33}ku^{55}lɔ^{21}lie^{21}. ye^{35}, a^{21}ta^{55}ŋ^{33}ɔ^{21}pu^{33}a^{55}miã^{24}ta^{33}xə^{55}kə^{21}. tsəu^{33}tsə^{33}ɔ^{21}pu^{33}xɔ^{55}ɕiẽ^{33}
贼佬跟那领过路了。唠，伊□人屋腹那门打开个。走子屋腹去想
kuei^{55}fẽ^{35}ts^{h}ɛ^{21}. ta^{33}xə^{55}miã^{24}tio^{213}tia^{33}, ye^{35}, xəu^{55}tso^{33}k^{h}ã^{55}kuɛ^{21}e^{33}, io^{55}lie^{55}ŋ^{33}t^{h}ia^{24}tia^{33}, tio^{213}xəu^{55}
□方才。打开门盯□，唠，有只□柜吁，我两人抬□，盯有

① 合缝 xo^{21}xoŋ^{24}：官话音，平话音为 [fu^{21}fiã^{21}]。

② 得 tə^{213}："特"的音变。

xe^{33}tsʰã^{55}. ẽ^{21}, kʰiẽ^{55}tiẽ^{24}, e^{213}ta^{55}pu^{33}kʰiẽ^{55}tiẽ^{24}xəu^{55}pie^{33}tsʰɿ^{55}va^{21}sɿ^{33}. a^{213}liẽ^{55}ta^{55}sɛ^{33}tsʰə^{21}lɔ^{33}, mə^{55}

好重。嗯，肯定，□□腹肯定有宝器物什。伊两□死贼佬，默

tie^{33}la^{24}mɔ^{21}tɕʰia^{55}lie^{21}, fia^{213}tɕʰia^{24}lie^{33}ɔ^{55}. xə^{33}xə^{33}, tsə^{33}lie^{55}ŋ^{33}tʰia^{24}tie^{33}a^{55}pʰã^{55}tʰɔ^{21}kɔ^{33}a^{21}, la^{24},

到来木菜了，发财了喔。呵呵，子两人抬到那偏□牯啊，来，

tso^{33}xə^{55}tio^{213}tia^{33}tsʰɛ^{21}. tio^{213}xəu^{55}xe^{33}tə^{35}, io^{55}liẽ^{55}ta^{55}ŋ^{33}piã^{35}. tɕia^{213}kã^{55}tə^{33}sɿ^{55}fia^{213}iẽ^{24}tɕʰia^{24}lie^{21},

□开盯□才。盯有好多，我两□人分。即工子是发洋财了，

tsə^{33}tɕiã^{33}. xə^{33}xə^{33}, ta^{33}xə^{55}tio^{213}tia^{33}, “xɛ^{21}io^{35}, ẽ^{21}ie^{35}, tɕia^{213}kã^{55}tə^{33}io^{55}liẽ^{55}ta^{21}ŋ^{55}a^{21}, pʰə^{21}vã^{35}sɿ^{21},

子讲。呵呵，打开盯□，“哎哟，嗯吁，即工子我两□人啊，背枉时，

lə^{21}tiã^{55}tu^{33}mə^{21}tə^{33}tʰəu^{35}tie^{33}, tʰəu^{35}tie^{33}ta^{55}iẽ^{21}tsẽ^{55}kə^{33}xo^{55}tʰã^{21}kəu^{55}.”

哪东都莫得偷到，偷到□样桩个火炭狗。”

（讲述人：李美章，2015.8.21）

参考文献

鲍厚星、陈晖 2005 湘语的分区,《方言》第5期。

鲍厚星、陈晖 2005 湘语的分区（稿）,《方言》第3期。

鲍厚星、颜森 1986 湖南方言的分区,《方言》第4期。

鲍厚星 2001 湘南土话的归属问题,《湘南土话及周边方言国际学术研讨会论文》。

陈 晖、鲍厚星 2007 湖南省的汉语方言（稿）,《方言》第3期。

北京大学中国语言文学系语言学教研室 1989《汉语方音字汇》，北京：语文出版社。

曹志耘 2001 关于濒危汉语方言问题,《语言教学与研究》第1期。

曹志耘 2011 北语语言所十年述略,《语言教学与研究》第4期。

曹志耘主编 2015《中国方言文化典藏调查手册》，北京：商务印书馆。

曾献飞 2005《湘南官话语音研究》，湖南师范大学博士学位论文。

陈 晖 2006《湘方言语音研究》，长沙：湖南师范大学出版社。

高增霞 1999 可能式“V得A”的条件限制,《山东师范大学学报》第1期。

何洪峰 2001 黄冈方言的比较句,《语言研究》第4期。

贺凯林 2003 湖南道县寿雁平话音系,《方言》第1期。

侯精一主编 2002《现代汉语方言概论》，上海：上海教育出版社。

湖南省宁远县志编纂委员会编 1993《宁远县志》，北京：中国社会科学文献出版社。

蒋冀骋 2004 湖南沅陵乡话的词缀“立”的来源,《湖南师范大学社会科学学报》第5期。

黎锦熙 2001《新著国语文法》，北京：商务印书馆。

李连进 2000 广西玉林话的归属,《方言》第2期。

李连进 2000《平话音韵研究》,南宁:广西人民出版社。

李连进 2007 平话的分布、内部分区及系属问题,《方言》第1期。

李如龙 2001《汉语方言的比较研究》,北京:商务印书馆。

李如龙 2001《汉语方言学》,北京:高等教育出版社。

李小凡 1988 苏州方言的体貌系统,《方言》第3期。

李小凡 2004 汉语方言连读变调的层级和类型,《方言》第1期。

李永明 1988 双方言区宁远官话与平话的音韵,《湘潭大学学报》第3期。

李永明、鲍厚星主编 2001《湖南省志·方言志》,长沙:湖南人民出版社。

李永新 2004《湖南宁远县中和平话的语音研究》,湖南师范大学硕士学位论文。

罗常培 2004《语言与文化》,北京:北京出版社。

马建忠 1983《马氏文通》,商务印书馆。

马庆株 1983 现代汉语的双宾语构造,《语言学论丛》(第十辑)。

梅祖麟 2000《梅祖麟语言学论文集》,北京:商务印书馆。

宁远县县志编纂委员会 2007《宁远县志(1978—2003)》,北京:方志出版社。

彭泽润 2003 湖南宜章大地岭土话研究,《湖南社会科学》第1期。

彭泽润 2005 词调模式化合声调淡化以及汉语的“词”意识,第13届全国方言年会暨汉语方言国际学术研讨会论文。

钱曾怡 2002《汉语方言研究的方法与实践》,北京:商务印书馆。

覃远雄 2003 汉语方言否定词的读音,《方言》第2期。

汪国胜 2000 湖北大冶方言的比较句,《方言》第3期。

王福堂 1998 关于客家话与赣方言的分合问题,《方言》第1期。

王福堂 2001 平话、湘南土话和粤北土话的归属,《方言》第2期。

王本瑛 1997《湘南土话之比较研究》,台湾清华大学博士学位论文。

五　臺 1986 关于“连读变调”的再认识,《语言研究》第1期。

伍　巍 2001 论桂南平话的粤语系属仁,《方言》第4期。

谢奇勇 2002 湘南宁远县“土话”分布状况及特点,《湖南师范大学社会科学学报》第4期。

谢奇勇 2010《湘南永州土话比较研究》,长沙:湖南师范大学出版社。

袁家骅等 2001《汉语方言概要》，北京：语文出版社。

詹伯慧 2002 方言分区问题再认识，《方言》第4期。

詹伯慧 1991《汉语方言与方言调查》，武汉：湖北教育出版社。

张伯江 1999 现代汉语双及物结构式，《中国语文》第3期。

张晓勤 1999《宁远平话研究》，长沙：湖南教育出版社。

中国社会科学院、澳大利亚人文科学院 1987《中国语言地图集》，香港：朗文出版（远东）有限公司。

调查手记

宁远是我的家乡。我调查平话，已经很多次了。这次调查是执行濒危方言项目组的任务。

为了找到符合要求的发音人，我多次回到宁远县中和镇。根据以往对宁远方言的调查经验，大村子的发音人可能对本地文化掌握得更多一些，所以我首先选择在人口较多的慕投新村、慕投老村、彰佳山、岭头、新开等村中物色发音人。通过同学、同事、亲戚、朋友介绍，我先后联系了十几个符合基本条件的老年男性发音人。后来，我直接向各个中小学的校长和教导主任求助，在刚刚退休的民办老师中挑选发音人。慕投学区的欧阳学武，中和学区的欧阳强勇，新开完小张印金、欧阳勇胜等领导，都热心地为我寻找推荐发音人。经过交谈考察，最终选定岭头村的欧阳喜赐老师为老男发音人。欧阳老师原来是民办老师，转正后一直在本地工作，发音纯正，反应敏捷，对农村生活熟悉，而且，他能很好地理解和配合我们的调查。恰好老男发音人的女儿基本符合条件，就成了青女发音人。老女发音人，是彰佳山村的李志秀女士，一直在本村生活，父母配偶都是本村人。合适的青年男性发音人更难找。宁远靠近广东，很多农村中的青年都外出打工了，留在村中的青年男性很少，没有长期在外地生活过的青男更少。在镇政府欧阳展辉的帮助下，最后确定欧阳世敏为青年男性发音人。口头文化的发音人和地普的发音人，是在调查过程中，通过老男、老女、青男发音人推荐产生的。

调查工作分三个阶段，第一阶段是《中国语言资源调查手册》的条目调查，在暑假进行。这一阶段的调查工作是连续进行的。老男的纸笔调查工作在发音人家中完成。老男很认真，在我们提前交给他的调查材料上，做了很多标注。即便如此，单字部分，还有部分字读不出来，较多的字需要我们的启发。在平话和官话音问题上，老男很明确。如“靴”，老男认为平话不用，他说“靴子[ɕy³³tsɿ⁵⁵]”是官话。老男常常为一个词与我们反复讨论。为了保证发音纯正，他常常将某些平话不用的词硬转为平话。如“中国”，当地人的自然口语中，都使用官话“[tsoŋ³³kuə²¹]”表达，但老男坚持用“[tsẽ³⁵kuə²¹]”。他承认日常说话不这么说，但他说，你要我用平话说，那就必须是“[tsẽ³⁵kuə²¹]”。由于不断地讨论，大约

在新开村寻找发音人　新开村 /2015.8.19/ 李翠云 摄

用了一周的时间，才完成老男的纸笔调查。接着调查青男。青男的纸笔调查一天就完成了。白天调查，晚上整理。由于有多次调查平话的经历，整理起来很容易。

第二阶段是摄录工作。第一阶段的工作完成后，就开始摄录工作。项目组建议摄录最好在录播室进行。在时任县委宣传部部长彭小兵同志的关心下，我们考察了电视台和群众文艺节目的录播室。电视台的录播室条件很好，但是能用的时间段有限。群众文艺节目录播室空间较大，但是隔音效果不好。最后，我们还是选定在宾馆摄录。因为在暑假，气温很高，所以几乎是工作一个小时就必须要停下一段时间来降温。宾馆也换过几次。开始摄录时，环境噪音还不大，但摄录进行到一个阶段后，宾馆旁边单位开始施工，噪音太大，我们不得不另找宾馆。

单字和词汇的摄录，我们是连续开机，中间不间断。回去后再按要求切分成一个个音频和视频文件。语法的摄录过程中，发音人对纸笔调查时的记录不断提出修改，经常要停下来讨论，实际摄录的说法也与此前纸笔调查记录差别很大。故事和话语部分的摄录，也反复了多次。这样，整个摄录工作大约持续了一周。我们选择了不同的发音人，摄录了较多的民间故事，书稿中的故事只是其中的一部分。

第三阶段是补充调查。按照项目的统一要求去调查，在调查中我们获取了比原来更多

讨论发音　城关镇 /2015.8.19/ 李翠云 摄

的信息。特别是在整理话语的过程中，发现了很多前几次调查没有注意到的语言现象。对长篇语料特别是老女的长篇语料的整理中，我们发现，虽然其中免不了重复、颠倒的内容，但提供了很多原来没有注意到的用例。比如“盛盛呱□[ma^{24}]（都盛了饭）”“脚子水（底子水，水渣滓）”“那桩个路子（那样的规矩）”“赤足尿袋（此前有吊牯零担，领块赤膊）”“莫见眼睛鼻头（即脸上乌七八糟）”。在撰写书稿的过程中，我又几次回到宁远，更加深入地调查平话的词汇、语法，以及平话的内部差异，常常为了某个问题，打电话给发音人进行咨询核实。算上陆陆续续的补充调查，应该说，调查一直持续到书稿定稿为止。

调查过程中，发音人均对调查工作有所感慨，多数是表示对本方言传承的担忧和对调查工作的赞同，现摘录部分感言：

欧阳喜赐：湖南宁远西洞（中和镇）的“平话”有着增强当地民族凝聚力、促进乡邻之间团结和进步的作用。我们当地人看来，有些事物现象，只有用平话表达才最亲切、最生动。改革开放数十年来，一大批人告别故土进了城市，不少还在城里扎了根。进城后，年少的不再讲平话而忘掉平话，扎根城里后新出生的更不知平话，这样，平话便日渐衰微。当今国家对方言的保护和传承高度重视，组织力量，深入边远山区，对方言进行整理录制。我是年过花甲、土生土长的宁远西洞人，祖上世世代代讲西洞平话。这次有幸被选为发音代表，能为平话的保护传承，也是为祖国方言的保护和传承做点贡献而感到无比的光荣和幸福。

李运贵：与我们村同宗的水落脚，父辈们还是讲平话的，到了我们这一代就都改讲官话了，平话村被我们看着看着就变成了官话村。现在我们村里的小孩（孙子辈）也都不学平话了，平话在我们村也会很快消失。现在录制保存平话，让我们的子孙后代知道曾经有这样的话，这样的工作很有意义。我们农民不知道怎么表达，但对于做这样的工作感到很高兴、很自豪。

后　记

我在宁远县一个小乡村冬塘出生、长大，宁远平话是我的母语。村子周围大多数村民讲官话，所以，小时候我能讲官话，只是有时候感到有点生硬。与我村邻近的水落脚村，村民与我村民同宗，两村相距不到一公里。水落脚村里与我年龄相仿的人都讲官话，不会说平话，或者只能说几个简单的平话词。小时候，水落脚的叔叔姑姑们跟我说话都用平话，而同龄人都说官话，那时候感到很奇怪，但没有深究。

我参加工作后，回到冬塘，发现小辈们大多数已经不会说平话了，他们只用官话。2001年，我开始涉足方言，才慢慢认识到，宁远平话已经处于濒危状态了。不单单是我的村子，宁远县还有许多村子，小孩子们已经不再以平话为母语了。

为了本书，我对本来十分熟悉的母语进行了较为全面的调查。调查中发现，我原先还有很多视而不见的东西。此前，我调查宁远东、南、北、西路平话，知道南路和东路的平话没有入声调，西路平话（我村的平话属于西路平话）和北路平话有入声调。这次调查的地理密度加大后才发现，同样是西路平话，有的村子的平话也没有入声调。

本书的写作过程，其实也是不断地向专家们学习的过程。项目组对书稿的内容、架构、篇幅、体例都做了统一的规定，遵守这些规定，改变自己原来的做法，其实也是在养成一个良好的写作习惯。项目组开了几次会议，特别是2017年四五月份的统稿会，张振兴、邢向东、赵日新、庄初升等诸位老师针对样稿的意见，对本书的写作有十分重要的指导作用。课题组的老师们在QQ群里就某个问题进行讨论，这些讨论也加深了我对某些问题的认识。2018年7月初，丛书的审稿会上，专家们又提出了很多规范性和指导性意见。这些意见都促使本书写作有了更高的目标。我也就本书的写作向张振兴老师请教，得到了张老师的热情指导。进入审稿环节后，赵日新老师对本书提出了大量的指导意见。邢老师先后六次仔细地审阅书稿，前面五次审阅，每次都提出了近两百条的指导意见，实在让我感动。感谢专家们的宝贵意见！

2015年，我参加语言资源保护工程项目，负责华容方言调查。预验收时，恩师曹志耘教授就告诫我，我对华容方言连读变调的描写没有充分展开，描写不到位。他指出湖南方言连读变调值得好好研究，并指点了一些具体方法。本书在描写连读变调时，花了较多的时间，只是无奈本人水平不够，还很难达到老师的要求。曹老师一直关心本书的写作，关键环节给了很多点拨，感谢曹老师一直以来的关心和指导！

我的老师、同事、亲友充当我的发音合作人，给我耐心的发音，感谢他们付出的辛劳！

调查过程中，我夫人李翠云女士一直十分支持我的工作，提前联系发音人，帮助摄影和拍照，初稿出来后，又为我细心校对。我女儿李卓羽参加了本书校对工作。我外甥李子茂为联系发音人，拍照，做了大量工作，感谢亲人们的无私奉献，真情付出。由于研究和写作期间，我从事的是学校的行政工作，本书的写作只能放在晚上和周末。也许，本书定稿后，接下来我应该抽出时间来陪陪亲人，会会朋友了。

我工作的单位长沙师范学院，对本书写作提供了很多支持和帮助，感谢学校、领导和同事的大力支持！我的同事谢芬艳、曾琳、乔玉为协助我进行了调查，乔玉为还为我做了一些校对和电脑输入的工作，我的学生胡慧捷、单婷、甘梦婷等做了校对和格式调整工作，感谢他们的辛勤付出。

由于本人的水平问题，虽然专家们给了很多指导意见，但不一定能深刻领会，他们的有些要求，我现有的水平还暂时做不到。幸而我将专家们的修改意见都记录保存了下来，可以留待以后研究中继续学习。本书定稿后，还有很多遗憾，一是限于篇幅，一些材料没有纳入，对宁远平话的展示还不够全面；二是还有较多的本字待考；三是连读变调规律还有待进一步研究。

李永新

2018年4月

于长沙师范学院